軍備亡国・反戦平和

二〇一五年　一月十五日発行（毎月一回十五日発行）
第五六巻　一号　通巻第五四二号

2015年 1月号 No. 542

8.15

［巻頭言］

日中友好元軍人の会ＨＰ　　http://www11.ocn.ne.jp/~donpo/

1

日中友好８．１５の会
（日中友好元軍人の会）

創立宣言

戦争の罪悪を身をもって体験した、わたくしども元軍人は、心から人間の尊厳にめざめ、戦争を否定します。

わたくしどもは、過去の反省に立脚し、戦争放棄と戦力不保持を明示した日本国憲法を順守し、真に人類の幸福と世界の平和に貢献せんがため、本会設立の趣意書ならびに会則にのっとり、同志相携えてあらゆる戦争を阻止し、戦争原因の剪除に努め、進んで近隣諸国とくに中国との友好を進めんとするものであります。

ここに終戦の記念日を卜して本会を設立するにあたり、万世のため太平を開く決意のもとに日本の更正を誓った当時を追憶し、戦没の万霊に額ずき、ご遺族をはじめ戦争の被害者ならびに軍靴で踏みにじった戦場の住民各位に深く遺憾の意を表しつつ宣言します。

１９６１年8月１５日

日中友好元軍人の会

二〇十四年度　活動方針

われわれは、創立宣言に則り、次の活動を行なう

一、平和憲法を守り抜くため、広く非武装中立・軍備亡国を訴え、組織の強化・拡大に努力する。

二、過去の侵略戦争に対する反省に立脚して、中国をはじめ、アジア近隣諸国、さらには世界各国の平和を希求する人々との友好・提携に努める。

行動計画

一、ますます反動性を強めている安倍内閣の憲法改悪のあらゆる策動を許さず、特に憲法九条を守るために活動している諸団体の運動に積極的に参加する。

二、集団的自衛権の行使を求めず、名目の如何にかかわらず、自衛隊の海外派遣、多国籍軍への支援に反対する。

三、広島・長崎の被爆の歴史に基づいて、核の廃絶を広く世界に訴える。エネルギーの変換、原発0の世界をめざす。

四、沖縄をはじめとする全国各地の米軍基地の縮小・撤廃を求め、そのためにも日米安保条約の解消とそれに代わる日米平和友好条約の締結を提唱する。

五、日・中・韓・朝の障壁になっている歴史認識問題、戦後処理（従軍慰安婦・強制連行・強制労働などに関する訴訟・賠償請求）の早期解決を求めていく。

六、中国国際友好聯絡会研修生受け入れと公私訪中団派遣を通じて、民間レベルでの友好・交流の強化を図る。

［巻頭言］

危機的な日本の民主主義

沖松　信夫

（1）昨年はどんな一年だったか、今年はどんな一年になるのか

12月15日、在京の新聞社・通信社8社の社会部長が出席して、「社会部長が選ぶ今年の十大ニュース」の選考会がひらかれ、次のニュースを選んだ。

①集団的自衛権の行使容認を閣議決定
②御嶽山噴火や広島の豪雨など自然災害相次ぐ
③消費税8％スタート、景気足踏みで再引き上げは延期
④衆院選で自公大勝、解散前に「政治とカネ」で女性2閣僚辞任も
⑤袴田事件で再審開始決定、48年ぶり釈放
⑥青色LEDで日本人3氏がノーベル物理学賞
⑦STAP細胞論文に改ざんなど不正
⑧朝日新聞が「吉田調書」、慰安婦記事の一部取り消し、社長が辞任
⑨危険ドラッグの事件事故が激増、規制強化
⑩朴槿恵（パク・クネ）韓国大統領をめぐる報道で産経新聞の前ソウル支局長起訴
［番外］ソチ五輪で羽生選手が金、全米テニスで錦織選手が準優勝、▽高倉健さん、菅原文太さん逝く

個人的な感想を言うと、仮に十年、二十年先になって私が過去を振り返ったとき、（もっとも二十年先というと、私は百十才になっているが）二〇一四年を何の年として思い出すだろうかと考えたとき、STAP細胞事件の年として印象深く記憶しているのではないだろうかと思う。研究室で割烹着姿の若い女性科学者が、世界で騒がれ、後に幼稚な不正の研究だったことが発覚した。世界で高く評価されている日本の科学界でもこんなことがあるのかと驚かされた。

昨年は、イスラム国という今までの国家の概念を覆す「国家」が出現した。今年に入って世界を震撼させたのは「シャルリエブド」誌のテロ襲撃事件である。今年はイスラムの文化と西欧文化の対立は深刻化し、泥沼化していくだろう。民主主義の抱える、言論の自由、暴力の否定、多様な価値観の容認、信教の自由の限界などの矛盾が経済と複雑にからみ合って、出口のない方向に進むだろう。平和憲法を持ち宗教に寛容な国民性を特徴とする日本が、国際社会で期待されているのは「仲介力」と言われるが、改憲と戦争準備に目がくらんでいる第三次安倍内閣には到底期待は無理だろう。

（2）日本の民主主義は健全か

民主政治には選挙制度がつきものだが、選挙制度があっても民主政治とは言えない。安倍政治の2年を問う第47回

衆院選が十二月十四日に行われた。自民、公明両党は合わせて衆院定数の三分の二を確保したが、共産党も躍進が目立った。沖縄では、知事選に引き続き自民党が全4選挙区で敗れ、基地移転がむずかしくなった。

問題点としては、投票率が52％という戦後最低であったことである。また2年前民主、自民の両代表は党首討論という公の場で、定数削減や1票の格差解消を議論して速やかに実行することを約束した。最高裁からも甚だしい1票の格差を「違憲状態」「違憲」と指摘されているが、一向に格差是正は進まない。政治家の口約束を信じる方が愚かなのかも知れない。

比例代表制の選挙結果をみると得票率と議席獲得数は並行しているが、小選挙区制では、自民党が4割の得票で、8割近い議席を得ているという矛盾がある。

そもそも、小選挙区選挙制では死票が多い。それを補うために比例代表制を並列させた。その結果、1人2票の投票を行うことになった。

これでは、小選挙区制で多数を得た政党が比例代表制でも多数を得るから、少数の得票率で考えられないほどの議席を獲得するのは当然である。投票率を考えると、自民党が国民の2割の支持で8割の議席を得るという不思議、不合理が生まれるのである。現在の選挙制度は早急に、純然たる比例代表制か中選挙区制にもどさなければいけない。

また小選挙区制300万、比例代表制600万という供託金制度は、他国では見られぬ程の高額であるという。これで、選挙も政党も庶民の手の届かぬ遠い存在になってしまっている。

政党交付金も、小選挙区制成立の際に、企業献金をなくし、金のかからない選挙にするためと称して、狡智に長けた政治家たちが考え出し国民の反対をおし切って設けられた制度だが、いまは当初の趣旨からかけ離れたものになっている。なお日本共産党は政党交付金を受取らないが、その分は他党で分配されるという矛盾がある。

小選挙区制選挙及びそれに付随する諸制度の廃止は、自民党や一部野党からの抵抗も激しいだろうが、早急に改めなければならない。

(3) 私たちは何をなすべきか

安倍首相は、総選挙後、経済ではアベノミクスの継続推進、安保では安保法制整備、原発は再稼動、改憲を強調した。靖国参拝もそうだったが、民意は聞かず、一部の保守勢力の意見に従って行動している。小選挙区のカラクリのお蔭で多数の議席を得ているものの自民党の基盤は明らかに揺らいでいる。滋賀、沖縄、佐賀の県知事選では、自民党は3連敗した。沖縄では、衆院選の県内小選挙区をはじめ、名護市長選など基地の辺野古移転が争点になった主要選挙でことごとく敗れた。

それでも安倍首相は民意を尊重しようとしない。むしろ力で民意を変えさせようとする。

昨年末、翁長雄志沖縄県知事が上京した際に、安倍晋三首相も菅義偉官房長官も会わなかった。政府、自民党は、翁長知事を目でみえる形で冷遇した。この状況は、沖縄県民にとって侮辱と受け取った人は多い。沖縄県民の選んだ知事の冷遇は、県民を冷遇することを意味する。スコットランドの例もある。沖縄県民が自らの意思で政治を動かしたいと思うようになったとしても不思議はない。

私たちは１４３年前の「琉球処分」の歴史を調べ直す必要が出て来るかもしれない。

安倍首相の大人げなさ、狭量は、政治家の性格として重大な欠陥だが、政策の誤りは致命的である。

大企業優遇のアベノミクスは、企業の内部留保を３２０兆までふやしたが、労働者にはほとんど還元されない。武器輸出に道をひらけばどこかで戦争を求めるようになる。防衛費の増額、社会保障費の減額が現実のものになっている。消費税率アップは庶民特に年金生活者を直撃している。

私たちは政治の基盤である統一地方選を重視しなければならない。沖縄県民の闘争を支援しなければならない。反原発の運動を強力に進めなければならない。日中、日韓、日朝の友好を進めなければならない。日本のあらゆる場所で、あらゆる分野で民主主義を取りもどさねばならない。

今年は多忙の年になりそうである。皆さんのご健闘を祈ります。

（埼玉・代表幹事）

「日中友好８・１５の会」への入会 または会誌購読のおすすめ

私たちの会は、かって侵略した中国をはじめ、アジア諸国、さらには広く全世界に対し、「反戦・平和」と平和憲法の順守を誓い１９６１年に創立し一昨年創立５０周年を迎へました。会員は元軍人と趣旨に賛同した戦後生まれの人たちも参加しています。会員には会誌『８・１５』（月刊）を毎号お届けし、また年１回の中国訪問団（見学、友好交流）への参加や当会が隔年に受け入れている中国からの研修生との交流・意見交換への協力をお願いしています。

会費は年額１万円。会誌『８・１５』の購読のみを希望される場合には、１年間の購読料は６０００円です。

皆さんの入会、会誌購読によって「反戦・平和」「日中友好」の声をますます大きくしたいと希っています。

≪申し込み先≫　〒１２５－００３２　東京都葛飾区水元３－３－４
小林悦子方　**日中友好８・１５の会**
TEL&FAX　０３－３６２７－１９５３　郵便振替口座００１２０－６－２７４１５

全世界同時代史
アルチュール・ランボー伝（58）

島貫　隆光

帝国国防方針　その三
大東亜戦争への道　3　ノモンハン事件（31）

内閣調査室を調査する（28）

「軍師官兵衛」のドラマトゥルギー（作劇術）（承前）

これを読んでも理解が難しいと思われるので諸範令の改訂に際しての教育総監部とか陸軍当局の改訂説明を紹介する。

「操典は国軍教育の経典であり、練成の基礎であり、世界共通的ではなく、各国その国特有の性情に基いて作成されなければならない。この帝国特異の性情について、なんら精神的関係をもたない外国御用学者による泰西軍事思想の輸入は不可である。

吾人は最近戦争（日露）において無形の武器は鉄壁をも破壊し（旅順）、軍人精神の磅礴するところは能く寡を以て衆を破り得べきこと明白に証明せり（田中義一結論）。故に将来においては、旧来の思想を一変して、操典は制式法則と共に精神教育と心得ることが必要である。

我が国情では、軍備の拡張と武器の改良を要求されても、数字上の優勢は難しいので、これを救う道は、唯精練にして一以て十に当る軍隊を作るべきである。

戦場における中心点は時代により転移したが、歩兵は戦闘の主兵として、地形、時期の如何を問わず、戦場において主要任務を負い、最後の決を与えるものである。

我軍の過去の勝利は攻撃精神の基礎の上に築かれたもので攻撃精神の結晶である銃剣突撃を似て敵を壊滅しなければ、戦闘目的は達成できない。我国古来の戦闘法は白兵主義であって、白兵使用は我国人の独特の妙技であって、その熟達を図るべきである。攻撃は常に使用すべきもので、防御は国体と民情に相容れない」

この最後の方の白兵主義は日本古来の戦法などという辺りは、特におかしい。昔はわが国のみならず、どの国でも白兵しかなかったのであるから、独特のものとは言えないし、信長の長篠の戦いは小銃で白兵を破っている。著者が幼少の頃、活動写真の時代劇と言えば、必ずチャンチャン・バラバラであったが、軍の希望というものが時代映画まで支配していたということが、あらためて想起される。

この陸軍の五原則は、第一次大戦を経ても、ノモンハン戦に到るまで、全然改変されていない。歴史を日露戦争で停止させようとしたことになる。原則以外の部分の小改訂は大正五年、一二年、昭和三年に行なわれたが、勅裁を経た原則は微動もしなかった。昭和三年の改訂は、一層観念論化し「必勝の信念」なるものが追加された。その説明において「必勝の信念を害するが如き有害無益の言動を慎むべきことについては深甚の注意を望む」と警告されている。陸軍の火力の弱点を指摘したり、東部隊の全滅の時のように、実情をそのまま報告することは必勝の信念を害する言動となるのである。

日露戦争の国際社会における影響は甚大であったし、その小国日本の勝利は実体以上の作用を世界に与えることになった。また、純軍事的にもこの戦争は新しい時代の戦争として、作戦戦術面でも各国の研究対象となった。しかし、この戦争から欧米諸国が導き出した結論と日本軍の方向との間には甚だしい開きがあった。

この戦闘を客観的に観察すれば、使用された新式小銃、機関銃、及び砲兵火力の増大に伴い、従来の歩兵の密集隊形による機動、攻撃前進、接近、突撃などは困難となり、隊形の疎開分散化、長大距離にわたる一斉攻撃前進が不適当となったこと、攻撃にも地形の利用とか壕を掘る必要性、騎乗騎兵の価値の低下などとなり、要するに火力の増大から、いかにして歩兵の損害を軽減するかが中心課題となる。また機動戦から陣地戦への移行傾向も遼陽奉天戦で芽を出していた。日本陸軍の解決方法とは異なるのである。

白兵突撃による血の犠牲の上に攻撃力を基くと同時に、砲兵火力の増強改善をあきらめ、その抜術と火力の劣勢を、訓練と精神で代行させる方針をとっている。それが五原則で言う世界共通のものではなく、国状に適った特性なのである。世界共通のものを排すということは客観的、科学的なものを排すことにも通じている。

このような方針が勅許で決定されると、日露戦争を最高のものとみなして、その時点で冬眠に入ることを意味する。日露戦争の段階において、まがりなりにも世界一流の武装を持った軍隊が、いつの間にか二流の軍隊へと劣化してしまう。第二流の軍隊となること自体はそれでもよい。しかし欲望の方は、第二流の軍隊では達成できないような野望を持つことに問題があるのである。

それから三五年後を経たノモンハン戦に日本陸軍は、三八式歩兵銃、三八式野砲、日露戦争時にドイツに発注した一一榴、日露掌時代のホチキス機関銃の改良機関銃を持ってハルハ河に向うのである。

指揮統帥の卓越などということは、元々ありはしないだけでなく、統帥権などはずたずたに専断されている。頼りとなるのは忠勇な下級将兵の血のみである。

明治四二年に五原則が創られてから、第一次世界大戦を経て、国際情勢も大きく変化したし、軍事情勢も大きく変化している。ところが田中義一の分析の基礎となる「日本軍は倍数以上の露軍に対しても軍隊の素質が良好で統帥指揮が卓越してをれば、必ずしも勝算なしとしない」という考え方は純粋培養されて変化がないだけでなくさらに増幅されている。

これを明示するものが、昭和八年の対ソ戦闘要綱である。これも「攻撃精神充溢し志気旺盛にして強烈なる責任感に燃ゆる国軍は、数倍のソ軍に対するも統帥の卓越、訓練の精到等により愈々必勝の信念を鞏くし常に攻勢に出でて克く其任務を解決し得るものとす」とし、田中が倍数を二倍という意味で使用しているのに対して、昭和八年の官僚軍人は数倍という観念論を展開する。この対ソ戦闘要綱の内容は全く我田引水も極まっている。非常に長文なので、要訳すると、ソ軍は頭が粗雑で、非科学的、非組織的であり純重である。忠君愛国の不壊の精神的威力によってソ軍の機械的な団結の弱点をつくのが戦勝の主因である。ソ軍の火力装備は有力のようであるが、我適切なる部署と火力運用によって圧倒できる。ソ軍は酷寒作戦に慣れているようであるが、我補給その他の準備施設宜しきを得れば依然として我が優越しうる等々というもので、ソ軍の弱点を並べ、味方の弱点は適切なる処置によって優勢となるというような情けないものである。存在するのは驕慢と作文である。

国民の批判から独立している組織というものが、到達する当然の帰結である。自由な批判の重要性と必要性を痛感するしだいである。

前項で明治四二年の軍の操典改訂のことだけに限定して述べたが、それは、この傾向の中の一つに過ぎない。確かに明治時代及び明治的な性格は、日露戦争をもって終りを告げている。明治の内容的な終末は、明治天皇の崩御によるものではない。

日露戦争の終結をもって、国家と国民はそれまでの目標を失い、驕りの気持ちの中で、明治後期の施策は、明治的特性を失っている。特に対外政策における最初の方策が朝鮮の合併である。これに続くものが大正初めの田中の対支二一ヶ條の要求となる。そして、その外交政策が軍を背景とし、軍に独占されて行く過程において変質してくる。

そして、いずれの場合にも、基礎にあるものは、軍事力のみならず国力における自己過信と政策(欲望)とのアンバランスである。

その意味ではノモンハン事件もシベリア出兵も太平洋戦争も決して別個のものではなく、同じ根から生まれたものである。

ノモンハンの敗北の戦術的要因は色々あげることができるが、最も重要なことは、起こす必要もない紛争を発生させせた指揮統帥の乱れである。大体日露戦争以降の軍の行動には統帥権者の意志は、山縣などの権力者に実質的には祭りあげられているようである。

しかし、謀略的に専断されたのは、河本大佐らの満州某重大事件以降と見ても誤りではないであろう。この指揮統帥の紊乱と麻痺を最も助長した直接的要因は、一つは満州事変以降、一部軍人の専断行動が成功すれば功績に結びつくという信賞必罰の根本が壊され、専断が即勇敢でかっこういいとみなされたことであろう。

二つには、一〇月事件、五、一五事件、士官学校事件、二、二六事件など相い続く、軍内政治闘争によって、国家の軍隊を私的目的に利用して罪悪感も責任感も持たないという風潮と下剋上の横行である。

これらに関しては、諸研究家が十分に究明している。従って、著者はその代表的な人物である辻政信について概観したい。

昭和九年一一月士官学校事件の挑発者となっている。東條の引きで士官学校の生徒隊長となった辻は、佐藤候補生を皇道派武装クーデター計画をさぐるための逆スパイとして利用し、皇道派の武装蜂起計画を発見したとして統制派幕僚の尖兵的役割をはたした。

二、二六事件を経て統制派が勝利するに伴い、彼の時代が到来する。

昭和一二年盧溝橋事件の発生時には、関東軍の意志を表面にたて、管轄外の天津駐留軍司令部と部隊を訪ねて、件拡大へはっぱをかける役割を演じている。

同年のカンチャーズ事件では、関東軍内で強硬策を主張し、中央が命令によって事件の拡大を阻止したことを弱腰であると根に持つこととなる。

昭和一三年の張鼓峯事件の際には、辻ノモンハンに述べていることだけでも非常に疑問となる行動をとっている。事件発生数カ月以前にこの正面のソ領への越境偵察飛行、朝鮮軍管轄内の国境視察、河川航行視察を実施している。事件発生の二日前七月七日に、関東軍特殊情報機関はポシェット地区のソ連第五九国境警備隊長が「香山洞の西方高地に兵力を配置すべきである」との電報をハバロフスクへ報告したことをつかんだとしている。勿論事件発生の第一報を送ったのも関東軍である。

辻参謀は事件発生と同時に、再び管轄外の朝鮮軍現地部隊を訪ねて攻撃を使嗾し、見たまゝの状況を報告するとして、朝鮮軍と大本営に強硬方針をとるよう具申している。よって小磯朝鮮軍司令官から立退きをくらっているようである。

次に関東軍の諸部隊をソ連国境方面へ牽制陽動させたことは前述した。事件解決後、この琿春地区の警備責任が関東軍に移管されると早速辻参謀は現地視祭に出向き、血をもって購った地域をソ連軍が占領して堅固な陣地を設けているのはけしからんというので「処理方策」をまとめている。これはソ連に外交抗議を申入れ、それで撤退しない場合は武力を使用するという案であって昭和一四年春関東軍矢野副参謀長から参謀本部の橋本群少将へ提出された。この意見が抑制されて気分を苛らだたせた辻参謀が直ちに着手したのが所謂「満ソ国境紛争処理要綱」である。その思想と内容と挑発効果については前述した。

さて著者が最も疑惑を抱いているのは、辻正信と第二三師団小松原中将とのノモンハン事件発生前の関係である。特に前述した昭和一四年四月二三日アルグン河国境六卡における戦闘であり、同二六日アルグン河を渡河して満軍に攻撃を命じた件である。このような戦闘が辻の思想または支持なくして、師団長が実施できるとは思えないのである。しかし、具体的にこの問題の背後にある両者の関係については資料不足である。

次いで、ノモンハン事件の発生である。この事件は、山縣支隊の作戦計画、タムスク爆撃の独断専行、外蒙侵入の両岸作戦は、はっきりとして辻の独断計画であり、フラルキ爆撃事件のデッチ上げもそうであると著者は確信している。次いでこの爆撃事件を利用しての全満防空令の発令と応急派兵、これと併行して、井置、長谷部に対する自決の強制と、すべてが辻一色にぬりつぶされた観がある。

次が昭和一六年の大本営での服部・辻のコンビによる田中隆吉を含めての南進太平洋戦争開戦推進のキーポイントとなったことである。台湾軍研究部における経験を通じて、辻は、がらりと南進推進論へと鞍がえする。

次がマレー作戦の作戦参謀として軍司令官の命令がないにも拘らず第五師団長と第一八師団長にブキテマ夜襲を勧誘して失敗させる。次がシンガポール陥落後の華僑数千の処刑で実質的指令者となっているがこの件の戦犯責任からは逃れている。

次がフィリピンに出向いて、バターンの捕虜の銃殺を大本営命令かの如き私物命令を出して部隊に実行を迫っている。

次が、東條の直接指令によってガダルカナルの現地に現れての必勝の精神による作戦指導の失敗と川口少将問題の指令責任者となっている。その次が第三三軍参謀としてビルマ戦線に現れ、水上少将個人に対して、ミートキナの死守を命じて、実質的な自決命令となっている。それらの全責任は潜行三千里をすることによって逃れている訳である。

このような人間をこれだけ自由に振舞わせた陸軍の組織と腐廃とは驚くべきものであるが、これをまた国会議員として選出する国民一般層というものが著者には判らない。著者の感覚からすれば、極東裁判は必要でないが、国民として当然戦争責任の裁判にかけるべき人物であると考える。軍の指揮統帥の紊乱といっても、ノモンハン事件までは、部隊、特に中隊以下の軍紀に乱れがあった訳ではないし、下級将兵が立派に頑強に戦ったことは実体が示している。

自分の国の歴史とか体制を美化することが、国の発展に寄与すると考え、それが愛国的な態度であると信じている人は少くない。国を愛するという真情は、自分の国のよしあしなどに比例するような浅薄なものではなく、親の愛が子供のよしあしを超えたものであることに似ていると思う。

特に現政治体制を美化するために歴史的事実に作為改竄を加えると、長期的には、馬脚を現わし、その失望感は作為の大きさに比例して深刻化するものとなりかねない。著者は、歴史学者ではないし、歴史上のあらゆる作為を曝くような望みは、持つとしても、能力を欠く。ただノモンハンの戦闘分析からして、意味と成果のない自殺的攻撃が繰り返されていることに疑問を感じる訳である。勿論軍隊のあらゆる攻撃を否定しているのではない。

この自殺的攻撃は、その後の玉砕とか特攻にも関連するものである。これらの攻撃は、命令する者は語るまでもなく、命令された者も、命令されたから仕方なく実行したというようなものではない。少くとも抵抗感なく、自発的に実行したということは、そのような攻撃を美と考える精神文化的温床があるからである。その精神文化的温床の源をさぐれば、江戸時代の水戸学とか偏狭な国学にまで逆上るかもしれないが、明治維新以後の近代天皇制によって極度に作為されたことは確かである。その中でも、国民の手本として叩きこまれた乃木将軍と楠正成の虚像と実像を検討したい。なぜならば、この二大忠臣の実像が戦前の教育を受けた著者に最も大きな幻滅感とある種の憤りを抱かせることになったからである

（中　略）

これまで、ノモンハン戦当時における軍部の驕慢、傲慢性の源泉を日露戦争まで遡って納得しようと努めてきた。日清、日露以前に源泉があるとするならば、それは日本人の本性に由来するものという情無い問題に直面するからである。したがって、著者はその源泉を日露戦争までに塞き止めようと無意識のうちに望んだのかも知れない。しかし、それは希望に過ぎないのかも知れない。

蒙古襲来のような純防衛戦は別として、歴史を遡ると豊臣秀吉の朝鮮出兵の失敗があり、更に遡ると朝鮮の白村江の潰滅がある。日本人は敗戦という言葉さえ嫌いであり、ましてその研究は好まないようで、貴重な教訓が資料として残されているものが少ない。したがって、よく研究しないと確実なことは言えないが、過去のこの二つの出兵とその戦い方を概観した印象では島国的な夜郎自大性が共通しているような気がする。

〃この一戦〃を書いた水野広徳海軍退役中佐の大正一〇年当時の次の論説は勇気ある見解である。「米国の兵力を考究するに当りその人的要素は彼我同等のものと考慮するにあらざれば英国人に対したドイツ人の誤りを繰り返すであろう。」

「物質文化においては白人に劣るも精神文化においては白人に優るなどと云うは安価なる国民的己惚れの気休めにすぎない」

「我が国民は戦争の利点のみを知って未だその害点を知らざるの結果容易に戦争を口にするに至ったのである。故に我が国民が好戦的なりとすれば、それは本来の国民性でなく、大和魂己惚病と戦争慢心病との熱に浮かされた一時的作用であると信ずる」

さて、当時、これを発表した勇気に感心すると共に、彼も、その驕慢の源泉を一時的なものとして、日露戦争後の特殊なものとし、本来の国民性ではないと希望したのであろう。

著者も、ノモンハン戦の敗因分析を進める過程で、第一部から第五部までは、敗因の始源は、日露戦争以降の現象に求めたものと言えよう。

しかし、現在、よく考えてみると、そのような分析態度ほ、なお皮相的なものに過ぎず、より根源的なタブーを避けて通るものではないかと考えるようになった。その意味において、第六部は、急遽補足追加したものである。

牛島さんは早大政経学部中退ハルピン特務機関に陸軍嘱託として勤務中にノモンハン事件に参加し、戦後ソ連抑留のち防衛庁情報機関に勤務してソ連情報を担当していた大先輩であるが、ここに引用した文章によってみても公正正確な情報分析能力が知られるだろう。

私はかねがね日本陸軍の誤ちは陸大教育にありと主張してきたが、それが田中義一以来の起源を持つものであることが具体的に説明されているのであえて冗長と思われるかもしれないが要所を引用した次第である。

こういう視点は一般の歴史書にはまず出てこない貴重なものであると信ずる。熟読玩味して歴史認識の一助としていただければありがたい。

私は非合理主義に裏打ちされた精神主義を否定するのであって、精神そのものを否定しているわけではない。昔から士気（モラール）というものの大切さは軍隊において特に強調されてきたのは間違いではない。士気の高い軍隊というものは強いといわれる。それこそ兵力の数倍の力を発揮するのである。

これは一般企業でいえばモチベーション、やる気ということに通ずる。やる気のある社員をかかえた企業は栄えるが、やる気のない社員ばかりをかかえた企業はつぶれてしまう。

私はここで士気という言葉にフランス語のモラールという言葉を使った。これは英語でも同じで道徳という意味もある。保守派が何かというと道徳教育を持ち出してくるのはこのあたりのことを言っているのだ。自衛隊では精神教育と言っている。ドイツでは内面教育といって重視している。いずれも士気の高揚を狙ったものである。ただ保守派の諸君の言っていることを聞くと、いずれも日本の文化の優れた点を強調し、過去の誤ちを客観的に反省することがなく、唯我独尊、日本民族優秀説といった傾向があるように思われとてもではないが賛成するわけにはいかない。

その代表が安倍晋三だ。今回の選挙では狙った通りの大勝を獲得し、今後四年の無賃乗車券を手に入れた。今後どのようなことが行われるか怖ろしい話だ。安倍は金をジャブジャブ使って国民の目をタブラかし、その目くらましが利いているうちに解散して永続政権を手に入れたのである。私の選挙予測は数としては正確ではないが、傾向としては大筋で当たっていると思う。ただ日本国民は辻政信を国会に送り出したように必ずしも国民の意思を正確に表現できない。ともかく安倍のギャンブルは今の所成功を収めているが一五年の経済運営は破滅するだろう。日銀ともども沈没するのはいいが、日本国民を道連れにしてほしくはない。

それにしてもダラシないのは野党のザマでこれからの努力が望まれる。岡田民主党に期待したい。。。

やはり近代日本のあり方は大国主義をとったことの過ちであり、明治の末期から小国主義を主張していた石橋湛山の言説をふり返ってみるべきだ。明治、大正、昭和と大国

主義への道を歩み続けた日本にあってただ一人軍部や政治の圧力に抗して正論を説き続けた人である

私は最初からアベノミクスは破綻していると主張していたが素人の悲しさ理論的追及はなしえなかった。そこで理論を経済専門家内藤克人に解説していただくことにする。

彼は今回の選挙について安倍が連呼している「この道しかない」というセリフはサッチャーの常套句であるという。

その昔、サッチャー英首相の常套句〝TINA〟（「ほかに選択肢はない」＝There is no Alternative）に真似て「この道しかない」とくり返した。

そして安倍がこの選挙の争点をアベノミクスに矮小化しようとしていることに反対している。

安倍首相自ら世界に吹聴して歩いたアベノミクスは、同政権のなした「全体」ではなく、ごく些末な一部に過ぎない。その些末な一部でさえ時代錯誤の、しかし、壮大な「フイクション（虚構）」であったことが露呈し始めた。

それと知らず安倍晋三氏は、今次選挙の争点をあえて経済政策の領域に絞り込むことで「、官邸独裁」的手法をもって強行した歴史的誤謬、たとえば集団的自衛権容認、特定秘密保護法強行採決、原発再稼動、沖縄基地問題、その他、次から次への民意蹂躙、独断専横の記録を隠しおおすことができると思い込んでいる。

自ら大成功とはやす「アベノミクスの壺（つぼ）」に投票者の一票一票を吸い尽くせば、一強多弱の優越をたやすく保持できるとする自己陶酔的錯覚である。安倍氏の勝手な思い込みと稚拙な企みにやすやすと嵌め込まれていいはずがない。

消費税再増税の延期措置も国民生活への配慮などではない。アベノミクスの虚構性が生み出す酷薄な副作用、矛盾の辻褄合わせにすぎない。自らが争点とした経済政策が「国策フィクション」の終わりつつある事実に、いまだに一国の宰相が気づかずにいる。

私はアベノミクスは実体経済を伴わないからダメだと主張してきたが専門家はこのことを次のように説明する。

まず、黒田日銀による「異次元金融緩和」、すなわち第一の矢なるものの虚実をあきらかにしよう。第一の矢は、世間向けの謳い文句通り、市中に流れる通貨供給量を増やしたのか。答えは明らかだ。増えていない。

数値で示す。何よりも「マネタリーベース」（市中に流通する貨幣と各銀行が日銀に開設している当座預金口座残高の合計）は「異次元金融緩和」が開始される直前の二〇一三年三月末から直近の二〇一四年一〇月末に至る一年半の間に、一三四兆七四一三億円から二五二兆五八四五億円へと一・八七倍にも膨張した。わずかな期間にほぼ二倍規模である。

両者の差し引き増加額は一一七兆八四三二億円にも及ぶ。さすが「異次元金融緩和」にふさわしい〝マネー・ジャブジャブ〟ではないか。そう叫びたいところであろう。

一般の人びともまた、かくも巨額の追加マネーが世の中に出回り、市中を駆けめぐっていると思い込む。マネーが世の中に出回り、市中を駆けめぐっていると思い込む。マネーが身の回りに溢れ、人びとの日常はゼニに取り巻かれ、間もなく不動産はじめ持てる資産の価値も膨らみ始めるのだ、と……。

実際はそうではない。

結論を先に示せば、増えた通貨の行き着いた先は実体経済の水流ではなく、ほかならぬ日銀内部の「冷蔵庫のなか」であった。

すなわち、同期間の膨張額(マネタリーベースの増加額)約一一八兆円に対して、当座預金のなかに「氷漬け」となったままの増加額は、驚くべきことに、それを上回る約一二〇兆円の巨大規模に達しているのだ。当座預金残高(いわば氷漬け)は二〇一三年三月末の四七兆三六七四億円から、二〇一四年一〇月末(直近)には実に一六七兆七〇一〇億円へと膨張した。

その差額、すなわち「異次元金融援和」開始後の膨張額は一二〇兆三四三六億円もの巨額にのぼる。さらに驚くべきは、この「氷漬け」の膨張速度が加速の度を強めていることである。巨額の「睡眠マネー」(「ブタ積み」とも呼ばれる)は刻々膨れ上がっている。

これでどうして設備投資が増え、実体経済の活性化が望めるというのであろうか。

以上の意味するところを整理しておこう。

アベノミクス第一の矢、〟マネー・ジャブジャブ〟はみせかけに過ぎなかったことだ。

くり返しになるが、安倍首粕のいう「アベノミクス好循環」とは第一の矢、すなわち日銀による、過去に例をみない「非伝統的・異次元金融緩和」によって日本経済をマネーでジャブジャブ漬けにする、そういう前宣伝であった。そうすることで実質金利は低下し、資金需要は活発化し、設備投資は増え、脱デフレが成り、働く者の賃金は増え、かくて日本桂済は再びの活力を取り戻す、と。大仰な「好循環国会」まで演じられた。だが、マネー・ジャブジャブがそもそも偽装であったこと、以上に示した通りである。

そしていま、人びとはマネー・ジャブジャブの正体が「みせかけ」に過ぎなかったことを見抜き始めた。七—九月期成長率のいかんを問わず、経済の実態からして消費税再引き上げなど、そもそも論外だったのである。脱デフレへと行程はいささかも進んでいない。

影も見えない「マネー」は人びとの頭の上、すなわち政府〜日銀〜銀行(民間金融機関)の間に架けられた遥かな「天空回廊」を、ただただ、ぐるぐる周りしていたに過ぎない。

だが、異次元金融緩和だけで市場の高揚感がもたらされたわけではない。それに先立って巨額の「公共投資」が打ち上げられている。すなわちアベノミクス「第一弾」と銘うった二〇兆円もの景気対策だった(国、自治体合わせた事業費)。うち一〇兆三〇〇〇億円は国の支出による補正予算であり、そのまたおよそ半分が「公共事業」だった。すでに二〇一二年度予算として組み込まれていた四四兆円を加えるならば、合計して五〇兆円規模の財政出動（公共投資）が行われたことになる。

財政と金融、すなわちいずれも政府権力の采配下におかれ、政権の自由になる「双子の操り人形」が見事に響き合った。日銀において白川方明・前総裁から黒田東彦・現総裁へとポストが移される間に何があったか。くりかえすまでもない。

こうしてロケットスタートの名にふさわしいアベノミクスの迫力で緒戦の成功は成った。以後の安倍政権への高支持率が何よりの成功報酬である。

政権が生み出した「双子の操り人形」の演技はこれからが本番となる。

いうまでもない、いずれもが国債を手段とした「手品」であり、「（手品の任掛けに）国債を使う」という〝アベノミクス手法〟は以後、現在に至るも変わっていない。巧妙な「国債商法」にアベノミクスのからくりの全てが仕組まれている。

財政と金融の両者をつなぐ国債という存在の「不可思議」に秘密のカギが潜む。アベノミクス第一の矢、第二の矢がともに国債を介して裏腹の間柄にあること、明らかである。「リフレ派理論」のネタ元もまたこの仕組みの奥に身を潜めている。

「国債」とは何か。国による借金である。過ぎたる国債を指して〝ニセ札〟と呼ぶ向きもある。国が垂れ流す国債を無際限に中央銀行が直接引き受けることを「財政ファイナンス」といい、「国債マネタイゼーション」（国債の貨幣化）とも呼ぶ。国の財政赤字を穴埋めするため中央銀行が国債を直接引き受けて買い取ることだ。多くの先進国において「禁じ手」とされる。

わが国においても、戦後の財政法で赤字国債発行そのものが原則禁止されてきた（財政法第四条。それが後に「合法化」への道をたどる。行き着いた先にアベノミクスがあり、財政規律は抜け殻となった。事態はすでにその段階にきている。

見逃されてならないのは、ここに述べた「双子の繰り人形」構想は、二〇一二年一二月の第二次安倍政権発足に先立つ同年一月、自民党総裁としての講演（熊本県下）において、はやくも開陳されていたことだろう。

たとえば日本経済新聞は、安倍自民党総裁が「衆院選後に政権獲得が実現した場合、日銀法改正を検討する考えを重ねて表明した」として次のように報じている。

「（安倍総裁は）建設国債をできれば日銀に全部買ってもらう。（そうすれば）新しいマネーが強制的に市場に出ていく、と述べ、日銀が建設国債を金額引き受けるのが望ましいとの考えを表明した」（日本経済新聞電子版　二〇一二年一一月一七日）

同様の報道は朝日、毎日両紙によっても大きくなされている。

まさしく「財政ファイナンス」「国債マネタイゼーション」に通じる発想ではないのか。

第二次安倍政権におけるアベノミクスの本意がここにあり、アベノミクスの行く手に待つ破綻の姿が透けて見える。

天空回廊をめぐる巨額の「虚のマネー」、円安によるJカーブ効果の無効性、何よりも巨額財政赤字のさらなる拡大へ……。マクロ経済の全ては「アンダー・コントロール」の対極へと移る「プロセス(過程)」にあるのだ。

二〇一四年一〇月三一日、日銀の黒田総裁は「後はない」と公言したはずの金融緩和をさらに追加実施すると宣言した。

「ハロウィーン・サプライズ」と呼ばれる。同じ日、GPIF(年金積立金管理運用独立行政法人)もまた巨額積立金運用のポートフォリオ見直し、すなわちリスク資産への飛躍的な運用拡大・シフトを発表した(『世界』二〇一四年一一月号『アベノミクス化』する社会」内橋・参照)。これまた追い詰められた揚げの「双子のサプライズ」以外の何ものでもない。

このとき、日銀の国債保有高は二〇〇兆円に達していた。これは公的債務残高、つまり国の借金の実に二四%に相当する。その日銀が国債買い入れ額を年間五〇兆円からさらに八〇兆円に拡大するというのだ。先に述べた日銀の当座預金に氷漬けにされたままの「睡眠マネー」もすでに一七〇兆円規模を突破していた。

アベノミクスにおける政策ミスの露呈を防ぐ「セット解散」への必然がくっきりと浮かび上がるのではないだろうか。

いま、「リフレ派」によりかかったアベノミクスの危うさ、そして綻びが目に見えるかたちで現れ始めた。急速に変化する「産業構造」への認識不足も露呈している。

たとえば非伝統的、異次元の金融緩和によって進めてきた円安政策だが現実には円安のもとでも輸出(数量)が伸びず逆に巨額の貿易赤字が続いている。このまま進めば、数年内に日本は「経常赤字」と「財政赤字」という「双子の赤字」に陥る懸念が強くなった。二〇一三年の「貿易赤字」過去最大を記録している。

この現実に対して安倍首相は「この状態が恒常化するとの見通しはもっていない」と強調した。いま進みつつある貿易赤字構造への認識不足を首相自ら露呈してしまうかたちとなっている。先進国で最悪の政府債務(GDPの2倍規模)と経常収支赤字が定着すれば、いずれ国債発行の引き受けを海外投資家に頼らざるをえなくなるだろう。そうなれば、金利急騰、市場不安定リスクの拡大は避けられない。

さらにアベノミクスによって私たちの社会が失ったものに「日銀の独立性」があり、その「危うさ」を多くの専門家が指摘するようになった。この現実を前に第三の矢、すなわち成長戦略なるものは可能か。その主柱となる「国家戦略特区」を検証する。

ある特定の地域を指定し、その地域内で大胆な規制緩和を先行実施する。安倍晋三首相自らが主導し、「世界で一番ビジネスのしやすい環境をつくる」と執念を燃やす「国家戦略特区」構想が現実のものになろうとしている。

構想の核となる「雇用特区」では従業員の解雇自由、労働時間の上限規制の緩和・撤廃、残業代ゼロ制度の導入……と経団連をはじめとする経済界の宿願が達せられる。特区内に本社をおけば全国どの地方支店でも同じ「例外権」を行使できる。

だが、日本国憲法は「労働条件法定主義」（二七条二項）を原則としてきた。この原則に基づいて戦後早い時期に労働基準法が生まれた。労基法、労働組合法、労働関係調整法の三法は「普遍立法」である。この普遍法に例外権の穴を穿（うがっ）つ雇用特区が大都市圏に忽然と姿を現す。労働基準法で守られる人と、そうでない人を分かつ労働の分断・解体が人びとの意表を突く政治手法で進む。「憲法番外地」のその先に国民生活の安寧は可能だろうか。

すでに形骸化しつつあるとはいえ、一日八時間・週四〇時間と定めた「法定労働時間」（労基法）の縛りは厳存する。これを超える労働には残業代という対価を支払わねばならない。また従業員の解雇を縛る「解雇ルール」の遵守が求められる。すなわち真に人員削減に迫られてのことか、解雇を避ける努力はなされたのか、解雇対象者の選定は合理的かなど、「判例」に則る要件が満たされていなければならない。

言葉を換えていえば、被雇用者は「合理的な理由なしに解雇されない」権利（労働契約法）をもつ。そこに「労働条件法定主義」の真髄があった。

それらが廃棄され、金銭的解決などの姑息（こそく）な術を代償に、「企業行動の自由＝解雇の自由」が拡大される。経団連はじめ雇用側が抱いてきた長年の欲望に安倍政権は一も二もなく即応の構えだ。筆者には異様な光景と映る。アベノミクスによって日本社会の格差拡大は必然となる。国家戦略特区は一例に過ぎない。

強い者の欲望に寄り添う安倍政権の危うい本性が滲み出し始めた。三本の矢ではなく、三本の刃なのであり、その向かう先はほかならぬ私たち国民ではないだろうか。

いまはそのことを恐れなければならない。

私は十二月号の末尾にGDPマイナスはこのことの兆候であると書いた。安倍は消費税引き伸ばしを経済が腰折れするからだと弁解しているが、腰折れどころか歩行困難に陥入っているからだ。私は一年後の安倍の姿はみんなの党の元党首渡辺の姿に重なるとも書いたが、最後の悪あがきに何をしでかすやら。

参考文献
特集　２０１５年を読む　中央公論一月号
――「政策の季節」から「選挙の季節」へ
特集　未来を選択する選挙　世界一月号
内藤克人「アベノミクスは『国策フィクション』である」
石橋湛山「石橋湛山―湛山回想」
日本図書センター　一九九七年十二月二十五日刊
石橋湛山著作集１　経済論１
長幸男　編集・解説　「リベラリストの警鐘」

半藤一利「戦う石橋湛山
　――昭和史に異彩を放つ屈服なき言論」
　　　　　　　　　　　　　　　一九九五年一一月一六日刊
　　　東洋経済新報社　一九九五年七月二七日刊
田中秀征「石橋湛山」
　　　　　　　　　（埼玉・会員）

金子光晴と現代

折原　利男

金子光晴と現代」は、『AMAZON』2015年1月号に全文掲載されたもので、8・15では4回にわたって転載します。

しやぼん玉は
どこいつた。

かるがるとはかない
ふれもあへずこはれる

にぎやかなあの夢は
どこへいつた。

（金子光晴　「しやぼん玉の唄」より）

はじめに

私は1976年4月から、埼玉県のある公立高校の国語科の教員になった。そこでは、それぞれの教員が自分の取り上げたい教材と方法で授業を進めた。むろん、生徒にとって興味、関心が持て、生徒のためになるもの、という前提である。特に「現代国語」（現在は「現代文」）の教科書は、一部定番と呼ばれる教材を除いては、各社とも全く様々であるように、教材は無数にあるといってよい。また、定番とされるものが必ずしも優れた作品とは言えない。そのなかで、一応国語科教員全員で検討し、一番よさそうな教科書を選ぶ。それでも、自分が使いたいという教材はそれほど多くは収録されていない。こうして、教科書以外にも、各自が取り上げたい教材を、他の本や雑誌や新聞記事などからプリントして使用する。その他に年に何冊か文庫本や岩波新書などを生徒全員が買って読み、授業に取り上げたり、レポートを書いたりした。

進学校だったので、受験対策はどうするのか、という問題がある。その高校の校風の一つは「自由と自治」だった。そこには、高校は予備校ではない、受験勉強は自分でするものだ、という暗黙の了解があった。多くの生徒も、その方針を理解してくれたと思う。むろん、受験はどうでもいいという訳にはいかない。しかし、直接の受験対策的な授業はしなくても、スポーツでいえば、足腰を鍛え、それが結局は受験にも生きるはずだという思いもあった。

私は、その現代国語の教材の一つとして「金子光晴詩抄」という、B5版18ページの冊子をプリントして作った。詩人、金子光晴の沢山の作品のなかから、私がいいと思った25の詩を選んだものである。私が光晴の詩が好きだったこともあるが、同時に、戦争と平和、そのようななかでの批判精神、そして人間の自由と自立というような問題を生徒に考えて欲しかった。それはまた、彼らが進学し、あるいは社会に出てからも必要なものだと思ったからである。

1　日本の劣化と退廃――平和と民主主義の危機

光晴の詩文が、当時の高校生に、どれだけリアリティのあるものとして伝わったかは分からない。当時は私自身も、1945年8月15日の無謀で悲惨な太平洋戦争の敗戦後、日本が直接戦争にかかわるような事態が、現実にまた起こりえるというリアリティは持っていなかった。

2014年の現在は全く違ってしまっている。私は、平和、憲法、民主主義、人権などにおいて、今ほど強い危機感を持ったことはない。そのようななかで、光晴の残した詩文が、この状況に重なって蘇るのである。

光晴の詩に入る前に、ここでまず今日の日本の危機的状況を確認しておきたい。

特定秘密保護法制定

13年12月6日夜の臨時国会で、国民の多数の反対の声を無視して、特定秘密保護法が強行採決された。この法律を審議する特別委員会の野党側筆頭理事だった福山哲郎（参議院議員）は「なんと審議の最初から採決まですべてが数による強行採決。こんなことは国会議員になって16年間で初めてで、まさに前代未聞のひどい国会運営でした」と語っている（週刊金曜日、14年11月7日号）。共同通信社が直後の8、9両日に実施した世論調査によると、成立した特定秘密保護法を今後どうすべきかについて、「修正する」「廃止する」との回答は合わせて82・3％に上った。「このまま施行する」との答えはわずか9・4％である。世界の民主主義の歴史の流れに、愚かにも全く逆行する法律である。

何を「特定秘密」にするかは、そのときの19の行政機関の長、すなわち各国務大臣が判断する。しかし実際は、膨大な情報を握っている官僚が支配することになるだろう。分野は「防衛」「外交」「特定有害活動（スパイ防止）」「テロの防止」の4分野、55の細則に別れているが、政府が幅広く解釈できる項目が並び、その歯止めになる監視機関も、形だけの身内の組織である。さらに、その監視機関に開示を求めようとしても、どのような形で情報の特定をし、求めるのか。何が特定秘密かが分からないから、開示は困難である。監視機関の効力はないに等しいのだ。秘密指定期間は原則30年だが、内閣の承認で60年まで延長可能で、政府の判断で永久に指定され続けることも可能である。

その秘密を公務員らが漏洩したら、最高懲役10年という厳罰である。市民やジャーナリストや記者が、その漏洩を「そそのかし」たり、「あおりたて」たり、「共謀」したとみなされれば、最高懲役5年となる。よほどの覚悟がなければ、真実を追究できなくなる。ところが、行政の長、官僚や政府が不当な秘密（自分たちに不利になる情報、不正、不祥事なども当然指定するに違いない）を指定したとしても、追究することは難しいだけでなく、発覚しても、それには罰則がない。こんなばかげた理不尽なものがあっていいはずがない。

秘密保護法は情報統制色を帯びており、国民の代表である国会議員も処罰する規定を持ち、国政調査権も及ばず、国会は政府の言いなりの存在になる。国権の最高機関よりも、行政権が優位に立ってしまうという、3権分立を犯す法律である。

14年10月、私は「Musical Guild q（音楽・劇・技・能・団）」公演のミュージカル「THE SECRET GARDEN—嘘の中にある真実—」を観た。特定秘密保護法が施行（14年12月10日）されるとどうなるか、という問題を、2人の弁護士の法律監修と助言のもと、法廷劇としたミュージカルの力作である。

あらすじは、次のようである。近々のある日、原発を見学した一般市民や元雑誌ジャーナリストたちが、案内担当の臨時職員とともに、突然逮捕される。特定秘密保護法違反容疑だった。検察、警察は秘密保護法を盾に、一切事件の内容を明らかにしないまま、起訴した検察は全員有罪を求める。裁判は、一体何が「秘密」なのか、弁護側も裁判官も分からないまま進行する。まさに「秘密」は秘密なのだ。検察は、違反していることは間違いないから、それだけで十分だという。引き込まれて観ながら、その滑稽さと恐ろしさが伝わってきた。

ドラマの終盤、ようやくのことで、「秘密」とは、原発の施設の奥で秘密裏に核兵器が作られていたという、恐るべき事実が明らかになる。

12年6月に原子力基本法が改定され、原子力利用を「我が国の安全保障に資する」という新たな目的が、ひっそりと盛り込まれた。「安全保障に資する」とは、要するに、原発を維持することによって、核兵器を製造する潜在力を保持する、ということを示唆すると受け止められる。

この結末は、日本のこれからに、あり得るかもしれない「特定秘密」を象徴していると言えるだろう。

集団的自衛権行使容認

一方、14年7月1日、政権は集団的自衛権の行使を容認する閣議決定した。集団的自衛権とは、密接な関係にある他国を守るため、自国への攻撃がなくても戦闘に参加できるという権利（義務ともなる）で、国連憲章は全ての国はこの権利を持つとしている。しかし日本の歴代内閣は、戦争放棄をうたう平和憲法9条のもとでは、それは認められないとしてきた。これは国是といってよかった。

自衛隊はまがりなりにも専守防衛という原則を守り、他国の人を1人も殺さず、1人の隊員も殺されずにきた。一方では災害時の救助隊として活動してきた。その自衛隊が、これからは、れっきとした軍隊として海外に派遣され、他国の戦争に参加し、戦闘で殺し、殺されるということが現実味を帯びてきたのである。

そうなると、隊員内部から、初めの話とは違う、という意識が生まれてもおかしくない。こうなると、入隊者が減ることが容易に予想される。現に、自衛隊がイラクへ派遣された前後の２００３～09年に、自衛隊の幹部を養成する防衛大学校の退校者、卒業時の任官拒否者、早期退職者（任官後８月まで）が急増し、ピークの05年は、４２５人中１６３人、38・４％が去っている。その先には、徴兵制の復活もあり得る。

戦後日本の、平和国家としての世界に誇るべき憲法９条の解釈が、そして、同時に憲法によって国家権力を縛るという立憲主義が、一内閣の閣議決定で変えられてしまうことが絶対に容認されていいはずがない。これは実質的に憲法違反といってよいだろう。

この３カ月前の１４年４月には、１９７６年以降、やはり歴代内閣が守ってきた武器輸出禁止三原則が撤廃された。さっそく６月１６日からパリで始まった国際武器見本市に、日本が初めてブースを設け、日本の１３社が参加した。出展を呼びかけたのは日本の防衛省幹部だった。テレビのドキュメンタリー番組でこの武器の展示会の様子が放映された。活況を呈する武器、兵器の展示会場で、笑顔の死の商人が闊歩し、日本の企業と外国、あるいは海外の防衛産業とを、防衛省の幹部官僚が精力的に橋渡ししているありさまは、本当にグロテスクであった（ＮＨＫスペシャル「ドキュメント」〝武器輸出〟防衛装備移転の現場から」、14年10月5日）。日本企業には各国の軍関係者から問い合わせが相次いだという。その先に、例えばあのパレスチナのガザに広がる廃墟と、点々と横たわる血まみれの市民の虐殺死体があることなど、想像することはないようにみえる。

原発再稼働への画策

もう一つの危機的問題は、政、財、官界一丸となっての原発再稼働への画策である。世論調査では、60～70％の多数の国民が再稼働に反対している。11年の３・11から３年半以上も経ちながら、未だに12万人もの人々が故郷に帰れず、事故の本当の原因も究明されず、放射能とともどなく溢れ出す放射能汚染水を止められない。

12年７月に公表された国会事故調査報告書は、原発に押し寄せた津波の写真の分析などから、津波が到達する前に非常用発電機の電源が喪失した可能性を指摘した。さらに冷却系統の配管に穴が開き、冷却水が漏れた可能性も示した。これが事実なら、地震大国日本のどこの原発も、津波に襲われなくても、地震だけでフクシマのようなメルトダウンを起こす可能性がある、ということになる。

福島原発事故がどれほど恐るべき事故だったのか。事故の２週間後の３月25日、当時の菅首相の指示により、内閣府原子力委員会が「福島第一原子力発電所の不測事態シナリオの素描」と題した、『最悪のシナリオ』の報告書をまとめていた。しかしそれは、予想されるあまりの被害の巨大さで、「パニックを防ぐため」として公表されなかった。

この報告書は、同原発で新たな水素爆発などが起こり、最悪の事態に発展した場合には、①原発から半径１７０㎞

圏内で強制移住、②同250km圏内で避難——の必要があると指摘していた（読売新聞、2011年12月31日）。170km圏内には南東北や新潟県の一部、北関東の一部が、250km圏内には東京都や埼玉県の大半、横浜市の一部がそれぞれ含まれるのだ。

14年9月には、政府の事故調査・検証委員会が福島原発の指揮を執った現場の最高責任者、吉田昌郎元所長（13年7月死去）から当時の状況を聞いた「吉田調書」の全容が公表された。2号機の原子炉水位が低下し危機的状況となった事故発生4日目の3月14日夜に、吉田元所長が、「ここだけは一番思い出したくない」と苦しい胸の内を明かすように話す場面がある。そして、「われわれのイメージは東日本壊滅。本当に死んだと思った」と告白している。東電側の現場責任者が前記『最悪のシナリオ』と符合する証言をしているのだ。

菅元首相も、当時をこう語っている。

「当時私も福島第一、第二合わせて10基の原発と11の使用済み核燃料プールが制御できなくなったらチェルノブイリの何十倍という放射性物質が出て、まさに東日本が壊滅する、そのぎりぎりだったという実感がある。

あの事故がどれだけ大きな事故であったか。半径250キロ圏の5000万の人が何十年間もその地域から避難しなくてはいけないことになっていたら、日本という国は長い間、壊滅的な状況が続いたと思う。本当にそうならなくて良かった。（中略）実はいくつかの幸運な偶然があった。本当に紙一重だった。次に起きたときに神のご加護があるか分からない。」（「THE PAGE」、14年9月30日、ライブ配信された「吉田調書、メディア、原発」をテーマにした、ジャーナリスト武田徹と菅直人元首相とのトーク番組）

このような深刻な状況があるにもかかわらず、日本の安部首相は、世界中が注目するIOC総会でのオリンピック招致のプレゼンテーションで、「汚染水は福島第一原発の0・3平方キロメートルの港湾内に完全にブロックされている」と大嘘をついた。そして13年9月に、20年開催予定の東京オリンピックを呼び込んだ。一国の首相が世界に向けて、すぐにでも分かってしまう恥ずべき嘘をつくのも信じがたい話だが、それをマスメディアを初め追及しようとしない。

さらに対外的には、日本の首相を先頭にして諸外国を訪れ、「成長戦略」の一環として、精力的に原発を輸出しようと画策している。日本メーカーが売ろうとしている国は、14年5月現在、ベトナム、トルコ、ヨルダン、フィンランド、リトアニアである。輸出予定先の建設予定地でも住民の強い反対運動が起きている。そのうちリトアニアでは、国民投票で建設に反対が過半数を越えた。輸出先で、原発が同じような事故を起こしたら、いったい誰が、どのように責任を取るのか。責任など取れるはずもない。

14年9月10日には、原子力規制委員会は、鹿児島県の川内原発が再稼働の前提となる新規制基準に適合していると判断した。しかし、規制委員会は、新規制基準に適合しているということだけを判断しただけで、原発の安全を保障するものではない、と事あるごとに説明している。ところが、首相と政府は、新規制基準に合格したのだから、「再稼働に求められる安全性の確保が確認される」と説明した。そしてそれについては規制委員会は何も言わない。何のことはない、この規制委員会とは、形を整えるだけで、実質的には原子力推進委員会と言ってもいいようなものになっている。こうして、どちらも責任逃れして、責任を負うところがない。

また、川内原発の周囲には、いくつもの大きな火山があり、かつて原発敷地まで火砕流が押し寄せた可能性があったことが分かっている。電力会社は、火山周辺の地殻変動を監視すれば、予知できると強弁する。しかし、予知してから、原発に装着された核燃料棒を全部取り出すだけでも最低2年以上はかかるという。火山の専門学者たちからは、現在の技術では巨大噴火の前兆を数年も前に予知することは困難である、と言われながらである。これだけでも、再稼働は認められないということは、誰にでも分かることだろう。ところが、多数の火山の専門学者の主張にも耳を傾けず、それがまかり通って、再稼働への突進が止まらないという、信じがたい現実。

ここにきて、さらに戦慄すべき巨大噴火の可能性が発表された。過去の巨大噴火の歴史を元にして、14年9月の長野県御嶽山噴火の10万倍の噴火（「巨大カルデラ噴火」）が、今後１００年に日本列島で起きる確率は約1％とする、神戸大学の巽（たつみ）好幸教授（マグマ学）らがまとめた試算である。教授らは、二万八千年前の九州の姶良（あいら）カルデラ噴火と同規模の噴火が九州中部で起きたと想定する被害を予測した。すると九州のほぼ全域が火砕流に襲われ、約2時間で７００万人が死亡する。西日本は1日のうちに50センチの火山灰が積もり、四千万人の生活の場が埋没する。北海道と沖縄以外は10センチ以上の火山灰で覆われる。生活の糧を奪われ、救援も不可能のため、日本の総人口に近い一億二千万人が死亡するという。１００年に1％という値について教授は「決して低い数字ではない。いつ起きてもおかしくない。覚悟が必要だ」と話した（東京新聞、14年10月23日）。

今を生きる国民や国土の安全、あるいは未来には目をつぶり、ただ目の前の儲けと利権の追求のために、ひたすら再稼働への動きを止めようとしない。14年8月12日の段階で、原発をもつすべての電力会社が審査を申請し、その数は全国13原発20基となった。万が一、事故が起きたら、そのときはそのとき、といった感じである。間違っているというより、狂っているとしか言いようがない。

「巨大カルデラ噴火」に襲われたら、日本だけでなく、世界中が放射能汚染で壊滅しかねない。日本にある48基の原発には膨大な核燃料棒（冷却継続が必要な使用済み燃料棒も含めて）があるからである。地震と津波、そして噴火は止めることはできない。しかし、原発は止められる。打てる手は打っておかなければならない。再稼働どころではなく、一刻も早く廃炉を進めていかなくてはならないのだ。

私は農民運動家で詩人だった渋谷定輔（1905〜89）の「残酷な価値」という詩を思い浮かべる。

なにもかも　なにもかも／みんな／金　金　金／みんな金だよ／今の世じゃ／人間が金に　いのちを／取られてしまったんだなあ

まったくもって「残酷な価値」である。そしてそれにしがみついているのが日本人なのだ。

国民一人ひとりの責任

この内閣は、専ら経済再生を叫んで政権に復帰した。ある程度予想はついていたものの、与党が絶対多数を獲得すると、公約には出さなかった特定秘密保護法を制定し、武器輸出禁止3原則を撤廃、そうして集団的自衛権を閣議決定した。

エネルギー政策では、原発を「重要なベースロード電源」とするとした。ベースロード電源とは「電気を安定的に供給する電源」という意味の電気工学の専門用語を使っていて、一般の市民が聞いても分かりにくい。要するに、停止している原発を次々に再稼働して、3・11以前に戻していく、ということなのである。

実際はどうなのか。13年9月から国内の全原発が停止してから1年2カ月が過ぎたが、最も電力を必要とする夏でも、14年の7月8月の電力需給は、原発を持つ電力9社には余力があり、原発ゼロでも夏のピークを乗り切れることが裏付けられた（東京新聞、14年9月21日）。

原発の発電コストはどうなのか。それを、エネルギー問題の調査機関として実績のある米国企業系「ブルームバーグ・ニュー・エナジー・ファイナンス」（BNEF）が14年9月16日までにまとめた。それによると、世界的には1キロワット時当たり平均14セント、約15円で太陽光発電とほぼ同レベルであり、地熱（7円）、小水力発電（8・3円）、陸上風力（8・8円）などの再生可能エネルギーに比べてかなり割高だった。石炭火力は9・8円、天然ガス火力は8・8円である。今回のBNEFの分析は、事故対策費用などは含んでいない。

フクシマの事故後に日本の政府が「コスト等検証委員会」で試算した値は、事故対策費なども含めて、最低でも8・9円だった（共同通信、14年9月17日）。

また、イギリスで新しい原発を建てようとして、原発がビジネスとして成り立つ価格を決めたところ、15・7円、日本の1・7倍になり、やはり原発は割高であることが分かった。新設計画には、初めはイギリスの企業も参加したが、コスト高、リスク高になり、参入は危ないと判断し、投資した数百億円を捨てて撤退したという（東京新聞、14年10月26日）。日本のコスト試算値は甘すぎるのである。

こうみてみると、原発の経済合理性は全くないことが分かる。立地自治体と住民の多くは、原発がなければ、地域の経済と生活が成り立たないから、再稼働が必要だという。しかし、それは切り離して考える必要がある。原発が建設予定になった地域では、初めはどこでも強い反対運動があった。それを金力と権力で押さえ付けて建設してきたのである。そうして一度原発が作られると、それなしでは地域経済が成り立たなくなってしまったのだ。国策として進めてきたのだから、廃炉にする場合には、地域住民が安心して生活できるよう保障し、雇用環境を用意していくのが国の責任であるのだ。ドイツなどでは、自然エネルギーへの転換で、多くの新しい産業と雇用が生れているのである。

問題は、このような首相と内閣の、発足当時高かった支持率が、それでも、それほど大きく下がらないということである。支持率が大幅に下落してしまえば、全く民意を無視した政権の暴走にストップをかけられるのに、それほどではない。真実が国民に伝えられていない、ということもあるが、これでは、世界のなかで、日本の指導者と国民は、経済さえよければ、あとはどうなってもかまわないのだ、ということになってしまう。

私は中学生のころ目にした「トランジスタ商人」という言葉が忘れられない。訪欧した日本の池田勇人元首相（1961年7月～64年10月）がフランスのドゴール大統領と会見した後、ドゴールは「私はアジアの有力な国のトップに会ったのに、何やらトランジスタ商人に会った気がする」と言った、という話である（小林英夫『満州と自民党』新潮選書、2005年11月）。著者は「第一次世界大戦から生き延びてきたこの歴戦の将軍は、さすが慧眼であった」というコメントをしている。

現在では日本の「トップ」（そしてそれを支持する国民）は、さしずめ「原発の商人」などと見られても仕方ない。敗戦の廃墟からの復興を目指してのトランジスタならまだしも、原発とはたちが悪すぎる。

これまでみたような、本当に情けない状態を招いたのは何なのか、誰の責任なのだ、という問題になる。それは、政、財、官、学界、そしてマスメディアであり、教育の責任も大きいものがある。つまるところは、国民一人ひとりの責任になるといってよいだろう。

今日の日本の恐るべき劣化と退廃は、経済成長の裏側で少しずつ進んでいて、3・11とそれに誘発された原発事故によって一気に露わになったのだと思う。

（……続く……）

（埼玉・会員）

明けましておめでとうございます。

毎月「八・一五」をお送りしていただき感謝しております。中日関係改善の第一歩を踏みだすことができてほっとしております。

世界はとっくに冷戦時期の二大陣営対抗の時期から多極的協力の時期に入っているのに、人間の思想は往々にして新しい情勢に適応できず、あくまでも冷戦的思考に固守し、時には戦時の植民地拡大の復古的思考にたちもどっているようです。平和発展が現在の世界の主流であり、経済のグローバル化、地域経済の一体化が大きく進展している今日、中国と日本は大いに協力の余地があると思っています。

小生もすっかり年をとり何もできないのですが、中日友好の願いは変わらず、中日両国が政治的な〝対抗〟を克服して世界の平和と発展に貢献できるよう協力することを望んでおります。

黄　幸

二〇一五年　元旦

常任幹事

新年のメッセージ　（順不同）

沖縄広告運動へ協力を！

尾形　憲

年末の総選挙では、自民・公明両党で定数の２／３を超え、日本の闇はこれからも続くことになった。安倍の暴走は「改憲」を明言するに至った。

しかし、沖縄では１月の名護市長選に始まり９月の同市議会選、11月の県知事選、県議補選、そして12月の総選挙と辺野古移設反対派が完勝した。年内５回もというのははじめてのこと、とくに総選挙では４小選挙区で反対派が全勝したのに対し、自民は全敗、九州全体の比例区で辛うじて復活に止まった。１区で自民前職の強固な地盤を崩した共産の当選は前例がない。ジョセフ・ナイ元国防次官補は「沖縄の人々が辺野古への移設を支持するなら、私も支持するが、支持しないなら我々は再考しなければならない」と言う。

日本の闇を照らす曙光は沖縄ということになりそうだ。その実現に向けて、私たちの沖縄「意見広告」は第６期も続く。

口座番号　００９２０－３－２８１８７０

口座名　意見広告　　個人　１口２０００円～

今年の課題

佐藤　正八

安倍首相は野党の準備不足や足並みの乱れを見据えて、騙し討ち解散を敢行した。小選挙区制のトリックもあり、与党は衆議院で２／３を上回る圧倒的多数を手に入れた。その結果、安倍首相は国会内では盤石の政権基盤を確立した。その安倍首相は憲法「改正」という歴的課題に取り組むという。

その前に、憲法違反の「集団的自衛権行使容認」基づく、安保の法整備を行うことにしている。憲法「改正」もそうであるが、「集団的自衛権行使容認」は平和主義を金繰り捨て、戦争できる国造りを目指していることは、明らかである。

こうした戦争ができる国造りを許さないたたかいが全国各地で展開されるであろうし、あらゆる平和勢力が大同団結し、総がかりのたたかいを展開しなければならない。その総がかりの中に、我々も参加して行かねばならない。

また、安倍首相は終戦70周年を記念して「談話」を出すという。それが50周年の村山「談話」を継承するなら問題はないが、「戦後レジーム」からの脱却を目指している安倍首相には、既にアメリカから警戒の念が表明されているし、侵略された歴史がある中国や韓国をはじめ、アジアの諸国は重大な関心を寄せている。

そうした中で、「日中友好」の旗をかかげている、８．１５の会は「安倍談話」に重大な関心を寄せて行く必要がある。万が一侵略の事実を軽視するような事態になったならば、間髪いれずにたたかわなければならない。

歴史と正面から向き合おう

日森　文尋

戦後７０年という節目の年を迎えた。あの無謀な戦争が、いかに多くの犠牲をもたらしたか改めて検証し、その反省の上に、この国がいま一体何処へ向かおうとしているのか、しっかりと見極める歳だ。

同時に、かって軍事侵略という暴力的手段で植民地化を強行したアジアの国々、とりわけ近年その関係悪化が懸念されている中国や南北朝鮮に対し、村山談話に沿って懸案事項を解決し、必要な場合は過去を清算し、友好と連帯を一層深める年でもある。

そのために必要なことは、歴史と真正面から向き合うことだ。歴史を自己の都合の良いように「解釈」したり、厳然たる事実を否定するようなことがあってはならない。

安倍総理が「談話」を出すという。偏狭なナショナリズムに陥らず、国際社会が喝采を送るような談話を期待したいが、戦前の「日本を取り戻」したい総理には難しい。

　ならば、小さくとも我々の手でこの国とアジアの平和を実現する第一歩の年にしたい。

日・中両国人による作文（集）の薦め

熊谷　憲治

　私は昨年、「中国について思うこと」と題した日本人高校生の作文中に『…ニュースは悪く言えばどんなにでも編集できるので見る側に悪い印象を残そうとすればいくらでもできると思う。…マナーの悪い中国人はいるが、日本人だっている。…私たちはニュースやネットの内容を鵜呑みにしてしまう。…』という一文を見つけた。

　また中国での「日本語作文コンクール」入賞作文で、「過去の影に縛られて互いに罵り合い…なんと嘆かわしいことか」とか、「日本の文化や人の優しさにふれて日本人観が変わった」という中国人による作文も読んだ。

　メディアの偏った報道に毒されない冷静な見方のできる若者が日中両国にいることを知り本当に嬉しい。私はこれら両国若者の作文を広く知らせる努力をしたい。

浅井基文Webサイト「第９条の人類史的意味：戦争を違法化するということ」から

長谷川善夫

　まずは、「現在、私は72歳ですが、それでも長生きしすぎたなと強く感じています。このような状況を見届けたくなかったというのが偽りのない実感です。」に愕然とするが、「日本国憲法は・・・21世紀を超えて人類の歴史を導く役割を担うだけの思想的かつ実践的な中身」に励まされる。そしてこの憲法が変えられてしまうならば「私たち日本人は、世界に対して、人類に対して、取り返しのつかない過ちを犯すことになるのです。」とする。何故か。「力によらない平和観と人間の尊厳との間には、非常な親和性がある」「人類史というのは、人間の尊厳の実現を目指す歴史」「力による平和観から力によらない平和観に移行する歴史」だからだ。力は力を生み、争い、やがて雲散霧消する。２０１５年平成27年正月。滋賀、沖縄に続き佐賀の乱。地方に苛酷な犠牲を強いる中央への反乱が始まる。

新年を迎えて

長沼　清英

小異を残して大同につく

　昨年一年間、ヨーロッパを三回旅行した。中でも、イタリア、トルコ、ギリシャ、エジプトの環地中海地域を訪問して、思ったことは、国、宗教、言語こそ違え、数千年に渡る文化的なものを共有していることを実感した。

　国を接しているから、また、経済的に不安定な状況にあるから、多少の揉め事は不可避である。昨年一一月末、日本のメディアは当然のように取り上げないが、ギリシャ・トルコも漁業権を巡って、潜水艦と沿岸警備隊が睨みあうといった「事件」が起きている。

　しかし、これも、基本は、「小異を残して、大同につく」精神で、事なきを得ている。

　正に、共有できる部分を重視し、軋轢については、その都度、同じ文化圏の仲間との意識で、クリアーしているのである。

対立の海から友好の海へ

　一方、わが、東シナ海、黄海、日本海を取り巻く、日朝中の関係はどうであろうか。領土問題でギクシャクして数年。今や、福沢　諭吉ではないが、「文明と野蛮」という、優越意識の中で、瑣末な事件・事故、トラブルを「不逞鮮人」「暴支膺懲」とばかりに、メディアを中心に、ヘイトスピーチが溢れかえり、思考停止の日本人は、完全に洗脳されつつあり、「対立の海」と化している。

　幸いなことに、今年は「戦後七〇年」である。ＭＨＫ（籾井放送協会）は文字通り、「戦後」そのものを特集で組み、また、いつものことであるが、大河ドラマでは、絵空事の排外主義者の元祖「吉田　松陰」を主人公とする「花燃ゆ」を放映。だが、毎日新聞は　戦争に照準を合わせ、ＴＢＳと共同で「千の証言」という特集を実施。また、中、韓の「戦後」の視点と国際的な七〇年イベントが注視されるなか、近視眼的、幼児的な安倍首相のファッショブレーンがどんな、七〇年談話をだすのか心配される。

過去の直視を

　今年こそ、戦後七〇年、日韓条約締結五〇年の節目に当たる故に、近現代史一〇〇年の日中韓の歴史を直視する必要に迫られている。ナント、天皇明仁でも年頭のあいさつで「満州事変以来の歴史を学ぶことは大切である」と。また、老骨に鞭打って、拙者の予定より前に、パラオ諸島に慰霊に行くという。といっても、産経、読売は、この年頭所感を意図的に「歴史を学ぶ」を省略し、意味不明化する暴挙。我が会も、身にあるものにするために中国訪問。私的には、朝鮮支配三六年間の傷跡、そしてパラオを訪問していきたいと思う。

二〇一五年、私の抱負

加藤富士夫

私は現在、月一回の常任幹事会で主に司会をさせていただいています。月刊『8・15』の編集や行事の件。学習会など議題は多数あります。稚拙な司会ではありますが、今年も司会の役割を全力で頑張りたいと思っています。

次に『8・15の会』の中で目標にしていることは、憲法・靖国・天皇性などの問題を少しでも深く学習することです。私は根っからの体育会系人間なので、前述した問題については本当に浅い知識しかありません。今年は学習会を通して。基本的なことから一歩づつ勉強したいと考えています。そして学習することによって間接的ではありますが、日中友好に少しでもプラスになるように努めたいと「思っています。

最後に8・15以外ではありますが、私は今年六五歳になります。この節目の年、何か新しいことを始めたいと考えています。年齢を多く重ねると、いろんなことがおっくうになり行動範囲が狭くなりがちになります。だからこそ私は今まで経験したことのないことをやってみようと考えています。うまくいくかどうかわかりませんが、挑戦してみたいと思っています。

『日中友好8・15の会』

小林　悦子

今から二十年ほど前、入会後初めて総会・懇親会に出席し、以後可能な限り参加させていただいてきた。既に鬼籍に入られた多くの先輩の方々のお顔が幾つも目に浮かぶ。様々な議題で、意見が交わされてきたが、印象的であったのは数年に渡って話し合われた会名変更。誰もがその心の底に（会の発展と継続）の願いを持ち、変更には時間がかかった。元軍人の会 は単なる名称ではなく、会を作られた方々・それに賛同して参加・活動してきた全員の、言わば心の拠り所。（発展・継続）の願い故ではあっても通称の後に（　）付けにして残した。

友好の証はなんと言っても人と人との関わり。

昨年やっとかすかに交流復活のきざしが見えた。今年は以前より一層活発な交流をしていきたい。（様々な角度から交流について是非ご意見ご提案をお寄せ下さい）

一歩を踏み出そう！

落合　正史

○新聞の予想があったとはいうものの、昨年末の総選挙の結果はショックだった。結果、以前にも増して安倍内閣が暴走している。選挙では経済問題が第一だというようなことを訴えておきながら、終わった途端に改憲を口にする。川内原発再稼動の問題では原子力規制委員会の田中委員長は新規制基準を満たすかどうかを判断するだけで『安全だということを私は申し上げません』と言い、政府は『安全性が確保され訳だから・・・』などという。翁長沖縄県知事に対する政府の対応はまさにいじめではないのだろうか。いじめをなくす、政府が、文科省がいくらきれいごとを言っても、これではいじめはなくならないだろう。何とかしなければ……

○批評家を捨てて、行動に移そう。批判しているだけでは、嘆いているだけでは、手をこまねいていても状況はかわらない。一歩でも二歩でも踏み出そう。後になってああすれば…こうすれば…とならないように、小さな力を結集して少しでも社会を変えていけたらと思う。

○今年は七〇歳となる。ふと考える。今までいろんなことに首を出し過ぎた感がある。もう少し絞って身の丈にあったことをやって行きたいと思うこの頃。

第35次訪中団への参加者を募集します

２０１５年度に実施する予定の第３５次訪中団への参加者を募集します

☆時期・期間

期間は7泊8日の予定です。時期は未定ですが、例年ですと3月下旬～4月上旬に訪問しています。参加希望者の希望を基に、受け入れ先の中国国際友好聯絡会と連絡をとりながら決定します

☆訪問地

北京を中心として３都市

☆費用

約一七万円位

※希望者は**2月16日（月）までに**事務局まで、手紙、又はＦＡＸにて連絡してください。

※事務局

〒１２５－００３２

東京都葛飾区水元３－３－４

小林悦子方

FAX　０３-３６２７-１９５３

寄贈誌から

『中国研究月報』（社団法人中国研究所発行）

２０１４年12月号

▽論文　中華民国憲法制定と司法権の独立
　―司法行政部の帰属問題を中心に―　吉見　崇
▽研究ノート　フルンボイル盟牧畜業地域における「四清運動」に関する考察　仁　欽
▽書評　冨田事変をめぐって
　―小林一美著『中共革命根拠地ドキュメント』（お茶の水書房）を読んで　内田　知行
▽書評　洪子誠著　岩佐昌暲・間ふさ子編訳
　武継平・宮下尚子・甲斐勝二訳　東方書店
　『中国当代文学史』　加藤三由紀
▽書評　田嶋信雄著　東京大学出版会
　『ナチス・ドイツと中国国民政府――一九三三～一九三七』　土田　哲夫
▽書評　鈴木隆・田中周編　国際書院
　『転換期中国の政治と社会集団』　谷川　真一
▽書評　菱田雅晴編著　三和書籍
　『中国共産党のサバイバル戦略』　江口　伸吾
▽光陰似箭
　二十一年ぶりの福建・広東　杉山　文彦

『不　戦』（不戦兵士・市民の会）　冬季号　通巻１７２号

◇「不戦大学」公演録
　戦前の日本社会（大日本帝国憲法）と
　自民党改憲草案を痛快に斬る！　飯田美弥子
◇「私の戦争体験記」
　生まれたとき、日本は戦争をする国だった
　憂国のおもい抑えがたく、海軍予科練を志願　山田善二郎
◇川柳「ごまめのはぎしり」１５０　極楽とんぼ
◇安倍改憲策動と一体の「教育再生」
　〈戦争にむけての人づくり〉　髙野　邦夫
◇編集後記　髙野　邦夫
　森脇　靖彦

十二月の常任幹事会

日時　十二月二十六日（土）十四時～十六時
会場　さいたま市大宮区桜木町1－10－18
　　生涯学習センター　会議室
出席者　沖松・尾形・熊谷・小林・加藤・長谷川・落合

報告

1．埼玉退教入間支部定期総会において沖松代表幹事が講演を行う予定。購読会員の中条さんが4月に朝霞で講演を行う予定。
2．沖縄意見広告に賛同する。
3．秋山財務委員長の体調の件。
4．年末のためか出席者が少なかった。

協議

1．前回に引き続き靖国問題などについて参加者のフリートークを行った。昨年3回にわたって掲載された佐藤常任幹事の小論を1冊にまとめた資料を作り、それをもとに学習会を行う。
2．新年会開催について
1月31日（土）17：00～　埼玉会館で行う。係分担、招待者等について
3．訪中団派遣について
訪中団を派遣したい。訪中時期を3月下旬～4月上旬とし、2月中旬締め切りで希望者を募る。8・15、1月号で募集する。

（落合）

事務局月報

○今年も宜しくお願いいたします。やっと少し見えてきた中国等近隣国との交流の兆し。後戻りしないように　私達民間も努力していきたい。様々なご事情がおありでしょうが、今年は懇親会等には是非ご出席下さい。大使館の方々や他の中国の方々もよくいらして率直な意見の交換もします。

（小林）

『8・15』2015年1月号
2015年1月15日発行
定価　500円（送料とも）
編集人　落合　正史
発行人　沖松　信夫
印刷所　（有）イワキ
発　行　日中友好8・15の会
〒125－0032
東京都葛飾区水元3－3－4
小林悦子方
TEL & Fax　03－3627－1953
郵便振替　00120・6・27415
日中友好8・15の会
HP URL　http://www11.ocn.ne.jp/~donpo/

会　　　　　則

(名称)　第１条　本会は、日中友好元軍人の会を受け継ぐ日中友好「８・１５」の会（通称日中友好８．１５」の会）と称する。

(目的)　第２条　本会は、過去の戦争に対する反省に立脚して、あらゆる戦争準備の動きを阻止し、平和を希求するために世界各国とくに中国との友好に貢献するとともに、会員相互の親睦を深めることを目的とする。

(会員)　第３条　本会は前条の目的に賛成する元軍人および賛同者をもって構成する。

第４条　本会の本部を関東地区に置く、支部を各都道府県に置く、また事務局を関東地区に置く。

(事業)　第５条　本会は、第２条の目的を達成するために以下の事業を行う。

１．会誌『８．１５』の発行
２．講演会、研究会の開催（平和諸団体との共催を含む）
３．学習会の開催
４．中国からの留学生・研修生の受け入れ
５．訪中団の派遣
６．その他、本会の目的達成に必要と認められる諸活動・事業

(総会)　第６条　本会は、総会を毎年１回、原則として８月 15 日に開催する。総会は、委任状を含めて会員の過半数の出席により成立するものとする。総会は、幹事会から、活動報告、行動計画事業計画、決算、予算、役員の選出、その他、本会の運営に必要な事項について報告、提案を受け、出席者の過半数の賛成により　これを承認、決定する。幹事会が必要ありと認めたときは、その決議により、臨時総会を招集することができる。総会の決議に基き、顧問を置くことができる

(運営)　第７条　本会の運営は、幹事会が行う。ただし、幹事会は常任幹事会にその権限を委任することができる。

(役員)　第８条　代表幹事、副代表幹事、常任幹事、事務局長を本会の役員という。

第９条　役員の任期は１年とする．ただし、任期満了後も総会において新役員が選出されるまではその職務を行う。役員の重任は妨げない。

第 10 条　本会の運営のために幹事会ならびに常任幹事会を置く。幹事会は幹事を以って構成し、本会の運営に必要な重要な会務を行う。幹事の互選により代表幹事、副代表幹事、常任幹事、事務局長を選任する。常任幹事会は、原則として毎月 1 回開催し、幹事会の委任をうけて本会の運営に必要な一般会務を行う。

第 11 条　幹事は、会員の維薦により選任し、捻会の承認を安ける。

第 12 条　幹事会は、常任幹事会の決議に基き、代表幹事が招集する。常任幹事会は、常任幹事２名以上の発議により代表幹事が招集する。幹事会および常任幹事会の決議は、出席幹事の過半数の賛成により成立する。賛否同数のときは、代表幹事がこれを決する。

第 13 条　本会の会議の遂行上、下記の分科委員会を設け、常任幹事会が選出した委員長が運営の責に当る。

1. 組織・活動委員会
2. 会誌編集委員会
3. 財務委員会
4. 対外交流委員会

各委員会の委員は、委員長の堆薦により委嘱する。

第 14 条　会計の監査は、会計監事が行う。会計監事は、幹事会の堆薦により選任し、総会の承認を受ける。

(財政)　第 15 条　本会の経費は、会費、寄付金、その他の収入をもってまかなわれる。留学生・研修生受け入れのため、特別会計を設ける。

(会費)　第 16 条　会費は年額１万円とする．また、家族金員の会辛は年報 2000 円とする。

第 17 条　本会の会計年度は、毎年７月１日に始まり翌年６月 30 日に終る。

(改正)　第 18 条　本会の会則は、幹事会の発議により、総会において、委任状を含む出席者の３分の２以上の賛成により改正することができる。

(付則)　この会則は 2004 年 8 月 29 日から施行する。

過去の直視、これが歴史認識の原点

軍備亡国・反戦平和

2015年　2月号　No. 543

8.15

二〇一五年　二月十五日発行（毎月一回十五日発行）
第五六巻　二号　通巻第五四三号

［巻頭言］

日中友好元軍人の会ＨＰ　http://www11.ocn.ne.jp/~donpo/

2

日中友好８．１５の会
（日中友好元軍人の会）

創立宣言

戦争の罪悪を身をもって体験した、わたくしども元軍人は、心から人間の尊厳にめざめ、戦争を否定します。

わたくしどもは、過去の反省に立脚し、戦争放棄と戦力不保持を明示した日本国憲法を順守し、真に人類の幸福と世界の平和に貢献せんがため、本会設立の趣意書ならびに会則にのっとり、同志相携えてあらゆる戦争を阻止し、戦争原因の剪除に努め、進んで近隣諸国とくに中国との友好を進めんとするものであります。

ここに終戦の記念日をトして本会を設立するにあたり、万世のため太平を開く決意のもとに日本の更正を誓った当時を追憶し、戦没の万霊に額ずき、ご遺族をはじめ戦争の被害者ならびに軍靴で踏みにじった戦場の住民各位に深く遺憾の意を表しつつ宣言します。

１９６１年8月１５日

日中友好元軍人の会

二〇十四年度　活動方針

われわれは、創立宣言に則り、次の活動を行なう

一、平和憲法を守り抜くため、広く非武装中立・軍備亡国を訴え、組織の強化・拡大に努力する。

二、過去の侵略戦争に対する反省に立脚して、中国をはじめ、アジア近隣諸国、さらには世界各国の平和を希求する人々との友好・提携に努める。

行動計画

一、ますます反動性を強めている安倍内閣の憲法改悪のあらゆる策動を許さず、特に憲法九条を守るために活動している諸団体の運動に積極的に参加する。

二、集団的自衛権の行使を求めず、名目の如何にかかわらず、自衛隊の海外派遣、多国籍軍への支援に反対する。

三、広島・長崎の被爆の歴史に基づいて、核の廃絶を広く世界に訴える。エネルギーの変換、原発０の世界をめざす。

四、沖縄をはじめとする全国各地の米軍基地の縮小・撤廃を求め、そのためにも日米安保条約の解消とそれに代わる日米平和友好条約の締結を提唱する。

五、日・中・韓・朝の障壁になっている歴史認識問題、戦後処理（従軍慰安婦・強制連行・強制労働などに関する訴訟・賠償請求）の早期解決を求めていく。

六、中国国際友好聯絡会研修生受け入れと公私訪中団派遣を通じて、民間レベルでの友好・交流の強化を図る。

【巻頭言】

後で騙されたと言わないために

倉持光好

1、安部内閣と世論の不気味な進行

今年は、日本が無条件降伏をして七十年。対華二十一か条要求からちょうど百年の年にあたる。一九一五年一月十八日に、日本は中国の袁世凱大総統に対し、過酷な二十一か条の要求をし、五月七日には、最後通牒を突きつけ、強引に大部分の要求を五月九日に受諾させ、中国人の対日感情を決定的に悪化させた。（五月九日は国恥記念日）

その後は、ご承知の通り、日本は、中国に対して、紆余曲折を経ながらも侵略の道をひた走ることになる。一九二五年、今から九十年前に、普通選挙法とともに治安維持法が制定された。治安維持法は、国体の変革，私有財産制度の否定を目的とする結社の組織者と参加者を処罰する内容の法律として、制定されたものである。当初の目的は，普通選挙法と日ソ国交樹立に対応して共産主義者の活動を取り締まることだったが、次第に反政府・反国策的な思想や言論の自由抑圧の手段として利用され、国民を縛り付けた。

一九二五年当時（三月八日）の朝日新聞には、次のように報道されていた。「世論の反対に背いて治安維持法可決さる」、五月八日には、「社会運動が同法案のため抑圧させられることはない＝警視庁は語る」「世間の人が心配するほどのものではなく…」「純真な運動を傷つけはせぬ」と。その制定当初は、現代における「特定秘密保護法」のスタート（昨年十二月十七日施行）時の報道とほとんど似通っているので驚きを禁じ得ない。

2、戦争はどのようにつくられていくのか？

「私は独仏関係が平和的で良好な状態にあることを望んでおり、そうならないはずはないと思っている。ドイツとフランスの間には紛争の種などいっさい存在しないのだから」（フランス外交文書）これは、一九三八年のヒトラーの言葉だ。あのヒトラーでさえ、戦争に反対し、平和を口にしている。すべての戦争が、自衛のためだといって始められることは歴史が証明するところである。

ベルギーの歴史学者、アンヌ・モレリは、「戦争プロパガンダ十の法則」（草思社文庫）の中で、イギリスのポンソンビー（一九一四）の指摘をまとめて、戦争を引き起こす者が使うフレーズ、言葉として、次のように述べている。①「われわれは、戦争を望んでいるわけではない」②「しかし、敵側が一方的に戦争を望んだ」③「敵のリーダーは悪魔のような人間だ」④「われわれは領土や覇権のためではなく、偉大な使命のために戦う」⑤「われわれも意図せざる犠牲を出すことがある。だが、敵はわざと残虐行為に及んでいる」⑥「敵は卑劣な兵器や戦略を用いている」

⑦「われわれの受けた被害は小さく、敵に与えた損害は甚大」⑧「芸術家や知識人も正義の戦いを支持している」⑨われわれの大義は神聖なものである」⑩「この正義に疑問を投げかけるものは裏切り者である」と。

「積極的平和主義」という言葉を安部首相は盛んに使う。彼は、「積極的平和主義」という言葉を使い、米国との「集団的自衛権」の行使、「有志連合」への参加に直結させ、自衛隊を出動させることにより、戦争に参加する腹積もりなのだろう。二〇一五年度予算案で、防衛費＝軍事費は、最終的にとうとう初めて五兆円を超えることになった。中国の「脅威」を理由に自衛隊を「北方」から「南西」へシフト転換させ、沖縄や北九州（佐賀）の自衛隊配備強化に進むとみられる。かつても「我々は平和を望んでいる」と言いながら、戦争中、「全滅」を「玉砕」、「撤退」を「転進」、「戦争」を「事変」などと言い換え、戦後は、「敗戦」を「終戦」、「占領軍」を「進駐軍」とし、さらに、今回は、「武器輸出」三原則を「防衛装備移転」三原則と言い換え、受け手の印象をソフトに変えながら、人々を煙に巻き、戦争参加に歩を進めようとする意図が見えている。

3、憲法を「改正」し、国民を「戦争支持」にしむけるために

今、安倍内閣の権力筋に連なる人々は、国民全体に排外主義を吹き込み、平和を主張するうるさい者たちを黙らせる政策を着々と進めている。いくつかの週刊誌や新聞の中には、中国や韓国などを口汚くののしる見出しや記事があふれ、書店には、嫌韓本など、韓国や中国をたたく目的の書物が平積みにされている。

メディアを取り込むことについても、権力筋は、着々とその準備を進めている。圧倒的な影響力があるものとして、政府に批判的なメディアをたたき、戦争支持を宣伝させ、批判的な人々を黙らせるとともに、国民に戦争を仕方ないものとして受け入れさせるよう宣伝扇動する動きが活発化しつつある。

先の戦争においても、日本の軍隊が中国大陸に侵攻していた頃には、最大大手の朝日新聞、東京日日新聞（毎日）は、日本軍部の中国大陸進出に関して、懐疑的であった。しかし、新聞が売れなくなっていた中、東京日日新聞が、戦場の勇ましい記事を掲載すると、販売部数が伸び、朝日新聞も当初の方針を変え、中国での日本軍の兵士たちの「活躍」や「美談」を描くことにより、新聞の売り上げ部数を急激に伸ばしたという事実があり、メディアが戦争美化に傾斜していくありさまが教訓として存在することを忘れてはなるまい。

4、学校教育を取り込む

ナチスのヒトラーが、当時、宣伝大臣であったゲッペルスに言ったという有名な言葉を思い出す。「青少年に、判断

力や批判力を与える必要はない。彼らには、自動車、オートバイ、美しいスター、刺激的な音楽、流行の服、そして、仲間に対する競争意識だけを与えればよい。青少年から思考力を奪い、指導者の命令に対する服従心のみを植え付けるべきだ。国家や社会、指導者を批判するものに対して、動物的な憎悪を抱かせるようにせよ。少数者や異端者は悪だと思い込ませよ。みんな同じことを考えるようにせよ。みんなとおなじように考えない者は、国家の敵だと思い込ませるのだ。」

安倍「教育改革」は、教員を上意下達のイエスマンにし、未来をつくる子どもたちに政府の意図を教化することが今まで以上に行われるようになることが予想される。そのために、教員支配として、免許更新制度がすでに導入され、10年ごとの更新なしには、教員が続けられないようになっている。また、今度、新しい人事評価制度が、地方公務員法一部改正を受けて全国で導入され、実施されることになる。昇給や勤勉手当に反映されるという人事評価制度が始まることにより、教員支配の構造は、完全に作り上げられたといっても過言ではないだろう。

1960年代、勤評導入に対し、大規模な反対闘争を経て、形骸化させてきたものが、校長のつける人事評価により個々の教員の待遇に差をつけられていくというシステムによる「もの言わぬ教員」づくりが、ついに完成させられたわけだ。

また、一方、教育内容の統制も進められている。今年は、四年に一度の中学校の教科書採択の年。加害の史実を認めず、自国中心的史観にもとづく育鵬社によって作成された歴史教科書は、一言でいえば、集団的自衛権行使容認の安倍政権支持のための主観的歴史観に基づいた教科書と言わざるを得ない内容だ。この教科書の採用が増やされそうとしている。さらに、大きなこととして、道徳教育の推進が、強力な力をもって進められようとしている問題がある。道徳を教科として、格上げし、道徳の教科書をつくり、それに準拠した道徳教育を作り上げるというのだ。権力筋が考えているのは、多様な価値観との共生を許さず、「美しい日本」に同化するナショナリスティックな観点に立った国のあり方とその擁護だ。さらに、その学習内容を全国学力検査（テスト）で、互いに競争させせつつ、縛り付けようとする意図も露骨になってきている。

5、私たちの大切にしたいこと

最後に、私が訴えたいことを五つ述べる。①客観的な歴史の真実に学ばなければならない。被害の歴史のみならず、加害の歴史を直視することが必要であること。②多面的、多角的な視点からものごとを見、判断できる人々が多数になるよう努力しなければならないこと。③権力は必ず腐敗することを肝に銘じ、権力者を批判的に監視するメディアを育てなければならないこと。④子どもを教え化するという教化主義、すなわち、使役動詞「させる」教育から脱却し、子どもの内面にある、それぞれの持ち味を伸ばす教育、つまり、学習権思想に立脚した教育を進めること。⑤権力者の言葉に騙されない知性を磨き、連帯すること。

「罪の有無、老幼いずれを問わず、我々全員が過去に対する責任を背負わされている。過去に目を閉ざす者は、現在に対しても盲目となる。ヴァイツゼッカー」、「美辞麗句でその道義的性格を誇っていた『大東亜戦争』が、実質的には、いかに残虐な非人間的行為に満たされた『きたない戦争』であったか。家永三郎（太平洋戦争）」の言葉を今一度噛みしめたい。

（埼玉教組副委員長　埼玉・会員）

「日中友好８・１５の会」への入会
または会誌購読のおすすめ

全世界同時代史
アルチュール・ランボー伝（59）

島貫　隆光

帝国国防方針　その三
大東亜戦争への道　3　ノモンハン事件（32）
ウランバートルシンポジューム（牛島報告）28

一九三六年四月八日の条約調印に関するソ連政府機関誌イズベスチャには、「外蒙古政府は、三六年一月、当時モスクワ滞在中であった政府代表を経て、紳士協約を更めて、文書となし、かつ援助ありたき旨申し出る所あり」と述べている。

これから推定されることは、モスクワ滞在中のゲンドン首相らと、外蒙古政府の一月の申し出を別個のものと取り扱っている。どちらかと言うと、ゲンドンら政府代表は、政府の申し出を取り次いだだけという感がする。しかも外蒙政府の一月の申し出は、ゲンドン首相らのモスクワ訪問の初めではなく、一月という帰国前のこととなっている。

それでは、ゲンドン首相のモスクワ訪問の当初と帰国前の一月の間に、外蒙政府は、申し出を送らざるを得なくなるような状況の変化に直面したことになる。ところが実際にそのような事件がオランホドックで発生したのである。

十二月十一日に、ゲンドン首相らが、ウランバートルを出発してから一週間しか経っていない十九日、またも、スターリンとチョイバルサンにとってお誂え向きの事件が発生した。

満軍部隊が、オランホドック近郊の外蒙軍哨所から射撃を受けて応戦したことになっているが、これも、どちらが先の発砲かは確定できない。

この事件と、その拡大について、再び、ハルハ廟事件と同じく、仕組まれたかなという疑問が生じない訳にはいかない。少なくとも、最初の衝突が、かりに一歩しりぞいて日満側の発砲とか偶然であったとしても、これまでの日満軍との戦いを禁止する方針を破棄して、戦闘命令を出したのはチョイバルサンであり、拡大の要因をなしていることは確かだからである。

ゲンドン首相とデミド陸相なら、おそらく、異なる対策を指示したであろう。

この問題は後述するとして議定書調印問題から検討しよう。

ゲンドン首相らは、ソ連に言質を与えることなく、一月二十日ウランバートルに帰任すると直ちに、この問題を議会幹部会にかけた。幹部会の状況は大きく変化していた。それは当然である。日満軍と外蒙軍は、未曽有の激戦を国境で展開している最中なのである。議会幹部会は、条約の締結を議決した。

前述したイズベスチヤ紙は、「一月二十五日、外蒙議会幹部会とモンゴル政府から、カリーニンとモロトフ（註…ソ連外相は交代中）に対して、重ねて援助方を希望した。よってソ連政府は、右希望を入れ、三月十二日、ウランバートルにおいて議定書の調印を見た」と述べている。ソ連側は、外蒙議会幹部会の決定を注視していたのである。

ゲンドン首相は、その三月十二日から二十二日まで開催された中央委員会で、首相と外相の職を解かれた。チョイバルサン派の勝利の第一歩である。これを決定的ならしめた要因は、オランホドック事件である。

スターリンとチョイバルサンの間に、ゲンドン首相とデミド陸相のモスクワ招請について、前もって計画謀議されていたかどうかは謎であるが、一九三五年の秋、チョイバルサンは病気治療のためソ連を訪れていたようであるが、この間、スターリン側との接触資料があれば欲しいと考えている。

この三月十二日からの中央委員会総会は、その後の外蒙の軍備保安強化上で、重要な諸決定を行っている。

チョイバルサン批判が始まる前に書かれた外蒙党史によると、ゲンドン首相は、「右翼日和見主義に組し」とか「プロレタリア国際主義の原則に基づいた外交政策を歪曲し、モンゴルとソ連との友交にひびを入れようと企み『ソ連は、まさに赤色帝国主義となっている』との妄言を吐いた」などと非難されている。

しかし、チョイバルサン批判が進行する今日になると、ゲンドン首相の人気の方が強いようである。

議定書調印の発表は、ゲンドン解任後の四月六日となった。ソ連は、その発表を急ぎ、二月二十一日、太田駐ソ大使が、ソ連外務人民委員部長代理ストモニアコフを訪問した際に、すでに、ソ蒙条約の存在を仄めかしている。

また三月一日には、スターリンが、ハワード記者と会見し、有名な、モンゴル防衛の熱意を語っている。

ソ連は、一九三五年に開始された満州里の満蒙会談に、関係なしとして、満側がソ連のオブザーバーの参加を拒否したことに不満であり、不安であったのかもしれない。公式な相互援助条約があれば関係なしとは言えなくなる。

調印を促進させたオランホドック事件

この重要な外蒙内のソ連派と民族派の闘争時機に、ソ連派の勝利を決定的ならしめ、ソ蒙相互援助条約の調印へと外蒙を強制していった関東軍の政治音痴のオランホドック事件を検討してみる。

十二月十九日、北警備軍の部隊が、ボイル湖南西のジャミンホドック（オランホドック）近郊の地点に監視哨を設置するため偵察に赴いたところ、同地を占領していた外蒙軍かち射撃を受けたことになっている。

逆に、今回シンポジウムのバータルさんの論文によると、十二月十九日、午前九時、約三百名からなる日満軍部隊が、ブルンデリス付近の外蒙哨所を包囲し、四周から重機関銃で攻撃をかけてきた。わが部隊は発砲することなく撤退したが、敵は自動車で追跡し外蒙兵四十名の内十六名（註…日本側資料で十名）が捕虜となり、戦死者一名を出しただけでなくテント三と付属家具類、自動車、荷馬車その他を奪取された。

しかし正に、この時『敵の出撃に対しては反撃すべし』との指令が発せられた」と述べている。

それまで外蒙国境部隊に与えられていた不戦命令から考えると、外蒙軍が、戦わずに退却したという方に近いであろう。しかし時を失せずに、留守政府のチョイバルサンが、反撃命令を出して、反攻を開始したのであるから、戦闘拡大の要因は、チョイバルサンにもあったことは否定できない。善悪問題は別としての話である。

日本軍の方は、挑発とか攻撃を受ければ、戦闘目的とか、政治情勢とは関係なく、武威を示すというだけで、反撃してくることは明白なので、敵としては、最も御し易く、乗せ易い相手である。

最初の衝突から五日後の十二月二十四日、トラック六十輌に分乗した外蒙軍部隊がブルンデリスの満軍部隊に攻撃をかけてきた。満軍は、三名の犠牲を出しただけで攻撃を撃退したが、これが外豪側の反攻の始まりとなり、オランホドック、ブルンデリスには、外蒙軍の攻撃が続いたが、一九三五年中は、外蒙軍の反攻は成功しなかった。

当時の外蒙軍航空隊はソ連軍に訓練され、ソ連軍の直接指揮下にあるといっても過言ではなかった。翌一九三六年一月六日、外蒙軍航空機はオランホドック、ヘルムートなどの満軍側の哨所を空中偵察し、外蒙地上部隊の攻撃も積極化し、これに応じて満軍側も増援したため衝突はエスカレートして行った。

外豪政府がモスクワへ条約調印と援助を要請したのは、この段階の判断からであろう。一月八日、外蒙軍は、オランホドックの満軍監視哨を占拠して地雷を敷設し、十五日には、自動車四輛に分乗した部隊によって、ヘルムートの満軍監視哨を奇襲して兵七名を拉致し、その攻撃方法も、空中偵察後に装甲車を伴って攻撃してくるようになった。

西北防衛司令官、笠井中将は、関東軍の許可を得て、騎兵一四連隊付、杉本中佐の指揮下に、騎兵一個中隊、機関銃、騎砲、装甲車各一小隊を車載によって、二月八日、ハイラルを出動させ、満軍部隊を併せて指揮させることになった。

日本軍は慎重であり、杉本支隊に対しては、国境を越えることは、原則的に禁止されていたが、国境線認識に差があるのであるから実効的な禁令とはならなかった。

杉本支隊は、満軍と連絡を保持しながら、二月十二日払暁オランホドックに向けて出撃した。衝突したのは、砲二、重軽機若干を有する約二百名の外蒙軍であった。外蒙軍は、後方低地に潜伏していた戦車を伴う装甲車や飛行機二機で反撃してきた。

日満側は、敵に奪回されていたオランホドックの陣地を奪取し、砲一、重機一、馬九、駱駝二、パオ八を捕獲し、外蒙軍を駆逐した。

内閣調査室を調査する（29）

私はイスラム国に対する空爆について述べた時、非脆弱性（unvulnerability）という聞き慣れない言葉を使った。これはおそらく核戦略理論の中で使われ始めた用語だと思う。兵器というものは攻撃力とともに防御力について追求する。つまり、盾と矛である。これは矛盾という言葉に表わされるように相反する性格をもつ。核兵器が作られた時、最初のヒロシマ、長崎の原子爆弾の運搬手段は爆撃機だった。これは防御力が全くない。次に大陸間弾道弾と言うものが出来て、其の弾頭に核兵器が搭載されるようになるが、これは地下基地（サイロ）から発射されるので、この基地が探索されればこれが攻撃される。そこで列車に搭載して位置を変える可動式となった。これも燃料注入に時間がかかるというので進化を遂げたが、やはり弱点がある。そこで最終的に現われたのがポラリス潜水艦に搭載されるミサイルである。ここに至って非脆弱性問題は解決された。私は核戦争を扱った小説を四冊ほど翻訳しているが、このポラリス潜水艦を乗っとってテロを行うというモルデカイ・ロシュワルトの小説でこの問題を扱ったことがある。ロシュワルトは原発事故を扱った最初の小説「レベル・セブン」（「第七地下壕」）で知られる作家だ。私はその時次のように述べた。

この物語の主役となっているポラリス潜水艦こそはその偉大な抑止力の典型なのである。ロシュワルトがこの小説の舞台としてポラリス潜水艦をえらんだのはきわめてすぐれた着想であった。なぜならば、現代の科学の粋をあつめてつくられたポラリス潜水艦、正確にいえばポラリス・ミサイルを搭載した原子力潜水艦こそは、抑止力として現在なにものにもかえがたい価値を持っている兵器体系だからである。核抑止力の一翼をになっている他の兵器体系、たとえばB52や、ミニットマンなどに比較すると、ポラリス潜水艦はその機動性、防御力の面で他と比較にならない優秀性を保持している。フルシチョフは爆撃機もICBMも恐れなかったが、ただひとつポラリス潜水艦だけは恐れていた。キューバ事件でフルシチョフがあっさりかぶとをぬいだのはアメリカの戦略兵力の対ソ優勢を認めたからだが、当時はミニットマンがまだ戦力化しておらず、アトラス、タイタンなど液体燃料の信頼性が低く、発射まで時間がかかりすぎて即時報復に適さないような状況からいって、アメリカの戦略ミサイルの中心が九隻、百四十四発のポラリスをもつ原子力潜水艦であったことは明らかである。

核兵器についても一言しておく必要があるが、大体ひとつ核兵器が意味を持つためにはそれをとりまくいろいろの道具なり、使い方なりがしっかりしていなければならない。核兵器には、核爆弾そのもの（原爆あるいは水爆の弾頭）と、それを目標まで運搬する手段（航空機あるいはミサイル）、その発射基地（地下サイロ、原子力潜水艦、飛行場）が必要だし、さらに発射の命令を伝えるための通信設備、敵の攻撃を捕捉する警報装置など、現代科学の粋をあつめた電子機器が完全に連動していなければならない。その間のどれ一つが欠けても重大な結果を招くのである。だから、政府側の要人がいくら安全性を保障しても絶対安全という事はありえないのであって、たとえばトンキン湾事件でアメリカの国防省がキャッチした情報が新聞社の情報よりも遅かったというようなとんでもない手違いを生ずることからもそれは理解できるだろう。また逆に、中国が原爆実験に成功したからといってそれがただちに核兵器とはなりえないことも以上の説明で容易に理解できよう。つまり中国はまだ作戦用の原爆弾頭を作るまでにかなりの年月を要するし、運搬手段の開発もかなり困難だからである。しかもそれができたころにはすでにアメリカのミサイル迎撃ミサイルができていて無効になるということも充分に考えられる。すでにこの十一月にマクナマラ国防長官はアンチ・ミサイル・ミサイルとしてスプリント・ミサイルの完成を発表している。

このように、ひとつの核兵器体系が完成するには大変な金と労力が必要だが、やっとそれができたころにはすでに他の技術突破によってそれが無効になるということがある。それを統御していくのが核戦略だが、ここで問題となるのはまず敵から破壊されないこと、そして敵の目標まで到達してそれを破壊する能力を有することであろう。ポラリス潜水艦は、潜水したまま・二カ月でも三カ月でも連続して水中を航行できるし、しかも燃料が原子力だから長期間燃料補給をせずに三十ノットからの高速で行動できる。一方現在開発されているA３型ポラリス・ミサイルは射程四千キロ以上、水中から発射される一メガトンの水爆弾頭を持つミサイルを一隻で十六発も搭載することになれば、これほど恐ろしい兵器はない。ソ連のマリノフスキー国防相は、ポラリス潜水艦も捕捉できる兵器をもっていると豪語したが、いつかはそれが可能となるとしても、すべてのポラリス潜水艦を開戦と同時に破壊することはほぼ不可能だ。ポラリス潜水艦は水中の忍者的存在だから、敵に発見されにくいし、したがって破壊される恐れもすくない。このように敵から攻撃されにくい性質を非脆弱性(unvulnerability)といっているが核抑止戦略の最少限の要件はこの非脆弱性と敵地への到達能力とであろう。もちろん、国家と国家が戦争をする場合、戦場だけではなく後方の都市や産業中心地が攻撃目標となるから、ここに非常な脆弱性がある。つまり、たとえ先制攻撃によって敵の目標を破壊したとしても、すべてのミサイル基地を破壊するわけにはいかないから、生き残った敵国ミサイによる報復攻撃で自国も大半を失うことになる。したがってどちらも先制攻撃をかけられない、いわゆる核手詰り状態(ニュクリア・ステイルメート)となる。しかし、この小説のように、祖国から分離してポラー・ライオン号という潜水艦以外に守るべき国をもたなかったとしたら、その非脆弱性はほとんど完璧だろう。現代の海賊がたてこもる城としてはこれほど完全なものはないというのは以上のような理由による。

現在アメリカの虎の子のような兵器は、IRBMとしてはこのポラリス・ミサイル、ICBMとしては空軍のミニットマンであるから、この小説には二つの兵器が海軍と空軍のチャンピオンとしてあらわれ、れいのごとく両軍間のいがみあいの的となっている。これは実際に空軍と海軍のあいだに行われた政争を風刺しているのであって、戦略空軍のパワー大将と、ポラリス潜水艦を作ったラボーン少将やバーク海軍作戦部長とのあいだに激しい核戦略論がたたかわされたことは記憶に新しいところである。じつはミニットマンもポラリスの固型燃料開発に負うところが大きいので空軍もあまり大きな顔はできない。しかも、ミニットマンの発射基は地下のサイロに収納されてはいるが、なんといっても固定化されているため敵の目標になりやすい。したがって抑止力としては脆弱性があるので、叛乱を起こした基地司令官は抑止力として名を告げずに核弾頭を二つ大都市に隠匿していることを知らせるのである。このように核抑止が成立するためには敵がこちらの抑止力の実態を知る必要があるから、力を秘密にしておいては無意味なので大いに宣伝することになる。フルシチョフが百メガトン爆弾があるといってみたり、世界終末装置があるなどと大ボラをふいていたのはその一例であろう。アメリカもソ連全土を何べんも破壊(オーバーキル)できると宣伝している。

もうひとつの核兵器のもつ特性として、それがいくら小さくてもそれなりの政治的役割をはたすことは、たとえば中国の核爆発や、ドゴールのいうフランス独自の核武装が、いかに世界の政治を根底からゆさぶっているかを考えてみれば明瞭だろう。そのことはこの小説の中でもIRBMを手に入れたナチ組織が、ピストルを持った小男が大きい兵器を持った大男のわき腹に銃口をつきつけて脅迫するようにアメリカを脅迫するという例にみられる。つまり核兵器はすでに現代政治を左右する大きなひとつの要因となっている。

また、この小説でとりあげられているテーマとしては核拡散の問題がある。アメリカが広島や長崎に原爆を投下した時には、唯一の核保有国であり、以後ソ連が最初の原爆実験に成功するまではアメリカの独占時代が続いたが、水爆製造ではソ連に先を越され、ロケット技術でも弱点をさらけだしてしまった。そのうちにイギリスが第三の核保有国となり、フランスはアメリカの警告を無視して第四の核保有国となった。そして今年の十月にはついに中国までが核爆発を行うにいたったのである。現在、世界中の国で二年から十年のうちに核爆発を行う潜在能力のある国としては、日本を含めて二十カ国以上もある。やっと去年の七月に成立したモスクワの部分核停条約もこうなっては空文にひとしい。アメリカのラスク国防長官は核拡散の傾向をみてパンドラの箱にたとえたが、ぼくにはむしろ芥川龍之介の描いた蜘蛛の糸の話のほうがぴったりくるような気がする。先に核兵器を作ったものが後から続いてくるものを閉め出そうとしても名分が立たない道理である。その意味で、本書の終章、クンタクンタ国という名もない小国が三発のICBMをもってアメリカとソ連を脅迫する図こそは、まさに現代政治を諷刺したものというべきだろう。本書はまさにJ・B・プリーストリーのいうように「きわめて力強く、想像力にとみ、頭にこびりついて離れない……核装備という怖ろしい愚行について、これまでになかったほど完膚なきまでに痛烈に批判した書である。無条件であらゆる識者にすすめる」ゆえんである。

一月七日、フランスでテロ事件が発生した。アルジェリア系フランス人が起こしたという。テロというものは国家のような巨大な力に対して弱小の者が起こす反乱であり、国家の誤りに対する抗議であるから一概に否定し去られるべきものではない。ところでこのニュースの中で私はなつかしい地名が報道されるのを聞いた。それはただ一度だけ出てきただけだったが、シャルルヴィル・メジェールという地名である。これはランボーの故郷である。そういえばランスという地名もなつかしい。私がランボーの墓参りに行った時はパリからの列車がここで停車して乗り換えさせられたことがある。ここはそういう大都市であり大聖堂で有名な町である。いずれにしろテロの本質を理解しないかぎり国家には根絶不能であろう。

大東亜戦争開戦経緯（26）

ハルノートとは何か（承前）

瀬島龍三はシナ事変後に作戦課に配属されたのであるが、この事変についての陸軍の認識について次のように述べている。

さてここに注目すべき一つの問題があります。それはこの計画遂行に必要とする基礎資源の大部分は、日本及び満洲から取得できますが、一部の鉄鉱石及び原料炭に関しては、北支に依存せざるを得ないという一事であります。北支が満洲国にとって、対支防衛の緩衝地域であり、対ソ防衛の戦略的要衝であると共に、日満両国の存立上経済的不可分の地域であることが、確認されたのであります。このことが直ちに日本を支那事変にかりたてたというわけでは決してありませんが、北支の軍事上及び経済上の重要性に関する認識が、日本の指導層に定着するに至るのでありました。

満洲国は直ちに陸軍の要請を取りあげて、昭和十二年（一九三七年）度より実施に移りましたが、日本においては論議の後、昭和十四年（一九三九年）一月に至り、さかのぼって昭和十三年（一九三八年）を初年度とする四年計画で実施に入りました。

かくて支那事変が勃発したときは、陸軍なかんずく参謀本部が計画推進した軍備充実計画、重要産業拡充計画は、いずれも緒についたばかりか、または緒につかんとしているときであり、いずれも自ら播いた種とはいえ、まことに複雑なる事態の発展であります。

つまり瀬島は日本が北支を侵略するに至った事情を説明しているのである。確かに満洲には期待していてとれなかったものがある。その一つが石油である。あの時代探査技術が遅れていたのだろう。石油が発見されたのは戦後になってからだった。大慶油田である。発見当時、これがどこにあるかは秘密だった。それを究明した人が防衛庁にいた。大陸浪人風のオッサンである。私は一度囲碁大会でこの人にコテンパンにやられたことがあるが、この人は電話帳を丹念に読み解くことでこの位置を突きとめた。情報というものにはヒラメキと丹念な作業、匠の技が必要なのである。

北支侵略、これは日支事変の直接の原因である。絵に描いたような侵略の典型である。だから私はこのあたりの事変の意味については理解できる。しかしその後の展開は全く不可解である。

七月七日の事件はもともと日本軍が中国に駐留していたから起こった事件である。どちらが先に射ったかなどという問題ではない。日本は中国で反乱を起こさせておいてそれを鎮めるためと称して戦争を仕掛けるのだ。

八月一五日の近衛内閣の事実上の戦争宣言「支那軍の暴戻を膺懲し以て南京政府の反省をうながす為、今や断固たる措置をとる」という児戯に類する言葉で日中戦争は始まった。もともと歓迎されざる侵略軍としての日本軍に対して中国人が反発するのは当たり前の事だが、それを以て戦争の原因とするのは今考えれば全く理解できないことである。しかし事実はその通りに展開していったのである。

そしてこういう理不尽な理由で始まった戦争がこれまでの日本の侵略軍としての性格であるにもかかわらず、悪いのは中国軍だと言いたてて自らの正当性を主張する。これが現在まで続く歴史認識の構図だ。昭和十六年一二月一日の御前会議で原枢密院議長が言う。

会議の終わりに原枢密院議長が述べた所見は次の通りでありました。「帝国は対米交渉に就(つい)ては譲歩に次ぐに譲歩を以てし、平和維持を希望した次第でありますが、意外にも米の態度は徹頭徹尾蔣介石の言わんとする所を言い、従来高調した理想論を述べているのでありまして、其の態度は唯我独尊、頑迷不礼でありまして、甚だ遺憾とする所であります。斯くの如き態度は我国としてはどうしても忍ぶべからざるものであります。若しこれをしも忍ぶと致しましたら、満洲事変の結果を放棄するばかりでなく、日清、日露両戦後の成果をも一擲(いってき)しなければならぬことになり、之はなんとしても忍ぶべからざる所であります。特に丸四年以上の支那事変を克服して来た国民に対し、更に此上相当の苦難に堪えしむることは誠に忍びないことと考えます。然しながら帝国の存立をも脅かされ、明治天皇御事蹟をも全く失うことになりまして、この上、手を尽すも無駄であることは明かであります。従って先の御前会議決定通り開戦も止むなき次第と存じます」というのであります。

数十年に及ぶ侵略戦争を反省するどころか自己の正当性のみをあげつらい、敵の非をならす。これが明治から続く日本国の今に続く精神構造なのだ。瀬島は大東亜戦争の教訓として歴史的考察を行っている。

教訓一　賢明さを欠いた日本の大陸政策

教訓の第一は、いわゆる大陸政策の功罪についてであります。日本側の立場から見ると、大東亜戦争の動機はハード面では米国の対日全面禁輸、特に石油の供給停止であり、ソフト面から見ると「ハル・ノート」に示された米国による日本の大陸政策否定、つまり国家の威信の全面否定にあると考えられます。米国による日本の大陸政策否定は、「ハル・ノート」の各条項がこれを示しているばかりでなく、 その冒頭にかかげられたいわゆる「ハル四原則」が、端的にこれを物語っております。昭和十六年(一九四一年)八月、日米巨頭会談の実現に焦慮する近衛首相が、グルー米大使に対し、「ハル四原則」につき「主義上異存なし」と述べたことが後日問題化し、また東条内閣の対米交渉甲案において、「ハル四原則」を日米間の正式妥結事項に含ましめることを、極力回避することとしたのも、それが大陸政策の否定に連なるからであります。

ともあれ日本の大陸政策に対し、今日の時点において今日の価値観に基づいて断罪を下すことは極めて容易でありましょう。しかし歴史としては日本が歩んで来た大陸政策のよって来たる由来を、当時の時点においてとらえることを重視しなければならぬと考えます。

既に申し上げましたように、明治維新(一八六八年)当時における日本の国防環境は重大でありました。インドを併合して清国を植民地化した英国と、沿海州を割取し樺太、千島、カムチャッカに進出した露国、すなわち世界の二大強国が、二百五十年にわたる鎖国桃源の夢の醒め切らない日本に対し、南北二正面から迫って来ていたのであります。

徳川幕府末期の思想家橋本左内は日露結んで英国に対すべしと提言いたしましたが、明治政府は日英結んで露国にあたったのであります。

このような存亡の危機において、韓国も清国も、国家としての自衛独立の機能に欠如し、主権国家としての責任遂行能力をもっておりませんでした。特に清国は露国の満洲(現在、中国の東北地方)占領を放任するのみならず満洲経由韓国への侵略も拱手(こうしゅ)傍観するのみでありました。日清、日露戦争は日本にとってみますと、国防上のやむを得ざる受動的戦争、すなわち明治の時代(十九世紀)における日本の大陸政策は、国防上の必要に基づく防衛圏の大陸推進であり、それは明治日本の国是たる「開国進取」の政策的発展でありました。

日露戦争勝利の結果日本が満洲において獲得した権益は、露国から移譲されたものが主であり、当時の戦争終結の通念からして戦勝国に与えられるべき権益として世界はこれを明らかに肯定したものであります。

その後、この権益の確保拡充を中心として、日本の大陸政策は政治的、経済的、軍事的勢力圏設定へと変貌し、勢いの赴く所満洲事変となり、支那事変へと発展したわけであります。

しかしその背景には第一に日本の国土狭小、資源貧弱、人口過多という国家存立上の当時としては半絶望的条件を大陸発展により克服しようとする国民的意欲の勃興がありました。

さらに、世界経済恐慌の波及と世界経済ブロック化の趨勢が、ますます日本と大陸との結合関係を促進し、日満支ブロック経済の確立が国家の存立上不可欠の要件なりとするに至ったことであります。

その上さらに、対ソ防衛圏の前縁を満ソ国境線に推進することにより、日本本土自体の国防を完(まっと)うするばかりでなく、東亜の安定を確保することが、日本の使命と考えられたことであります。

第四に、当時の中国の実体が、なお近代国家として未完成の域にあったことであります。従って中央政令の徹底が不十分であるため地方的処理の必要があったこと、治安の不安定、軍隊の不統制のため、在留邦人の生命財産または権益の擁護に日本が自国軍隊による現地保護の措置が必要であったことなど、中国の特殊事態をも指摘しなければなりません。しかも当時の中国の為政者は近代国家統一政策の手段として、国権回収、排外思想を強く鼓吹するのを常としていたのであります。そして戦後日本の代表的指導者であった幣原喜重郎氏が、当時外務大臣として平和協調外交を強調されるに対し、間もなくその外務次官に就任した吉田茂氏が武力強硬外交を主張するという時代であったのであります。

かくてこの大陸政策は国民的合意を得たものでありました。昭和十六年(一九四一年)十一月東条内閣の国策再検討の結論を求める大本営政府連絡会議において、対米妥協屈伏を伴う臥薪嘗胆案を、本来戦争回避を願う東郷、賀屋両文官大臣が意外にも言下に否定したことは、大陸政策に対する国民的熱意を物語るものでありましょう。昭和十六年(一九四一年)十月二日付米側の口上書をめぐって、和戦の論議が沸騰したときにおける木戸内大臣の日記(十月九日)、「日米交渉に関する豊田外務大臣所信」及び「現下国際情勢に処する帝国外交方針天羽(あもう)外務次官意見」(共に十月十三日)は、いずれも戦争回避を趣旨としながら、大東亜新秩序建設または大東亜共栄圏建設の堅持を強調しているのであります。

当時米国または英国においては、日本における軍の強硬分子にとってかわる協調分子の台頭により、日米英関係が好転するかも知れぬことを、指摘する向きがあったようでありますが、それは日本の実状に対する認識が不十分であり、大陸政策に対する日本国民の合意を的確に把握していなかったものと考えます。

しかしこの大陸政策が中国ばかりでなく米国によっても否定され、戦争となりました。そして日本はすべてを失いました。結果論として様々な事情があったにせよ私は日本の大陸政策はその限界、方法、節度のプロセスにおいて賢明でなかったと断ぜざるを得ません。

教訓二　早期終結を図れなかった支那事変

教訓の第二は、もし日本の大陸政策が有終の美を収め得るチャンスがあったとすれば、それは満洲事変から支那事変への移行を絶対に防止し、万やむを得ざるも支那事変から大東亜戦争への発展を絶対に阻止すべきであったということでありましょう。

私の尊敬するある先輩は、満洲事変は万里の長城の山海関を超えたるがゆえに支那事変へ移行し、そして、仏印国境の鎮南関を越えたるがゆえに大東亜戦争へ発展したと歎息(たんそく)いたしました。あの不用意な北支工作が支那事変を誘発し、かの洞察を次いた北部仏印進駐(続いて南部仏印進駐)が大東亜戦争への悲劇の扉を開いたことはここに多言を要しません。

陸軍中央部としては中央施策による満洲事変の終末指導に全力を傾けると共に、現地軍の北支工作をその理由のいかんを問わず断乎としてこれを禁止し、長城以南の中国本土には一指をも触れさせない強力な指導が必要でありました。それがためにはトルーマン大統領によるマッカーサー将軍解任というような人事の大英断をも必要としたでありましょう。そして二十年、三十年かけてひとえに満洲国の育成強化に専念すべきでありました。

不幸にして支那事変への発展拡大を余儀なくされましたが、それでも陸軍中央部としては「支那事変は満洲事変の終末戦なり」という透徹した認識――参謀本部戦争指導当局の主任者はこの考えでありましたが、大勢としては少数派でありました――の下に、対支戦争目的を主として満洲国承認の一事に限定し、あくまで蒋介石政権を相手とする交渉により、早期全面和平を策すべきであり、昭和十五年(一九四〇年)春夏欧州戦局激動の時にこそ、断乎としてこの施策を強力に進め、例えば在支占領兵力大部分の撤収を策するなど支那事変の早期終結を図るべきでありました。

そして満洲の天地に建国の理想たる五族(満・蒙・漢・鮮・日)協和のいわゆる王道楽土が名実共に建設されるならばそれはわが大陸政策の成功であったでありましょう。また東亜の安定にとって大きな貢献をしたであろう。満洲建国には地理的、民族的、歴史的、思想的にその可能性があったと思われます。

参考文献
モルデカイ・ロシュワルト　拙訳
「世界の小さな終末」　早川書房　昭和39年12月31日刊

(埼玉・会員)

ウメとウグイス

金子光晴と現代（2）

折原　利男

2　金子光晴の詩的原点

光晴は1895（明治28）年、愛知県に生まれ、22歳から詩作を始めた。このころ、『草の葉』の詩人ホイットマンのヒューマニズムとデモクラシー思想、そして『民主主義の方へ』のカーペンターなどに大きな影響を受けた。これらは、当時奔流のように日本に流れ込んできた、社会主義思想の先乗りのようなアメリカン・デモクラシーだった。

光晴は1919（大正8）年、25歳のときに詩集『こがね虫』を刊行。この中にある「反対」という詩は、青春の感傷を文語的詩句を散りばめて定着させたものが多い初期詩篇のなかで、感傷を排し、口語を使って、光晴の後年を予測させるような作品となっている。

反　対

僕は、少年の頃
学校に反対だった。
僕は、いままた
働くことに反対だ。

僕は第一、健康とか
正義とかが大嫌いなのだ。
健康で、正しいほど
人間を無情にするものはない。

むろん、やまと魂は反対だ
義理人情もへどがでる。
いつの政府にも反対であり
文壇画壇にも尻をむけている。

（中略）

何しに生れてきたと問われれば
躊躇なく答えよう、反対しにと。

（中略）

僕は信じる。反対こそ人生で
唯一の立派なことだと、
反対こそ、生きていることだ。
反対こそ、自分をつかんでいることだ。

（※以降、歴史的仮名遣いは現代仮名遣いに直した）

この詩には、既成の価値や権威の裏に潜む虚偽や腐臭を鋭敏に嗅ぎ取り、自分を拘束するあらゆるものへの反抗精神と、濃厚な自我意識が漂っている。ここには作品の稚拙を越えてわれわれに伝わってくるものがある。

光晴のこの「反対精神」が骨太い思想になるには、中国、東南アジアからヨーロッパにかけての、さらに10数年の放浪の歳月が必要だった。先々で旅費を稼いで続ける旅は苦しいもので、「無一物の日本人が巴里でできることは、なんでもやってみた。しないことは、男娼だけだった。博士論文の下書きから、額縁造り、旅客の荷箱つくり、トーシャ版刷りの秘密出版、借金のことわりのうけ負い、日本人名簿の手つだい、画家の提灯持ち記事、行商」（金子光晴『詩人』）という状態だった。

　こうしたなかで「異邦人」の眼を獲得し、東南アジアを植民地として繁栄するヨーロッパの「石と鉄の文明の大きなシステムが、僕には『魔道』のように見えてきた」（『政治的関心』）というようになる。日中戦争が勃発すると、自分の目で確かめるために、すぐに妻と北支に行き、それが侵略戦争であることを確認し、反戦の態度を固める。こうして、「反対」で示されたような態度は戦時下にも保たれ、光晴の自我は国を挙げての戦争体制にも屈伏することなく守り通されたのだった。

3　戦時体制のなかで

落　下　傘

一

落下傘がひらく。
じゅつなげに、
施花（ひるがお）のように、しおれもつれて。

青天にひとり泛（うか）びただよう
なんというこの淋しさだ。
雹や
雷の
かたまる雲。
月や虹の映る天体を
ながれるパラソルの
なんというたよりなさだ。

だが、どこへゆくのだ。
どこへゆきつくのだ。

二

おちこんでゆくこの速さは
なにごとだ。
なんのあやまちだ。

この足のしたにあるのはどこだ。

……わたしの祖国！
さいわいなるかな。わたしはあそこで生まれた。
　戦捷(せんしょう)の国。
父祖のむかしから
女たちの貞淑な国。

もみ殻や、魚の骨。
ひもじいときにも微笑む。
躾。
さむいなりふり
有情(あわれ)な風物。

あそこには、なによりわたしの言葉がすっかり通じ、
　かおいろの底の意味までわかりあう、
額の狭い、つきつめた眼光、肩骨のとがった、なつ
　かしい朋党達がいる。

「もののふの
たのみあるなかの
　酒宴かな。」

洪水(でみず)のなかの電柱。
草ぶきの廂にも
ゆれる日の丸。

さくらしぐれ。
石理(きめ)あたらしい
忠魂碑。

義理人情の竝(なら)ぶ家庇。
盆栽。
おきものの富士。

三

ゆらりゆらりとおちてゆきながら
目をつぶり、
双つの足うらをすりあわせて、わたしは祈る。
「神さま。
どうぞ。まちがいなく、ふるさとの楽土につきますよ
　うに。
風のまにまに、海上にふきながされてゆきませんよ
　うに。
足のしたが、刹那にかききえる夢であったりしませ
　んように。
万一、地球の引力にそっぽむかれて、落ちても、落
　ちても、着くところがないような
悲しいことになりませんように。」

この長詩は光晴の名詩の一つだが、１９３８（昭和13）年6月に、『中央公論』に発表された。この詩は、反戦の詩なのか日本の賛美の詩なのか、一見分かりにくい詩になっている。

第二連の「さいわいなるかな」をみると、日本の賛美の詩のように見える。しかし、第一連をみると、どうしてもそうは読めないだろう。落下傘は力強く開いて自分を支えてくれるのではなく、「じゅつなげに（術無げに）」すなわち、施す手立てがなく、仕方なさそうに開き、「施花のように、しおれもつれて」「なんというたよりなさ」で、流されてゆく。そして「おちこんでゆくこの速さは」「なにごとだ。なんのあやまちだ」と思うほどであり、しかも行き先は、「どこへゆくのだ。どこへゆきつくのだ」としか言えない、恐ろしくも知りようがないものだった。

これは日本が全国民を巻き込んで戦争という泥沼に落ち込んでいくなかでの、恐怖感、喪失感、寂寥感を巧みな比喩で表現したものであった。それを読み取ると、第二連以下の意味が全部裏返してあることが分かるだろう。

後に書いた「落下傘」の光晴自身の解説をみておこう。

「……戦捷の国、女たちの貞淑な国は、封建的な尚武の国を指し、もみ殻や、魚の骨は、祖国の貧しさ、生活のつらさを物語る。

そこにいる同胞の人たちは、ものに憑かれたような表情をして、戦争に協力し、突入している。そしてどんな災害にも、奴隷的屈従が習慣になった日本人は、心に日の丸をかざし、明治政府の巧妙な虚栄心の買収法によって、学校時代から魂をうられた日本人は、さくらとなって散ることを本懐とし、忠魂碑にまつられることを祈願としている。義理人情で生きているせせこましい人たちが、傾いた家庇をならべ、盆栽を作ってたのしんでいる。その盆栽のなかに小さなおきものの富士が置いてある。

小さい狭い環境で、自然に盆栽のように小じんまりしてしまった日本人の心を象徴する富士が、落下傘の上から見ると、また、おきもののように見える。それは、すべて、当時の日本人の性格を僕なりに解釈したつもりであった」

落下傘にぶら下がっているのは、今日のわれわれ日本人に重なってはいないだろうか。

「おちこんでゆくこの速さは／なにごとだ。／なんのあやまちだ。／どこへゆくのだ。／どこへゆきつくのだ。」そしてその「足のしたにある」のも、今の日本と重なっていはしないか。

「奴隷的屈従が習慣になった日本人」、「義理人情で生きているせせこましい人たち」、「小さい狭い環境で、自然に盆栽のように小じんまりしてしまった日本人」光晴の残した多くの詩文が、リアリティを持ちながら迫ってくるのである。

13年9月、作家の辺見庸（よう）は、インタビューする記者が、安倍政権が集団的自衛権の行使に向け、憲法解釈を変えようとしている、なりふりかまわぬ手法をどうみるかと尋ねると、こう応えている。

「現在は平時か。僕は戦時だと思っています。あなたが平時だと思うなら、反論してください。でないと議論はかみあわない」

「日中戦争の始まり、あるいは盧溝橋事件。われわれの親の世代はその時、日常生活が1センチでも変わったかどうか。変わっていないはずです。あれは歴史的瞬間だったが、誰もそれを深く考えようとしなかった。実時間の渦中に『日中戦争はいけない』と認められた人はいたか。当時の新聞が『その通りだ』といって取り上げたでしょうか」

「今が戦時という表現は僕は必要だと思う」(神奈川新聞、13年9月8日「時流自流」)。

ジャマイカのミュージシャン、ボブ・マーリー(1945~81)は、エチオピアのハイレ・セラシエI世の演説を元にした「WAR(戦争)」で、こう歌っている(意訳)。

「ある民族がある民族より優れ、または劣っている/そんな考えがなくなるまで/世界は戦場だ/どこの国でも市民の間に差別がなくなり/肌の色が目の色と同じく意味をなくす日まで/戦いは続く/基本的人権が民族にかかわらず/すべての人に等しく保障される日まで/戦いは続く/平和の永続、世界市民、国を超えたモラルの法/それらが議論を呼ぶ幻想であるうちは/世界は戦場だ」(後略)

今、日本のあちこちで、在日の人たちに聞くに耐えないヘイトスピーチ(差別的煽動表現)があびせられ、政府は放置しているかのようだ。出版社の様々な週刊誌や本に、近隣諸国への罵詈雑言が溢れている。同様に、現政権に批判的な人々や新聞などには、非国民、売国奴などという、まるで戦前に戻ったかのような言葉を投げつけ、貶める。

「今が戦時という表現」は、現実を冷徹に見据えた作家の鋭い直感の帰結なのだと思う。

落下傘にぶら下がり、「なんという淋しさ」で、「なんというたよりなさ」で落ちていく現代のわれわれの「足のした」にあるのは、どんな祖国か。

「もののふ(=武士)の/たのみあるなかの/酒宴かな」

武器輸出を実質的に解禁し、集団的自衛権のもと、海外に「自衛軍(改憲案)」を出して、同盟国アメリカの戦争に参加していく。圧倒的なアメリカの軍事力に対抗するには、必然的にテロ行為を誘発する。これまでにはなかった日本の都市へのテロ攻撃も現実のものとなる可能性が出てくるだろう。

イラク「戦争」に加わったスペインとイギリスへのテロを思い起こしてみよう。2004年3月11日の早朝、スペイン・マドリード市内の3つの駅で、列車の車内に仕掛けられた時限爆弾で合計10回の大規模な爆発が起こり、191人が死亡、2000人以上が負傷する大惨事となった。

スペインはアメリカ合衆国への同調から、イラク戦争への参加を計画当初から決定しており、数百名の兵士をイラクに派遣していた。このテロの結果、スペイン国内ではイラク派兵を決めた政権への批判が集中し、撤兵を求める市民のデモが相次いだ。総選挙の結果を受けた新政権は成立直後にイラクからの撤兵を決定し、5月まで完了した。スペインは同時に、国連決議を得られなかったアメリカのイラク攻撃に参加した有志連合からも離脱した。

また、当初からアメリカ合衆国と足並みを揃え、イラクに軍隊を派遣したイギリスでも、05年7月、ロンドン市街4カ所で同時多発的なテロ活動が行われ、死者は、56名、行方不明者24名、負傷者700名という惨事を呼び込むことになった。

わが国のテロ対策は、原発にも向けられ、原子力規制委員会の新規制基準に盛り込まれたが、政府・与党はさらに強化が必要として、自衛隊が原発を警護できる法改正を検討するという(東京新聞、14年9月18日)。

軍事力で国土を守ることが不可能なことは、歴史を振り返り、あるいは少し想像力を働かせれば、明らかだろう。四方を海に囲まれている国土を軍隊でどのように守るのか。全部の国土が地震列島、火山列島で、原発がもう一度事故を起こしたり、テロ攻撃を受ければどうなるのか。

「原発メーカーGE(ゼネラル・エレクトリック)の元技術者は、原子力施設の屋根は脆弱に作られており、上空からボーリングの玉を落としただけでも壊れる」と証言しているという[13年12月1日「NO NUKES えひめ」の参加者への、近藤誠(伊方原発1~3号炉運転差し止め請求訴訟原告、元南海日日新聞記者)の「2013年11月30日 歓迎挨拶」]。

それこそ「足のした(の祖国)が、刹那にかききえる夢」のようになりかねないのである。

4 文学者と戦争

表面的にはどちらともとれる「落下傘」のような詩を、光晴がなぜ書かなければならなかったのか、時代背景をみておきたい。1937(昭和12)年7月7日、日本軍は蘆溝橋付近で中国軍部隊と衝突し、日中戦争(当時北支事変、後に支那事変と改称)が始まった。この年までに、約50万人もの大軍が日本から中国大陸に送られていた。この北支事変勃発で『麦と兵隊』の火野葦平などが召集され従軍した。これらの従軍作家とは別に、新聞、雑誌の特派員として現地へ派遣された作家たちがいる。この年には、吉川英治、吉屋信子、尾崎士郎、林房雄、岸田国士、石川達三などが送り込まれている。大仏次郎などは自発的に現地に赴いた。

石川達三は翌年1月に帰国し、『中央公論』3月号(光晴の「落下傘」が載ったのは同じ年の6月号)に「生きてゐる兵隊」を掲載した。ところが「皇軍兵士の非戦闘員殺戮、略奪、軍紀の状況を記述したる安寧秩序を紊乱する事項」が書き込まれたという理由によって起訴され、禁固４カ月、執行猶予３年の判決を受けた。

敗戦後70年近くも経ってから成立した「特定秘密保護法」のもとで、さらに厳罰を科して同じようなことが起こりえるだろう。

１９３８（昭和13）年４月１日には国家総動員法が公布になった。この年７月には獅子文六ら40名の大衆作家を総動員して、海軍少佐らと、ペンによる国策補強について協議した。内閣情報部は８月に菊池寛、久米正雄ら13名の作家を招き、ペンの戦士を選んで漢口の最前線へ送るという計画を発表した。文壇を総動員して長期戦下の民論高揚に乗り出したのである。

このあたりの事情を光晴は、「御用作家たちも、続々と海をわたって、報道陣に加わった。非協力者の作家のリストを、軍の黒幕になって作っている文士もあった。（中略）文学報国会というものがうまれ、その会員でないものは、非協力者として、文筆の仕事もできないような窮屈な時代がきて、文士全体がなにか積極的な国家の提灯持の役を引受けなければ、一括して存在を許されなくなりそうな危機」（『詩人』）だったと書いている。

「御用」が冠せられるもの、あるいは「提灯持」の役を果たしているものが、今日でも溢れている。御用「学者」、御用「文化人」、御用「新聞」、御用「放送」……。

光晴は当時の「インテリ」についてこう記している。

「僕としても、どうしても腑におちないことが一つあった。内心はともかくとして、例え、表面的なことだけとしても、昭和七、八年頃までの日本人のなかには、たくさんのインテリと称するものがいて、世界共通な人間的正義感を表にかざし、自由解放を口にしていたものが、いかに暴力的な軍の圧力下とは言え、あんなにみごとに旗いろを変えて、諾々として一つの方向に就いてながれ出したということは、十年近くも日本をはなれてかえってきた僕には、了解できないことであった。（中略）戦争がすすむに従って、知人、友人達の意見のうえに、国民教育の反応が如実にあらわれてくるのをみて、僕は呆然とした」（同）。

このようななかで光晴は次のような態度を固めてゆく。

「非協力──それが、だんだん僕の心のなかで頑固、容赦のないものになっていった。僕は、親戚の新聞特派員や、出征してゆく義弟などにも、無意義な戦争でよけいな犠牲をはらわせられないようにと忠告した。知人たちにもその態度を変えなかったので、彼らは、僕を怖れるようになった。隣組というものができて、僕が防火群長に選ばれたときも、近ぺんの女子供たちに敗戦論を吹きこんだ。いつかその結果が、僕の一身にはねかえってきて、ひどいことになるとしても、なにかその方が心に納得がいって、死んだように屈従に甘んじているよりはましだという気があったのだ。夫や、息子を、奪い取られてじっと忍んでいる妻や母の、ぎりぎりの支えになっているのが隣人へのプライドにすぎないのだとおもうと、あわれだった。

戦争に反抗して殺されるのを怖れる人たちも、結局は駆り出されて死ぬ。反抗する者がたくさんあれば、或いは戦争を食い止めることができるという希望があり、まだしもよいのに、どうしてそこのふんぎりがつかないのかと歯がゆかった。一国をあげて戦争に酔っているとき、少なくとも、じぶんだけは醒めているということに、一つの誇りがあった。日本中の人間が誰一人、一旦獲得した自我や人間の尊厳をかえりみようとするもののなくなったことは、恥ずかしいことだ。

じぶん一人でもいい踏み止まろう。踏止まることがなんの効果のないことでも、それでいい。（中略）そんな考えで生きてゆく一日一日は、苦しくもあったが、また、別な生甲斐があった」

原発事故の現実を描いた名画「朝日のあたる家」（太田隆文監督、13年5月）は、最初企画を持ち込んでも、どこからも制作を拒否され、市民のカンパでようやく完成したにもかかわらず、それを上映してくれる映画館がなかなか出てこなかったのは、全国のほとんどの映画館が自主規制した結果だった（拙文「フクシマとニッポンの現在」、『ＡＭＡＺＯＮ』２０１４年５月号）。これは現在の日本社会のありようを象徴している出来事である。

前出の辺見庸はこう続けている。

「日本のファシズムは、必ずしも外部権力によって強制されたものじゃなく、内発的に求めていくことに非常に顕著な特徴がある。職場の日々の仕事がスムーズに進み、どこからもクレームがかからない。みんなで静かに。自分の方からね。別に政府や行政から圧力がかかるわけじゃないのに。メディア自身がそうなっている」

辺見は、現代日本の動きにどう抗えばいいのか、ということに、光晴と呼応するかのように、こう答えている。

「個として、戦端を開いていくべきだ」

「自由であるためには孤立しなくちゃいけない。例外にならなくてはいけないんです」（前掲）

光晴は、「作品の発表にしても、当局の検査官との知恵くらべだった」というなかで、詩作を続けた。（同）

次の「追放」はこのような情況での孤独感を書いたものと思われる。

追　放

湖めいたくれかたの
蒲の穂のゆれる空を、

祖国からも、友からも
追放された魂が
どこまでもさまよう。
（中略）
蒲の穂にとまる赤とんぼよ。
君とおなじように僕も自由だが、
なぜこんなにさびしいんだ。
親しかった人達の愛情まで、
戦争でからっぽなので。
僕の住みたいところもみな
戦争ですみにくくなったので。

僕はただひとり遠くを眺める
人間の生活からも、詩からも
遠い、遠い宇宙の所在なさ。明澄さ。
（後略）

……続く……

（埼玉・会員）

「A challenge for Abe Sinzo」・・・ある特派員の示唆

長谷川善夫

アイルランド出身の特派員、デイビッド・マックニールは（9/27/2014「MAINITI WEEKLY」掲載）の中で次のように書いている。

「安倍首相は8月末に戦犯を祀る寺（高野山「奥の院」、戦犯の追悼碑がある）に追悼文を送ったことで、再び外国の新聞記事に取り上げられた。・・・外国の主要な新聞の多くが、BBC や CNN と同様にこれを報じた。私もエコノミスト誌で大きく扱った。…」

「外国の特派員は日本の戦時についての記事が多すぎると非難される。私たちもこんなことを記事にするのは嫌だ。もっと他のことを書きたい。」とした後に、

「It is the attempts by politicians in Japan to the judgment about what took place in history that force us to cover these issues. If Abe left the past alone, so would be.」、

「歴史的に定まったことへの日本の政治家の企てがその問題について書かせる。安倍が過去をそのままにしておくのであれば私たちもそうしたいと願っている。」そして続く。

「安倍はなぜアメリカの戦争犯罪を問題にしないのか」

..「…As someone who loves Japan, he is only defending its reputation, they say.

If that's the case, why doesn't the prime minister shift his attention from Japan's war crimes, which seem to obsess many in his government, to war crimes committed by American?」

「…彼が日本を愛するものとしてその名誉をまもろうとしているにすぎないと（彼の支持者たちは）言う。もしそれが本当であるならば、首相はなぜ日本の戦争犯罪にこだわるよりもアメリカの戦争犯罪を問題にしないのか。」と。

ここでマックニールは終戦末期に200もの日本の都市を焼き払い、そして334機（325機とも）のB29で約1700トン（38万1300発、1783 t）に及ぶ焼夷弾を降らせ10万人以上の人々を焼き殺した1945年3月10日未明（午前0時7分から午前2時37分）の東京大空襲を取り上げる。そして東京でこの恐るべき出来事がほとんど追悼されてないことに大変驚きを抱いてきたと書き、そしてその後にこの作戦を立案したカーチス・ルメイに触れる。

…Incredibly, in 1964, Japan' sgovernment awarded LeMay the First Order of Merit for helping to reconstruct the Self－Defense Forces after the war.」

「…信じ難いことに日本政府は戦後そのルメイに自衛隊設立の功により勲一等を授与した。」と。

カーチス・ルメイへの叙勲の意味するもの

カーチス・ルメイ（1906-1990　米国軍人で最終軍歴は空軍大将、第5代空軍参謀長）

ルメイの指揮した3月10日の東京大空襲の独創性は進入高度の変更にあった。従来は高度8500mから9500mの昼間爆撃を行っていたが、高度1500mから3000mに変更した。理由はエンジンの負荷軽減で燃料を節約し多くの爆弾を積めること、爆撃が精度を増すこと、火災を密にし大火災にできることであった。しかし低空での迎撃機、対空砲火を避けるため夜間爆撃にした。またほぼ全ての機銃、弾薬、機銃手を降ろし 爆弾を通常の2倍、6トンもの高性能焼夷弾を搭載できるようにした。

爆撃の誘導機の機長は「まるで大平原の野火のように燃え広がっている。地上砲火は散発的、戦闘機の反撃なし。」と実況報告した。3時間にも満たぬ間に日本は死者行方不明者10万人以上、被災者100万人以上、25万戸が焼失。対するルメイの部隊は撃墜・墜落12機、撃破42機の損失にとどまった。なお3月10日を選んだのは延焼効果の強い風の強い日と気象予報されたためであり、日本の陸軍記念日にちなむという説も有力だが確認されてはいない。

また、アメリカ軍は江戸時代の度重なる大火や関東大震災における被害実態を徹底的に検証し、木造住宅が密集する東京の下町が特に火災に遭いやすいことを突き止めていた。東京大空襲の被害地域と規模は関東大震災の延焼地域とほぼ一致しているのは単なる偶然ではなく、結果的には大震災時を大幅に上回った。また日本家屋を再現した実験場を作り大規模な延焼実験をもしている。実験用に建てられた日本家屋は、屋内の畳を日系人の多いハワイから取り寄せて精巧に作り上げられた。

ルメイは関わった戦争の度に軍人としての象徴的な言葉を残している。

「当時日本人を殺すことについて大して悩みはしなかった。私が頭を悩ませていたのは戦争を終わらせることだった。」

「(日本との戦争に触れて）もし戦争に敗れていたら私は戦争犯罪人として裁かれていたろう。」

「(朝鮮戦争において) 我々は朝鮮の北でも南でも全ての都市を炎上させた。我々は 100 万人以上の民間人を殺し数百万人以上を家から追い払った」
「(ベトナム戦争時) 北ベトナムを (爆撃で) 石器時代に戻してやる。」等々。
勲一等の授与は天皇が直接手渡す“親授”が通例だが昭和天皇は親授しなかったとのことである。

マックニールの記事に戻す。

「安倍はもちろんこの悲惨な出来事を話題にしない。アメリカが終戦以来最も緊密は経済的、政治的、軍事的なパートナーであり続けているからだ。その同盟は日本が自身の防衛を担えないことを意味してきた。沖縄の過度な米軍基地を見ればわかる。」その後に以下の文が続く。

「Yet when former Prime Minister Hatoyama Yukio tried to challenge the status quo on Okinawa five year' s ago, he was blocked at every turn bay Japanese bureaucrats and conservatives」鳩山元首相が 5 年前に沖縄の現状に取り組もうとした時あらゆる場面で日本の官僚や保守政治家に妨害を受けた。」そして

「安倍はワシントンの主張に報いようと、8 割もの沖縄県民の願いに反し普天間基地の辺野古への移転を行おうとしている」で記事が終わる。

マックニールの記事は様々なことを考えさせる。日本や日本人が世界からどう見られどう評価されているのかを示している。

進んで首相の首を差し出し、強い者にへつらい、弱い者は命さえも踏みにじる体質は一貫している。鬼畜米英と叫び、従わぬ者は非国民として命をも奪い、いち早く広島・長崎の被害の調査資料や 731 部隊の記録を差し出し、アメリカにひれ伏した。尊王攘夷から脱亜入欧に戻ったわけである。日本人とはこうも無節操なのか。

重慶爆撃

日中戦争中の 1938 年 12 月 4 日から 1943 年 8 月 23 日にかけて、日本軍は断続的に 218 回にわたり重慶に対する戦略爆撃を行った。爆撃は主に 1939 年から 1941 年の行われ投下した爆弾は 1940 年には 4333 ﾄﾝに達した。国民党政府は空爆に対する十分な対策を取っておらず、おびただしい数の犠牲者が発生した。そのほとんどが非戦闘員であり、犠牲者数は中国側の資料を基に推計すると約 3 万人にも上った. 市民の実に 8 割が損害を受けたと言われている。

　このことは無差別大量虐殺を意図した非人道的行為として東京裁判で弾劾された。その一方で東京など日本の各都市への無差別爆撃や広島・長崎への原子爆弾投下の正当性の根拠として利用された。

これでいいのだろうか。この前の戦争でしたことをこのまま忘れていいものか。

重慶爆撃に対する謝罪と補償を求める訴訟が今に続く。その訴えを私たちも受け止めなければならない。大空襲や広島・長崎を語るとき重慶爆撃をはじめとした中国、韓国、アジアへの侵略とそれへの償いを忘れてはならないし、それなくしては日本というものが、日本人というものが決してこれからも信用されないことも忘れてはならない。戦後補償は終わっていない。

ルメイ、東京大空襲、重慶爆撃の記述はWikipedia に頼った。

中学以来の英語の強迫観念が今も続き英語学習者向けの「MAINITI WEEKLY」を横に置く。普段は積んでおくだけのその記事の中に上記を見つけた。周囲に呆れられ、誤訳・珍訳も踏み越えて、恥も外聞もなく取り組んだのはひとえに日本を外から見てみたいと思ったから。

お詫び・・・10月号の上海での堀田のエピソードを以下のように訂正します。

「それで私は武田（泰淳）君に“どうしてこう我々は居心地がいいのだろう”といいましたら、武田君は“(日本人は) どうせまた来るだろうから”と中国の人びとは思っているんだよ、と答えました。そこでも私は中国の歴史の深さとその歴史からくる見通しにおどろきました。」(堀田良衛著『めぐりあいし人びと』)

朝鮮へ

山田　伸男

去年の師走、かかりつけの新宿の柏木診療所でI医師といつもの診療の合間に世間話になる。

「どうも日本の人たちの中国・朝鮮へ風当りが激しいですね。この騒ぎは度が過ぎているようだが・・・」「戦前のあの暴支膺懲（ぼうしようちょう）のようですね。」と思わず言ってしまった・・・。私と同じ年代の医師は「ああ、そうだねえ」と大きく笑った。

思わず出てきた暴支膺懲（ぼうしようちょう）の言葉の響きは80年の時を過ぎ、いまだ現実味を帯びていることに愕然とする。この新宿の診療所は大久保の近くにあり、オールド・カマーの朝鮮の人たちの商店街があり、はやりの『韓流ドラマ』と共に若人・カップルの人気を呼んでいた。だが、診療所にまで「朝鮮人は日本から去れ」とヘイト・スピーチは届くのであろう。それ以来大久保の町には賑わいは戻らない。どうしてこのような日本になってしまったのか。

あの敗戦は何であり、70年の歳月、国際で名誉ある地位を目指した憲法の理念と努力は水泡に帰したのであろうか？

三鷹市の市民大学講座の歴史の企画委員をしている。日本近・現代史歴史講座のカリキュラムを作ってきたが、私の中に「朝鮮」の歴史を考えることを完全に抜かしていた。

普通戦後の日本史教育はついつい重心が「列島・日本史」に傾いてしまい、ある意味では「鎖国・日本史」でもあるといっても言い過ぎではない。戦前の記憶をとうに忘れてしまっている。自国史にまつわる根本的欠陥があるのだ。

日本列島にとって、北東アジア、朝鮮半島は歴史や文化の形成において他の地域とは異なり特別重要な意味を持った地域なのである。朝鮮半島に対する意識や理解を欠いては、日本列島の歴史を考える際に大きな欠陥をかかえることになる。

東京駒場に日本民芸館がある。柳宗悦が収集した朝鮮李王朝時代の白磁、家具、のれんなど名もなき朝鮮民衆がつくりだした数々の民芸が展示されている。それは力強く素晴らしいものだ。民衆が描いた民画の大胆、奔放な絵柄が気に入り、朝鮮民衆の文化の底力を知った。また朝鮮料理を思い切り食べる。食べることこそ体験であり、料理は文化の精髄が現れると思っている。

それが動機で今回朝鮮民主主義人民共和国に行ってみようと思い、２０１４年度日朝友好連帯埼玉県民会議主催の「朝鮮体験の旅」８月20日～26日のツアーに参加した。

8月21日朝鮮に、真白きスモグがかかった北京経由で入国する。トウモロコシの葉の緑に包まれた空港であった。「ずいぶん遅れてきましたね。」と通訳案内の人が言う。本当に二日がかりで着くとは「近くて遠い国」と思う。23日、名にし負う金剛山に向かう。ピョンヤンからトウモロコシ畑の中の舗装された道路を猛スピードで車は走る。元山にくると万景峰号が港に係留されていた。「あっ日本海が見える！」と叫ぶ。搭乗員の方から「あれは東海ですよ。」と笑いながら言いわれてしまう……。なるほどなあ！同じ海でも見る方角、歴史が違うと名称も違うのだ。違ってもいいのだ。無理して統一をすることはない。それぞれでよいのだ。互いの民族が背負ってきた、言うに言われぬ重い歴史があるのだ。

翌朝、朝露に光る朝鮮赤松の向こうに、朝映えに丸い岩山・金剛山が堂々とみえる。これは名山である。足が悪い私は登山杖を手に入れ登る。登りはよかったが、帰りは添乗員の方と嶋田さんにつかまり下りた。助かった。天下の金剛山の登りえたことは一生の思い出である。ありがとう、肩を貸してくれた添乗員さん。いま家に金剛山登山の杖がある。また朝鮮料理の素晴らしさを堪能した。冷麺のひんやりした味は忘れられない。透明サイホンの生ビールは最高であった。

国と国との国交がなくとも、またどのように悪くなろうとも、人と人、国と国との関係、パイプがつながっていることがそれ以上に大切であると痛感した旅でした。

この旅を企画していただいた日朝友好連帯埼玉県民会議の方々、朝鮮民主主義人民共和国の通訳・添乗員の皆様に感謝を申し上げます。ありがとうございました。

「空と風と星と詩　序詩」　尹東柱（ユンドンジュ）

死ぬ日まで空を仰ぎ
一点の恥辱（はじ）**無きことを、**
葉あいにそよぐ風にも
私は心が痛んだ。

星を歌う心で
生きとし生けるものおしまねば
そして私に与えられた道を
歩みゆかねば。
今宵（こよい）も星が風に吹（ふ）**き晒**（さ）**される。**

尹東柱（ユンドンジュ）　同志社大詩碑より

尹東柱はｋｏｒｅａの詩人で、1917年12月30日中国吉林省龍井郊外父尹井錫、母金龍の長男として生まれた。ソウルの延き専門学校（現・延世大）に学んだのち、1942年渡日、同志社大学文学部に在学。43年7月14日思想犯として京都下賀茂警察署に検挙され、45年2月16日、福岡刑務所で獄死した。

（2015・2・10朝日新聞）

（東京・常任幹事）

寄贈誌から

『中国研究月報』（社団法人中国研究所発行）
2015年1月号

特集＝日中関係、今なすべきことは
2014年度現代中国公開講座（2014年11月15日、中央大学駿河台記念館）

▽特集　2014年度公開講座特集にあたって　森　保裕
報告Ⅰ　習近平時代の中国政治と外交　朱　建榮
報告Ⅱ　今、日中関係に求められるもの―安定した平和・友好・協力関係に向けて―　谷野作太郎
質疑・応答

▽書評　金佩華著　集広舎『北京と内モンゴル、そして日本』　小林　一美
▽書評　三谷孝著　汲古書院『現代中国秘密結社研究』　蒲　豊彦
▽書評　中居良文編著　御茶の水書房『中国の対韓半島政策』　石井　明
▽書評　寺林伸明・劉含発・白木沢旭児編　御茶の水書房『日中両国から見た「満州開拓―体験・記憶・証言―」』　西田　勝
▽書評　于建明著　日本僑報社『中国都市部における中年期男女の夫婦関係に関する質的研究―ライフコース論の視点から』　施　利平
▽書評　王鵬飛著　渓水社『東アジアの持続的な経済発展と環境政策―中国・日本・韓国を中心に―』　松永　光平
▽資料『中国研究月報』2014年総目次　第68巻第1号～第12号

『友好だより』（関東日中平和友好会）第54号

・新年のご挨拶　新宅　久夫
・新春メッセージ　汪　婉
・四団体が「七・七記念集会」開く　武吉　次朗
・平頂山殉難同胞遺骨館を訪ねて　大巾　博幸
・オスプレイ首都圏にも拠点化　藤代　政夫
・回想の地を訪れる　山邉悠喜子
・中国大使館員との交流旅行　武吉　次朗
・中国延辺の旅　武吉　次朗
・天池を見る　内村　饒
・中国に旅して　中澤　努
・延吉はとても綺麗な街　小林　栄子
・中国の専業卸売市場を訪ねる　新宅　久夫

一月の常任幹事会

日時　一月三十一日（土）十四時～十六時
会場　さいたま市浦和区高砂3－1－4
埼玉会館会議室
出席者　沖松・佐藤・熊谷・高橋（勇）・小林・長沼・加藤・長谷川・山田・落合

報告

1・沖松代表幹事の講演会予定。
2月14日　埼玉高教組（勤評反対闘争について）。
3月7日　退教入間支部（戦争体験）

2．国際婦人デー出席希望者について
昨年の出席者の希望を聞きながら、できるだけ新しい人が出席できるよう調整する。

3．新年会について
僑報社の人が出席し書籍の販売を行う。

学習会

・靖国神社・天皇制および現・近代史等について山田常任幹事、長谷川常任幹事より幅広く問題提起があり、次回からは問題点を絞って意見交換を行うことにする。

協議

1．訪中団派遣について
中国国際友好聯絡会からは大歓迎するとの連絡をうけた。現在希望者が数人出ているので、日程、訪問希望地等の希望を聞きながら、2月20日くらいまでには決定したい。

2．新年会について
・受け付け、総合司会等の役割分担を決定する。

3．編集委員会より
原稿は順調に集まっている。2月号の巻頭言は倉持さんに依頼することにする。

（落合）

事務局月報

・一月下旬から二月の頭の新聞・テレビのトップニュースの心塞がる人質の　話。〇〇国を壊滅する、とか償いをさせるなどという記事が載るが、その　の報復は更なる報復を呼び膨大な命が失われていく。多くの人は爆撃ではなく「テロ」に至る道筋の解明こそが人としての道、と望んでいるのではないだろうか。

・途切れていた訪中が今年は実現できそうである。百聞は一見にしかず　の通り、自分の目で見、耳で聞き、体で感じることできっと何かが変わる。とても気の早いことだが、出かけて行かれた方々の報告が待たれる。当然のこととして　疑問も含めて。

更に、鼻で嗅いだ匂い・舌での味わいも。是非お聞きしたい！

（小林）

『8・15』2015年2月号
2015年2月15日発行
定価　500円（送料とも）
編集人　落合　正史
発行人　沖松　信夫
印刷所　（有）イワキ
発　行　日中友好8・15の会
〒125－0032
東京都葛飾区水元3－3－4
小林悦子方
TEL&Fax　03－3627－1953
郵便振替　00120・6・27415
日中友好8・15の会
HP URL　http://www11.ocn.ne.jp/~donpo/

会　則

(名称)　第１条　本会は、日中友好元軍人の会を受け継ぐ日中友好「８・１５」の会（通称日中友好８．１５」の会）と称する。

(目的)　第２条　本会は、過去の戦争に対する反省に立脚して、あらゆる戦争準備の動きを阻止し、平和を希求するために世界各国とくに中国との友好に貢献するとともに、会員相互の親睦を深めることを目的とする。

(会員)　第３条　本会は前条の目的に賛成する元軍人および賛同者をもって構成する。

第４条　本会の本部を関東地区に置く、支部を各都道府県に置く、また事務局を関東地区に置く。

(事業)　第５条　本会は、第２条の目的を達成するために以下の事業を行う。

１．会誌『８．１５』の発行
２．講演会、研究会の開催（平和諸団体との共催を含む）
３．学習会の開催
４．中国からの留学生・研修生の受け入れ
５．訪中団の派遣
６．その他、本会の目的達成に必要と認められる諸活動・事業

(総会)　第６条　本会は、総会を毎年１回、原則として８月 15 日に開催する。総会は、委任状を含めて会員の過半数の出席により成立するものとする。総会は、幹事会から、活動報告、行動計画事業計画、決算、予算、役員の選出、その他、本会の運営に必要な事項について報告、提案を受け、出席者の過半数の賛成により　これを承認、決定する。幹事会が必要ありと認めたときは、その決議により、臨時総会を招集することができる。総会の決議に基き、顧問を置くことができる

(運営)　第７条　本会の運営は、幹事会が行う。ただし、幹事会は常任幹事会にその権限を委任することができる。

(役員)　第８条　代表幹事、副代表幹事、常任幹事、事務局長を本会の役員という。

第９条　役員の任期は１年とする．ただし、任期満了後も総会において新役員が選出されるまではその職務を行う。役員の重任は妨げない。

第 10 条　本会の運営のために幹事会ならびに常任幹事会を置く。幹事会は幹事を以って構成し、本会の運営に必要な重要な会務を行う。幹事の互選により代表幹事、副代表幹事、常任幹事、事務局長を選任する。常任幹事会は、原則として毎月 1 回開催し、幹事会の委任をうけて本会の運営に必要な一般会務を行う。

第 11 条　幹事は、会員の維薦により選任し、捻会の承認を安ける。

第 12 条　幹事会は、常任幹事会の決議に基き、代表幹事が招集する。常任幹事会は、常任幹事２名以上の発議により代表幹事が招集する。幹事会および常任幹事会の決議は、出席幹事の過半数の賛成により成立する。賛否同数のときは、代表幹事がこれを決する。

第 13 条　本会の会議の遂行上、下記の分科委員会を設け、常任幹事会が選出した委員長が運営の責に当る。

1. 組織・活動委員会
2. 会誌編集委員会
3. 財務委員会
4. 対外交流委員会

各委員会の委員は、委員長の堆薦により委嘱する。

第 14 条　会計の監査は、会計監事が行う。会計監事は、幹事会の堆薦により選任し、総会の承認を受ける。

(財政)　第 15 条　本会の経費は、会費、寄付金、その他の収入をもってまかなわれる。留学生・研修生受け入れのため、特別会計を設ける。

(会費)　第 16 条　会費は年額１万円とする．また、家族金員の会辛は年報 2000 円とする。

第 17 条　本会の会計年度は、毎年 7 月 1 日に始まり翌年 6 月 30 日に終る。

(改正)　第 18 条　本会の会則は、幹事会の発議により、総会において、委任状を含む出席者の 3 分の 2 以上の賛成により改正することができる。

(付則)　この会則は 2004 年 8 月 29 日から施行する。

過去の直視、これが歴史認識の原点

軍備亡国・反戦平和

2015年　3月号　No. 544

8.15

二〇一五年　三月十五日発行（毎月一回十五日発行）
第五六巻　三号　通巻第五四四号

［巻頭言］

日中友好元軍人の会ＨＰ　　http://www11.ocn.ne.jp/~donpo/

3

日中友好８．１５の会
（日中友好元軍人の会）

創　立　宣　言

戦争の罪悪を身をもって体験した、わたくしども元軍人は、心から人間の尊厳にめざめ、戦争を否定します。

わたくしどもは、過去の反省に立脚し、戦争放棄と戦力不保持を明示した日本国憲法を順守し、真に人類の幸福と世界の平和に貢献せんがため、本会設立の趣意書ならびに会則にのっとり、同志相携えてあらゆる戦争を阻止し、戦争原因の剪除に努め、進んで近隣諸国とくに中国との友好を進めんとするものであります。

ここに終戦の記念日をトして本会を設立するにあたり、万世のため太平を開く決意のもとに日本の更正を誓った当時を追憶し、戦没の万霊に額ずき、ご遺族をはじめ戦争の被害者ならびに軍靴で踏みにじった戦場の住民各位に深く遺憾の意を表しつつ宣言します。

１９６１年8月１５日

日中友好元軍人の会

二〇十四年度　活動方針

われわれは、創立宣言に則り、次の活動を行なう

一、平和憲法を守り抜くため、広く非武装中立・軍備亡国を訴え、組織の強化・拡大に努力する。

二、過去の侵略戦争に対する反省に立脚して、中国をはじめ、アジア近隣諸国、さらには世界各国の平和を希求する人々との友好・提携に努める。

行動計画

一、ますます反動性を強めている安倍内閣の憲法改悪のあらゆる策動を許さず、特に憲法九条を守るために活動している諸団体の運動に積極的に参加する。

二、集団的自衛権の行使を求めず、名目の如何にかかわらず、自衛隊の海外派遣、多国籍軍への支援に反対する。

三、広島・長崎の被爆の歴史に基づいて、核の廃絶を広く世界に訴える。エネルギーの変換、原発０の世界をめざす。

四、沖縄をはじめとする全国各地の米軍基地の縮小・撤廃を求め、そのためにも日米安保条約の解消とそれに代わる日米平和友好条約の締結を提唱する。

五、日・中・韓・朝の障壁になっている歴史認識問題、戦後処理（従軍慰安婦・強制連行・強制労働などに関する訴訟・賠償請求）の早期解決を求めていく。

六、中国国際友好聯絡会研修生受け入れと公私訪中団派遣を通じて、民間レベルでの友好・交流の強化を図る。

【巻頭言】

歴史を直視できない安倍首相

従軍慰安婦問題から考える

上村　文男

歴史を直視できない人々の朝日新聞バッシング

朝日新聞社が昨年八月、一九八〇年代にさかのぼって従軍慰安婦問題の連載報道を検証、故吉田清治氏の「慰安婦強制連行」証言箇所の取り消しを行った。このことが発端となり、「強制連行」はなかった、軍による「性奴隷」はなかった、さらには従軍慰安婦制度もなかったとする暴論が、週刊誌や、産経新聞社の記事となって飛び出してきた。週刊誌には、「売国」「反日」「国賊」などの大見出しで「従軍慰安婦虚構説」などを流し始めた。

八〇年代から九〇年代にかけて吉田証言が十数回朝日新聞にとりあげられた。その時点で吉田証言を否定する者もいたが、朝日新聞社は、これを検証・訂正しなかったのである。

ところが今年一月二六日、右翼政治学者渡部昇一上智大学名誉教授を原告団長とする学者、ジャーナリスト、国会議員ら八千七百人余が、「誤った事実を国際社会に広め、日本国民の人格権や名誉を傷つけられた」として同社に一人一万円の慰謝料と謝罪広告の掲載を求める訴えを東京地裁に起こしている。この中に多数の国会議員がいることに唖然としたが、九〇年代頃の自民党の動きを見ると、はっきり知ることができる。

九七年二月二七日、当選五回以下の自民党議員でつくる「日本の前途と歴史教育を考える若手議員の会」が結成され、その会の幹事長が現安倍首相であり、会員の多数は、現政府の閣僚や自民党の要職にある。会長は平沼赳夫であった。この会は「河野談話」に対して「確たる証拠もなく『強制性』を先方に求められるままに認めた」と非難し、河野洋平氏を呼び出して撤回を迫っている。

安倍首相は、それ以前から歴史を直視できない超右翼政治家であった。そして彼を取りまき支持する学者、文化人、ジャーナリストらが、各種の「有識者会議」をつくり提言している。ＮＨＫ経営委員も安倍一色となった。

従軍慰安婦への軍関与否定の安倍政権、米国からも非難

この朝日新聞問題を好機として、安倍政権は、河野談話の取り消しを狙っている。政府の意向を受けたのか、高校の公民教科書を出版する教研出版は、今年四月から使用する教科書から「従軍慰安婦」「強制連行」を削除し、文科省は認定した。

東京新聞論説委員の半田滋氏は、著書『日本は戦争をするのか―集団的自衛権と自衛隊』(岩波新書二〇一四年四月

発行）の中で次のような記述をしている。少し長いので筆者が要約し遠洋した。

「首相就任の直前の二〇一二年一一月四日づけで、アメリカニュージャージー州の地元紙『スターレッジャー』へ従軍慰安婦に関する意見広告を掲載した。『女性たちが日本軍によって意に反して慰安婦にさせられたことを示す歴史的文書はない』『彼女たちは性奴隷ではなく、当時世界中のどこにでもある公娼制度の下で働いていた』として日本政府の責任を否定した。これに氏名を連ねたのが安倍首相をはじめ下村博文文科相、稲田朋美、高市早苗ら自民党要職や多数の議員たちであつた。

ニュージャージー州は韓国系アメリカ人が多数居住する州で、同州のパリセイズパーク市の公立図書館に、旧日本軍の性奴隷にされた女性たちの記念碑が建てられていて、日韓対立のシンボル的土地である。

従軍慰安婦問題の焦点は、連行時の強制性の有無にとどまらず、女性たちが意に反して日本軍の管理下で性的虐待を受けたこと自体にあり、国際社会では『日本政府による人権侵害』と受けとめられている。

第一次安倍政権の時も、安倍首相が『強制性を示す客観的な証拠はなかつた』と発言したあとの二〇〇七年七月、アメリカ議会下院は、日本政府に従軍慰安婦問題について謝罪するよう求める決議を採択している。」

旧日本軍の関与を裏付ける証書・事実

小学館発行の『日本歴史大事典』に元陸軍大将岡村寧次（やすじ）の記述がある。岡村は日中戦争時、日本陸軍の要職にあり、四一年から敗戦まで北支那方面軍司令官であった。この岡村について「一九三二年（昭和七年）上海派遣軍参謀副長となり初めて『慰安所（いあんじょ）を設置。』」とある。第一次上海事変当時である。

日中戦争の最中の四一年九月、中国戦地に派遣された熊本市在住の元第六師団野砲兵第6連隊将校であつた高木正男さん（95歳）が、熊本日日新聞二〇一四年一一月一二日の伝えたい　私の戦争」の中で次のように語ったことを記している。

：（前略）：武漢など日本軍が駐留した都市には、日本人業者が管理する慰安所があつたという。「慰安所は日本人や朝鮮人、中国人の女性。軍医が週一回性病検査をしていた」「利用時間は兵士が正午から午後5時まで、下士官はそれから7時まで、最後は将校だった。控え室には順番待ちの列ができた。」高木さんが記憶をたぐり寄せる。

「慰安婦は枕元に置いた紙に『正』の字を書いて、相手した人数を記録していた。」駐留が長くなって、日本兵と恋仲になる慰安婦もいたと聞いた。飲酒し慰安所で暴れる兵士もいたため、高木さんら将校が見回りに出た。：以下略：

※引用文中傍線は筆者、以下同じ）

実に痛ましい軍による性奴隷の実態証言である。従軍慰安婦制度の目的は、兵士の占領地域女性への強姦防止と性病予防にあった。先述した岡村寧次大将は、各部隊の状況を次のように語っている。

「現在の各兵団は、殆どみな慰安婦団を随行し、兵站（へいたん）の一分隊となっている有様である。第六師団の如きは、慰安婦団を同行しながら、強姦罪はあとを絶たない有様である。」（稲葉正夫編『岡村寧次大将資料』戦場回想篇、吉見義明著『従軍慰安婦』岩波新書九五年発行より引用）

岡村回想にあるように慰安所の業者は兵站の一分隊で軍属であった。慰安婦とされたのは当時植民地となっていた朝鮮、台湾のほか日本の占領下に置かれた中国、フィリピン、インドネシア等アジア諸国の女性が慰安婦にされた

インドネシアは当時オランダ領であったため、オランダ人女性が強制連行されている。この事件の責任者は、戦後オランダの軍事法廷で裁かれ、日本軍将校七名、軍属（業者）四名が有罪となり、慰安所開設責任者の少佐は銃殺刑となった。又、既に帰国していた最高責任者の大佐は、オランダの追及を知って四七年自殺している。（前掲書より）

河野洋平内閣官房長官談話発表へ

しかし、アジア諸国の被害女性は、それを語ろうとしなかった。九一年一二月、はじめて九人の韓国人元従軍慰安婦が、日本政府の謝罪と補償を求めて東京地裁に提訴し、従軍慰安婦問題を多くの日本人が知ることとなった。（前掲書より）

これまで政府は軍の関与を認めようとしなかった。しかし、九二年、吉見義明氏が、湮滅を免れた旧日本軍による慰安所設置や従軍慰安婦の募集を監督・統制した六点の資料を防衛庁（現防衛省）防衛研究所図書館から発見し新聞に発表した（朝日新聞九二年一月一一日報道）。新聞発表の翌日一二日、加藤紘一官房長官はこれを認め、一三日には謝罪の談話を発表した。一七日訪韓した宮澤喜一首相は日韓首脳会談で公式に謝罪した。

その後、政府は資料の調査と、韓国人元従軍慰安婦らからの体験・証言などを聞き集めた。特に資料は、九三年の日本戦争責任資料センターの独自調査の資料六二点の公表という成果が大きい。

そして九三年八月四日、「『慰安婦』関係調査結果発表に関する内閣官房長官談話」（河野談話）発表となったのである。

旧日本軍の関与・強制性を認定した従軍慰安婦事件

九一年以降、従軍慰安婦とされた朝鮮人・中国人たちが日本政府に慰謝料と謝罪を求めた裁判が八事件あるが、既に最高裁で請求権の期間が過ぎているとして棄却されているが、慰安婦として日本軍の関与・強制性の事実が殆ど認定されている。このうち在日韓国人裁判と海南島裁判について簡単に記しておく。

◆在日韓国人裁判

九三年四月三日東京地裁に、日本在住の韓国人宋神道さんが、戦時中だまされて中国等へ連れ去られ従軍慰安婦となることを強制されたと主張し、その事実関係を認め、日本国に謝罪と補償を求めた事件である。

東京地裁（一審判決）では、原告が慰安婦として受けた被害事実については「争いがない事実」、「宋が一九三八年頃から終戦まで、各地の慰安所で意に沿わないまま否応なく従軍慰安婦として軍人の相手をさせられた」が認定された。しかし請求権は消滅したとした。

東京高裁（二審）で、被害事実は認定し、「監督者としての国が民法上の不法行為責任を負う余地もある」と述べた上で、請求権消滅を理由に一審同様請求権を棄却した。最高裁も上告を棄却した。

◆海南島裁判

二〇〇一年七月、日本政府に対し謝罪と賠償を求め、中国海南島の被害女性八人が、東京地裁に提訴した事件である。二〇一〇年三月、最高裁は被告の請求は棄却したが、地裁、高裁で認定した女性への性暴力・強姦の事実は認定した。二〇〇九年三月、さらに東京高裁では、「当時一四～一九歳の女性で……軍の力により威圧・脅迫して自己の性欲を満足させるために陵辱の限りを尽くした軍人らの加害行為は、極めて卑劣な行為であって厳しい非難を受けるべき」と軍の行為を断罪した。さらに五人については『破局的体験後の持続的人格変化』に罹患している」と認定し、「国に賠償義務あり」「立法的・行政的解決を望む」付言判決が出ている。

主計将校養成の陸軍経理学校で、慰安所設置を教えていた

陸軍経理学校は陸軍大臣に従属する学校である。旧制中学校四年生から受験できた。

六八年、産経新聞・フジテレビ社長となった鹿内信隆氏は、陸軍経理学校で慰安所開設の仕方を次のように教わったことを日経連会長桜田武氏との会談で次のように語っている。

「そのとき（慰安所設置時）に調弁する女の耐久度とか消耗度、それにどこの女がいいとか悪いとか、それからムシロをくぐってから出て来るまでの〝持ち時間〟が、将校は何分、下士官は何分、兵は何分……といったことまで決めなければならない（笑い）。料金にも等級をつける。こんなことを規定しているのが『ピー屋設置要綱』というんで、これも経理学校で教わった。この間も、経理学校の仲間が集まって、こんな思い出話をやったことがあるんです。」

（桜田武・鹿内信隆『いま明かす戦後秘史』上巻より）。

※ピー屋とは慰安所のこと。

※調弁とは「軍隊で食料等を現地調達すること」女性も現地調達・強制連行であつた。

海軍主計将校であった中曽根元首相も

元首相中曽根康弘氏も海軍主計将校の時、インドネシアで、「三千人の大部隊だ。やがて、原住民の女を襲うものやバクチにふけるものも出てきた。そんなかれらのために、私は苦心して慰安所をつくってやったこともある」と自慢している。（松浦敬記編『終りなき海軍』の「23歳で三千人の総指揮官」から引用）

岡村陸軍大将の例からも明らかなように、軍上層部、政府関係閣僚・高級官僚は従軍慰安婦・慰安所の政府・軍隊の関与というより総責任がある事実を認識していたのである。

※鹿内、中曽根発言は、吉見義明・川田文子共著『「従軍慰安婦」をめぐる30のウソと真実』（大月書店九七年刊）より援用。

敗戦の三日後、占領軍慰安所設置を決定した日本政府

日本政府は以上のような占領地の女性に対する日本軍隊による性奴隷化の事実を知っていたのである。

四五年八月一五日、敗戦と同時に鈴木貫太郎内閣は総辞職、翌一六日、天皇は東久邇宮稔彦王（ひがしくにのみや　なるひこおう）に組閣を命じ、一七日、「一億総懺悔（そうざんげ）」を後に表明、戦争責任の全てを国民に転嫁しようとした初の皇族首相内閣が誕生した。

敗戦直後、これまで「打倒、鬼畜米英」と政府の音頭に踊らされた国民は大ショック、日本各地は、「女は犯され、男は虐殺される」など流言飛語が飛び交い大混乱が起こった。

熊本でも、曽我県知事は、「一七歳以上四十歳以下の婦女子に避難命令を出した。」知事命令によって山地に向う避難者の列とデマの渦は一層大きくふくれあがった。

このような全国的混乱の中で、東久邇宮内閣が最初に行った占領軍対策が慰安所設置であった。以下半藤一利著『昭和史　戦後篇』（平凡社二〇〇六年発行）から援用する。

「いわゆる『良家の子女』たちになにごとがおこるかわからないというので、その『防波堤』として、迎えた進駐軍にサービスするための『特殊慰安施設』をつくろうということになりました。そして早速、特殊慰安施設協会（ＲＡＡ）がつくられ、『慰安婦募集』です。いいですか。終戦の三日後ですよ。……内務省の橋本政美警保局長が一八日、各府県の長官（当時は県知事を長官と言いました）に、占領軍のためのサービスガールを集めたいと指令を与え、その命を受けた警察署長は八方手を尽くして、『国家のために売春を斡旋してくれ』と頼み回ったというんです。およそ売春を取りしまらなきゃいけない立場の警察が『売春をやってくれ』と頼み回ったなど日本でははじめてのケースと思います。」。……「池田さんの『いくら必要か』という質問に野本さん（協会副理事長）が『一億円位』（現在の何百億円？筆者挿入）と答えると、池田さんは『一億円で純潔が守れるなら安い。』といわれた。……池田さんというのは、当時の大蔵省主税局長でのちの首相、池田勇人です。」

政府の方針、資金援助を受けたRAAは、銀座の本部前に次のような看板を出した。「新日本女性に告ぐ　戦後処理の国家緊急施設の一環として、駐屯軍慰安の大事業に参加する新日本女性の率先協力を望む。女事務員募集―年齢一八歳以上二五歳迄。宿舎・被服・食糧全部当方支給」さらに新聞にも「急告　特別女子従業員募集」の広告が出された。

このようにして集められた女性は、芸妓・公私娼妓・女給・酌婦だけでなく、戦争で父母、失を亡くした女性等戦争被害者が数多く売春と知らず応募し、再び戦争被害者となったのである。「良家の女子を守るため」の慰安婦募集・慰安所設置が戦後最初の女性政策であった。

戦後七十年、安倍首相は河野談話をどうするか

これまで記したように従軍慰安婦の強制連行・軍関与は歴然としているが、この様な事実を彼はどう捉えているのだろうか。彼は「大東亜戦争」肯定論着である。一三年四月二三日の衆議院予算委員会で、村山談話について質問され「侵略という定義は学界的にも国際的にも定まっていない。国と国との関係でどちらから見るのかで違う。」と答弁した。侵略の国際的定義は、七四年一二月一四日の国連総会で既に決議されている。これを知らないほど彼は無知であるか、超右翼である。その後、村山談話を継承するような発言をしているが、真意は分からない。

安倍首相は、アメリカでの意見広告に名を連ねたことを意識して従軍慰安婦については、多くを語らない。韓国大統領との首脳会談は、実現していない。官邸側は「窓口は大きく開いている」というが、河野談話を認め、従軍慰安婦問題を解決する真意を韓国側に伝えることが先行されなければならないと思う。

今、歴史を正しく学ぶことを「自虐史観」などと攻撃し、歴史教育に介入する学者、文化人、ジャーナリスト、そして彼等に同調する政治家が多数いる今こそ、戦争体験者、十五年戦争を正しく語り継ぐ者が大きく声をあげなければならない。

（熊本・会員）

全世界同時代史

アルチュール・ランボー伝（60）

島貫　隆光

帝国国防方針　その三
大東亜戦争への道　3　ノモンハン事件（33）
ウランバートルシンポジューム（牛島報告）29

この戦闘で、日本軍は、鏡山中尉以下八名の戦死者、鈴木大尉ほか三名の負傷者を出し、満軍も吉田中尉以下負傷者七名を出し、日本の装甲車二輛が炎上した。戦闘後、支隊はアッスルスムに帰還したが、後退中に、外蒙装甲車の追尾攻撃に悩まされ、初めて、外蒙軍爆撃機からの爆撃を受けた。ハイラルに帰還したのは十五日であった。

ここで注目したいことは、杉本支隊が撤退すると、オランホドックは、再び外蒙軍の手中に帰した。すると、日本軍の作戦目的とは何であったろう。どのような作戦目的が達成されたのであろう。ただ武威を宣揚するだけだったのではないか。オランホドックを奪取しても、日本軍が撤退すれば、外蒙軍の手中に帰するような拠点を、なぜ攻撃する必要があるのだろう。

勝って強いとこを示せばよいということでは、敵を刺激し、無駄な損耗を出すだけである。敵に一撃を加えるというだけでは、やくざの喧嘩である。残念ながら、満蒙国境事件では、タウラン事件もそうであるが、作戦目的がはっきりしない。

杉本支隊では、武威すら宣揚できず不満だったのであろう、騎兵第一四連隊長小畑大佐自ら、連隊主力を率いて出動して行ったが、二、二六事件の当日、この部隊は、関東軍の命令によって、シュウテン廟から反転帰隊した。

以上の軍事力の行使だけで、小国外蒙がソ連の援助に頼るより道はないと考えさせるに十分であった。それは、とりもなおさず、チョイバルサンの権力を確立させることになった。

二月十七日、関東軍は「外蒙国境事件対策」を決定して中央にも報告した。その方針とは、軍は外豪側の挑戦的行動に対し、国境を確保するも進んで事態を拡大せしむることなしということである。

この方針に基づいて増派された部隊によって、独立混成第一旅団の渋谷大佐の指揮下に、編成された歩兵一個大隊、戦車一個中隊、九〇武野砲一個中隊、工兵一個小隊を基幹とする支隊で、三月十日ハイラルから出動し、三月二十九日から、四月一日にわたり、アデイクドロン付近で戦闘を続けたタウラン事件が発生した。

この戦闘で、日本軍は、戦死十三名、装甲車二輛を失い、ほとんど全自動車が損傷を受け惨胆たる結果に終わった

このオランホドックとタウランの戦闘に参加した外蒙軍は、タムサクプラグの騎兵第六師団、国境警備隊機動部隊、タムサクプラグとバヤソトウメンのソ蒙航空部隊であり、初めてソ連軍将兵が参加したことが明らかとなった。

ハルハ廟事件（一九三五年一月）からタウラン事件（一九三六年三月）までの国境衝突によって、外蒙が被った人的損耗は、二三三名、物的損失は、一一〇〇万トグリクと発表されている。

歴史の見直し、満州里会議の意義
（会議の裏で結ばれた汎モンゴル密約の波紋こそ重要である）

ハルハ廟事件の平和的解決をはかるという名目のもとで、一九三五年六月一日から、満州国と外蒙の会議が満州里で開催されることになった。満州国の背後にあった関東軍も、外蒙の背後にあったソ連も、この会議については、積極的に支持したものとは言えず、むしろ邪魔を入れる態度であった。

しかし、外豪側のこの会議を開催しようという考えは、ゲンドン首相ら柔軟民族派の考えを基とし、この会議を戦争の防止のために継続するという意図を持っていた。

当初、外豪側は、ソ連のヴェルフネウジンスク（現、ウランウデ）で開催し、ソ連のオブザーバーを参加させるよう主張していたのであるが、日満側は、この問題は、満州国と外蒙二国間の問題であって、ソ連には関係なしとして拒否していた。

したがって、ソ連の参加なしに満州里で会議を開くことになったのは、形式的には、外豪側の譲歩であったが、本音は、外蒙代表もそれを望んでいたようである。

会議場所は、満州里市内の白系ロシア人中学校の校舎が当てられたが、外蒙代表団は、防諜上の配慮なのか、列車内に宿泊した。

満州国側の代表は、

興安北省省長　凌陞（翌三六年、日本軍憲兵に逮捕されて銃殺さる）
北警備軍司令官　ウルジン少将
外交部政務司長　神吉（かんき）正一
軍政顧問　斉藤彌平次中佐

外豪側代表は、

軍政治部次長　サンボー（後、外相となるが、三七年の粛清で銃殺さる）
蒙政部委員　トクソム（三七年粛清さる）
南警備軍司令官　ダンパー将軍（後、第二軍団長となり、三七年の粛清で銃殺さる）
南軍団長　ラドンドフトン（不詳）

以上が、第一次、第二次会議を通じての代表であったが、三六年の第三次会議の外蒙代表には、

陸軍次官　ダリジャブ（三七年粛清さる）
軍政治部長　ロトオチル（三七年粛清さる）
中央党学校教授　イダムスルム（粛清さる）

らが代表となった。

この会議が、公式的には、何の成果もなく決裂したことは、満蒙双方の認めるところである。簡単に会議の経過を振り返ってみると、第一次で、満州国側が、国交の確立を求めたのに対して、外豪側は、ハルハ廟事件の前後処置だけに限定しようとした。

会議開催直後、会議を無視するかのように関東軍測量隊の

ハイラステンゴール事件が、六月二十三日に発生したが、交渉により、解決した。満州国側は、両国間の外交代表を交換して、これに通信と交通の自由を与えるよう提案し、外豪側ほ、これに強硬に反対していたが、八月上旬にいたり、国境紛争の解決に限定しての混合委員会の開催ならば、同意を表明した。外豪側は、本国政府との打ち合わせの必要があるとして休会に入った。

九月二日から、第二次会議が開かれ、満州国側は、国境紛争処理代表の常駐地として、タムスクブラグ、サンペース、ウランバートル、満州里、ハイラル、新京を提議したが、外豪側は、ウランバートル中央委員の設置に反対し、十一月二十五日、第二次会議は決裂した。この反対は、日満の影響力が外蒙に波及することを恐れたソ連の干渉によると考えられている。勿論情報拠点の設置となることを恐れたことは明らかである。

第三次会議は、満蒙国境で、オランホドック、タウランなどの事件が頻発するので、外豪側の提案によって、一九三六年十月二十六日から開催に漕ぎつけたが、十一月二十三日、交渉は中止された。日独伊防共協定の成立のために、外蒙代表は、帰国することになったと日本側資料は説明している。おそらくソ連側からの干渉であろう。

外交的な会議としては、確かに何の成果も無かったことは否定できないが、会議の意義は、公式会議の評価だけで終わるものではない。

会議終了後、満州国主席代表凌陞が日本軍憲兵隊に銃殺されたこと、外豪側代表のほとんど全員が、一九三七年には、粛清銃殺されていることを考えただけでも、この会議の政治的意義が甚大であることは誰でも推察することができる。

この会議は、相互に、満州国も外蒙も、一は関東軍、一はソ連という、うるさい大国の監督下にあり、ある意味では、しいたげられている両国代表の出会いである。

そのような双方代表が、親しく顔を突き合わせて、会談したことから生まれる人間関係とは、公式交渉内容の対立とは、全く異質なものであった。

その中でも、ダンバー将軍が、初めて接した日本人神吉代表を通じて、観察した日本人観と言うものが、彼の親日感情を刺激し、外豪側代表に対する新しい日本観を作り上げたことである。

二つには、大国の力によって分断を余儀なくされている満州内の蒙古人凌陞と外蒙古代表が、汎モンゴル主義的共感を確認して、かなり具体的な協同モンゴル独立計画を持つに至ったことである。

ダンバー将軍の親日傾向については、それが粛清される理由ともなる訳であるが、次の件がよく示している。

内閣調査室を調査する（30）

私がイスラム国のことを取りあげたのは三カ月ほど前の事だが、それがこんな大事件に発展するとは思ってもみなかった。その時私は空爆による誤爆の死とテロルによる死は等価であると書いた。それがなんでタッタ二人の死に世界中が大騒ぎするのか。空爆による死者たちの関係者は世間から見捨てられたと感じているという。

「見エザルは清シ」という言葉がある。人間は目に見えないものはたとえどれほど汚くともきれいだと思ってしまう。それは人間の想像力というものが視覚よりは弱いからだ。映像というものの持つ力は小林秀雄の映画論の指摘するところである。アメリカによる誤爆死は、単に何人死亡という文字によって表現される。そのインパクトは全く無いに等しい。毎日何百人という人命が失われているというのに人々はそのことを何とも思わない。それは人間の想像力が貧困であるからだが、またアメリカが汚いことを隠しておきたいからでもあるのだ。

それに対してイスラム国の公開処刑は目に見える形で行われる。そのインパクトははかり知れない。人々は恐怖におののき、イスラム国の残虐性を宣伝する。イスラム国は結局身代金も捕虜交換もできず失敗している。しかし彼らは何百億ドル分もの宣伝を行ったのだ。おそらく彼らの狙いは最初からそこにあったとしか思えない。

日本政府は結局二人を助けられなかった。日本政府は情報もなく、対応手段もなくただただ他国頼みでオタオタとして過ごしたに過ぎない。それにしては安倍の怒りはすさまじい勢いだ。集団的自衛権を行使するのは邦人救出のためだとホザイていたのはどこのどなたでしょうかね。邦人救出を自衛隊にやらせるなどというのは絵に描いたモチだ。あの強大な情報網を持つアメリカだって人質救出には失敗している。シリアの砂漠のどこに空挺部隊を着陸させ、人質を救い出させるというのか。考えただけでも不可能なことがわかろうというものだ。せいぜい国会で論議してほしいものだ。

そもそもあの事件のキッカケとなったのは正月早々例のバラマキ行脚に出かけた安倍の四ヵ国訪問で行った演説の文言である。福山の追及に安倍はあの演説の文言を作ったのは自分だと言い、責任をとると言った。その上であれは正しかったと強弁する。少なくとも二人の生命を犠牲にした事件は彼の不用意な発言によって起こったのである。その責任をどう取るというのだろうか。

以前米国高官があの組織についてソフィスティケーティッド（高度の知識集団）だと言ったことを紹介したが、イスラム国は世界の情報に通じ、戦略を練ってこの挙に出たものである。安倍の文言に反応したのは明らかだ。それは最初の身代金2億ドルというのが安倍のバラマイタ援助資金の額であったことからも明らかであろう。つまりイスラム国は安倍の宣戦布告に対して反応したのである。これは戦争なのだ。だから単なるテロ集団の暴挙としてとらえるのではなく、戦争そのものであるとして考えなければならない。そうすると安倍の言う平和人道主義的貢献というものがイスラム国から見てどううつるか。これまで日本人は後方＝安全神話に毒されてきた。私がこれまで太平洋戦争で二百万の死者の死因が餓死、溺死であり、それは兵站軽視の結果であると論じてきたのは日本人の兵站というものに対する考え方が間違っていたからである。その典型がこの後方＝安全神話である。神話というのは現実的でない。間違いの固定観念であるということを意味する。後方というのは兵站補給の事であり、武器弾薬、食糧、衣料、医療など広範囲の物資、サービスを意味している。それは前線の戦闘部隊から見れば直接ドンパチやるわけではないから安全だと考えられがちだ。しかし戦争というものを全体的に考えてみれば、これらの補給なしには成立しえないということで戦争の最も重要な要素なのである。英語ではロジスティクスとか、クォーターマスターなどというが、いずれも重要視されていて作戦よりも重要な人物が配置される。日本とは全く逆である。そこで後方＝安全という概念であるが、後方と言うのは文字通り後方で前線ではないから安全だという単純な考え方である。これまでも自衛隊派遣に当って非戦闘地域というのは安全だからいいという考え方だった。小泉の「自衛隊の行っている所が非戦闘地域だ」という迷言は意外に名言だった。しかし現代戦では補給の重要性からここが攻撃目標にされるのが常識である。ミサイル時代には前方も後方もない。しかも補給部隊は戦闘部隊と違って防御能力がないから逆に危ないのだ。

私が言いたいのは、日本が日本人的感覚で平和人道支援と言っているものが、戦争をしている当事者から見ればそれは兵站補給そのものであり、敵対行動であるということだ。そこが一番弱いから攻撃目標になり易く脆弱であるということである。要するに平和ボケの日本人が現在の世界の中で現実的に生きて行くためには自分だけの思い込みで良いことだと思ってやっても他人はどう見るかという視点を持たなければならないということだ。

安倍首相はつねづね結果責任ということを強調している。その意味からすると今回の人質事件は安倍の完敗である。どう責任をとろうというのか。まず第一に邦人救出などという事が不可能であることを認識して集団安全保障に関する自説を撤回することだろう。そしてアフリカ、中近東の大使館増設と情報一元化の実施を進めすすめるべきだ。今回の事件ではからずも日本の無力を全世界にサラケ出したことはある意味では良かったかもしれない。重大なる反省をする機会を与えられたからである。安倍は相変わらず強気な発言を繰り返しているがむなしさがひびくばかりだ。

民主党や共産党は国会で安倍の発言を追求する構えだが、安倍は国が全体で対応するためにはテロに対する言説はさけるべきだと反論する。いささかも自分の責任を反省する気配はなく、相変わらずの強気一点張りだ。しかもそれを支援するかの如く内閣支持率は上がっている。どうも日本人の感覚と私の感覚は一致していないようだ。

いずれにせよ今回の事件の検証もなされるというし、安倍は絶対に反省しないだろうが国会での野党の追及に期待するしかない。

安倍はＯＤＡの支援対象として他国の軍隊への支援をするという暴行を再び旅閣議決定で強行した。ここでも非軍事ということを強調しているが、軍隊にあって非軍事というものは有り得ない。どうも日本人には平和ボケが蔓延しているようだ。

このことに関して奇妙なニュースが入ってきた。東大大学院で軍事研究を禁止するという方針がやや緩和されるというのである。ということはこれまで東大では軍事研究は禁止されていたということである。おそらくそれは東大の中にいる平和主義者が決めたことだろうが、私はつねづね軍事に関して研究を怠ってはならないと主張している。孫子の言う敵を知るという意味で軍事について知ることは大切だと思うからである。いま日本で軍事について研究しているところは防大や防衛研究所くらいのものだろうが、それだけでは偏向するおそれがある。一般大学でも十分研究すべきだと考える。以前私の叔父の著書から国際政治学者は軍事を知らず、軍人は国際政治学を知らないという言葉を引用してこの間の事情を説明したことがあるが、一般的に平和志向で軍事について知らなすぎる。私も素人だがつねに関心をもって研究している。軍学校にいたのはタッタ五カ月だけだが、同窓会の縁で有末精三とか小野寺信（百合子夫人には「バルト海のほとりにて」ムーミンの訳書がある。長男駿一は仙幼校一期上の48期生）遠藤三郎などという人たちと知り合うことが出来たのは有難かった。

軍事に関する知識というものはいろんな所で必要とされる。私は翻訳者としてノン・フィクションを訳しているが、そこではやはり軍事知識が必要だ。普通翻訳者になるには下訳者として修行する。私も中田耕治の下訳を十冊ほどやって翻訳者として一本立ちした。今度は下訳者を使う立場になり、何人かの知人に頼んだ。その中に防大七期の杉之尾宜生がいた。武骨な翻訳だったが、私は彼の翻訳を見て感心する所があった。それは普通見逃してしまうようなちょっとした言葉に重要な軍事用語が含まれているということだった。名著「失敗の本質」の共著者である杉之尾は防大の中でも国際政治に関心をもって研究して大成している人だと思う。

平和主義者が軍事について知らなければ、そもそも論争にならない。そういう意味で私は平和主義者は軍事の専門家たれと言っているのである。嫌いなものはかかわりを持たないということではダメなのだ。

次に自己責任という言葉が出て来たので、取り上げてみたい。十年ほど前にこの言葉が出て来た時にはいささか違和感があったが、今回はまさにその通りだと言いたい。後藤さんはシリアに潜入する時、ガイドに頼まれて「自分は危険を承知で入るので誰の責任でもない」とビデオにとらせている。湯川さんは全く素人だから仕方がないが、後藤さんはプロ中のプロだから相当の自信があったのだろう。だが恐らく判断ミスがあったか、危険と知ってもあえて行ったのか、どちらにしても自らの責任で行ったのだから、殺されても仕方がない。ただ安倍の発言は予想していなかったかもしれない。

いる。映像に関して、教師が生徒に見せたことが問題になって映像に関して、たしかに衝撃的な映像だから刺激が強すぎる。私が初めて人間の生首の写真を見たのは三島由紀夫の首だ。あの事件を最初に知ったのは六本木の防衛庁から行管庁に行くタクシーのラジオ放送だった。運転手が市ヶ谷で大変なことになっていますよと言ってボリュームをあげて聞かせてくれた。行管庁に行くと今防衛庁は大変なことになっているから早く帰りなさいとねぎらいの言葉をかけられた。その夕方家に帰って朝穂の夕刊を見たら一面に大きく東方総監室の写　真が出ていて下の片隅に三島の首がすえてあったのだ。この写真はその後三島の家族からの抗議があって封印されたらしい。ともかく映像の力は大きすぎる。

空爆の恐ろしさは経験した者にしか分からない。私も戦時中グラマンの機銃掃射にあったことがあるが、超低空飛行するグラマンのパイロットは子供のような若者だった。その童顔が悪鬼のように見えた。空爆は国家テロそのものだ。国家テロという言葉を最初に使ったのはたぶん言語学者のチョムスキーだったと思うが、その後私はよくこの言葉を使わせてもらっている。チョムスキーはアメリカ帝国主義の戦争を徹底的に批判した人だ。

検証委員会には例によって秘密保護法の縛りがあるというので、どうせロクなものは出てこないだろう。日本の秘はとてもお粗末で恥ずかしくて外に出せないから秘にしておこうという恥の秘だとよく言われるが、そんな所だろう。そんなものはアテにせず私なりに重要ポイントをあげておこう。

①今回の事件は安倍が中東四カ国訪問時に発した不用意な発言がイスラム国に対する宣戦布告となったことが原因である。プロ中のプロだった後藤さんの判断を誤らせたのはここにあったといえよう。安倍外交の盲点である。

②人道支援というものは軍事的には兵站補給支援であり、戦争当事国には平和支援というものはない。平和ボケの日本人にはこれが全く分かっていない。後方＝安全神話である。

③空爆による誤爆死はテロルによる死刑と同罪である。弱小国の対抗手段がテロルであるからこれは空爆に対する対抗であり、その対象は強国の脆弱点である個人旅行者に向けられる。

④ジャーナリストの冒険は自己責任である。国家としては迷惑至極なのだ。今回ハッキリこれを口に出して言ったのは平沼代表だけだった。

⑤今回の事件への対応で日本政府の無能ぶりが全世界に知

れわたった。邦人救出を可能にする集団安全保障はカスミの如く消え去った。にもかからわず政府の態度は全く変わらず、世論も後押しする。これが日本の現状だ。
⑥イスラム国の発生はサダム・フセインの失脚にともなう仇花である。サダムを失脚させたのはブッシュのイラク戦争である。つまりイスラム国の生みの親はアメリなのだ。
⑦元駐リビア大使がハッキリ言っていたが、個人の人命に対する責任の取り方が変わってきたと言う。つまり、国としてテロに立ち向かう姿勢に変わったのである。それが安倍外交そのものだ。
⑧私はテロというものはあくまでも個人レベルで対応すべきだと考える。パリの事件は女性がテロリストの道案内をした。私はその女性を責めるわけではないが、一つの可能性としてはこの女性がテロリストに反抗していたらどうなるかと考える。もちろん女性も娘も殺されただろう。しかし十二人の犠牲者は出なかったかもしれない。アメリカは銃社会だというが、それでも銃による事件が後を絶たない。これは西部劇の二丁拳銃の早打ちの精神が欠けているからではないのか、銃社会の掟が守られていないのである。
戦後七十周年の首相談話を検討する有識者がきまった。どうでもいいような人を除いて私が注目したのは北岡伸一と中西輝政だ。北岡は集団安保法制の主務者であり、中西はこれまで私が天敵として紹介して来た保守の重鎮である。日本は侵略したことも植民地支配をしたこともないという田母神の応援団長だ。

いずれも安倍の意向に沿った人事である。あらかたこれで談話の方向は定まったものといえるだろう。これまで安倍は村山談話や小泉談話でふれられた過去の侵略や植民地支配に対する謝罪の言葉を使うかどうかについて言質をとられないように曖昧な表現に終始している。これは中国や韓国がもっとも重視している肝なのであるが、どうしてもそれは安倍の信条に合いそうにないのである。このことはアメリカでも注目している。ゴールデンウィークにアメリカ議会で国賓待遇で演説する時に安倍の真価が問われることになるだろうことは疑いない。日本の運命も定まるのだ。

大東亜戦争開戦経緯(27)

ハルノートとは何か(3)

教訓三　時代に適応しなくなった旧憲法下の国家運営能力

教訓の第三は、明治憲法下における天皇による政治権力の運営統制機能が、昭和の動乱時代には適応しなくなったことであります。

既に申し上げましたように、明治憲法下においては統帥権も行政権も司法権も立法権も、天皇に集中帰一しておりました。すなわちこれら政治権力の運営統制機能は、最終的には天皇の掌握されるところであったわけであります。

もとよりその統帥権または行政権の執行を輔佐する機構と

して、陸海軍統帥部長または各国務大臣が置かれましたが、これら輔佐者全員が各個に天皇に直接隷属し、統帥権または行政権を一括して統制輔佐するような機構が存在しなかったことは、既にご説明の通りであります。

すなわち明治憲法はその運営統制機能を、天皇自らが直接果たされる建前になっていたのでありますが、それは本来不可能なことでありました。しかるに明治憲法公布後間もなく日清、日露戦争という非常の事態が発生しましたが、その運営統制機能がおおむね適切に果たされたことは、実に「元老」の存在に負う所が大であったと考えます。

明治維新の勲功顕著な者を、天皇の特旨を以て「元勲」に叙し、元勲に叙せられた者を元老と称しました。これは憲法または法律に基づかない慣習的存在でありました。日露戦争開戦のときには山県有朋公、伊藤博文公を始めとする六人の元老がおり、参謀総長の大山巌(おおやまいわお)公も元老の一人でありました。従って対露和戦の鍵は元老が握っていたのでありました。元老は元老会議を開いて国事を議するの外、随時内閣との会議を行い、また御前会議には出席するを常としておりました。

かくて元老が天皇に代わって実質的に統制機能を果たし、憲法における日本の政治権力の構造的欠陥をカバーして来たのでありました。

しかし昭和の時代に入り、昭和十五年(一九四〇年)末、最後の元老西園寺公望(さいおんじきんもち)公が死去するまで、一人の元老がいたわけでありますが、その運営統制機能の発揮は内閣更迭の際における後継首班の選定に止まりましだ。従って天皇は各輔佐機構相互間の合意の成立をまって、執行を命ぜられるのを常とされました。そこに陸軍と海軍の対立、統帥部と政府の不調和、計画の一貫統一性の欠如、権力の分散に伴う責任所在の不明確があったことは、先刻ご説明の通りであります。

戦後、世上東条独裁を指摘する向きがありますが、昭和十九年(一九四四年)七月米軍のマリアナ群島来攻による戦局悪化に伴い、東条首相が遂に内閣を投げ出した直接の動機は奇妙なものでありました。

すなわち東条首相は重臣(元老ではなく、首相閲歴者)らの倒閣の動きに対し、依然政局を担当する考えで、重臣二名を入閣させて内閣を補強する工作を進めました。重臣入閣のためには国務大臣のポストを空けなければならず、そこで当時軍需次官—軍需大臣は東条首相兼務—でありながら国務大臣であった岸信介氏—戦後日米安保改定当時の首相—に国務大臣の辞任を求めたところ、岸氏は辞職を拒否し、東条首相は内閣総辞職のやむなきに至ったのであります。これは木戸内大臣が重臣中の和平グループと共に計った倒閣工作であり、岸氏はそのグループにいたわけでありますが、戦争遂行の非常事態において、東条首相でも一国務大臣のポストを自由にできなかったという明治憲法の実体に着目する必要がありましょう。

これに対し、天皇がおおむね象徴的存在に止まられ、行政権力が、国民と議会の審判に堪え得る内閣総理大臣に、集中的に帰属している現行憲法の規定は、この点に関する限り、当を得たものだと思います。

教訓四　軍事が政治に優先した国家体制

教訓の第四は、政治が軍事を支配せずして、むしろ軍事が政治を支配した軍事優先の国家体制であったことであります。

問題は明治憲法による統帥権の独立に発しております。これにより陸海軍統帥部は用兵作戦を統帥部の専管事項であるとして、総理大臣を含む政府首脳にも関知させませんでした。総理大臣に対し国防方針は開示されましたが、用兵綱領は開示されなかったのであります。年度作戦計画はもとよりであります。政戦両略統合のため、用兵作戦事項中、統帥部が政府のため必要と認める部分を政府首脳に開示する場合でも、最小限に止められ、開戦当時東郷外相が外交と密接に関係する開戦日時すら、要求するまで知らされなかったことは、既にご説明の通りであります。

そして統帥権が独立している以上、政略と、軍事戦略との統合を必要とする国家意志の決定が、政府と統帥部との協議決定にまたなければならぬことは当然であり、しかも軍事戦略を伴う国家意志の決定が、ややもすれば統帥部の実質的イニシアチーブによって行われることが少なくありませんでした。昭和十五年（一九四〇年）春夏欧州戦局激動の頃から、大東亜戦争開戦に至るまでにおいて、政府がイニシアチーブを取ったのは日独伊三国同盟の締結だけでありました。

さらに問題を複雑ならしめたのは、明治憲法による軍隊編制権の陸海軍大臣管掌と、陸海軍省官制の定める陸海軍大臣の現役武官制でありました。

特に不適当であったのは陸海軍大臣の現役武官制であり、なかんずく陸軍は陸軍の抱懐する構想と政見を異にする内閣を、要すれば打倒し得たわけであります。それにはもとより国民世論の支持が必要でありました。私は旧軍時代における国家制度上の一大問題点は、この陸海軍大臣現役武官制であったと考えます。

かくて日本における政治に対する軍事の優先は、その根拠において、憲法または法令に一応の基礎を置くものであり、加えるに昭和七年（一九三二年）における五・一五事件、昭和十一年（一九三六年）における二・二六事件等の結果、すなわちテロの脅威が、政治に対する軍事優先にさらに拍車をかけたといえるでありましょう。

教訓五　国防方針の分裂

教訓の第五は、明治時代にさかのぼる国防方針の分裂であります。

明治以来露国を想定敵国として、営々対ソ軍備の建設に努めて来た陸軍が、対米主戦論に傾き、一方明治以来米国を想定敵国として、営々対米軍備の建設に努めて来た海軍が、対米慎重論に傾くという、誠に奇妙な状態を露呈いたしました。

それは陸軍にあっては明治以来自ら主となって推進して来た大陸政策が、米国によって否定されたからであり、海軍にあっては本来米国と戦う意志が薄かったからであろうと考えます。

大陸政策は「開国進取」という明治の国是に基づく政策発展であり、大正、昭和の時代を通じて一貫した国策でありました。陸軍はその推進力を以て自他共に任じましたが、海軍は陸軍に対するパリティ思想からこれに同調しただけであり、大陸政策にはあまり熱意はありませんでした。

しかもその海軍は既にふれましたように、米国を真の想定敵国としたのではなく、時には軍備建設のための目標にしたに過ぎないのであり、海軍自体も実は本来米国との戦争などほとんど予見していなかったものと考えられます。明治四十年（一九〇七年）から大正時代を経て昭和の初め、否大東亜戦争開戦に至るまで、日本国民の大部分は米国との戦争などほとんど考えていなかったのでありました。従って海軍は折々不脅威、不侵略の軍備たることを呼号いたしましたが、今日いうところのいわゆる抑止軍備論を狙ったものでありましょう。

しかし戦争抑止軍備が時に戦争促進軍備になることは―核軍備については別として―軍備が持つ慣性のしからしむるところであります。日本海軍もその轍をふんだのであり、特にそれに拍車をかけたのが、昭和十五年（一九四〇年）八月末の海軍の実質的出師(すいし)準備第一着手発動でありました。

いずれにいたしましても明治四十年（一九〇七年）の国防方針策定以来、陸海軍間に国防方針の完全なる思想的背離があり、陸海軍が自軍軍備の建設に注力し、自軍軍備建設に好都合な国是国策の決定推進を主張して対立を続け、極言すれば自軍軍備あるを知って国家あるを知らざるの状態が続いたことは、誠に悲劇であったと言わざるを得ません。

教訓六　的確さを欠いた戦局洞察

教訓の第六は、戦局の将来を的確に洞察することが、いかに至難であるかということであり、戦争指導ないし最高統帥の最大使命が、戦局の洞察にあるということであります。

日本の最高統帥部は、昭和十二年（一九三七年）、蒋介石氏直系の中国軍に一大打撃を加えれば、支那事変は早期に解決できると楽観し、昭和十五年（一九四〇年）夏英軍がダンケルクから撤退するや、ドイツによる欧州の制覇は今や決定的であり、大英帝国は遠からず崩壊するであろうと判断し、昭和十六年（一九四一年）六月独ソ開戦するや、ドイツの圧倒的優勢による独ソ戦の短期終結―シャーウッド氏の「ルーズベルトとホプキンズ」によれば、米陸軍当局も最小限一カ月最大限三カ月、米海軍当局も六週間ないし二カ月で終結すると大統領に報告したようであります―を期待したのでありました。

さらに致命的な誤判を申し上げるならば、大東亜戦争開戦にあたり、対米英蘭作戦に充当する陸軍兵力は、一一個師団基幹を以て足り、しかも南方要域攻略作戦終了に伴い、そのうち数個師団は北方または中国戦線に転用し得ると計画したことでありました。すなわち太平洋正面の作戦の運命は、ひとえに大艦巨砲による艦隊決戦によって決せられ、大きな陸軍兵力を必要としないと判断したのであります。

しかるに昭和二十年(一九四五年)終戦時太平洋戦面において、主として米軍と相対した総兵力は、実に約一〇〇個師団以上の多数に及んだのであります。米軍の対日反攻は大艦巨砲にあらずして、航空勢力を骨幹とする陸、海、空、海兵、四軍の統合戦力による島から島への躍進であり、かのソロモン、ニューギニア、グアム、フィリッピン、沖縄等への躍進的上陸となり、それぞれの地において、陸戦が大規模に行われたのでありました。

教訓七　実現に至らなかった首脳会談

教訓の第七として最後に申し上げたいことは、国家間における話し合い、特に責任ある首脳会談の重要性であります。これにより外交破局即戦争という事態は回避し得る場合が少なくないと考えられます。

昭和十六年(一九四一年)八月、近衛首相提案の日米首脳会談が米側の拒絶により実現に至らなかったこと、および東条内閣発足後、国策再検討を行っていた頃に会談が行われなかったことは、今日からみて誠に残念であり、もし実現しておれば日米の破局＝戦争はあるいは回避し得たかもしれないと申せましょう。

それは当時日米両国共にまだ戦争へとは考えていなかったと思考されるからであります。また、日本側としても昭和十六年(一九四一年)は対米戦争決断の折、今一度両国首脳会談を執拗に提案し、破局の打開を希求すべきであったと今日考えられるのであります。

参考文献
保坂正康「瀬島龍三――参謀の昭和史」
文芸春秋　一九七八年十二月三十日刊

（埼玉・会員）

卒業式

金子光晴と現代（3）

折原　利男

「金子光晴と現代」は、『AMAZON』2015年1月号に全文掲載されたもので、8・15では4回にわたって転載します。

5　息子の徴兵忌避

光晴は戦争をどのようなものに捉え、表現していたのか。1943（昭和8）年8月に作られた「疱瘡」という詩をみてみよう。

疱瘡

ひどい熱病がはやった。十年越し。
バカも悧口も、なにも考えず、
目のいろかえて、ころしあつた。
それが熱にうかされたというものさ。

焼払うものも壊すものも大方なくなった。
雲のらんかんに肘ついて、天使たちは、
べそかき顔でみおろしている。
ここしばらく世界は浅黄幕。

鉈豆《なたまめ》（なたまめ）でのこり火をほじくる赤頭巾の
痘神《もがさがみ》（もがさがみ）は、したりやしたりとほくそえむ。
やがて、この地球も、月のように
菊面《いもづら》（いもづら）になる日を指折り数えつつ。

人間の愚かな戦争というものを巧みな比喩で相対化した詩だと思う。

1944（昭和19）年に、光晴夫婦が宝物のように育ててきたひとり息子、乾（けん）にも、ついに召集令状がやってきた。その前の徴兵検査で、「ずっと慢性気管支カタルを病んでいた、病弱な子供が、普通ならば召集に耐えるはずはなかったのに、合格の印を押されたのは、拡大した戦争の結果、人間不足のためだった」（『詩人』）。

そのときの怖れと嘆きは、「おもいでの唄」にうかがうことができる。

おもいでの唄

母は子供を抱いていた。
甘い乳のにおいと、

露っぽい薔薇の花びらの柔かさ。
父はそっとそれを抱きとる。
　（中略）
父はまた、破れ丹前の
ふところのなかへ入れて歩いた。
子供は、そこで
すやすやとねむった。

父と母の貧乏も
生活の苦汁も
子供にはよそごとだった。
父と母がいればそれでよかった。

それから二十年たった。
父と母とは猶、
成人した子供から
乳と薔薇とを味わう。

よその子供たちが
その父や母の手から
むりやりもぎとられ
屠場へひかれるのをみるとき

わるいこの国の教育が、

正気を失った嗅薬が、
人間の厳粛な悲しみをも
うかれ唄でごまかすとき、

父はもう一度破れ丹前の
ふところに庇おうとする。
おびえきって
蒼ざめた子供を。

母も唇をふるわせ、身を盾にして
天使のいない青空をみる。
ひくくまいさがった一機が
掃射していったあと。

光晴は、いつも破れ丹前のふところを膨らませて、あちこちを歩いていたので、近所の子供たちから、「カンガルーのおじさん」と呼ばれていたという。しかし、破れ丹前のふところに庇うようにして大切に育てた子供が、やがて「屠場へひかれる」のをとめられるはずもなかった。この運命をのがれようとして光晴のとった行動が、「召集」に描かれている。

召　集

バネのこわれたベッドのうえに
仮死の子が横たわる。
むりにも子供を病人にしたて、
敵のてだてのうらをかこうと。

非国民の父親は、窓をしめきり、
松葉で子をいぶしたり、
裸にして、庭につき出し、
十一月の長雨にたたかせたり、

（中略）

子は衰えて眠る。夜もふけて、
父は、子のそばで紅茶をいれる。
人がみな、鬼狼になった時代を、
遮断する、破れカーテンのうち、

この部屋も、あすは木っ葉みじんとなろう。
だが、その刹那まで、一九四〇年日本の逆潮を尻目の、
ここの空間だけが、正しいのだ！

（後略）

むろん、光晴は冷然として、「窓をしめきり、松葉で子をいぶしたり、裸にして、庭につき出し、十一月の長雨にたたかせたり」したのではない。このときの心境を、友人であった詩人の山之口貘に、こう語っている。

「たとえ兵隊に持って行かれて、いつ敵に殺されてしまうかわからない子供でも、せめて眼の前にあるあいだは、病気にさせたくないのが人情というもんでしょう。（中略）われとわが手で息子を病人にするなんて……」

（佐藤總右『金子光晴・さまよえる魂』）

そしてその行為について、「ただ、肉親愛のエゴイズムとだけは言えない僕等の気持ちだった。戦争に対して、もう一銭も支払いたくないというのが本心」（『詩人』）だったと書いている。

その翌日、乾は医師の診断を受け、病人として診断書を出してもらう。母親の三千代はそれを持って、応召者の集合場所に指定されている東京駅八重洲口に出向き、1回目の召集を逃れることができた。とはいえ三千代は、「早く病気を癒して、一日も早く御国のためにつくせるように努力せい」と念を押されたのだった（同）。

1943（昭和18）年12月、光晴一家は都内吉祥寺の自宅を離れ、甲州山中湖畔の平野村に家を借りて疎開する。いよいよ都内にも空襲が始まったからである。平野村はすでに雪に閉ざされ、どこもかしこも白々とした雪景色の落葉松の林のなかに、別荘とは名ばかりの安い借家普請のような家は建っていた。

光晴は「零下二〇度の寒さで、掛布団が吐く息で凍り、

インキは氷になって、櫓炬燵のなかでとかし」ながら、発表するあてのない詩を書き続けた。
「さすがに空気だけは清澄だった。障子一枚のむこうにみえている湖水は、鈍く凍りついて、晴れた陽はまぶしく照返し、胸を突きあわせるように近々と富士山が聳えていた」(同)。その富士山を光晴はどんな思いで見たのか。

富　士

重箱のように
狭っくるしいこの日本。

すみからすみまでみみっちく
俺達は数えあげられているのだ。

そして、失礼千万にも
俺達を召集しやがるんだ。

戸籍簿よ。早く焼けてしまえ。
誰も。俺の息子をおぼえてるな。

息子よ。
この手のひらにもみこまれていろ。
帽子のうらへ一時、消えていろ。

父と母とは、裾野の宿で
一晩じゅう、そのことを話した。

裾野の枯林をぬらして
小枝をピシピシ折るような音を立てて
夜どおし、雨が降っていた。

息子よ。ずぶぬれになったお前が
重たい銃を曳きずりながら、喘ぎながら
自失したようにあるいている。それはどこだ?

どこだかわからない。が、そのお前を
父と母とがあてどなくさがしに出る
そんな夢ばかりのいやな一夜が
長い、不安な夜がやっと明ける。

雨はやんでいる。
息子のいないうつろな空に
なんだ。糞面白くもない
あらいざらした浴衣のような
富士。

日本人のほとんどが美しいと賛美するはずの富士山を、光晴は「なんだ。糞面白くもない/あらいざらした浴衣のような／富士」と罵った。しかし、「戸籍簿」は「焼けてしま」うわけもなく、「すみからすみまでみみっちく」「数えあげられ」ていて、2年目の乾の召集令状が雪に閉ざされた山のなかにまで届く。光晴はもう一度子供を松葉いぶしにして喘息発作を誘発し、診断書を書いてもらって、また1年召集を引き延ばした。

息子を失うかもしれない逼迫した危機への嘆きと怒りを詩にする一方、光晴は次のような詩も書いている。

しゃぼん玉の唄

1

しゃぼん玉は
どこいった。

かるがるとはかない
ふれもあえずにこわれる

にぎやかなあの夢は
どこへいった。

甘やかな踊や唄の
つれてゆかれたさきは
どこなのだ。

薔薇色の
しゃぼん玉よ。
ばらの肌のばらの汗よ。
ひらくよりもはやく
別辞をつげて
そらへあがっていったもの。
ときのまの愛着よ。

旅立つ虹よ。

荒廃のまんなかで
人が追う
しゃぼん玉。

大きな玉よ。小さな玉よ。
みんなどこへいった。
僕の心に永遠にのころうとして
亡びていったうつくしさなのか。

玉虫がらすよりも匂やかに
空にうかんだ天女たちよ。

2

支那の古い天子は馬にのって
崑崙《こんろん》まで追っかけていったという。
あわれ、このしゃぼん玉よ。
かえり来ぬ日日の
かちどきよ。

流行どもの昇天よ。

小さく、小さくあがってゆく

道化《パントミム》一座よ。

女学生たちの合唱歌《コーラス》よ。

とび去った頬の艶。
蒸発した詩よ。
西暦一九四〇年頃から
僕の見失ってしまったそれら。

銃火で四散し
政治家から
逃げのびたもの共よ。
おまへたちはいま
どこをとんでいる。

おまえたちは
どこの空を漾《ただよ》う。
しやぼん玉よ。
しやぼん玉よ。
忘れっぽい舟乗りどもはおまえたちを
アフリカ沖でみたという。
ほらふきの探検家は、みてきたように

北洋の氷のうえで膃肭獣が
吻から吻へ、おまえたちを受取って
あそんでいたと、真顔でかたる。

※　膃肭獣：おっとせい

「しゃぼん玉」は、幼年期の想い出につながる純粋で無垢なものであり、青春や、平和といったものの象徴であろう。それらすべてが今はもう失われて、どこにもないのだった。

過ぎ去った美しいものをいとおしむ哀切な叙情にあふれて、心にしみる。

郵便物ひとつとして来ない山のなかに、ある日突然、詩人の岡本潤が尋ねて来る。光晴は誰にも見せる相手のなかった詩を彼に差し出した。それは岡本の予期しなかったことで、岡本は光晴が孤独裏に詩作を続けていたことに感動したのだった。

5月になると、一家は裏山の荒れ地を開墾し、食料を作ろうとしたが、「さんたんたる結果」に終わった。

この年1945（昭和20）年8月15日、ついに日本の敗戦となった。敗戦の知らせを聞いたときのことを、光晴は「僕等は、蓄音機でセント・ルイス・ブルースをかけて、狂喜のあまり踊りまわった」（『詩人』）と書いている。


（埼玉・会員）

ひな段飾り

１万円紙幣から福沢諭吉の追放を！

尾形　憲

１万円紙幣の肖像に福沢諭吉が登場したのは１９８４年だから、もう30年を超える。２００４年紙幣の肖像の一斉変更の際に最高額紙幣の福沢諭吉だけが変わらなかったのは、本誌２０１３年11月号（№５２８）の［今月の本］安川寿之輔『福沢諭吉の教育論と女性論』（以下「前稿」）で見たように、丸山真男をはじめとする歴代の錚々たる研究者によって彼は近代日本の「偉大な民主主義の先駆者」とされてきたからであった。

そして一方では後に大きく問題視される「脱亜入欧」の思想がまだ時代の風潮であり、そして政府の姿勢だったことがある。何しろ伊藤博文が千円札紙幣の肖像画となっていたことがあるのだから。いうまでなく、彼はハルビン駅頭で安重根によって銃殺されたのだが、それは伊藤が初代の韓国統監として植民地搾取の悪政を布いたからであった。その安重根はソウル市内にある「安重根義士記念館」に英雄として祀られ、切手の肖像画ともなっている。朝鮮、韓国の人たちが千円紙幣を見てどのように思っただろうか。このような無神経さが福沢の場合はさらに大きいのである。

前稿で見たように、安川さんが福沢に関するこれまでの定説を１８０度顛倒させる見解を展開したのは、１９６４年彼が丸山真男ら先行研究の『学問のすすめ』第３編「一身独立して一国独立する事」についての福沢解釈がどうしても納得できず、結局、その一点の疑問解明のため、ちょうど半世紀におよぶ福沢研究に専念した成果であった。

この間、著書としては『日本近代教育の思想構造』（１９７０年、新評論、１９７９年に増補版）、『福沢諭吉のアジア認識』（２０００年、以下すべて高文研）、『福沢諭吉と丸山真男』（２００３年）、『福沢諭吉の戦争論と天皇制論』（２００６年）と続き、昨年の『福沢諭吉の教育論と女性論』の刊行で、ひとまず福沢研究は完結となる。この最後の本で、安川さんは「近年悪化している近隣アジア諸国との和解と共存の大前提として、日本の近代化の道のり総体の『お師匠様』福沢の最高額紙幣の肖像からの引退」を提唱する。この提唱の具体化のため、昨年12月ミニコミ誌『さようなら！福沢諭吉・創刊準備１号』が発刊された。その第２号は早くもこの３月に予定されている。

さきに「戦後レジームからの脱却」と「強い日本を取り戻す」を呼号して、目下戦争への道を暴走している安倍首相が〈強い日本を創る〉施政方針演説の冒頭で、福沢の「一身独立して一国独立する」を引用した事実に象徴されるように、現在の日本社会において、いま福沢諭吉を最高にもてはやしているのが、安倍晋三、石原慎太郎、平沼赳夫ら極右の政治家たちである、という衝撃的な事実がある。安川さんの『福沢諭吉の教育論と女性論』はこれらへの反撃として中日新聞と朝日新聞に取り上げられた。またこれに先立ち9月にはインデペンデント・ウエブ・ジャーナル（ＩＷＪ社）で社主岩上安身が福沢諭吉について9時間半にわたるインタビューを安川さんに行なっている。この場合もいま日本の社会を汚染している「ヘイトスピーチの元祖が福沢諭吉ではないか」という思いであった。

平成不況の深刻化で日本が右傾化し、戦争国家に向かう状況のなかで、時代がようやく安川さんたちの福沢認識に追いついてきたのである。これまでも1万円札の福沢を「近代日本の偉大な民主主義思想の先駆者」と能天気に認識してきた日本のマスコミも、福沢のヘイトスピーチが飛び交い、閣僚の8割近くが極右の「日本会議」派委員が占める安倍新内閣が発足するという時代状況の中で、福沢を「アジア侵略と植民地支配を先導した思想家」として、つまり日本の「富国強兵」の近代史を、福沢が先導した「明るくない明治」が「暗い昭和」につながった道のりとして、見直す必要性にようやく目覚め始めたのである。

「天は人の上に人を造らず、人の下に人を造らずと云へり（傍点尾形）」という『学問のすすめ』冒頭の句はアメリカ独立宣言からの借り物であり福沢の本心ではなかった。それがいわば「丸山諭吉」的解釈によって、福沢が人間平等論者であると誤解させられてきた大半の戦後の日本人にとって、一番わかりやすい衝撃は、「この世の中で、最も恐るべきは貧にして智ある者」として、福沢が貧民に高等教育を与えることに生涯一貫して反対していた事実、つまり福沢は人間平等論者とは真逆の人間を平等にしたら社会はうまく治まらないという哲学まで説いた差別主義者であったという事実である。

この点は、私も前稿の冒頭で見たように、１９７７年の拙著『私立大学』で指摘している通りである。

福沢こそはアジア侵略の主導者であり、アジア人蔑視の「帝国主義」の形成者であり（戦前の日本人の精神を支配した「一旦緩急アレハ」殉国精神の）「教育勅語」に賛成し、男女同権や貧民の高等教育に反対している人物にほかならなかったのである。

こうした安川さんの福沢諭吉論は長い間、少数派の異端的存在であった。ところが今年同様に「福沢諭吉こそが、日本の社会を１９４５年の破綻・破滅への道のりを先導した思想家である」と把握・主張する2冊の本が登場する。

1冊は、雁谷哲の学園物語『二年C組特別勉強会　福沢諭吉』（遊幻舎）であり、他の1冊は、福沢の代名詞をズバリ逆立ちさせた杉田聡『天は人の下に人を造る（インパクト出版会）』である。

安川さんの『福沢諭吉の教育論と女性論』とこの2冊と3冊が出そろったところで、3人は遅くとも年内には「福沢諭吉の1万円札からの引退を促す」3者合同演説会の全国ツアーを始める予定であるという。

数年間続ける予定のこのツアーによって、福沢こそが「天」

に代わって「尊厳神聖」な唯一人の「人の上」の「人」天皇（制）と華族制度を造り出すとともに、一握りのブルジョア・地主男性を除く、全日本国民とアジア諸国民を（「最も恐るべきは貧にして智ある者」という信念に基づき）、「人の下」の人としてあまたの階層序列の差別的地位に編成し（朝鮮人・中国人・台湾人差別、アイヌ先住民差別）、女性差別、部落差別、障害者差別、なによりも、明治の同時代人からは「法螺を福沢、嘘を諭吉」と嘲られ、その日本の近代化路線は、「不可救ノ災禍ヲ」もたらす、「強盗国」路線と批判された「富国強兵」でなく「強兵富国」のアジア侵略路線を先導し煽動した人物であることが、さらに知らされることになるであろう。

なお『さようなら・・・・』で指摘されているように、1848年秋に1万円紙幣に福沢が登場した時、いち早く反対の声を挙げたのが、大分県中津市の松下竜一と京都の木村万平だった。このことは安川著の『福沢諭吉の教育論と女性論』ですでに述べられているが、ここに再録しておこう。

福沢の旧居から徒歩1分の至近距離に住み、福沢の暗殺を企てた増田宗太郎を主人公にした『疾風の人』（朝日新聞社）を79年に刊行した松下は、11月3日の毎日新聞に「一万円札フィーバーの中で気にかかること」を投稿した。松下は「脱亜論」の内容を引用して、「近隣諸国蔑視者、侵略主義者」の福沢が「東アジア」諸国の人々の眼にどう映るかに懸念を表明し「そのような人物を『国の顔』に選んだということは、傍若無人と受け止められても仕方がない」と書いた。

同様にして、「朝日新聞には「アジア軽侮の諭吉なぜ札に」という題で「アジアに対して強硬な侵略的国権論者であった」福沢諭吉起用の関係者の「国際感覚の欠如は理解に苦しむ。私は新札の廃止を切望する」という投書が掲載された。筆者が木村万平であることは後日判明したが、木村はこの中で有名な「支那帝国分割之図」を掲載した福沢「東洋の波蘭（ポーランド）」や「脱亜論」に言及し、甲申政変の際には明治政府より強硬な侵略論を主張した事実にも触れた適確な福沢認識であった。

（埼玉・常任幹事）

中国大使館パーティに参加して

長谷川　純子

３・８国際婦人デーを記念して、３月６日夕刻、中国大使館で日中交流に関わる女性たちのパーティが開かれた。

広い宴会場はぎっしりと着飾った婦人たちで埋まっていた。中国の女性たちはすらりとした美人揃いで自信に溢れ、ファッションも素晴らしく見惚れてしまった。和服姿も目立ち、松山バレエ団のプリマ達十数人が黒のスーツ姿で微笑みながら森下洋子さんを囲んでいたり、野田聖子さんと安倍首相夫人が参加されていたりと華やかな雰囲気の中、開会した。おいしいお料理と素晴らしい二胡の演奏を十分楽しみ、会場の素晴らしい水墨画や書を楽しみ、大変有意義な時間を過ごした。

中でも白眉だったのは、汪婉大使夫人の挨拶で、３点に渡って整理して話された。

①平和と安定を守ることが大切であり、その定着には女性の力が不可欠である。

②これからの社会の発展に、女性の力は欠かせない。家事と育児を両立して、もっと経済発展の原動力となっていかなくてはならない。それをこの半世紀に渡る中国女性の目覚ましい地位向上と社会的進出の歴史に学んでほしい。

③両国交流の促進は、民間交流、人と人との交流が大変重

挨拶する大使夫人

要になる。草の根交流がポジティブな関係づくりに繋がり、国同士の交流を助けていく。中国からの観光客は増えたが、日本からも若い人たちにもっと中国に来てもらい、相互理解を深めたい。摩擦を乗り越え、より逞しい関係を作っていくのが大切だと思う。

大使夫人の理想と熱意が伝わってきて、私たちにもできることはないかと思わされた。戦後はまだ整理されていない。しかし、新たな地平を切り開いていく営みはあるのだろう。年金生活の私にも大きな刺激となり、姿勢を正される思いをした意義深い会だった。

出席した会のメンバー

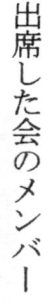

寄贈誌から

『中国研究月報』（社団法人中国研究所発行）
２０１５年２月号

▽論文「悲憤慷慨の系譜」の現在
　―屈原「像」をめぐる現象と議論から　田宮　昌子

▽資料紹介
　近代日中精神医学交流史の断面
　―脳神経科学者陶烈の足跡　徐　暁幸

▽論評　最近の日中関係を考える――園田茂人編
『日中関係史１９７２―２０１２　Ⅰｖ民間』を
読んで思うこと　峰　毅

▽書評　新村容子著　汲古書院
『アヘン戦争の起源―黄爵滋と彼のネットワーク』
浅沼かおり

▽書評　中国の内的ロジックの知的探求
　―国分良成・小嶋華津子編『現代中国政治外交の原点』
（慶應義塾大学出版会）　張　雲

▽お知らせ
　第十一回太田勝洪記念中国学術研究賞の発表・授与について

二月の常任幹事会

日時　二月二十八日（土）十四時～十六時
会場　さいたま市大宮区桜木町1－10－18
　生涯学習センター会議室
出席者　沖松・佐藤・熊谷・高橋（勇）・日森・小林・長沼・加藤・長谷川・山田・落合

報告
1．3月22日に予定していた友聯会研修生歓送会は帰国が早まったため中止となる。
2．訪中団派遣は希望者の調整がつかず今回は延期とする。
3．新入会員の報告
4．新年会について
・書籍の販売に大きな成果が上がり、僑報社の人から感謝の言葉があった。
5．柳林さんご家族より申し出のあった本の取り扱いについて。…希望者に貸し出す…
6．国会くつ投げ事件の判決、経産省前の脱原発テントの動き、NHK受信料不払い運動等について

学習会
本誌掲載の佐藤論文、長沼レポートを中心に、沖松代表幹事の体験談等を交え靖国神社の消極的支持派をどう説得するか、戦後における幼年学校出身者と自衛隊の問題、天皇の戦争責任、明治維新をどうとらえるかさらには日本の近現代史をどう考えるか等について意見交換を行った。

協議
1．訪中団派遣について
残念ながら3月下旬から4月上旬の派遣は延期とし、8月を中心に考えることにする。
2．七・七記念集会について
本年は8・15の会が担当となる。次回の常任幹事会で日程、場所、形式等について検討する。
3．編集委員会より
原稿は順調に集まっている。引き続き協力をお願いしたい。

（落合）

事務局月報

・三月六日（金）午後六時半～　中国大使館にて、国際婦人デーレセプションが開かれ、会から　落合・加藤・神谷・柴崎・塩山・長谷川の六人が参加。
・三月は、東京大空襲・東日本大震災・福島第一原発事故が起きた月。大空襲の被災から七十年が経つ今年は新聞の扱いも大きく、体験者や被 災の話を聞き伝えている人々の話が生々しく載っている。毎年、三月だけでなく、なんらかの形で取り上げていって欲しいと思う。
・シャットアウトが既になされている筈の放射能が流出している記事も、つい最近目にした。やっぱり・またか、と読み過ごす・見過ごすことはしないでいたい

（小林）

『8・15』2015年3月号
2015年3月15日発行
定価　500円（送料とも）
編集人　落合　正史
発行人　沖松　信夫
印刷所　（有）イワキ
発　行　日中友好8・15の会
〒125－0032
東京都葛飾区水元3－3－4
小林悦子方
TEL＆Fax　03－3627－1953
郵便振替　00120・6・27415
日中友好8・15の会
HP URL　http://www11.ocn.ne.jp/~donpo/

会　　　　　　則

（名称）　第１条　本会は、日中友好元軍人の会を受け継ぐ日中友好「８・１５」の会（通称日中友好８．１５」の会）と称する。

（目的）　第２条　本会は、過去の戦争に対する反省に立脚して、あらゆる戦争準備の動きを阻止し、平和を希求するために世界各国とくに中国との友好に貢献するとともに、会員相互の親睦を深めることを目的とする。

（会員）　第３条　本会は前条の目的に賛成する元軍人および賛同者をもって構成する。

第４条　本会の本部を関東地区に置く、支部を各都道府県に置く、また事務局を関東地区に置く。

（事業）　第５条　本会は、第２条の目的を達成するために以下の事業を行う。

１．会誌『８．１５』の発行
２．講演会、研究会の開催（平和諸団体との共催を含む）
３．学習会の開催
４．中国からの留学生・研修生の受け入れ
５．訪中団の派遣
６．その他、本会の目的達成に必要と認められる諸活動・事業

（総会）　第６条　本会は、総会を毎年１回、原則として８月15日に開催する。総会は、委任状を含めて会員の過半数の出席により成立するものとする。総会は、幹事会から、活動報告、行動計画事業計画、決算、予算、役員の選出、その他、本会の運営に必要な事項について報告、提案を受け、出席者の過半数の賛成により　これを承認、決定する。幹事会が必要ありと認めたときは、その決議により、臨時総会を招集することができる。総会の決議に基き、顧問を置くことができる

（運営）　第７条　本会の運営は、幹事会が行う。ただし、幹事会は常任幹事会にその権限を委任することができる。

（役員）　第８条　代表幹事、副代表幹事、常任幹事、事務局長を本会の役員という。

第９条　役員の任期は１年とする．ただし、任期満了後も総会において新役員が選出されるまではその職務を行う。役員の重任は妨げない。

第10条　本会の運営のために幹事会ならびに常任幹事会を置く。幹事会は幹事を以って構成し、本会の運営に必要な重要な会務を行う。幹事の互選により代表幹事、副代表幹事、常任幹事、事務局長を選任する。常任幹事会は、原則として毎月 1 回開催し、幹事会の委任をうけて本会の運営に必要な一般会務を行う。

第11条　幹事は、会員の維薦により選任し、捻会の承認を安ける。

第12条　幹事会は、常任幹事会の決議に基き、代表幹事が招集する。常任幹事会は、常任幹事２名以上の発議により代表幹事が招集する。幹事会および常任幹事会の決議は、出席幹事の過半数の賛成により成立する。賛否同数のときは、代表幹事がこれを決する。

第13条　本会の会議の遂行上、下記の分科委員会を設け、常任幹事会が選出した委員長が運営の責に当る。

1. 組織・活動委員会
2. 会誌編集委員会
3. 財務委員会
4. 対外交流委員会

各委員会の委員は、委員長の堆薦により委嘱する。

第14条　会計の監査は、会計監事が行う。会計監事は、幹事会の堆薦により選任し、総会の承認を受ける。

（財政）　第15条　本会の経費は、会費、寄付金、その他の収入をもってまかなわれる。留学生・研修生受け入れのため、特別会計を設ける。

（会費）　第16条　会費は年額１万円とする．また、家族金員の会辛は年報2000円とする。

第17条　本会の会計年度は、毎年７月１日に始まり翌年６月30日に終る。

（改正）　第18条　本会の会則は、幹事会の発議により、総会において、委任状を含む出席者の３分の２以上の賛成により改正することができる。

（付則）　この会則は2004年8月29日から施行する。

過去の直視、これが歴史認識の原点

軍備亡国・反戦平和

2015年　4月号　No.　545

8.15

二〇一五年　四月十五日発行（毎月一回十五日発行）
第五六巻　四号　通巻第五四五号

［巻頭言］

日中友好元軍人の会ＨＰ　http://www11.ocn.ne.jp/~donpo/

4

日中友好８．１５の会
（日中友好元軍人の会）

創　立　宣　言

戦争の罪悪を身をもって体験した、わたくしども元軍人は、心から人間の尊厳にめざめ、戦争を否定します。

わたくしどもは、過去の反省に立脚し、戦争放棄と戦力不保持を明示した日本国憲法を順守し、真に人類の幸福と世界の平和に貢献せんがため、本会設立の趣意書ならびに会則にのっとり、同志相携えてあらゆる戦争を阻止し、戦争原因の剪除に努め、進んで近隣諸国とくに中国との友好を進めんとするものであります。

ここに終戦の記念日をトして本会を設立するにあたり、万世のため太平を開く決意のもとに日本の更正を誓った当時を追憶し、戦没の万霊に額ずき、ご遺族をはじめ戦争の被害者ならびに軍靴で踏みにじった戦場の住民各位に深く遺憾の意を表しつつ宣言します。

１９６１年8月１５日

日中友好元軍人の会

二〇十四年度　活動方針

われわれは、創立宣言に則り、次の活動を行なう

一、平和憲法を守り抜くため、広く非武装中立・軍備亡国を訴え、組織の強化・拡大に努力する。

二、過去の侵略戦争に対する反省に立脚して、中国をはじめ、アジア近隣諸国、さらには世界各国の平和を希求する人々との友好・提携に努める。

行　動　計　画

一、ますます反動性を強めている安倍内閣の憲法改悪のあらゆる策動を許さず、特に憲法九条を守るために活動している諸団体の運動に積極的に参加する。

二、集団的自衛権の行使を求めず、名目の如何にかかわらず、自衛隊の海外派遣、多国籍軍への支援に反対する。

三、広島・長崎の被爆の歴史に基づいて、核の廃絶を広く世界に訴える。エネルギーの変換、原発０の世界をめざす。

四、沖縄をはじめとする全国各地の米軍基地の縮小・撤廃を求め、そのためにも日米安保条約の解消とそれに代わる日米平和友好条約の締結を提唱する。

五、日・中・韓・朝の障壁になっている歴史認識問題、戦後処理（従軍慰安婦・強制連行・強制労働などに関する訴訟・賠償請求）の早期解決を求めていく。

六、中国国際友好聯絡会研修生受け入れと公私訪中団派遣を通じて、民間レベルでの友好・交流の強化を図る。

【巻頭言】

日本・中国の平和確立のために

鎌倉　孝夫

〃殺・焼・姦・奪〃―１９３７年12月13日、日本は南京を占領したが、その前後から約６週間、日本軍は中国軍だけではなく、無辜の老人、子ども、女性を虐殺し、死体を焼き穴に埋め、また長江に流した。南京の三分の一の建物を焼き払い破壊した。日本兵は約１ヶ月の間に市内で２万人余の女性を強姦、輪姦した。

多くの財物、文物、図書を強奪し工場の設備を奪い民衆の家から食糧等を奪った。

南京大虐殺、恐るべき日本軍の蛮行、それは紛れも無い事実である。南京大虐殺記念館で示されているその証拠の大部分は、日本兵自身の日記、記憶、写真に基づくものである。太田寿男（日本軍第二碇泊場司令部少佐）の証言、東史郎『戦時日記』など。さらにジョン・ラーベ（ドイツ人）、ヴォートリン宣教師（アメリカ人）、ジョン・マギー牧師（アメリカ人）等々が、日記、写真等によって事実を伝えている。

〃南京大虐殺はなかった〃―安倍政権、それをとりまく極右、とくに日本会議の面々は、南京大虐殺の事実を消し去り、侵略・植民地支配、その下での日本軍の〃殺・焼・姦・奪〃行為を否定し、アジア解放のための闘いであったと主張する。これまでは、この極右勢力は政権の外部から政権に圧力をかけていたが、安倍政権の下でいまや政権内部に入り込み直接政権を動かす勢力となっている。教科書に対しても、侵略・植民地支配・大虐殺の記述を「政府見解」に即したものに代えさせるまでになっている。

戦後70年の節目の年。私達「村山首相談話を継承・発展させる会」は、中国人民平和と軍縮協会の招きによって、訪中した。安倍首相が、70年談話によって、村山談話を歪め、実質的に否定してしまうのではないか、それを何とか阻止したい、との思いでの訪中であった（１５年３月９日～13日）。中国ではちょうど全国人民代表者大会開催中であったが、私たち訪中団は大歓迎を受けた。それだけ、中国側が、村山談話、それに基づいた日中関係の形成・発展が、友好・平和確立にとって決定的に重要であるとの認識を深く定着させていることを示すものといえよう。訪中の一定の成果をふまえて、村山談話の意義の再認識、そして安倍首相の70年談話に関わる私自身の考えを提示しておく。（訪中団報告書は、５月中に出します。それをふまえて報告集会、一定の提言を予定しています。）

第１は、村山談話の意義ついて。村山談話の意義として認識すべきことは、

①「わが国は、遠くない過去の一時期、国策を誤り、戦争の道を進んだ」と言う認識である。「国策の誤り」―国家（直接は政府、明治憲法上は天皇である）の犯罪という認識で

ある。国民―直接には人民大衆―が起こした戦争ではない。人民大衆に反省すべき点があるとすれば、国家の侵略戦争を阻止しえなかったこと、にある。だから「政府の行為によって再び戦争の惨禍が起こることのないように」国民（人民）が政府をチェックしなければならないのである。

②戦争―直接には１９３１年以降の15年戦争は「植民地支配をめざす侵略」戦争であったという認識、である。そして、そのことによって多くの国、とくにアジア諸国の人々に多大の損害と苦痛を与えた―それに対して「痛切な反省」「お詫び」の気持ちを表明していることである

③「信義を施政の根幹とする」という表明である。これは、日本国憲法前文の「平和を愛する諸国民の公正と信義に信頼して、われらの安全と生存を保持しようとした」に基づくもの、ととらえうる。

村山談話は、憲法の国民（人民）主権、平和原理に基づき、これを施策の根幹とするという表明なのである。

第2に、これに対する安倍首相の言動である。安倍首相はこれまでのところでは、村山談話を「全体としては」継承するが「侵略」「植民地支配」などのことばは使わない、としている。70年談話に関わる有識者懇談会（２１世紀構想懇）の北岡伸一氏は「日本は侵略戦争をした。私は安倍首相に『日本が侵略した』と言ってほしい」と発言したという。歴史の事実として安倍首相もここまでは認めることになるかもしれない。しかし北岡氏は、安倍政権の進める「積極的平和主義」を「自由な国際的な政治経済システム」を維持するための努力として評価すると云っている。

過去の事実は認める―しかし今は安全保障環境が決定的に変わった。その下で日本は「積極的」に「平和」（〃アメリカによる平和〃だ）に寄与しなければならない。だから憲法前文、9条さらに国民主権は変えなければならない。そういう方向に持って行こうと考えているのではないか。

村山談話の継承ということは、言葉だけではなく、それに基づく言動が伴わなければならない。その基本は日本国憲法の継承による「施策」にある。

実際この間安倍政権が行ってきた政策は日本国憲法の形骸化・実質的放棄である。国民（人民）主権に対し、安倍首相は「国家あっての国民」―国民に対する国家への奉仕の義務への転換、「信義」に基づく平和確立に対する軍事力（戦力）強化に基づく安全保障への転換、自衛隊の軍隊化と日本人の生命安全と称する軍の対外出動、そして集団的自衛権行使、さらに人民の思想・信条・表現（発言）の自由に対する規制、勤労権・生活権保障の形骸化、である。

第3に安倍政権の本質についてである。安倍首相は〃戦後レジームの転換〃といっている。それは、明らかに戦前の国家体制、明治憲法体制への回帰を図るということである。しかしこの戦前国家体制の下で日本はくり返し戦争―侵略戦争と植民地支配を行った。１８９４～5年の日清戦争、１９０４～5年の日露戦争、１９１０年の朝鮮併合・

植民地化、そして第一次大戦への参戦、1931年から15年に亘るアジア太平洋植民地化をめざす侵略戦争―明らかに戦前体制回帰とは戦争国家体制への回帰ということである。だから人民主権、人権保障、平和原理を基調とする現憲法を変えなければならないということになる。

言葉でいかに取り繕うとしても安倍首相のめざす方向が戦争国家・侵略国家体制、私の視点でいえば、帝国主義国家体制への回帰である限り、中国、朝鮮はじめ日本帝国主義の植民地支配、その意図の下での侵略戦争で主権を奪われ大被害を受けた諸国は、これを認めないし許さない。それればかりか日本帝国主義と戦ったアメリカも反発する。

しかし中国、朝鮮、韓国などアジア諸国の安倍政権に対する反発とアメリカ政府の反発を同一視しては情勢を正しく認識できない。前者の反発は再侵略、再植民地化に対抗し自主確立を堅持するための反発である。これに対しアメリカ政府の反発は、日本の戦争国家化がアメリカの帝国主義的覇権支配に対抗する方向（日本独自の軍事戦略、政治経済的支配圏形成）に対する牽制である。今日の米日はともに帝国主義国として共通する利害とともに政治経済的競争による利害関係の一定の対立関係がある。

アメリカ帝国主義の一極的世界覇権支配は揺らいでいる。しかしアメリカは覇権支配―それを維持する上の軍事的支配とドル支配体制を手離そうとはしない。〝アメリカによる平和〟―それはアメリカの軍産複合体と金融資本の利益追求に基づく、アメリカの政治・軍事・経済的覇権支配を内実とするものであり、自主を堅持する国を崩壊させようとするものである。

安倍首相の戦争国家化は、この〝アメリカによる平和〟の枠内のものとしてしか形成されえない。その積極的平和主義は、アメリカ帝国主義の覇権支配を、経済面だけではなく、政治・軍事面でより積極的に補強するものでしかない。アメリカ帝国主義の世界的侵略戦争に自ら積極的に協力しようというのだ。アジア諸国の人民と協力連帯して、この道を許さない闘いを進めよう。

（埼玉大学名誉教授）

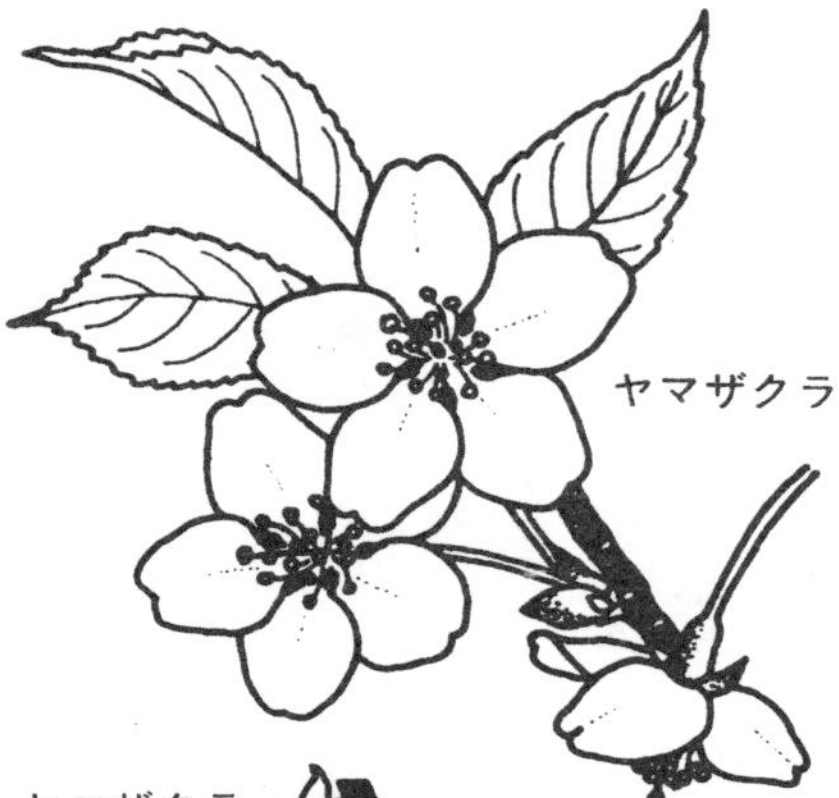
ヤマザクラ

ヤエザクラ

全世界同時代史

アルチュール・ランボー伝（61）

島貫　隆光

内閣調査室を調査する（31）

今年の大河ドラマは吉田松陰の妹をヒロインとすることになったと聞いた時にはマジかと思った。宿敵安倍のお膝元の萩を舞台とするということはまさに安倍の宣伝をするようなものだと考えたからだ。まさかあのNHK新会長が決めたことではないだろうが、あまりにも符節が合いすぎている。もっとも安倍のやり方はすべてを自分の都合のいいようにしてしまうことだからこれもまたそのデンでいったものだろう。

私がそもそもこのエッセーを書き始めたのは日本の誤りの始まりが昭和ではなくて幕末維新にあると仮定したからだ。その検証のために慣れない日本史を勉強しなおしてきたのである。そこからすると吉田松陰の松下村塾というのはまさにその牙城ともいうべきものであり、このドラマはそのために役立つのではないかと思われる。あらためてストーリーの筋を追っていく中で歴史の検証をやり直してみたい。七十年談話に直結するのだ。

これまでこの項でイスラム国の問題をとり上げてきたが、ここへ来て中東専門家がこの問題の取り扱いに悩んでいるという話が出て来たので紹介しておこう。問題の提唱者は中東の専門家酒井啓子である。彼女は日本国際政治学会でも数十年にわたって中東研究のリーダーとして研究を続けて来た人である。その彼女が弱音をはいているのだ。どういう理由なのか。これは異常事態である。

昨年六月以来、現代の中東政治を分析する者の多くが、自信を失っているようにみえる。

その原因は、明らかだ。シリアを拠点に勢力を拡大してきた武装勢力がイラクの北部、西部に侵攻し、「イスラーム国」と名乗って制圧地域に厳格な治世を強いた。これが中東地域の、ひいては国際世界全体の秩序に大きな危機を突きつけている。日本人も被害にあった。

この「イスラーム国」の出現を、中東研究者は予見できなかった。研究者だけでなく、現地情勢を常にウオッチしているジャーナリストの間でも、この現象をうまく説明できていない。事態が急変したとき、多くのベテラン・ジャーナリストから、「イスラーム国登場という現象には、どうもモヤモヤしたものを感じる」という感想を耳にした。

長年中東を見てきた我々が、何故「イスラーム国」にモヤモヤした感を抱くのか。それは、これまで我々が中東を分析してきたときの基本的な枠組みや軸が、「イスラーム国」には当てはまらないからである。

中東の紛争は、中東諸国建国以来、ほぼ一貫して二つの問題から派生してきた。それは、欧米諸国による介入と、パレスチナ問題である。「イスラーム国」の言動が理解不能なのは、その二つの問題から紡ぎだされてきたこれまでの中東のさまざまな政治思想、運動から、ひどくかけ離れて見えるからだ。

「イスラーム国」は、今から一世紀弱前、第一次世界大戦のさなかに英仏がオスマン帝国領土を両国で分割しようとしたサイクス・ピコ秘密協定を糾弾し、英仏植民地体制によって形成された国境を打破することを目的としている。そのこと自体は、現在の中東の国民国家が生れながらにして抱えざるを得なかった問題の根幹を直撃する、まさに基本的な問題意識だ。だが、植民地支配の遺恨として成立した領域国家を問題視してこれまで中東で繰り広げられてきた運動は、もっぱらアラブ・ナショナリズムだった。

アラブ・ナショナリズムが担ってきた領域国家システムへの挑戦と、「イスラーム国」の挑戦とは、どう異なるのか。まず第一に、アラブ・ナショナリズムが試みた国境の打破は、とりあえず既存の国家を出発点にして行われた。アラブ・ナショナリズムに基づいて実際の国境をなくした過去の事例としては、ガマール・アブドゥルナーセル・エジプト大統領が主導してエジプトとシリアを合邦したアラブ連合共和国(一九五八〜六一年)があるが、両国合邦が可能となったのは、エジプト、シリアでまずアラブ・ナショナリスト政権が成立してからのことだ。アラブ・ナショナリズムを掲げた汎アラブ政党であるバアス党は、シリア、イラク、ヨルダン、レバノンなど、それぞれの領域国家に支部を作り、まずは政権奪取を目論見、それから「アラブの統一」を目指した。言い換えればコミンテルン型の、各国にネットワークを張り巡らせるなかで中枢の司令塔が存在する、そのような運働体で既存の領域国家を乗り越えようとした。

それに対して、「イスラーム国」には、そのような制度的なネットワークを通じて、中央からの指令系統が各国に広がっているわけではない。イラクとシリアの既存の政権の失政の結果生まれた権力の空白地帯を利用して、そこに寄生することで支配領域を獲得したに過ぎない。それぞれの領域国家で政権を奪取することは、その政治目的には表れてこない。

第二に「イスラーム国」が従来の政治運動と異なるのは、イスラエルに対する姿勢だ。アラブ・ナショナリストが最大の課題とし続けてきたのは、イスラエルによるパレスチナ占領だった。パレスチナ問題の発生は、欧米の中東に対する植民地主義の問題を体現するものでもあったので、それは第一の問題とも不可分なものだった。

それに対して「イスラーム国」には、イスラエルを攻撃する直接的な言動が見られない。さらには、イスラエルを支援する背景にある存在として米国を糾弾することも、ほとんどない。米軍によるシリア、イラクへの空爆が始まって以降は、欧米めジャーナリストや活動家を拉致しては殺害するという事件が続いているが、これはあくまでも米軍の攻撃に呼応しての行為であって、反米行動を目的にしているわけではない。

つまり「イスラーム国」の最大の特徴は、欧米諸国を相手に戦うのではなく、自らの求める「イスラーム国」を樹立することを第一の目的としていることである。「イスラーム国」を望むように統治、管理するため、邪魔となる勢力を排除することを優先させる。だからこそ、現地のキリスト教徒やシーア派が異端として殺戮の対象となる。この点は、「イスラーム国」の源流にあるとみなされるアルカーイダとも、大きく異なる。ビン・ラーディンが米国を直接攻撃対象としたことは、言うまでもないが、その際、米国のイスラエル支援がパレスチナ人への迫害に繋がっている、という論理を展開した。

第三の相違点は、「イスラーム国」自体が既存の国際社会と折り合いをつけようとする志向がない点である。「イスラーム国」と宣言したことから、あたかも彼らが国際社会に国家承認を求めているかのように誤解されがちだ。そして、国際社会に承認を求める姿勢があるのなら既存の国際システムに従う可能性があるのでは、と期待されがちである。しかし、「イスラーム国」の特徴は、既存の国際システムに依存せず独自の国家運営を進めている点である。

国際社会、特に周辺国から完全に断絶して存立できるはずがない、というのが、現代の国際関係の常識である。経済的相互依存関係が国家間の外交関係を規定する、との視点からすれば、「イスラーム国」といえどその存続のためには周辺国との経済関係を維持せざるを得ず、そこから「普通の国家」として国際社会の成員となっていくはずだ――。この見解が「イスラーム国」に当てはまらない。だとすれば、そんな国は長続きするはずはない。そう考えて、欧米の中東研究者の多くが「イスラーム国」の短命性を、希望的観測を込めて指摘する。

しかし「それでも続いてしまうのではないか」という不安感がぬぐえない。その原因は、「イスラーム国の経済的豊かさだ。日本人の元学生が「イスラーム国」に赴こうとしたときの広告には、「シリアでの雇用」と記されていた。つまり「イスラーム国」では、海外から流入する義勇兵に給料が支払われている。その資金はどこからくるのか。サウディアラビアやクウェート、アラブ首長国連邦などの湾岸アラブ産油国から非公式に資金が流れ込んでいるのでは、という憶測は頻繁になされるが、そればかりではなく、制圧地域の自治体財源を接収したり住民への課税、また石油などの資源を闇輸出することでかなりの資金を得ていると言われる。日本人に二億ドルが要求されたように、拉致した住民、外国人から得る身代金も、財源のひとつだ。

そんな非合法経済活動で制圧地域の数百万人の住民の生活を支えられるはずがない、というのが、常識的な見方である。それが「イスラーム国」短命論につながる。だが、闇経済だけで運営されている未承認国家は、少なくない。いや、承認された独立国家であっても、経済制裁を受けて国際社会から孤絶を余儀なくされた国が、闇経済に依存して生き延びる例は、多々ある。湾岸戦争後六年間、イラクでは公的な交易が禁じられた。食料自給率が三割程度しかないイラクで、国民の衛生状態が悪化し、薬品などの輸入が止められたことで幼児死亡率が上昇したものの、政権の安定性には変化がなかった。国民の生活水準が低下したとしても、ぞれだけで強圧的統治が緩むわけでも崩壊するわけでもないことは、フセイン政権時代のイラクで証明されている。

「イスラーム国」に抱く中東研究者のモヤモヤは、このような非合法な政治経済活動によっても国家は担われうるのだという、苦い現実から来る。それは中東研究者だけではない、実証研究を基盤とする研究者すべての土台を崩すものだ。なぜならそのことは、ある国の安定性や経済発展の度合が、これまでそれを分析するのに使われてきた公的な指標では全く推し量れないことを意味するからである。

GDPにも経済成長率にも、公的な貿易統計にも表れてこないような「国家」を名乗る存在が、国際政治全体を脅かす。ひょっとしたら実際には世界は、多くの部分が我々に見えない闇の政治経済活動で動いているのではないか。そんななかで国際政治経済を扱う研究者やジャーナリストは、何を以て現状を分析できるのか。表面に表れないからといって存在しないことにするには、「イスラーム国」の政治経済的実体は、あまりにも大きすぎる。

「イスラーム国」が我々に与えるモヤモヤ感は、これまで我々の目に見えていた世界の他に、実は広大な闇の世界が広がっているのではないかという不安、そしてその闇を計ることができない無力さから来るのではないか。国際政治経済研究に携わる者に課された課題は、深刻である。

（千葉大学法政経学部教授・ダーラム大・社会科学修・東大・教養・昭57）

専門家が悩んでいるくらいだから、素人たるわれわれにわかるわけはない。このところイスラム国は古代の遺物をこわしはじめている。タリバンのやったのと同じ、文明破壊である。これも許すわけにはいかないが、この問題の本質を理解しないかぎり、解決不能であろう。さらなる検証が必要とされる。

大東亜戦争開戦経緯（28）

ハルノートとはなにか（4）

瀬島も言うように、あの時代のことは現在の時点で考えるのではなく、あの時点の考えを想起しなければならない。昭和十五年から十六年の時点で考えると、現在とは全く異次元の世界がひろがっていたのである。

昭和十四年九月から第二次世界大戦（ヨーロッパ戦線）は始まっていて、ドイツはベルギー、オランダ、フランスを占領し、イギリス軍をドーバー海峡に追い落とし、英本土爆撃で今にも英本土まで占領しかねない勢いだった。

帝国陸軍はヒトラーの快進撃に幻惑されてバスに乗り遅れるなとばかりに三国同盟を締結し、おこぼれにあずかっていた。

私の父が菅原航空視察団の一員としてドイツを訪問したのは昭和十一年十一月のことであるが、その時、有末精三と一夜飲み明かしたことがある。その話を有末んに書いていただいているので紹介しておこう。当時のベルリンの様子を彷彿させるものがあるからである。

その年(昭和十一年)の十月末私は大使館付武官として伊太利のローマに赴任した(八月一日中佐に進級して居た)。着任後二ケ月私は曩(さき)に四相(首、陸、海、外)同時上奏御裁可を得て居た帝国外交方針の伝達配布かたがた欧州各国陸軍武官との連絡の為の旅行に出た。ウィーン、・ワルシャワを経て独逸伯林に着いたのは十一月二十六日夕刻であった。昨二十五日に日独防共協定の調印式次で祝賀会が在独日本大使館で行はれ特に「ヒットラー」総統も来られた由、武官室は大島浩武官(少将第十八期、後の中将、駐独大使)以下大へんな気焔、意気旺んな情景であった。食後当時駐独、某特種任務に服して居た白井茂樹少佐(第三十一期、波蘭、ソ連駐在を経た後参謀本部々員、昨年三月より伯林駐在、後航空へ転科、航空兵大佐、参本課長、飛行戦隊長として大東亜戦争初期ラングーン上空にて戦死、少将に進級)は宛も欧州出張中伯林に目下滞在中の後輩島貫忠正少佐と私とを慰労(?)の為か、当時売り出して勃興中の伯林繁華街のキャバレー「カカドゥ」に招待せられた。且つ躍り且飲み又談じ愉快な夜の一ト時を送った異郷でのホノ明るかった淡き思いでは五十二年後の今日も尚ほ尽きない。

昭和十五、六年というのはドイツの最盛期であって、当時の日本はまだ中国戦線で苦闘していたけれども、全体的に見れば枢軸国側が優勢だった時代なのである。これが暗転し始めたのはヒトラーの対ソ攻撃がその契機だった。ドイツ研究の泰斗、三宅正樹はヒトラーの犯した二つの誤りの一つにこれを挙げている。おそらくヒトラーは充分な自信があったのだろう。最初日本に同時にソ連攻撃をすることを要求しなかった。あまつさえ一直線にモスクワを目指すべきところを途中で中東の石油に目がくらんで攻撃を中断している。この過ちでナポレオンの二の舞を演ずることになり、第二次世界大戦の敗北を決定づけてしまった。しかし昭和十五、六年ごろというのはまだ世界大戦がどうなるのか全く分からない状態だったのだという事は理解しておく必要がある。

その頃の状況をよく示すのが先の有末さんの文章である。父の五十年祭を期して作った追悼文集に有末さんの文章を書いてもらったのは仙幼会幹事会の帰り道、有末さんにさそわれて喫茶店に立ち寄った時聞いた「君のお父さんとベルリンで一晩飲み明かしたことがあったぞ」という一言だった。その話を書いてくださいとお願いして文集に収めることになった。

その頃の日本は現在考えているほど弱くはなかった。たしかに瀬島もいうようにいろいろの点で不具合はあったけれども、五大強国としての力はあったのである。問題は私がこれまで分析してきたように国家戦略と情報の面で重大な欠陥があり、情報判断と国家戦略の立てかたにおいて誤りがあったといえるだろう。そのあたりの状況をたまたまその時期に参謀本部に着任した瀬島の軌跡を追うことで振り返ってみよう。

ほぼ一年間の参謀見習いを終えて昭和十四年十一月、瀬島は参謀本部第一部第二課（以下作戦課と書く）の参謀として東京に着任する。二十八歳、大尉だった。これ以後、表面上は昭和二十年七月までの六年間、瀬島は参謀本部に籍を置きつづける。この六年という期間は異様なほど長い。ふつうは二年間ほどいて、方面軍に転出し、再び大本営に戻るというコースを歩む。中枢と前線を二年から三年単位で動く参謀が多かった。当時、同じ大本営作戦課の参謀であった高山信武は、「理由としてはやはり参謀として適任だったということでしょうね。六年間近く勤務した者も瀬島さん以外にいないわけではない。だがそんな参謀も戦時体制下では出たりはいったりしていますし、作戦課から出ないでずっと張りついていたのは異例ですね」と証言する。

作戦課には常時二十五人前後の参謀がいた。中心になるのは少佐か中佐で、年齢でいえば三十代前半から四十代の初めにかけてである。瀬島が配属になったとき、やはり四十四期の首藤忠男や少し遅れて国武輝人、岩越伸六といった大尉たちも配属になっている。瀬島は歩兵の参謀であり、首藤は航空参謀として、作戦課に回されてきた。

作戦課の業務は、五つに分かれていた。「作戦用兵に関する事項」「兵站の重要企画に関する事項」「外国に派遣すべき陸軍諸団隊及其配置、行動に関する事項」「戦争指導に関する事項」「軍需動員に関する事項」であった。つまり作戦課は、戦争指導の実質的な起案を行う部門であり、参謀本部のなかでも他の部門（情報部、総務部）とはまったく異なった重みをもつ機関だった。作戦課が起案し、天皇の許可を得て発せられる命令（いわゆる大本営の命令）は、日本陸軍にあっては天の声といった意味をもっていたのである。

作戦課は、対北方班、対支那班、兵站班、航空班の四班から成っていたが、昭和十五年夏に、新たに対南方班が設けられた。

対南方班の新設は、陸軍上層部に自存自衛態勢を固めるために、南方資源を押さえることが急務であるとの判断が台頭し、その方策として南方作戦計画が必要とされだしたからであった。そして、南方作戦計画は、必然的にこの地域に権益をもっている米英を敵と想定した作戦計画とならざるを得なかったのである。

作戦課の参謀はひそかに南方に赴き、陸軍がどのような作戦を展開すれば南方制圧が可能かを具体的に調べはじめ、その見聞はそのまま作戦計画を考えるときのベースとなった。瀬島は、参謀本部が日本陸軍伝統の対ソ戦だけでなく、新たに南方作戦の確立をも迫られているという転換期に、作戦課の参謀となったのである。

これは重要なことだった。明治四十年の「帝国国防方針」以来、参謀本部の参謀たちはロシア、次いでソ連を仮想敵国として育った。昭和にはいって満洲事変、そして昭和十二年七月の日中戦争と、中国を戦場として戦いながらも、その本心は常に対ソ戦を意識していた。それが陸軍の伝統であった。したがって、必然的に対英米戦となる南方作戦は、それまで、主として海軍の担当とされ、陸軍はわずかに海主陸従のもとでルソン島などの上陸作戦を腹案としてもっているにすぎなかったのである。たしかに「帝国国防方針」には、「将来ノ敵ト想定スヘキモノハ露国ヲ第一トシ」のあとに「米、独、仏ノ諸国之ニ次グ」(方針決定時は、日英同盟があったためイギリスは除かれていた)とあった。しかし、「米」は東亜に関心をもちつつあるから注意を怠らないという意味であり、「独仏」はロシアと友好関係にあるから留意するというていどの意味しかなかった。昭和十五年まで、参謀本部はアメリカやイギリスを敵と想定した軍事行動など具体的に考えたこともなく、対英米戦の戦略を考える参謀は事実上存在しなかったのである。

昭和十五年九月になって、日本はドイツ、イタリアと三国同盟を結んだ。三国が一致してソ連に対抗するだけではなく、米英に対しても軍事的対決の姿勢を強めるというものだった。南方地域での米英との軍事的対決もしだいに現実味を増し、参謀本部作戦課の参謀たちによる南方作戦計画の立案作業に、この年の暮れあたりから拍車がかかっていく。

この作戦計画に携わった参謀たちは、少佐、大尉クラスであり、統轄指導には中佐クラスがあたった。次頁の表は、昭和十六年九月時点の作戦課の編制表である。この表にあげられた対南方班の参謀たちが中心になって南方作戦計画を起案したが、彼らは好むと好まざるとにかかわらず、その後、南方作戦の実展開である太平洋戦争の作戦指揮を実質的に担う運命にあった。なぜならば、彼らの先輩にあたる参謀たちは、対ソ戦や対支戦についてこそ深い知識と経験を蓄積していたが、南方作戦にはまったく手を染めたことがなく、二十代後半から三十代前半の若い参謀たちの起案した作戦計画に異を唱えるほどの知識も材料ももち合わせていなかったからである。

当時の瀬島は、対北方班、対支那班、それに対南方班を統轄している作戦班長の櫛田正夫の補助という副官ともいえるようなポストに就いていた。むろん直接に自らが命令を下すわけではなかったが、作戦計画の立案にあたる櫛田の傍らにいて、全体の作戦計画を見とおせる立場だったし、作戦計画案が練りあげられるプロセスも知ることができたのである。

昭和十六年三月のことだ。陸軍省や参謀本部の幕僚たちが、米英との戦争を想定した対南方作戦案を作戦課の参謀に具体的に練らせてみたことがあった。部内でもっとも若い参謀である瀬島に、「貴様、ひとつ書いてみろ」と幕僚たちは命じた。瀬島が作戦室で省部の幕僚たちを前に、自らの案を説明したとき、幕僚たちの評価は「まあまあの出来だ」というものだったというが、当時、陸軍省軍務局に籍を置いていた幕僚のひとりは次のように証言する。

「瀬島君の案が、のちの南方作戦の第一案となったんですが、フィリッピン、グアム、香港、マレーなど占領すべき地域をあげ、たしか十個師団ていどで進攻するというような内容でしたね。

一部、実現不可能な少々幼稚なところもありましたが、誰が計画してもまあこんなものだろうという印象でしたね」

南方作戦策定にはいった当初は、作戦課長の土居明夫が全般的な統轄をしていた。次いで、昭和十六年七月一日からは服部卓四郎がこのポストに就いて具体的な作業を進め、十六年八月下旬には、陸海軍とも大まかな作戦計画の完成にまでこぎつけた。

この作戦計画が現実味を帯びる客観情勢が生まれたのは、昭和十六年の下半期である。

昭和十六年六月二十二日、ドイツは突如ソ連に侵攻を開始した。独ソ戦である。三国同盟を結んでいながら、ドイツは日本にソ連侵攻をにおわせもしなかった。陸軍省、参謀本部、海軍省、軍令部は、電撃的なドイツの侵攻に喝采し、「バスに乗り遅れるな」と南方作戦にいっそう拍車がかかった。ドイツは一カ月以内にソ連を制圧するだろうという甘い見とおしが省部の軍人にあった。南部仏印進駐論が頭をもたげてくる。日中戦争の早期解決のための援蒋ルート切断、蘭印の石油資源の確保、それに大東亜共栄圏思想の台頭。南方進出論者の陸軍省軍務課長の佐藤賢了などは「この際英米経済ブロックからの脱出」という点でもこの南部仏印進駐論に乗り気だった。しかし南部仏印進駐は、不可避的に米英との戦争を予想しなければならなくなる。米英の出方をどうみるかが鍵であった。六月三十日の大本営政府連絡会議では、自給自足体制を唱える軍令部は「対英米戦ヲ辞セス」の一句を「情勢ノ推移ニ伴フ帝国国策要綱」のなかにもぐりこませることに成功する。

一方、参謀本部作戦部長の田中新一は、陸軍の伝統的な戦略に戻って対ソ開戦論をくり広げた。西からのドイツに呼応して日本が東から攻めれば、ソ連は容易に叩ける、この案を採用せよ、と陸相の東條につめよった。田中としては、若い作戦参謀たちの練っている南方作戦案にまだ自信がもてなかったのだ。

当時、東條の考えは、「日本陸軍の四十九個師団のうち二十七個師団をもって、支那事変を戦っているのだから、対ソ戦を行うとすればこの師団を減らしてソ連にふりむけなければならない。いま支那事変をやめるわけにはいかん。これに対して南進論は、それほどの師団を必要としない。日本の自給自足体制を整えるには、資源の豊富な地域を押さえる道を選ぶべきだろう」というものであった。東條の選択は、作戦部長の田中よりも軍務課長の佐藤や南方作戦の起案にあたっている作戦課長服部の言を重用したものでもあった。しかし、その一方で東條は、田中を中心とする対ソ論者たちの顔も立てようとしていた。

次いで七月二日に開かれた御前会議での決定(それは大本営政府連絡会議での決定を追認するものであったが)は、日本の国策が対米英戦争への第一歩を踏みだす意味をもっていた。「情勢ノ推移ニ伴フ帝国国策要綱」は、全文がわずか八百字ていどであったが、そこには南方進出のために「対英米戦ヲ辞セス」という一句とともに、北方には「帝国ノ為有利ニ進展セハ武力ヲ行使シテ北方問題ヲ解決」という一項も盛りこまれていた。つまり南方に進出することで、米英との衝突をも覚悟するという国策であり、同時に独ソ戦でドイツ軍がソ連を制圧する状況になったら、日本もそれに便乗するという都合のいい一項をいれて、対南方論と対ソ論のバランスをとったものだった。

このとき、実は日本は二重の過ちを犯した。ひとつは、独ソ戦でドイツがソ連を短期間に制圧するだろうという見とおしをもったこと。もうひとつは、たとえ南部仏印に進駐したとしても、米英は〃戦争状態〃にはいる処置をとらないだろうと甘く考えたことである。

この二点にもとづいて、陸軍内部ではすぐに動きが始まる。御前会議の数日後、作戦部長の田中新一は東條のもとに駈けつけて、「対ソ威圧のため関東軍増派を認められたい」とねじこんでいる。東條はこれを受けいれた。そこで内地軍二個師団、朝鮮方面の二個師団、それに作戦資材を満洲に集結して、ソ連に対して威圧を加えるための演習を行うという案を、杉山参謀総長が天皇に上奏し、允裁を受けた。これが関東軍特別演習(いわゆる関特演)である。この折りに天皇は軍事的な懸念を述べている。その懸念は、陸軍への不信を表明したものでもあった。

「北にも支那にも仏印にも、八方に手をだしているが結局重点がなくなりはせぬか。この点は将来よく注意せよ。また従来陸軍はとかく手をだしたがるから、このたびはとくに注意して謀略をやらぬようにせよ」

杉山は恐懼し御前を退出している。

昭和十六年七月二十五日、日本は南部仏印への進駐を発表した。

日本の政策決定集団の希望的観測に反し、アメリカはすぐにそれに反応した。ホワイトハウスは、対日石油輸出の全面停止を発表したのである。しかも原綿と食料を除いては全面的に対日通商を不許可にすると発表した。このときの日本の石油貯蔵量は四、二七〇万バーレル。当時の消費量からすると一年半が限度である。しかも石油の供給先はアメリカが八〇%、のこりはボルネオと蘭印である。日本はまさにジリ貧状態におちいることになる。

こうして作戦課の若い参謀たちが考えていた南方作戦計画は、陽の目を浴びることになった。

九月いっぱい、作戦課の参謀たちは三宅坂にある陸海軍集会所に詰めきって、より具体的な戦計画を練りあげた。そして海軍とも連絡をとって、大本営陸軍部の作戦計画は完成した。

これは「帝国陸軍全般作戦計画」と名づけられた。作戦目的は「南方作戦の目的は東亜におる米国、英国次いで蘭印の主要なる根拠を覆滅し、南方の要域を占領確保するに在り」とあった。「占領を企図する範囲」として、ヒリッピン、グアム、香港、英領マレイ、ビルマ、ジャワ、スマトラ、ボルネオ、セレベス、ビスマルク諸島、蘭領チモール等となっていた。作戦方針としては「陸海軍緊密なる協同の下に、ヒリッピンおよび英領マレイに同時に作戦を開始し、勉めて短期間に作戦目的を完遂す」とあった。そして、どの師団をどういう具合に動かすかも具体的に決められていた。

十一月五日に、参謀総長と軍令部総長が上奏して允裁を受けた。そして十五日に、陸海軍の指導者と参謀本部、軍令部の作戦参謀が、天皇の前に東亜の地図を広げてくわしい作戦計画を示して、天皇の諒解を得ている。このとき作戦課から出席したのは、作戦課長服部のほか竹田宮恒徳王、井本熊男、高瀬啓治の四人であった。

この作戦計画は、太平洋戦争初期にそのまま実行に移され、当初は戦果をあげた。それだけに作戦計画にたずさわった作戦参謀は「有能」として讃えられたのである。

二十代後半から三十代前半にかけて瀬島は、大本営参謀として有能とされ、陸軍の歴史的転回点に立ちあったのだ。その後も作戦参謀として重用される宿命を帯びていたといえる。それを僥倖とみるか不運とみるかは、本人の問題になるが。

大本営時代のまだ末端の瀬島大尉参謀の像は、それほど上席の者に知られていたわけではなかった。それでも、大本営第二部(情報部)の部長をしていた有末精三は、「若いが相当優秀な参謀だと聞いていましたな。陸大時代にかなり鍛えられたんでしょう。開戦命令の第一号を書いた参謀だといわれていたけれどね……」と話している。

私は冒頭で大河ドラマに違和感を覚えると言ったが、ちょうどそのあたりのことを取り上げてくれた文章があったので紹介しておこう。松陰はイスラム国と同じテロリストだというのである。そういえば松陰が死刑になったのは国禁を犯してアメリカ船に乗りこんだからではなくて老中間部暗殺計画だった。私は思い違いをしていたのである。実際この二つの事件の間には五年間の違いがあり、その間にこそ松下村塾が開かれたのだから、この思い違いはまったく私の日本史オンチのせいである。

今年の大河ドラマ「花燃ゆ」は、吉田松陰の松下村塾が舞台。安倍晋三首相も、地元・長州が生んだ松陰が大好きだ。「新しい日本の礎を築いた人」という松陰像に、中国思想史を研究する小島毅さんは異論を唱える。松陰の掲げた「正義」や「行動」は、実は危うさをはらんでいたのではないか、と。その理由を聞いてみた。

―安倍首相は2月の施政方針演説で、吉田松陰の「知と行は二つにして一つ」を引用し「この国会に求められていることは、単なる批判の応酬ではありません。『行動』です」と述べました。

「松陰の称揚は明治時代に遡(さかのぼり)ます。維新という『革命を正当化するために明治政府は『行動を起こしたことは正しい』と刷り込みを行った。行動の人として西郷隆盛、木戸孝允、大久保利通の『維新三傑』を顕彰し、後から松陰と坂本竜馬が加えられたのです。『考えるだけではだめ、行動こそ重要』という考えが広まりました」

―松陰たちの「行動」が明治政府をつくったと。

「ただそこには矛盾があります。行動によって体制の打倒に成功すると、今度は自分たちの新しい体制を守るために、ときには『行動の人』を敵と見なさざるをえなくなる。ひとたび行動が反体制に向かえば容易にテロリズムにつながるからです」

―松陰は幕府の老中、間部詮勝(まなべあきかつ)を暗殺しようとして死刑となりました。弟子の高杉晋作や久坂玄瑞は英国公使館を焼き打ちしました。

「そう、松陰は自分の愛(まな)弟子の伊藤博文をハルビンで暗殺した朝鮮人の安重根と似た立場の人だったんです。明治政府は、いわばテロを企てた人を顕彰したことになる」

―明治政府が行動を重視し、松陰を顕彰したなら、それが第2次大戦後まで受け継がれたのはなぜでしょう。

「戦後、松陰の評価が巧みに書き換えられたからです。松陰の行動の根幹は尊王思想です。天皇にふたたび政治の実権をとってもらうことが大事で、『日本の夜明け』は二次的なものでしかなかった。戦後は尊王思想の部分が隠されて、『行動』だけがクローズアップされました」

―安倍首相が引用した「知行一致(ちぎょうごういつ)」は儒教の陽明学の思想ですね。

「松陰が陽明学者と見なされるようになったのも明治以降です。ぞもそも江声時代、陽明学はとんど力を待ちませんでた。陽明学を有名にしたのは、幕府への反乱を起こした大塩平八郎で、彼のせいでむしろ危険思想と見なされていたのです。陽明学の『知行合一』が重んじられるのは明治維新後のことです。」

―なぜ日本人はそこまで行動を重視したのですか。

「行動の重視は日本人だけの特性ではありません。ーSこと『イスラム国』も行動を重視しているでしょう。ただ、日本における思想の根付き方として、体系的な理論よりも、何をなすべきなのかわかりやすいものを求めがちです。陽明学もそうしたかたちで受け入れられた。理想を実現するために、地道な言論によって人々を感化するのではなく、直接行動するという考え方が強くありました」

―その理想とは何だったのでしょうか。

「一言でいえば『日本国の存続』です。天皇を中心とした挙国一致体側をつくり、西欧勢力の進出に対抗する。日本を一等国にするという目標のために『日本のすばらしさ』が強調される。それが昭和20年の決定的敗戦でも終わらなかったところに、今に続く問題があると思います」

「バブル崩壊後、ジャパン・アズ・ナンバーワンとおだてられていた時期に戻りたいと多くの国民が思った。しかし現実には、中国に経済力で追い越されました。その状況に耐えられず、『日本のすばらしさ』を顕彰しようというムードが再燃したのでしょう。『すばらしさ』の象徴として松陰が称揚され、ことあるごとに松陰を引き合いに出す安倍首相が支持される」

――松陰的なリーダーを求める空気があると。

「近代の日本にも大久保利通や伊藤博文など、松陰的ではないリーダーはいました。ただ彼らも表層上は松陰的に振る舞わないと支持を得られない。本来、政治はだまし合いの世界であるはずなのに、策を弄(ろう)する政治家は嫌われ、誠心誠意の人をリーダーにしようとする。危ういことだと思いますね」

―行動の理由が善意や正義でなくてはいけない。

「中国に対する侵略戦争にしても、当事者たちは欧米列強や蒋介石の国民政府からの解放、あるいは赤化の防御と主張したわけです。善意でやっていることが怖ろしい。自分が正しいと思うことを他者もそう思うとは限らないという認識が欠けていた。海外の思想を、細かい論理のあやをすっ飛ばして受容してきたツケかもしれません」

―安倍政権が唱える「テロとの戦い」も正義と善意が前面に出ています。

「松陰的な思考だと、自分の善意が相手に通じないとき、相手を攻撃するだけになる。『他者』の存在を認め、その『痛み』を理解すれば、テロリストたちがなぜ残虐なことをするのかも想像することができる。決して共感する必要はないのですが、彼らには彼らの正義があり、松陰の『やむにやまれぬ大和魂』ならぬ『やむにやまれぬムスリム魂』で行動しているのかもしれない。それを最初から全否定すれば、つぶすかつぶされるかしかない」

―彼らの中にも「吉田松陰」がいて「松下村塾」があるのかもしれない。

「そうです。それを理解する想像力が大切です」

私が維新史を見直したいと思うのは、維新の志士達が叫ぶ欧米の侵略に対する抵抗の精神である。あの時、日本に対する侵略の脅威はあったのか。私は明治政府の要人たちが欧米視察旅行をしたことが脅威のなかったことの証明であると考えている。国家主義者はつねに外部勢力の脅威を言いたてて国民を誤まらせるのだ。愛国主義を叫ぶのは要注意である。

国を愛するということは誰しもがそれぞれ自分の心の中に持っていることであって、それを人に言われることも言うことも必要がない。

日本にはあえて言挙げせずという言葉がある。口に出して言わないということである。

私はシェークスピアの「リア王」の三女、コーデリアの言葉を覚えている。中学四年の時読んだ本だ。Love, and be silent. 市川三喜訳では「愛して、そして黙っていよう」

私は愛国を大声で叫ぶ者を信用しない。

参考文献

酒井啓子(さかいけいこ)「イスラーム国」が露わにする研究者の無力

学士會会報　第九一一号

(埼玉・会員)

金子光晴と現代（4）

折原　利男

「金子光晴と現代」は、『AMAZON』2015年1月号に全文掲載されたもので、8・15では4回にわたって転載します。今回が最終回です

6　戦後の詩作と現代

「反戦詩人」

戦争中に発表することのできなかった詩が、1948（昭和23）年から矢つぎばやに出版され、呆然自失していた人々を驚かせ、光晴は抵抗詩人、反戦詩人として一躍有名になった。反戦の詩を書き続けていた詩人がひとりでもいたという事実は、戦後になって詩作を始めた若い人達にも大きな影響を与えたのだった。

こうして、「プロレタリア文学が敗北した後の荒涼たる精神的風土に立って、単身のさびしさで、すべての権力と直接的に対峙した」（伊藤信吉「近代における『戦争と詩人』について」）詩人といった金子光晴像が定着した。

しかし後には、そのようには単純に容認しない、違った評価も現れた。それは欧米の反戦と比較して論じるものだった。こうした批判は、光晴が周りから抵抗詩人として規定されたことに起因している。光晴は自分自身を抵抗詩人だとか、反戦詩を書いてひとり権力と戦ったなどと言ったことはない。彼はみずからの限界をよく自覚していただけではなく、1955（昭和25）年、詩誌『コスモス』十五号で、次のような自己批判さえしている。

「戦争に協力しなかったということを僕の名誉のようにおしつけられるのは少々困りものだ。（中略）反戦詩を僕が街頭に立ってよみあげなかったことで、僕は戦争に協力していたと同じだったのだ。戦争に加担しなければ生きていられなかったのだ」

光晴は日本と違う、ヨーロッパにおける「抵抗」について、こう語っている。

「レジスタンスの本家は、第二次世界大戦のドイツ軍占領下のフランスの反戦、反ナチの進歩的なフランス知識人の抵抗運動を指すものとおもわれる。これらの運動は、『深夜叢書』に書いたヴェルコールをはじめ、アラゴン、エリュアール、デスノス等、主として先鋭な新芸術運動の人々によって、故国の危機に生きたフランス庶民の心の深部に泌みこんでいった。そこからの眼にみえない支持によって、臨機応変の措置となって、それはまた外部の侵略に対する国民一般の気持ちに大きくつながっていたという強みがあった」（「朝鮮の悲劇をうたう」）。

日本の場合は、国民の支持層も皆無といっていいほどであった。また、四方を海に囲まれ、フランスのように、こ

とによっては国境を越えて他国へ亡命するというようなことも不可能だったわけである。

金子光晴は1975（昭和50）年6月、79歳で亡くなるまで、詩壇の驚異とされるような、老いを感じさせない創作力で、詩のみならず、多くの評論や体験記、そして自伝などの散文を残した。

「かなしい真珠採りの歌」

1952（昭和27）年に刊行された詩集『人間の悲劇』に、NO．1として、次の詩がある。

かなしい真珠採りの歌

浮きあがる力とあらそって
僕はくぐる。
ぎらつく水の底を。

涙が珠《たま》になるという
うつくしい貝を
僕は、さがしにゆく。
（中略）
潮流のずれ目を
寒暖のくいちがいで
僕は、歪みながら
いのちがけでとどく。

水のそこの岩かげで
ほそぼそと泉が咽《むせ》び
うつくしい貝殻が
化粧をしにあつまるところ。
（中略）
秘密警察のスパイ然と
遠くからじろりと横目をくれて
人喰い鮫が
うろうろとみはっているところ。

かみそりのように水を引裂きながら
指先から
沸立った汐をふきながら
僕は、泣いている貝をさがす。

一番うつくしい珠。
夜も照りわたるその珠を
僕は、手渡すのだ。
煙草をくわえて
算盤をはじく商人に。

品物をねぶみして
買いてにわたすだけで
べらぼうにもうける商人に。

いのちがけな
「真実」の顆《つぶ》を
ねだって手に入れた
心つめたい女たちは、

石のように
鼓動のきこえない胸に
つらねてかざる。
むなしい誇りのために。

ここには、戦後の日本社会の搾取と格差、あるいは選別と差別といった構造が象徴的に描かれているように読める。今日の、派遣社員、契約社員、アルバイト、パートタイマーなどの非正規労働者の、雇用者全体に占める割合は、12年には38・2%にも達して（総務省調査）、雇用が極めて不安定な上に、正規労働者の35・9%の年収（「民間給与実態統計調査」、2012年）しか受け取れないワーキングプアーが溢れているという現状にも重なっているようである。

核を巡って

1943（昭和8）年8月に作られた前出の「疱瘡」に、「やがて、この地球も、月のように／菊面《いもづら》になる」という詩句があった。

また、『人間の悲劇』に、「科学の勝利の歌」という詩がある。そのプロローグに次のような言葉がある。
「地球は、じつを言うと、実験台として、みるかげもないものとなり、のこった釦《ぼたん》を一つ押せば最後の列島が地図から消えうせ、完全に陸地というものがなくなるのだ。」
核兵器の使用や原発事故にもつながる言葉ではないか。
また、戦後の冷戦構造のなかで、「猿」という詩がある。

猿

世界でいちばん大きな猿が、
西と東からきて、手をにぎった。
ジャン・ジャックの像のあるジュネーブで。
核戦争を止めようというのだ。
世界の記者達のむける
カメラのなかで、
彼らは、手をにぎった。

毛の三本足らない猿たちは、
忘れっぽいものだ。
まして、大きな猿は、
大きく忘れてもむりはあるまい。

アルプスが聖衣をきて
聖燭をささげて
しずかに立ちならぶその潔《きよ》いジュネーブで。

ボス猿共は手をにぎった。
なんじ、殺すなかれ。
いつわるなかれ。
朝夕の鐘《アンジェラス》の鳴るジュネーブで。

スイスのジュネーブ軍縮会議で、最初に成立した核兵器に関する条約は、「部分的核実験禁止条約」で、１９６３年８月に調印された。それ以来半世紀が過ぎたが、未だにアメリカ、ロシアを中心にして世界中には１６０００発もの核弾頭がある。１９６０年代に製造された史上最大の水素爆弾「ツアリー・ボンバ」１個の破壊力は、広島型原子爆弾「リトルボーイ」の６６００倍、第二次世界大戦中に全世界で使われた総爆薬量の20倍の威力を持つといわれている。

「戦争と核の20世紀」と言われた世紀が終わり、今度こそそれを克服できる新しい世界の世紀が来るかと思っていたのは、大きな楽観に過ぎなかった。

わが国でも、ヒロシマ、ナガサキの惨禍の後に、いつの間にか同じ核の54基の原発が作られ、フクシマの途方もない惨事に懲りて、ドイツやイタリア、スイスのように脱原発に向けて舵を切ろうとしたのも束の間、政権がまた元に戻ると、あろうことか３・11の前に引き戻されそうな流れである。

「毛の三本足らない猿たちは、／忘れっぽいものだ。／まして、大きな猿は／大きく忘れてもむりはあるまい。」この言葉を笑って忘れられないのが、腹立たしくも、悲しく切ない。その「ボス猿共」を選んだのは、われわれ国民なのだ。

『若葉のうた』

最後に、光晴の戦後の詩のうち、１９６７（昭和42）年発行の、孫娘をうたった『若葉のうた』のなかから、２つを載せておきたい。

森の若葉

なつめにしまっておきたいほど
いたいけな孫むすめがうまれた
新緑のころにうまれてきたので
「わかば」という　名をつけた
へたにさわったらこわれそうだ
神も　悪魔も手がつけようない
小さなあくびと　小さなくさめ
それに小さなしゃっくりもする
君が　年ごろといわれる頃には
も少しいい日本だったらいいが
なにしろいまの日本といったら
あんぽんたんとくるまばかりだ
しょうひちりきで泣きわめいて
それから　小さなおならもする
森の若葉よ　小さなまごむすめ
生れたからはのびずばなるまい

まんきい

『若葉』は、さるとは言わないで
かたことで、まんきいという。
こまったことに、それは『若葉』のパパが
学校で、英語を教えている習慣からだ。

『若葉』よ。君が成人の娘となる頃の
日本はどうなっているのだろう。
まだその頃も、まんきいのように
西洋の身ぶり手真似をしていようか。

それよりもっと肝心なことは、
『若葉』がしあわせでいるだろうか。
パパにも、ママにも明せないで
心配なことが、あるのではないか。

『若葉』が泣く声をききつけても
もうそのときはこの老人があやしてやることができない。
しゃがんで、尻を掻いたり、頭に手をのせて
まんきい歩きをみせてやることもできない。

これらの詩には、残り少ない生を自覚しながらも、みずみずしい抒情があふれ、もはや技巧を超越した詩人の魂がかなでる、孫娘への頌歌ともいうべき詩篇になっている。しかも、孫娘、若葉への手放しの礼讃だけで終わってはいないで、戦後の日本への痛烈な批評精神も健在だった。「なにしろいまの日本といったら／あんぽんたんとくるまばかりだ」における「くるま」は、現代では「げんぱつ」になるだろうか。

「なんだ。糞面白くもない／あらいざらした浴衣のような／富士。」光晴は富士山をこう罵った。

私はフクシマの途方もない大惨事の後、どんなに美しい風景や文化遺産を目にしても、ふと原発事故を想定してしまうと、全てが一瞬に色褪せて見えるようになってしまった。事故から2年半後に訪れてこの目で見た、原発から30キロ以上も離れている飯舘村などのありさまが目に焼き付いているからだ。なだらかな山々の間に、先祖代々から拓かれてきた、見渡す限り美しいはずの村々は、故郷を追われた人々の帰還を拒絶し、人影の無い家々は朽ち、田んぼに稲穂はなく、田畑には草が茫々に生い茂り、山には蔦が高く伸びて絡み、放射能汚染物質、除染物質を入れた黒いフレコンバックが、グロテスクにあちこちに何段も山となって積み上げられていて、全てが荒れ放題であった。

いい文学や映画や音楽を、読んだり、観たり、聴いたり、あるいは名人の落語で大いに笑ったりしても、同様である。心から楽しみ、喜べなくなってしまったのだ。それらには普遍的価値がある。しかし、一旦原発事故が起きれば、全てが根こそぎ奪われてしまうからだ。

これは、憲法で保障されるべき平和的生存権を、われわれが奪われてしまっている状態といってよいだろう。

「平和的生存権」とは何か。２００８年4月、イラクでの航空自衛隊の活動に対して、名古屋高等裁判所が、憲法違反だとする極めて重要な判決を出した。多国籍軍の武装兵員を空輸するのは、他国による武力行使と一体化した行動にほかならず、わが国が武力を行使したと見られても仕方ない。これは憲法9条に違反するとした。

さらに注目すべきは、３０００人あまりの原告が請求の根拠とした「平和的生存権」の具体的な主張を、「憲法上の法的な権利として認められるべきである」としたことである。原告の主張には「戦争や武力行使をしない日本に生存する権利」、「戦争や軍隊によって他者の生命を奪うことに加担させられない権利」、「他国の民衆への軍事的手段による加害行為と関わることなく、自らの平和的確信に基づいて平和のうちに生きる権利」などがあり、判決はそれらをふくめて「平和的生存権」は「極めて多様で幅の広い権利であるということができる」と述べた。

また、「このような平和的生存権は、現代において憲法の保障する基本的人権が平和の基盤なしには存立し得ないことからして、総ての基本的人権の基礎にあってその享有を可能ならしめる基底的権利である」ということができる、と確認している。

原告が求めた、イラクへの自衛隊派遣の差し止めは棄却されたため、原告敗訴とはなった。しかし、原告側の受け止め方のように「実質的な勝訴判決」と言ってよく、形の上では勝訴した被告の国側は上告できないため、この名古屋高裁判決は確定した。

われわれはここで確定された「総ての基本的人権の基礎にあってその享有を可能ならしめる基底的権利である」「平和的生存権」を後ろ楯とし、特定秘密保護法、集団的自衛権、原発再稼働問題等、あらゆる場面で生かし、主張し、自分のできるところから行動していく必要があるだろう。

光晴は孫娘の若葉に「君が成人の娘となる頃の／日本はどうなっているのだろう。／まだその頃も、まんきいのようにも／西洋の身ぶり手真似をしていようか。」と案じずにはいられなかった。

現在の日本はそれどころではなく、まるでアメリカのいいなりの、主権を持っていない属国になってしまっているかのようである。

そしてまた光晴は、「君が　年ごろといわれる頃には／もう少しいい日本だったらいいが」と願わずにはいられなかった。

現在は、「も少しいい日本」どころではなく、へたをすれば、人間が住めない日本になってしまいかねない。われわれは、なんとしても、われわれのみならず、われわれの子孫が安全と平和のうちに生きられるようにしていかなければならない。

前記ボブ・マーリーの歌「ＷＡＲ」はこう結ばれている。

「(世界中いたるところで戦いは続いていく)
もし戦いが必要ならば、我々アフリカ人は戦い続けるだろう／そして我々は勝利する　勝利を確信している　善が悪に打ち勝つのを」

おわりに

金子光晴は戦前戦後を通じて、歴史の激変と、押し寄せるいくつもの思想の大波をまともにかぶりながら、決して足元をすくわれず、自我を失うことはなかった。そして注目すべきことは、抵抗も反戦も、何らかの主義や思想や宗教的立場から行われたのではなく、ひとりの人間、一個の自我によってなされたということである。

日中戦争が勃発したときには、「実際に戦場の空気にふれ、この眼で見、この耳で直接きいてこなければ、新聞雑誌の割引きのしかたも、よみかたも分からなくなってくるのだ」として、上海に渡った。このように、光晴は自己の感性を何よりも信じ、自分自身の頭と体で思考を重ねたのだった。そしてその結果として自己に誠実であろうとしたとき、批判精神、抵抗精神は動かし難いものになる。それが、国や社会すべてが戦争という狂気に犯されているとき、自己を守り抜いたと言えるだろう。

光晴が提示した日本と日本人の問題は、われわれの今日的問題、そして課題として、今なお生きていると思われる。

［参考文献］

『金子光晴全集』全15巻（中央公論社、1977年）

茨木のり子編『金子光晴詩集』（弥生書房、1967年）

中島可一郎編『金子光晴詩集』（白鳳社、1968年）

村野四郎編『金子光晴詩集』（旺文社、1974年）

現代詩文庫『金子光晴詩集』（思潮社、1975年）

金子光晴『詩人』（旺文社、1975年）

金子光晴・吉田一穂・村野四郎・草野心平『日本の詩歌　21』（中央公論社文庫、1975年）

粟津則雄編『日本の詩15　金子光晴集』（集英社、1979年）

首藤基澄『金子光晴研究』（審美社、1970年）

佐藤聰右『金子光晴・さまよえる魂』（新人物往来社、1974年）

嶋岡　晨『金子光晴論』（五月書房、1975年）

新谷　行『金子光晴論』（泰流社、1977年）

日本近代文学会編『日本近代文学大事典』（講談社、1984年）

（埼玉・会員）

「日中友好８・１５の会」への入会　または会誌購読のおすすめ

社会主義市場経済を考える

林　信男

「今の中国は市場経済の資本主義です。マルクス・レーニン主義とはまったく違うと思います」と、最近友人からメールが送信されてきた。同じような内容の手紙が、昨年別の友人から送られてきたことがある。この問題にどう答えるかは大変重要である。

中国をどういう国家であるかを規定するためには、まず憲法の規定によらなければならない。中華人民共和国憲法第一条　①　中華人民共和国は、労働者階級が指導し、労働者・農民の同盟を基礎とする人民民主主義独裁の社会主義国家である。と規定されている。ここでいう人民民主主義独裁とは、マルクスのプロレタレアート独裁と同義語である。内容は労働者・農民の同盟を基礎とする権力が、旧社会の残存物を破壊して新しい社会主義社会を建設する権力という意味である。また旧勢力が自分たちが持っていた政権を取り戻そうとして、反乱を起こしたり、新しい社会主義政権の建設を妨害したりすることを抑えるためには、強力な権力が保持されなければならない。これが人民民主主義独裁である。

また中国共産党規約・総綱には次のように規定されている。「社会主義の道を堅持し、人民民主主義独裁を堅持し、中国共産党の指導を堅持し、マルクス・レーニン主義と毛沢東思想を堅持するという四つの基本原則は、われわれの立国のもとである。社会主義現代化の建設の全過程において、四つの基本原則を堅持し、ブルジョア階級の自由化に反対しなければならない。」

このように中国は明確に社会主義国である。一九四九年一〇月一日に中華人民共和国を成立させてから、幾多の困難を乗り越えなければならなかった。親密な関係であった中国共産党とソ連共産党との間で意見の対立が激化し、一九六〇年にソ連は中国へ派遣した技術者や専門家を引き揚げ、科学技術を破棄して、設備供給も停止した。珍宝島で武力衝突が発生した。一九五八年から一九六一年まで、中国国内では農工業の大躍進政策と言われたが、これが大失敗し、二千万人から四千万人の餓死者を出した。文化大革命は一九六六年から一九七六年まで続いたが、「四人組」が中心となって進めた。党組織や行政の権力者だけではなく、大学教授、文学者、芸術家の監禁、街頭引き回しが行われ、全国の一般人民も対象とされ、紅衛兵による凶暴な力による粛清運動が行われた。多数の死者や一億人近くの人民が被害を被り、重要な文化財、寺院、旧跡、文物、絵画等の破壊も行われた。経済的、生産的活動も長期的に停滞することになった。一九七六年一〇月六日に四人組が逮捕され、文化大革命は終了した。

このような中国共産党をめぐる困難と挫折と破壊と混乱

の中から、いかにして経済を再生させ、工業や農業の生産性を高め、人民の生活を安定させ、豊かにし、希望とやる気を起こさせ、党と人民の絆を強化していくかが、新しい共産党指導部の最重要課題となった。

一九七八年一二月一八日から二二日にかけて「歴史的大転換」と言われる中国共産党第一一期中央委員会第三回総会（三中全会）において、「党と国家の重点工作を近代化建設に移行する」と宣言された。これによって建国以来さまざまに揺れ動いてきた中国は、新たな方向へと歩み始めることになった。新たな方向とは、思想の解放を拡大する、民主主義を徹底する、近代化への推進を強化するである。

これが改革開放と言われるものである。これを指導した人物が鄧小平である。

鄧小平は、一九七八年に千葉県君津市の新日鉄君津製鉄所、東海道新幹線、豊田自動車を視察し、またシンガポールの外資誘致の実態を見学している。さらに一九七九年にはアメリカを訪問し、ヒューストン、シアトル、アトランタ等の工業地帯を訪問し、ロケットや航空機、自動車、通信技術産業等を視察した。鄧小平は先進国の産業の発展、技術の進展、企業規模の巨大化等を視察・見学し、資本主義の産業・技術の発展に驚嘆した。

彼は改革開放政策の一環として、一九七八年広東省の深圳、福建省のアモイなど五か所に経済特区を設置し、さらに一九八四年には大連、天津、青島、上海、など一四の沿海都市を開放した。また長江沿岸都市の開放を進めた。その他四九か所の国家級経済技術開発区や、五三か所のハイテク技術産業開発区等をかなりの数設定している。このようにして経済面では生産性向上に力点を置き、共産党の指導と人民民主主義独裁を強調した。鄧小平は、一九九二年の春節には深圳，上海等を視察し、南巡講話を発表した。これが社会主義市場経済である。

社会主義市場経済は次のようにまとめられる。

①、生産財の所有形態は、国・公有を中心にしながら、個人所有も認められた。②、国・公有企業を株式会社化するなどして、資本主義的な企業制度を確立する。③、国内統一市場の創出によって、消費財、生産財市場を広げ、金融市場、労働市場等を育成する。④計画経済によって直接に経済活動を左右するのではなく、金融、財政制度等の長期的な調整機能を使って、間接的に経済活動をコントロールする。

このようなことは、資本主義諸国では日常なされていることであるが、異なることは中国においては、まだ国・公有の割合が大きいということである。この社会主義市場経済という言葉をめぐって激しい議論が沸き起こった。

資本主義社会はどういうものであり、社会主義社会はどういうものであるかを見ておこう。資本主義社会について、「封建制社会の崩れたあとに現れた社会経済の形態。私有財産の不可侵、企業の自由、私利追求の権利を基に、商品経済、近代的大生産、生産手段の所有者と非所有者との対立、労働力の商品化、それから起こる矛盾の増大、資本家階級と労働者階級の対立の激化、ブルジョア政治・独占資本の政治支配等を特徴とする社会である。これらの対立は国内的にも国際的にも支配者と被支配者との間に激しい闘いをつづけさせている。」

社会主義社会について、「資本主義社会の崩壊のあとに出現する社会経済の形態で、プロレタリアート政権の樹立、生産手段の原則的な社会的所有、計画経済の採用による搾取と階級の根絶、労働に応ずる分配制度の確立などを特徴とし、共産主義社会への過度的段階をなす社会である。したがって資本主義社会の残存勢力もあり、プロレタリア国家を必要としている。これをプロレタリア独裁という。」

(「現代用語辞典」紀元社版　向坂逸郎監修)

以上みたように、資本主義経済と社会主義経済は、生産手段の所有形態が全く異なっている。したがって資本主義における搾取・被搾取、階級対立、支配・被支配の関係が生じ、失業、半失業や生活水準等の経済的格差が大きな問題となってくる。このように内容の全く異なった言葉「社会主義」と「市場経済」という言葉が、政策として成り立つのかどうか、疑問が生ずるのは当然である。

そこでじっくりと振り返ってみよう。中華人民共和国が成立してから、中国共産党政権は、ソ連をモデルとして社会主義の政策を実施し始めたのであるが、一九五六年のフルシチョフによるスターリン批判以降は、ソ連共産党と中国共産党の親密な関係が崩れてしまった。ソ連との経済関係の悪化は、当然に中国の経済に悪影響を与えた。

更に中国共産党の一九五八年から一九六一年の間に実施された大躍進政策は、農工業の増産政策と言われたが、二〇〇〇万人から四〇〇〇万人が餓死したと言われる結果となった。また文化大革命は一九六六年から一九七六年まで続いた。四人組を中心として文革は進められたが、党の権力者や、知識人や、大学教授や、作家たちだけではなく、全国の人民も対象として、紅衛兵による集団的暴力を伴う過酷な粛清運動が起こされ、多数の死者や、一億人近くの人々が何らかの被害を受け、重要な文化財の破壊と、経済活動の長期ストップをもたらすことになった。一九七六年一〇月六日に四人組が逮捕され、文化大革命は終了した。

このような中国共産党をめぐる困難と挫折と空腹の蓄積の中から、如何にして人民の生活を安定させ、豊かにし、経済を向上させ、工業や農業の生産性を再生させていくかが、新しい共産党指導部の最重要な課題となった。共産党指導部の徹底した議論の中から、世界中の国が採用している経済政策を徹底的に検討したうえで、改革開放政策こそが中国にとって最も適当であると判断された。人民の空腹を満たし、社会の混乱を収めて、秩序を整え、生産と物資の流通を軌道に乗せることが、何よりも優先する課題であったのであるから、それは正しい決断であった。

かくして社会主義市場経済は中国共産党の政策として、一九九三年に憲法を修正して実施されることになった。中華人民共和国憲法第一五条（社会主義的市場経済）① 国は社会主義的市場経済を実行する。② 国は経済立法に力を注ぎ、マクロ的市場制御を完全化する。と規定された。

また二〇〇一年一一月一〇日、中国のWTO加盟は正式にWTOによって承認された。

これらの処置によって中国の名目GDP（USドル）の推移を日本の場合と比較してみよう。　一九九三年、中国を一とすると日本は、六・八八六倍、二〇〇九年、日本を一とすると中国は、一・〇一四倍となった。この年に日本と中国の名目GDP（USドル）は逆転した。二〇一四年、日本を一とすると中国は、二・二七一倍となった（この年の数字はIMFの推計）。

このように鄧小平指導による改革開放政策を採用してからの途中経過であるが、中国の経済成長は際立っていることが見て取れる。今や中国は世界第二位のGDP大国となった。

中国共産党・総綱には次のようにのべられている。すなわち「一一期三中全会（一九七八年一二月）以来、鄧小平同志を主な代表とする中国の共産主義者は、建国以来の成功と失敗の両方の経験を総括し、思想を解放し、実事求是をむねとして、全党の活動の中心の経済建設への移行を実現し、改革開放を実行し、社会主義事業の発展の新たな時期を切り開き、中国の特色ある社会主義を建設する路線、方針、政策を逐次形成し、中国で社会主義を建設し、社会主義を強固にし、発展させる基本問題を解明し、鄧小平理論を打ち立てた。」と記述している。

また次のように記述している。「我が国が今なお、しかも今後長期にわたって社会主義の初級段階にある。これは経済、文化の立ち遅れた中国で社会主義現代化の建設を進めるにあたって飛び越えることのできない歴史的段階であり、百年を超える期間を必要とする。」さらに「中国共産党は人民を指導して社会主義市場経済を発展させる。公有制経済を確固として揺るぐことなくうち固め、発展させ、非公有制経済の発展を確固として揺るぐことなく奨励、サポート、誘導する。」

見られる通り中国共産党は、社会主義市場経済に自信を持って推進する決意を持っている。確かに驚異的な経済発展をしている。そういう意味では社会主義市場経済は成功裏に進行しているといってよいであろう。

しかしながら市場経済は資本主義経済である。資本主義経済はそれぞれの資本が、それぞれの立場に立って自らの自由意思で生産を行っている。資本は他の資本と相談して生産することはない。その結果需要供給のバランスが崩壊する。生産の過剰と購買力の衰退から世の中の経済活動が大混乱を起こし、生産の中止や信用の崩壊、破産の続出をきたし、失業者が路上にあふれ、打ち壊しや略奪が増加して不景気のどん底に陥る状態が発生する。これを恐慌という。資本主義である限り、恐慌を避けることは不可能である。

中国の場合、一三億六千万人という大きな人口を抱えているため、恐慌による生活困窮者を救うことは大変な事態となる。恐慌は人間の経済活動の結果であるが、人間によって恐慌を防止したり、抑止したりする方法はない。普段からその時のための準備をしておかなければならない。日本の場合を考えると、政府は一千兆円を超える借金を抱えている。もし世界恐慌が発生すれば、各種債権は紙屑となり、大企業や大銀行等が倒産したり、支払い停止したりして経済活動は大混乱の中に落ち込むであろう。ギリシャの負債返済とヨーロッパの銀行とのやり取りは、決してよそ事ではない。

市場経済は資本の所有者と、資本を持たずに雇用され賃金によって生活する労働者によって構成されている。当然に階級と階級対立が起きる。中国は社会主義政権であるから、労働組合に対する対応は十分な政策がなされていると思われるが、問題は雇用主側である。大企業は別として、中小零細企業の労使関係は、どうしても労働法令が疎んじられる。また技術革新が速いスピードで進むから、労働者に対する教育や技術の実習等が丁寧になされなければならない。特に都市の経済発展を支えているのは農民工であるから、これらの労働力の育成は、充分に丁寧でなければならない。

ところで中国共産党規約・総綱の最初の部分に「党の最高の理想と最終の目標は共産主義を実現することである。」と明記されている。現在の中国は、初級社会主義であると規定しており、この段階を通過するために百年を超える期間を必要とするとしている。したがって社会主義の発展形態は、初級社会主義から中級社会主義へと進み、中級社会主義から上級社会主義へと発展する。上級社会主義へと発展した段階で共産主義社会への入り口に立つことになる。

初級、中級、上級と分けるのかどうかは分からないが、発展段階としては、生産性の向上を軸として、文化水準の高まり、知的水準や教育の高度化、研究や開発の充実化、生活水準の豊かさ、老後の安心、幼児の保育等が社会全体に広まり、内容が充実していくことによって、精神的な豊かさも満ちてくるであろう。何よりも技術の開発、精密化を軸とした経済の力強い発展こそが、共産主義社会への正しい道筋であろう。

共産主義は、われわれが持っている私物まで共有にするのか、と誤解する場合がある。マルクスの言葉を借りてみよう。

「個人的に獲得した財産、みずから働いて得た財産を、すなわちいっさいの個人的な自由、活動、独立の基礎をなす財産を、われわれ共産主義者は廃棄しようとする、という非難が我々に対してなされる。働いて得た、苦労してえた、自分で儲けた財産！　諸君はブルジョア的財産以前からあった小市民の、小農民の財産のことをいっているのか？　われわれはそんなものを廃棄する必要をみとめない。工業の発展がそれを廃棄したし、また毎日廃棄しつつある。」（岩波文庫・「共産党宣言」五八－五九ページ大内兵衛・向坂逸郎訳）

つづけて「共産主義者はだれからも、社会的生産物を取得する権力を奪わない。ただ、この取得によって他人の労働を自分に隷属させる権力を奪うだけである。

私有財産の廃止とともに、すべての活動がやみ、一般的怠惰がはびこるであろう、という異論がある。この考えにしたがえば、ブルジョア社会は、怠惰のためにとうの昔に破滅していたに違いない。なぜなら、この社会では、働く者は儲けない、儲けるものは働かない、からである。」（同上・六二ページ）

このようにマルクスは私有財産の所有について、明確な考え方を示し、自分で働いて得たものを廃棄することは決してないと言っている。

ところで中国共産党の究極の理想と目標は共産主義の実現であるとしているが、社会主義市場経済と共産主義社会について触れておきたい。共産主義は社会主義の発展した形態であるから、人類社会の最も発展した段階である。この社会では、生産手段は共有化され、生産性は高度に発展する。各人は能力の応じて働き、必要に応じて受け取ることができる。生産手段は共有化されているから、階級と階級対立は消滅し、搾取も存在しない。国家も死滅し、すべての人の自由と意志の基づいて社会的機能は運営される。これが共産主義社会である。すると市場経済の存在する条件は無いということになる。社会主義から共産主義への過程で、市場経済は必要なくなり、消滅することになる。経済発展と生産性向上に必要であった市場経済は不要となり、過去のものとなる。市場経済が、いつ頃、どのようにして消滅するかは誰も予測することはできない。経済がどのように発展するか、人民の意志がどうなるかを誰も予測することができないからである。現段階においては社会主義市場経済は、確実に中国の生産性向上を強力に推進するであろう。

（東京・会員）

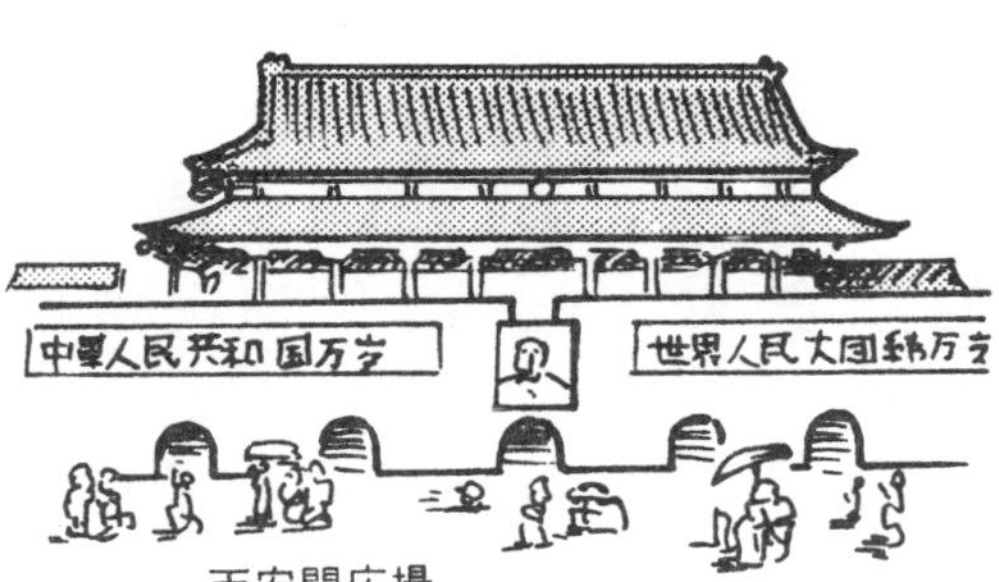
天安門広場

「辺野古基金」が創設されました！

また一つ、オール沖縄で辺野古新基地建設阻止の強力な絆がつくられました。

「辺野古基金」は、沖縄の経済人らが新基地建設阻止のために創設したもので、県内外の賛同者から資金を集め、新基地建設阻止を目的とした活動を展開するものです。

共同代表には宮城篤実氏（前嘉手納町長）、呉屋守将氏（金秀グループ会長）、平良朝敬氏（かりゆしグループ最高経営責任者）、長浜徳松氏（沖縄ハム総合食品会長）、佐藤優氏（元外務省主任分析官）、菅原文子さん（俳優の故菅原文太氏夫人）の六名が就任しました。翁長知事も個人として相談役に就く予定です。

本土から沖縄を支援したいと思い、名護市や沖縄県に「ふるさと納税」した人もたくさんいます。この基金が沖縄と本土の多くの人たちと連帯していくための支えになると思います。

基金の創設が発表された翌日（四月十日）だけで、事務局の金秀本社には問い合わせや激励の電話が三〇〇件もあったといいます。

沖縄の民意を聞かない安倍政権、国防省など米国の一部の声にしか耳を傾けない日本政府。やっぱりこの事態はおかしい。毅然として立ち上がった沖縄の人たちを支援し、

連帯の輪を拡げていきましょう！

基金の振込先（店番号・口座番号）は次の通りです。

- ●沖縄県労働金庫県庁出張所　953-3406481
- ●琉球銀行県庁出張所　251-185920
- ●沖縄銀行県庁出張所　012-1292772
- ●沖縄海邦銀行県庁内出張所　102-0082175

お問い合わせは**基金事務局・金秀**（かねひで）本社
電話098―868―6611
までお願いいたします。

寄贈誌から

『中国研究月報』（社団法人中国研究所発行）
２０１５年３月号

▽インタビュー
江丙坤博士に対するインタビュー
――『台湾地租改正の研究』（東京大学出版会、１９７４年）
刊行４０年――
解説：江丙坤先生のインタビューについて　（栗原　純）
江丙坤先生のインタビュー

▽論文　植民地台湾における高砂麦酒株式会社の経営活動
一ノ瀬雄一

▽書評　柴静著　鈴木将久・河村昌子・杉村安幾子訳　平凡社
『中国メディアの現場は何を伝えようとしているか』
山田　賢一

脳神経科学者陶烈の足跡

▽論評　葛兆光編　辻康吾監修　永田小絵訳　岩波書店
『中国再考 ― その領域・民族・文化 ―』　杉山　文彦

▽書評　岡本隆司編　名古屋大学出版会
『中国経済史』　柿沼　陽平

▽書評　神田豊隆著　岩波書店
『冷戦構造の変容と日本の対中外交
― 二つの秩序観１９６０～１９７２ ―』　井上　正也

▽書評　丸田孝志著　汲古書院
『革命の儀礼 ― 中国共産党根拠地の政治動員と民俗 ―』
衛藤　安奈

▽書評　王小林著　汲古書院
『日中比較神話学』
桐本　東太

三月の常任幹事会

日時　三月二十八日（土）十四時～十六時
会場　さいたま市大宮区桜木町１－10－18
　　　生涯学習センター会議室
出席者　沖松・熊谷・高橋（勇）・日森・小林・
　　　長沼・加藤・山田・秋山

報告

・新規入会者の紹介
・ヤマト便のメール便配送の変更について
・次回以降の常任幹事会の会場について
　概ね　浦和・大宮で行う
・沖松代表幹事が退教の入間支部で、戦争体験について講演した。
・沖松さんが、東京新聞に平和の俳句を投句したことから、記者の取材を受けたが、八月に改めて東京新聞に載るようなので、それまで他所には出さないでほしいというようなことになっているとのこと。
・学習上の参考書類が配布され、著者の講演会が紹介された。

協議

1．今年度担当当番である七・七記念集会の持ち方について協議。
日にち、場所、講演者…様々な事情のもとに候補者を挙げ、折衝に移っている。

2．編集委員会より
原稿は順調に集まっている。引き続き協力をお願いしたい。

（小林）

事務局月報

・歌手のアグネンチャンが南スーダンを訪れて『戦いしか知らない人は戦いで生活を作ろうとしている…』と、或る新聞で話していました。平和しか知らない人は平和な生活を作ろうとして生きていくのでしょう。
・地方選挙の結果はまた心を暗くしますが、どんな言い訳をしても、知らなくていい戦争を作る人の登場は阻止しなくては。
・ヤマト便のメール便の扱いの変更に伴う手続きに手間取り、三月号の発送が大変遅れ申し訳ございませんでした。次号より以前のようにお送り出来ます。

（小林）

『８・15』２０１５年４月号
２０１５年４月15日発行
定　価　５００円（送料とも）
編集人　落合　正史
発行人　沖松　信夫
印刷所　（有）イワキ
発　行　日中友好８・１５の会
〒１２５－００３２
東京都葛飾区水元３－３－４
小林悦子方
TEL＆Fax　０３－３６２７－１９５３
郵便振替　００１２０・６・２７４１５
日中友好８・１５の会
HP URL　http://www11.ocn.ne.jp/~donpo/

会　　　則

（名称）　第１条　本会は、日中友好元軍人の会を受け継ぐ日中友好「８・１５」の会（通称日中友好８．１５」の会）と称する。

（目的）　第２条　本会は、過去の戦争に対する反省に立脚して、あらゆる戦争準備の動きを阻止し、平和を希求するために世界各国とくに中国との友好に貢献するとともに、会員相互の親睦を深めることを目的とする。

（会員）　第３条　本会は前条の目的に賛成する元軍人および賛同者をもって構成する。

第４条　本会の本部を関東地区に置く、支部を各都道府県に置く、また事務局を関東地区に置く。

（事業）　第５条　本会は、第２条の目的を達成するために以下の事業を行う。

１．会誌『８．１５』の発行
２．講演会、研究会の開催（平和諸団体との共催を含む）
３．学習会の開催
４．中国からの留学生・研修生の受け入れ
５．訪中団の派遣
６．その他、本会の目的達成に必要と認められる諸活動・事業

（総会）　第６条　本会は、総会を毎年１回、原則として８月15日に開催する。総会は、委任状を含めて会員の過半数の出席により成立するものとする。総会は、幹事会から、活動報告、行動計画事業計画、決算、予算、役員の選出、その他、本会の運営に必要な事項について報告、提案を受け、出席者の過半数の賛成により　これを承認、決定する。幹事会が必要ありと認めたときは、その決議により、臨時総会を招集することができる。総会の決議に基き、顧問を置くことができる

（運営）　第７条　本会の運営は、幹事会が行う。ただし、幹事会は常任幹事会にその権限を委任することができる。

（役員）　第８条　代表幹事、副代表幹事、常任幹事、事務局長を本会の役員という。

第９条　役員の任期は１年とする．ただし、任期満了後も総会において新役員が選出されるまではその職務を行う。役員の重任は妨げない。

第10条　本会の運営のために幹事会ならびに常任幹事会を置く。幹事会は幹事を以って構成し、本会の運営に必要な重要な会務を行う。幹事の互選により代表幹事、副代表幹事、常任幹事、事務局長を選任する。常任幹事会は、原則として毎月１回開催し、幹事会の委任をうけて本会の運営に必要な一般会務を行う。

第11条　幹事は、会員の維薦により選任し、捻会の承認を安ける。

第12条　幹事会は、常任幹事会の決議に基き、代表幹事が招集する。常任幹事会は、常任幹事２名以上の発議により代表幹事が招集する。幹事会および常任幹事会の決議は、出席幹事の過半数の賛成により成立する。賛否同数のときは、代表幹事がこれを決する。

第13条　本会の会議の遂行上、下記の分科委員会を設け、常任幹事会が選出した委員長が運営の責に当る。

1．組織・活動委員会
2．会誌編集委員会
3．財務委員会
4．対外交流委員会

各委員会の委員は、委員長の堆薦により委嘱する。

第14条　会計の監査は、会計監事が行う。会計監事は、幹事会の堆薦により選任し、総会の承認を受ける。

（財政）　第15条　本会の経費は、会費、寄付金、その他の収入をもってまかなわれる。留学生・研修生受け入れのため、特別会計を設ける。

（会費）　第16条　会費は年額１万円とする．また、家族金員の会辛は年報2000円とする。

第17条　本会の会計年度は、毎年７月１日に始まり翌年６月30日に終る。

（改正）　第18条　本会の会則は、幹事会の発議により、総会において、委任状を含む出席者の３分の２以上の賛成により改正することができる。

（付則）　この会則は2004年８月29日から施行する。

過去の直視、これが歴史認識の原点

軍備亡国・反戦平和

2015年　5月号　No.　546

8.15

二〇一五年　五月十五日発行（毎月一回十五日発行）
第五六巻　五号　通巻第五四六号

日中友好元軍人の会ＨＰ　http://www11.ocn.ne.jp/~donpo/

5

日中友好８．１５の会
（日中友好元軍人の会）

創立宣言

戦争の罪悪を身をもって体験した、わたくしども元軍人は、心から人間の尊厳にめざめ、戦争を否定します。

わたくしどもは、過去の反省に立脚し、戦争放棄と戦力不保持を明示した日本国憲法を順守し、真に人類の幸福と世界の平和に貢献せんがため、本会設立の趣意書ならびに会則にのっとり、同志相携えてあらゆる戦争を阻止し、戦争原因の剪除に努め、進んで近隣諸国とくに中国との友好を進めんとするものであります。

ここに終戦の記念日を卜して本会を設立するにあたり、万世のため太平を開く決意のもとに日本の更正を誓った当時を追憶し、戦没の万霊に額ずき、ご遺族をはじめ戦争の被害者ならびに軍靴で踏みにじった戦場の住民各位に深く遺憾の意を表しつつ宣言します。

１９６１年8月１５日

日中友好元軍人の会

二〇十四年度　活動方針

われわれは、創立宣言に則り、次の活動を行なう

一、平和憲法を守り抜くため、広く非武装中立・軍備亡国を訴え、組織の強化・拡大に努力する。

二、過去の侵略戦争に対する反省に立脚して、中国をはじめ、アジア近隣諸国、さらには世界各国の平和を希求する人々との友好・提携に努める。

行動計画

一、ますます反動性を強めている安倍内閣の憲法改悪のあらゆる策動を許さず、特に憲法九条を守るために活動している諸団体の運動に積極的に参加する。

二、集団的自衛権の行使を求めず、名目の如何にかかわらず、自衛隊の海外派遣、多国籍軍への支援に反対する。

三、広島・長崎の被爆の歴史に基づいて、核の廃絶を広く世界に訴える。エネルギーの変換、原発０の世界をめざす。

四、沖縄をはじめとする全国各地の米軍基地の縮小・撤廃を求め、そのためにも日米安保条約の解消とそれに代わる日米平和友好条約の締結を提唱する。

五、日・中・韓・朝の障壁になっている歴史認識問題、戦後処理（従軍慰安婦・強制連行・強制労働などに関する訴訟・賠償請求）の早期解決を求めていく。

六、中国国際友好聯絡会研修生受け入れと公私訪中団派遣を通じて、民間レベルでの友好・交流の強化を図る。

［巻頭言］

許すな戦争法案

日森　文尋

1、日米ガイドライン改定で世界に派兵

米国の両院議員を前に演説する安倍総理の顔は、やや上気し、また誇らしげでもあった。他国では、既に数十人もの元首らが演説しているが、日本の総理として初めてその場に立ったことに、彼は大いに興奮し、感激していたに違いない。ケリー長官の白宅での晩餐会、オバマ大統領との首脳会談、大学での講演など、米国の歓迎ぶりも最大級であった。

勿論、その歓迎の裏には、日本が米国の要求に全面的に応え、これ以降も「扱いやすい同盟者」として、米国の世界戦略の協刀者として存在し続けることへの期待がある。

総理の演説は、米議会に総じて好意的に受けとめられた。理由は明確である。2014年10月、1997年以来の日米ガイドライン改定を目指す「日米ガイドライン中間報告」が示され、これまでのガイドラインを大きく超える内容が明らかになった。

地理的、時間的、空間的制約を排除した歯止めなき日米軍事一体化である。97年ガイドラインは、「平時」、「日本周辺地域における事態で日本の平和と安全に重要な影響を与える場合」、「日本に対する武力攻撃」など段階に応じた対応に限定していた。しかし今回改定は、「アジア、太平洋を越えた地域」のみならず、「日米同盟のグローバルな性質を反映するため、協力の範囲を拡大し」、平時から有事まで「切れ目のない」協力体制の確立と、加えて、「宇宙及びサイバー空間における協力」も明示した。まさに、一切の制約を排除したと言っていい。

同時にこの改定は、日米安保条約の枠を大きく逸脱するものでもある。「ガイドライン」が「条約」の上位に立ち、条約の歯止めを越えて戦争への道を突き進ませるのである。

そして、これらを実効あるものにするには、いうまでもなく「集団的自衛権の行使容認」が不可欠である。

安倍総理は演説で、集団的日衛権行使に向けた安全保障関連法案（まだ、提案はおろか閣議決定もされず、従って内容も定かでない＝以下戦争法）を、今夏までに成立させると言ってのけたのである。国会軽視であり、何よりも国民無視の驕り極まる総理の姿勢である。米国政府が歓迎するのも当然である。

さらに、「この道しかない」とばかり、米国政府に約束したことは、あの辺野古への新基地建設である。知事選、衆議院選をはじめ4度の選挙で基地反対の民意が示されたにもかかわらず、総理はこれを一顧だにせず切り捨てたのである。

2、集団的目衛権容認と戦争関連法

さて、安倍総理が米国政府にその早期成立を約束した戦争関連法案とはどのようなものが想定されるのか。第一は「国際平和支援法（仮称）」という恒久法を策定し、何時でも自衛隊を世界の何処にでも派兵できるようにすることである。その都度「特別措置法」を制定する必要がなくなり、同時に予定されている「周辺事態法」の「わが国周辺の公海及びその上空」という地理的要件を撤廃することでそれは可能となる。第二に、戦闘中の米軍への「後方支援」や「臨検」「機雷除去」などを可能とする当該する法律の改正、「武器使用要件の大幅な緩和」にむけたPKO協力法の改正などで、任務遂行のための武器使用も可能になる。第三に、集団的自衛権の行使が必要とされる「新事態」が宣言されれば、日本への攻撃に止まらず、米軍や友好国（例えばオーストラリアなど）への攻撃に対しても自衛隊が出動する可能性も指摘される「自衛隊法」や「武力攻撃事態法」の改正。さらに、既に整備済みの国民保護法などが強化されれば、自治体・報道機関・医療機関などが、より一層戦争に協力させられることになる。

一方では、「武器輸出三原則」が否定され、「防衛装備移転三原則」として武器輸出が原則容認されたり、軍事関連事業への縛りが厳しく定められていたODAについても、「開発協力大綱」によって外国軍の軍事費への支援を可能とする「改正」が行われた。

更に、既に発効した「特定秘密保護法」は、安倍政権の戦争政策遂行にとって欠くべからざる法律であり、国民のみならずマスコミも含めても言えぬ社会を生み出すかつての「治安維持法」でもあることを付言しておきたい。

紙面の都合上、詳細な説明は別の機会に譲るが、安倍総理お得意の「この道」とは、米軍と一蓮托生、戦争への道以外のなにものでもない。

「戦争は昔事変で今事態」という川柳のなんと的を得ていることか。

3、止めよう改憲への流れ

日米軍事一体化と集団的白衛権の行使容認牢認を、いつまでも憲法解釈の変史でお茶を濁すことは不可能である。現状は、9条改正論議がいよいよ現実味を帯びてきたと言って良い。

政府与党は、去る5月7日、衆院憲法審査会を始動させ、各党出席の下本格的な討論が始まった。

自民党は、来年の参議院選挙後に、憲法改正のための国民投票手続きを開治し、2年後2017年の通常国会に改正案を発議したいとしている。勿論彼らの狙いが本命の9条改正であることは明らかだが、一気にそこに踏み込むには国民の反発が大きいと見て、「2段階戦略（朝日）」で攻め立てようということのようだ。合意の得やすい「緊急事態条項」「環境条項」「財政規律条項」での改正を図り、国民の憲法改正への抵抗感を払拭した上で9条を改正するという。各方面から「お試し改憲」と揶揄される姑息な手段だ。2年前も、96条改正で国会発議要件の緩和を持ち出したが、「裏口入学」との批判を受けて撤回した。

自民党の3条項案にしても、「緊急事態条項は戒厳令的で人権無視。環境条項も環境基本法の屋上屋。財政規律は財政出動を縛り逆効果」(審査会各党討論から)など、現時点では直ちに議論がまとまるものではない。

しかし、今年の8月にかけての戦争法の成立如何によって、9条改正が一歩射程内に近づくこともあり得る。衆議院の任期はあと3年半。戦争法案の成立を阻止できるか、来年の参議院選挙で自民党はじめ改憲勢力をどれだけ減らすことができるか、平和のための闘いは今から正念場である。(5月8日記)

(埼玉・常任幹事)

追記

5月14日、11本の安保法案=戦争法案が閣議決定された。武器使用三原則も明記されるようだが、政府の恣意的判断と圧倒的与党が決めるので歯止めには程遠い。具体的な事例などは私たちもこれから論議が必要である。

「日中友好8・15の会」への入会

または会誌購読のおすすめ

私たちの会は、かつて侵略した中国をはじめ、アジア諸国、さらには広く全世界に対し、「反戦・平和」と平和憲法の順守を誓い1961年に創立し、すでに50年以上経過しました。会員は元軍人と趣旨に賛同した戦後生まれの人たちも参加しています。会員には会誌『8・15』(月刊)を毎号お届けし、また年1回の中国訪問団(見学、友好交流)への参加や当会が隔年に受け入れている中国からの研修生との交流・意見交換への協力をお願いしています。

会費は年額1万円。会誌『8・15』の購読のみを希望される場合には、1年間の購読料は6000円です。

皆さんの入会、会誌購読によって「反戦・平和」「日中友好」の声をますます大きくしたいと希っています。

≪申し込み先≫　〒125－0032　東京都葛飾区水元3－3－4
小林悦子方　**日中友好8・15の会**
TEL&FAX　03－3627－1953　郵便振替口座00120－6－27415

全世界同時代史
アルチュール・ランボー伝（62）

島貫　隆光

帝国国防方針　その三
大東亜戦争への道　3　ノモンハン事件（34）
ウランバートルシンポジューム（牛島報告）30

一九三六年の九月、アジクドロン事件（タウラン）の際の日満側戦死者十一名の遺体引き渡しが、オランホドック南方地点で実施された。この際、現場に立ち会ったハイラル特務機関の矢野大尉（後大佐）の印象記が残されている。

「当時における外蒙軍の挙措は、諸事すべて礼儀正しく、厳粛の気に満ちあふれ、日本側代表者に深い感銘を与えた。そして我が方の参列者は、いずれも日満両軍は銃火こそ交えたが、外蒙側は本来、日本軍に悪感情を持っていないばかりか、かえって、何か双方の心に通ずるものがあったように感じられた」と書いている。

この矢野大尉の観察は、蒙古研究者として見事なものであると考える。軍人として昇任するに伴い、軍の侵略性の影響をまぬがれなかったとしても、この頃の彼は、研究対象民族に対する愛情を忘れていないことが感じられるからである。

この遺体引き渡しの担当部隊は、場所からしても、ダンパー第二軍団長指揮下の部隊であって、やがて彼が反ソ蜂起計画を実行に移す場合には、日本軍の友軍ともなる可能性をもつ部隊であった。

さて、汎モンゴル主義による、内外蒙の握手と、共同謀議については、凌陞事件と外蒙の粛清の双方からつめてみよう。

凌陞の銃殺

満州里会議の主席代表、興安省長凌陞は、蒙古ダホール族の貴族で、その父貴福は、清朝時代末期には、蒙古都統として、ホロンバイルの支配者であった。凌陞の息子は、満州国皇帝溥儀の妹と婚約中であった。

彼は、汎モンゴル主義の指導者で、一九一九年、セミヨーノフが、チタとタウランで、大蒙古国家会議を召集した時にも、ホロンバイルの代表としてこの会議に参加している。

第二次満州里会議が決裂し、一九三五年十二月、彼はハイラルに帰還したが、間もなく、日本軍憲兵隊に逮捕され、四月二十日一味とされた六名と共に、高等軍法会議で、死刑の判決を受け、二十四日には銃殺されてしまった。

当時の公表資料から、凌陞の罪状なるものを整理してみると、当時の特高とか憲兵の偏向的思考の方が、罪状の内容以上に浮き上がってくる。

「中華民国建国の当初から、凌陞は、強大な他国の援助のもとに、内外蒙古民族の団結独立を企図し、一九二九年、ソ支紛争の際には、ハイラルに進駐してきたソ連軍の司令官オストリソフに、ソ連の蒙古独立支援を条件に諸情報の提供を約し、在ハイラル、ソ連領事館が撤収するまで、これと連絡をとった。

満州国の建国後も、機を見て、内外蒙古の独立を実現しようと企て、興安北省省長に任ぜられてから、秘書官華霖泰が、ソ連の密偵アンドレ・ボリスと連絡があるのを知って、同秘書官を通じて、情報をソ連に通報した。

一九三五年、満州里会議の満州国代表となったのを奇貨とし、内蒙と外蒙の団結の目的を達成するため、外蒙代表サンボー、ダンバー両人と協議し、諸情報の提供を密約し、実行運動の協定をなすに至った。

会議から、ハイラルに戻った、十二月からは、数回にわたり同志と会合して、外蒙代表との密約を一同に伝え、日ソ開戦の機が迫っているとして、蒙古の独立につき協議し、日満軍の事情などをサンボー、ダンパーに通報した。

特に一九三六年二月、オランホドック事件惹起後は、同事件に対する日満軍の状況及び兵力、装備、活動を通報し、彼らに先制的態制を与え、日満軍に多数の犠牲を出さしめた。

凌陞は、実弟の第一北警備軍参謀長福齢、興安北省警察庁長春徳、秘書官華霖泰らの同志六名で「伝達宝秘密会議」を組織して、軍事情報を外蒙古に通報した。このことは、一九三六年二月十二日のオランホドック、三月三十一日のタウラン事件の調査の過程で、通敵行為が発覚した」というものである。

内蒙であろうが外蒙であろうが、モンゴルの独立というものは、必ずソ連とか中国の支援が無くては達成できないのである。島国にある日本の独立とは全く条件が違うのである。一九一九年には、セミヨノフの背後にある日本の力を利用しようとし、一九二九年には、ハイラルに侵入したソ連軍を利用しようとする。ホロンバイル蒙古族の指導者たる凌陞がソ連側と交渉するのは当然であり、バブジャップであろうが、チョイバルサンであろうが、モンゴルの指導者である限りは、大国の支援なくして独立の達成はできないことを知っている。汎モンゴル活動の特性を理解すれば、当然のことである。これを力によって屈服逮捕しようとするならば、ほとんど全蒙古人を逮捕しなければならない。

これを憲兵とか特高が、ソ連や外蒙のいわゆるスパイというような立場から調査すればいくらでも罪状を発見することはできるが、実際には、そのようなスパイとは全然同じものではない。

凌陞事件の調査に関係したことのあるハルピン特務機関の先輩丸山直光氏も、凌陞事件とは、汎モンゴル主義活動そのものでしかなかったと助言を載いた。

凌陞の提供した情報によって、オランホドック、タウランで、日満軍が大きな損害を被ったとか、身内だけのたった六人の活動に「伝達宝秘密会議」などという大袈裟な名前をつける必要もあるはずがない。

この事件を直接担当したのは、ハイラル憲兵隊の北川憲兵中尉であるが、憲兵的観点から調査したのでは、とてもである。それが、オランホドックとかタウラン事件の調査の結果罪状が判明したとしているが、憲兵が凌陞に狙いをつけて、満州里会議の代表から情報を入手しようとして、警備の憲兵曹長が関係者に脅迫に近い行動をとっているのは、まだ会議中の頃からであって、決してタウラン事件以降のことではない。この報告を新京に出向いて説明したのも北川中尉である。

満州国軍政顧問、佐々木到一少将とか、特務機関は、凌陞の助命と汎モンゴル主義への理解とその利用を主張したが、憲兵側の東条中将とか、関東軍の作戦課が強硬に死刑を主張したと言われている。ウルジン少将も嫌疑を受けたが、佐々木顧問の早期の手廻しによって、憲兵からの難を逃れている。

この憲兵とか、作戦課の態度と、スターリンの汎モンゴル主義に対する態度が、全く一致していたことは興味ある問題である。

凌陞の処刑は、日本の対蒙古政策に大きな損失を与えただけでなく、満州国皇帝溥儀に対して、大きなショックを与え、彼が日本に対して感じた幻滅の一つであった。

凌陞事件の報告に赴いた植田関東軍司令官は、驚く皇帝に対して「一人を殺し百人を戒める」と語ったとされている。「一人を殺して万人を失う」という方が適切であろう。

『ソヴェト民族誌』の著者コラーズは、次のように批判している。

「満州国を占有している時でも、日本人は、蒙古問題を完全に処理し損なったのである。……略……蒙古の大官とその要人たちを関東軍の手で処刑する始末だった」

日本の憲兵と関東軍は、赤い外蒙ときめつけ、その影響が、内蒙に現われることに疑心暗鬼して、外蒙との関係を切断しようとし、スターリンは、内蒙からの日満の影響力が外蒙内に吹き荒れていると疑心暗鬼して、内蒙との関係を切断するだけでは安心できず、チョイバルサンを通じて、大粛清に踏み切ることになる。

後述する外蒙の大粛清の検討を参考にして、凌陞とサンボー、ダンバーらが秘密に協定した実行計画というものを推定すると、次のようになる。

「現状から判断すると、日ソの戦争は遠いことではない。その際、ダンバー軍団は、反ソ蜂起を計画するが、その場合には満内蒙古族の凌陞は、これを支援するし、日本軍も支援するであろう。したがって、我々は現在から緊密な情報連絡を続けて、内外蒙古共同の独立を達成する必要がある」

ということになる。では、外蒙の大粛清の検討面から詰めてみよう。

内閣調査室を調査する(30)

安倍総理の「我が軍」発言が問題とされた。ついに出たかという感じだが、防大生に対する訓示を見ても彼の精神構造が分る。さらに最近は行動という言葉をよく使う。これはまさに吉田松陰の言葉である。松陰の危険性については先月号に紹介したが、今月は安倍の危険性について述べてみたい。

以前私は安倍の安保論には哲学が無いからダメだと書い

た。最近の集団安保論も基本的な哲学なしに細々とした技術論、戦術論しかないから誰にも訳が分からない状態になっている。菅官房長官は「我が軍」発言について外国では自衛隊は軍として扱われていると言って問題なしとした。この認識でいけば何でも通ってしまう。憲法九条の縛りが無くなってしまうからだ。改めて原理原則から考えてもらいたいものだ。公明党も政権離脱の気概がなければダメだろうと予告しておいたが、どうやらその方向に向かいつつある。この上は民主、共産、社民にがんばってほしいものだ。

国民不在の「安保法制」論議
「政府広報」と化したメディアの大罪

新聞、テレビで連日のように報道されている安全保障法制をめぐる動きは政府、与党の意向の垂れ流しと断じても決して過言ではない。集団的自衛権の行使容認、いつでも自衛隊を派遣できる恒久法、周辺事態法の改正、揚げ句の果てに自衛隊による邦人救出……。いったい、この洪水のように押し寄せてくる問題をどれだけの国民が理解できているのか。政治家ばかりか、国民に伝える義務を持つメディアでさえ消化不良のままアップアップしているのが現実だ。

国民不在は疑う余地もなく、「政府広報」と化したマスコミの罪は　とてつもなく重い。

朝日新聞連載も「提灯記事」

「切れ目ない危機対処が重要だ」(読売新聞)、「『仲間守る国』への前進だ」(産経新聞)。憲法改正を、訴えて自衛隊の海外派遣に積極的な産経新聞、読売新聞はイケイケどんどんの論調を繰り広げる。「皆様のNHK」は客観報道の体裁を取りながら、要は安倍晋三首相の目線から実現したいことを日替わりメニューで電波に乗せているだけ。それよりもたちが悪いのは、一見すると批判的な報道に見せかけつつ、政府、与党に塩を送っている朝日新聞である。

とりわけ噴飯物は、朝日新聞が政治面に連載した「検証　集団的自衛権」なる企画だ。自民党の高村正彦副総裁、公明党の北側一雄副代表、兼原信克、高見澤将林両内閣官房副長官補、横畠裕介内閣法制局長官を「五人組」と名付けるなどして、閣議決定への舞台裏を書いている。

だが、何のことはない、深い取材を装って、その内実は自民、公明両党や政府の関係者がみんなして、それぞれ自分の立場でどれだけ汗を流して頑張ったかという「ご苦労さま話」の羅列で、批判のかけらもない。反権力と思われがちな朝日新聞に、これほど詳しく持ち上げてもらえるなら、政治家も官僚も手帳やメモを懸命にめくりながら喜々として取材に応じて何でもしゃべるだろう。いわば提灯記事、一太鼓持ちにすぎない。

これまでも朝日新聞はしばしば、米政府高官の単独インタビューをこれ見よがしに大きく報じているが、これも同じく宣伝の役回りを果たしているだけ。安保法制をめぐる検証連載は特ダネでもディープでもない。朝日新聞にして、この体たらくだから他も推して知るべしだ。東京新開が独り気を吐いて「何でも反対」の姿勢を貫いているが、これもまた一方的で考えものである。

メディアが政府広報に成り下がった理由はどこにあるのか。日本が攻撃されていないのに他国のために一緒に戦う集団的自衛権の行使という極めて大きな「爆弾」とその煙幕に、これと同じほどに重大な複数の大転換が潜り込まされ、メディアの問題意識がまったく追いついていないことが大きく影響しているからだ。

安保法制には集団的自衛権の行使容認のほか、他国軍を後方支援するために自衛隊を随時派遣できる恒久法を整備し、日本の平和と安全に重要な影響を及ぼすなら自衛隊を後方支援のためにどこにでも派遣できる法改正なども含まれている。

しかも、これまで自衛隊の活動範囲は「非戦闘地域」だったが、安保法制では「戦闘現場以外」となる。戦闘現場は刻々と変化する。誰がどう判断するのか、戦争に巻き込まれた責任は誰が取るのか、論点は枚挙にいとまがない。自衛隊が海外で邦人救出できるよう任務を付与するというが、海外で自国民を救い出すために軍隊を使う国などどこにもない。それは警察の役割なのだが、そんなことは全く議論されていない。

要するに、安保法制には冷戦後の安全保障の重大な課題がこれでもかというほど詰め込まれている。ただ、国民をないがしろにするメディアの現状は、自衛隊の任務や活動範囲の飛躍的な拡大の是非とは次元の違う話だ。メディアに問われているのは、果たしてどれだけの国民が安保法制について理解しているのかという根本的な問題である。

安保法制に関与する政府関係者の一人は「過去の政策との関連も含めて、安保法制の全体像を正確に理解しているのは、政府の中で恐らく五人ほどしかいない」と言い切る。この中には安倍晋三首相も中谷元防衛相も含まれていない。

主だった与党議員と安保法制をめぐり意見を交わした官僚は「国会議員でも分かっている人は皆無に近いのではないか」と打ち明けた。いわんや、メディア、そして国民をやである。

「まるで運動会のパン食い競争」

昨年七月に集団的自衛権の行使容認を含む安保政策の大転換を閣議決定した後、政府、与党は二月まで法制化への議論を封印した。三月二十日に概要を固めるまでの与党協議はわずか七回だけ。武力攻撃に至らないグレーゾーン事態、周辺事態法改正、恒久法制定、PKO協力法改正、集団的自衛権の行使……と次々にテーマを変えて設定する手法を取った。

この矢継ぎ早で数殊つなぎのような安保課題がますますメディアの問題意識を喪失させて、政府がやろうとしていることをいかに早く報道するかという次元の低い競争に突き進ませた。

「まるで運動会のパン食い競争のようだ」。安保法制の報道をめぐるメディアの現状を政府関係者は、こう皮肉る。安倍政権がどこまで謀ったのかは判然としないが、その状態に気づいていないメディアはもはや救いようのない存在に堕ちたと言っていい。

実際、メディアはそのたびに「自公、〇〇で合意へ」「××を提示へ」などと報道を重ねていった。その自称「特ダネ」との横並び意識ほど、政府にとって好都合なものはない。批判的な視点や問題意識など二の次、三の次。ましてや日本が十年後、二十年後にどんな国家を目指すのかという論議などメディアでまともに交わされた形跡もない。

他社と食い違わない見出しを取らなければ、小役人のような上司から文句を言われる。だから、政府、与党の言い分をそのまま書いていれば「特オチ」のリスクはない。日本メディアの特徴とはいえ、ここまで守勢のメディアは単に政府、与党のお先棒を担いでいるだけだ。そこには日本の未来像や国家観の断片も見当たらない。

そもそも安保法制の問題は、消費税率を引き上げて懐に響くような分かりやすい話ではない。極めて複雑で多岐にわたり、しかも日本の屋台骨に直結して将来をも左右する重大な課題だ。だからこそ、かつては周到で慎重な議論を重ねてきた。例えば、一九九四年の北朝鮮の核危機に端を発した日米協力の在り方は九六年の日米安保共同宣言、九七年の日米防衛協力新ガイドライン、九九年の周辺事態法制定と足かけ五年もの年月を費やして整備、結実した。

今回はこれまでのように必要に迫られた対応でもなく、むしろ机上の空論のような想定も少なくない。法制化が必要な根拠を役人は「立法事実」と呼ぶが、それは安保法制の背後に存在しない。であればこそ、腰を落ち着けて国民の理解を浸透させながら是々非々で進めるべき話なのだが、今のメディアにそれは望むべくもない。

× × × ×

七十年談話について私はアメリカ議会での演説がそれを占ういい機会だと書いたが、その前にバンドン会議での発言があった。その手があったかという感じだ。五分間程度の短いものだったので参考にはならないが、それでも「深い反省」と「侵略」という言葉が入っていた。もっともこの侵略は六十年前のバンドン宣言の引用で、安倍の言葉ではない。さらに文脈を追っていくと、これは現在及び将来の中国の侵略を牽制したものとも受け取れる。とんでもない文章なのである。

そもそも安倍は村山談話をくりかえしたくない範としているのは祖父の岸信介が米国で演説した時の文章だ。一九六七年六月二十日、米国議会での演説には過去の戦争に対する反省の言葉は一切なく、米国への感謝と、民主主義国としての協力のことしか述べられていない。もともと戦後生まれの安倍には歴史認識を求めるのは無理なのだ。天皇は私より二歳年下だが、戦時中は疎開とか空襲とかリアルタイムでの経験がある。それが現在の慰霊の旅の原点なのだ。もっとも戦後生まれであっても正しい歴史認識の勉強さえすれば正しい歴史認識をもつことはできる。安倍はアメリカでも歴史修正主義者というレッテルを貼られ、ニューヨークタイムスなどは安倍を激しく批判しまくっている。

今回のアメリカ訪問で重大なのは安保法制の論議が日本国内ですんでいないのに昨年の閣議決定の内容がそのまま新日米ガイドラインの骨格に取り入れられていることだ。毎日新聞の岸井がよく主張しているようにこれは憲法改正しなければできないような重大変更を一内閣の所存でやってしまっているということなのである。安倍の国会無視、国民無視は許せない。オバマの歓待ぶりも異常だったが。

参考文献
国民不在の「安保法制」論議　選択　四月号

（埼玉・会員）

予告

今年の七・七記念集会

今年の七・七記念集会は日中友好８・１５の会が担当になります。内容については鋭意検討中ですが、日時・会場についてあらかじめお知らせ致します。ご予定に入れておいてくいださい。平日開催となりますが、多数のご参加をお願いします

日　時　七月七日（火）　午後二時～四時
場　所　中国大使館
（東京都港区元麻布３－４－３３）

詳細は６月号に掲載します。

【今月の本】

杉田聡『天は人の下に人を造る』

―「福沢諭吉神話」を超えて―

尾形　憲

私は本誌1013年11月号（№528）の「今月の本」欄で、安川寿之介著『福沢諭吉の教育論と女性論』を紹介した。そこで福沢は従来多く言われているような「典型的市民自由主義者」ではさらさらなく、まったくの差別主義者だったことが明らかにされた。また同じく2015年3月号（№544）で、このような安川さんの福沢諭吉論と同様な主張の2冊の本が近く登場することを述べた。

そのうちの1冊が今回紹介する本書である。

日本の最高額紙幣を30年余りにわたって飾ってきた福沢諭吉。

「天は人の上に人を造らず、人の下に人を造らず」という言葉で「人間の平等感を鼓吹」、『明治維新』前に三度も訪米・訪欧してデモクラシーの何たるかを日本に伝え、慶応義塾大学を創立すると同時に万人にとっての学問・教育の重要性を説き、封建制・封建遺制を心から憎み、著名な啓蒙主義者として明治時代をリードし、権義（権利）の考えを日本に広め、自由民権運動の生みの親となり、ジャーナリストとして『時事新報』を創刊・主宰し、朝鮮の独立・中国の近代化を願い、明治憲法・教育勅語に不同意を表し、象徴天皇制の構想を打ち出し、学問・教育・言論の自由を擁護し、女性差別を告発し、等々。」今日普及している通念の福沢は右のような「スーパースター」である。だが、慶応の創立など二、三点を除けば、あとは全くの虚妄であることを私たちはこれから見ていくことになる。

「第一章　福沢は『天の上に人を造らず……』と本当に主張したか――福沢は人間の平等を否定し、むしろ差別を容認・強化せんとした。」

福沢の「天の上に……」という言葉ほど、人々を欺いたものはないだろう。いや、福沢は人を欺こうとしてこの言葉を使ったのではない。丸山真男をはじめとする多くの秀れた研究者でさえそうであったように、「……人を造らずと云えり」（傍点尾形）とわざわざ伝文態で言っているのを見落として、これが福沢の本心のように読み誤った方が悪いのだ。この一句によって、福沢は明治の初期に人々の根源的な平等を主張したという典型的な「福沢神話」が生まれた。

「学問のすすめ」を展開しつつ福沢は「およそ世の中に無知文盲の民ほど憐れむべくまた憎むべきものはあらず」と言う。また弟子たちは「独立自尊」を彼の思想の表現と見たが、これは慶應義塾を創立するとき念頭にあった「ミツヅル・カラッス」＝中等社会のことである。

そして彼の「独立」は人民の権利よりも国権に向く。「国のためには財を失うのみならず、一命をも投げ打ちて惜しむに足らず」という「報国の大義」の主張となる。「我輩畢生の目的は、ただ国権皇張の一点」である。そうであれば「民権伸長」は軽視され「官民調和」が非常に重視されることになる。

「天は……」の言葉を裏切って、人権、生命、財産、名誉に於ける平等を福沢は認めない。たとえば財産（言いかえれば生存・生活手段）における平等とは、社会的・経済的条件の改善が伴わない限り、圧倒的多数の貧民にとっては飢えて死ぬ自由に過ぎない。このことは以下の各章でも明らかにされる。


「第二章『貧富を問わずに人材を作るは、前金を払うて後の苦労の種子を買うもの』—貧民には最低の教育しかいらない」


前に本誌№528でも見たことだが、福沢は初期には教育により「今日の土百姓も明日は参議と成る可し」と教育による立身出世を提唱した。だが、とくに日本資本主義が軌道に乗ると、彼はイギリスのチャーティスト運動やフランスの社会主義運動を見て貧民の無智が社会組織上不可避である以上、「最も恐るべきは貧にして智ある者なり」として、教育・学問も一種の商品であり、「富家の子弟は上等の教育を買うべく、貧民は下等に甘んぜざるを得ず」と言う。

貧富を問わず人材を造ろうとするのは、「前金を払うて後の苦労の種子を買うものに異ならず」。さらに「貧民は無智なるがゆえに貧なるにあらずして、貧なるが故に無智なりと言うも、妨げなき場合少なから（ず）」と主張する。」そして「貧者の教育を過度にすぐることなからしむる」ため、官立・公立学校の授業料を高くせよとの提言はさらに、「もっぱら富豪の子弟を教うるの門を開かしむるこそ智者の事」として、貧智者が生まれぬよう官立学校を廃止し、それをすべて「私立学校」に改編すべきだという。貧民の子には最低限の読み書きソロバンだけでよい。

福沢にとっておよそ「教育の権利」など無縁のものであった。のみならず、前に述べた官学の私立学校への改変の費用はすべて「帝室費」で賄えという。ここに学問・教育の自由はまったく失われることになる。

一方で彼は士族こそが「ミッヅル・カラッス」であるとして、その遺伝子を育てるために慶應義塾を創立するのである。そして「報国致死」と「尽忠報国」こそがその使命であった。

「教育一偏をもって女権を云々せんとするがごときは、とうてい無益の沙汰」という福沢は、女子の高等教育といった考えはさらさらない。そして「いわゆる水飲み百姓、人力車引き……の学問を進めて気力を待つは杉苗を植えて（帆船の）帆柱を求むるがごとし」という彼は、「馬鹿と宗教はちょうどよき取り合わせならん」、下等社会に必要なのは教育でなく宗教であるということになる。

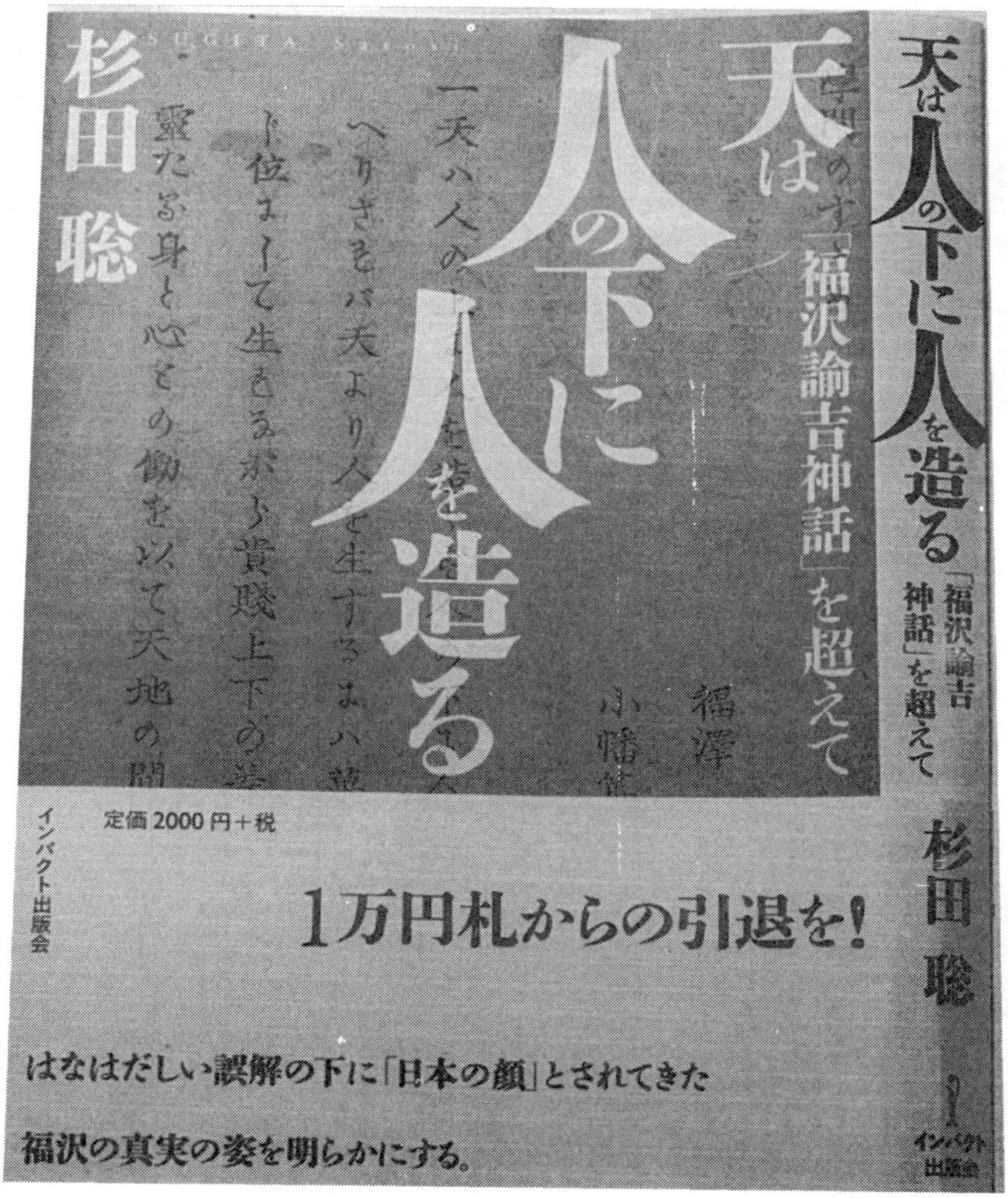

「第三章『明治憲法は如何にも完全無欠』――人権伸長は国権拡張に従属する」

福沢は明治憲法発布直後から、「〔それは〕文明諸旧国の憲法を凌駕するものあり」、「驚くべきは、わが憲法の完全にして国民の権利を重んじ遺すところなきの一事……真に文明の精神をこめて善美なる」と、口をきわめてこれを賛美していた。彼がいかに人権について狭い理解しか持っていなかったかを示すものである。明治憲法は国民を「臣民」と規定し、その臣民の権利は天皇による恩賜的なものと見做している。だから天皇の意向によりそれはいくらでも奪いえた。

事実「法律の許す範囲内において」のみ適用する人権は「保安条令」によりいとも簡単に剥奪されてしまうのである。ここでは言論・集会・報道の自由はことごとく制限される。

福沢は「精神の自由」を基本的人権と認めない。だから、明治期における人権後退をもたらす画期となった2大事件に、彼はなんら関心を示さなかった。2大事件とは内村鑑三がキリスト者として御真影に頭を下げなかった「不敬事件」と、久米邦武が神道を祭天という古俗に還元したことに対する「筆禍事件」である。

所詮彼にあっては民権は国権拡張のためであり、国会開設も同様とあれば、自由民権派にはまったく敵対的な態度をとったのも、当然と言えよう。

「第四章『陸海軍人の精神を制して、その向うところを知らしめる』――帝室がもつ超政治的な機能」

福沢は天皇を「政治社外」に置くべしとくり返し論じている。このことで少なからぬ人たちが象徴天皇制を読みこんでいる。たとえば丸山真男はいう、「いかに福沢がここ(=『帝室論』『尊王論』)で日本の皇室に対し溢美の言を呈していても、その論の核心は、一切の政治的決定の世界からの天皇のたなあげにあります」と。だが、福沢は、天皇は一切政治に関与するなと主張したのではなく、政争を生むあるいは政争に由来するような政治――「俗界の俗政務」「日常些末の俗政務」には関与するなと、だがむしろ決定的場面での政治に天皇は断固関与せよと主張したのである。自らが関与した「甲申政変」で福沢は天皇の超政治的な力を利用しようとするが、さらに日清戦争では、天皇の統帥権・宣戦布告権の発動を承認する。

それだけではない。尾崎行雄文相が当時の金権政治を批判して、「万一共和制下なら三井・岩崎が大統領となるだろう」と発言して辞職に追い込まれた際も、明治天皇は尾崎の罷免、内閣の総辞職を、総理大臣を介することなく指示した。これは内閣の「輔弼」責任を規定した明治憲法を逸脱する大事件だが、福沢はこの事について何ら問題を提起せず、それによって（事実上）明治憲法が規定する以上に、天皇の絶対主義的な権力を擁護している。

明治憲法が発布され軍人勅諭が出されても、臣民一般の精神統制はまだ不十分として出されたのが教育勅語であった。福沢は「時事新報」でこれを「奉読」し、「佩服」せしめよと書いているが、彼はここでかって批判した儒教主義を持ち込んで、「帝室のために生死するものなりと覚悟を定めよ」「全国四〇〇〇万人の人種（ひとだね）の尽きるまで一歩も退かず」と、狂信的ともいえる主張をすることになる。

こうして絶対主義的天皇性と教育勅語体制を確固として支持する彼は、自由な言論を抑圧する立場に立ち、「後日の日本」を破局に導くことになったのである。

「第五章『無遠慮に地面を横領して、わが手をもって新築するも可』――国権拡張・対外進出は福沢の悲願」

さて、いよいよ悪名高い「脱亜」、その実は「割亜」――アジアの分割である。

福沢は「帝室」を国内の軋轢緩和および国権拡張のため最大限に利用しようとしたが、一方で、帝室論と時に結びつけつつ、あるいは時にそれとは別個に、「外戦」が同様の政治的価値を持つ点を繰り返し宣伝した。そして実際に外戦を激しく鼓吹した。

彼は「内国の不和を医するの方便として、ことさら外戦を企て、もって一時の人心を瞞着するの奇計をめぐらすに至る者あり」と言う。また「今に及んでその（＝各国に見られる階級対立の）気炎の炎を緩和するため、外人劣者の所在を求めて内の優者の餌食に供するは実に今日の必至・必要とも言うべきもの……」と書いている。適当な対象は「支那帝国」である。「敵国・外患は内の人心を結合して国の本を堅くするの良薬なり」

そして台湾事件、江華島事件、壬午政変、甲申政変を通し、「この二国（＝支那・朝鮮）……今より数年を出でずして亡国となり、その国土は世界文明諸国の分割に帰すべきこと一点の疑いもあることなし」として、この分割に加わるべしと主張する。「火災（＝西洋列強がもたらす火）の防御を堅固にせんと欲すれば……時宜により〔近隣の主人を〕強いてこれ（＝石室）を作らしむるも可なり……事情切迫に及ぶときは、無遠慮にその地面を横領して、わが手をもって〔石室〕を新築するも可なり」

日清戦争は文明と野蛮の戦争である。中国人・中国兵は「豚尾」、「豚尾児」、「豚尾兵」、「流民乞食」、「下郎輩」、「腐敗」、「孑孑（ぼうふら）」等々、朝鮮での王妃暗殺も「一時の遊戯……野外の遊興、無益の殺傷」

そして日清戦争後割譲した台湾で抵抗した台湾島民は「一人も余さず殺戮して、醜類を殲ぼすべし」

「第六章『地主と小作人（資本主と職工）の関係は極楽世界――児童労働・労働時間の制限は不要である』」

日清戦争後労働争議が顕著になり、明治政府はその根を断つため、労働者保護立法を企てる。これに対し、渋沢栄一らの実業界の指導者たちはいっせいに反論するが、福沢はこれに呼応して資本家と職工との関係は地主と小作人に同じで父子のごとき関係であるから、法律はいらないと力説した。彼は日本人の「純良さ」を称揚し、「昼夜を徹して機械の運転を中止することなきと、賃金の安さは日本経済の絶対的有利である」という。労働時間が制限されれば、賃金はさらに下がり労働者は「妻子とともに」飢えざるをえなくなる。また彼は貧民の児童が「貧知者」に成長しないように、児童労働の制限を認めない。

彼は職工の労働条件改善には、「社会問題」の解決には無関心である。「貧民は朝鮮・台湾・中国に移民させるのが、「富豪のために最も安全の策」で「国家の安寧を維持」するものとしている。

「第七章『男女同権にするがごときは衝突の媒介』――女の領域は家、その美徳は優美さ」

福沢は「〔女性が〕自力をもって殖産に従事せんとするも難きこと」と、女性の労働権を否定する。さらに明治民法を絶対視し、女に参政権はいらないという。女性にとって必要なのは「優美さ」であるとし、伝統的な性別役割分業に固執する。

彼は「公娼制」を必要悪とみなすばかりか、貧民の海外移住促進のための手段として積極的に擁護さえする。

そして外的な事情（しばしばそれは強制である）によって自らの意思と無関係に、いや時には意思に反してさえ、身をひさがざるを得なかった薄幸な女性たちに、」福沢は「人非人」、「無知・無徳・破廉恥の下等婦人」等と罵倒の限りをつくす。これだけ下劣なことを書く人物を、その国の最高額紙幣の肖像画として四半世紀も掲げている国は、世界にないのではないか。

「終章　天は人の下に人を造る、人の上に人を造る――『福沢諭吉神話』を超えて」

福沢の思想の核心の一つ「天は人の下に人を造る」のは第一に「天賦遺伝」による。中等社会（士族）には、独自の血統があり、それは遺伝によって伝わる。下等社会も同様、遺伝によって下等・無知・貧以外ではありえない。

第二に、朝鮮人・支那人の場合、そのエートス（教育の伝統）として「儒教主義」がある。これはとうてい「文明」と相いれず、だから日本が絶え間なく介入しなければならないと福沢は主張する。

第三に男女の相違がある。女性は男性と平等だが、女性にとって出産、哺乳、養育、家事は「〔固有の〕職分である。また女性は月経だけでなく、妊娠、出産、それに続く哺乳・養育にも時を失うので「男子と併行すべからざるは自然の約束」であるとする。

他の一つは「天は人の上に人を造る」、上に置かれるのは「帝室」だけである。

福沢にあっては、文明国の、中等社会以上に属する男性だけが、「天は人の上に人を造らず、人の下に人を造らず」という文言で表現されうる平等や諸権利を享受するのである。

福沢の肖像は、日本の最高額紙幣に四半世紀を越えて掲げ続けられてきた。04年に千円札、五千円札の肖像が入れ替えられた際に、一万円札だけは手を加えずに放置された。

紙幣にはその国の誇るべき人物の肖像が掲げられるべきである。だが、福沢は「誇るべき人物」では断じてない。それどころか、対外的には特にそうである。アジア諸国に対する主権侵害、アジア諸国の保護国化、アジア諸国との外戦・侵略を公然と主張した人物を最高額紙幣の象徴とすることは、アジア諸国民に対する大なる屈辱である。

一万円札からの福沢の引退を!

真実の福沢像が理解されれば引退は当然である。

以上が冒頭で述べた「2冊の本」の1冊である本書の紹介だが、他の1冊雁屋哲著『2年C組特別勉強会　福沢諭吉』は遊幻舎から今年の8月刊行予定という。あらためて紹介したい。

(インパクト出版会　2000円＋税)

(埼玉・常任幹事)

メーデー

タケノコ

［今月の本］

李東雷『中国　対話か？　対抗か？』

熊谷　憲治

中国人自身が自国を戒め、対抗より対話を主張

近年、日中両国間の反目は深まるばかり、中国に親しみを感じない日本人は八五％以上、両国関係が良好だと思うのは一〇％以下である。（二〇一二年内閣府世論調査）中国側も「日本人は、「中国の世論は反日一辺倒」と思い込み、中国側も「日本の世論＝反中一色」と捉えがちである。

なぜこんな状態に陥ってしまったのか。元中国軍大佐で英国留学と中国政府エリート職員として何度か訪日の経験もある筆者『老兵東雷』氏（ブログ名）は、こうした両国の反日対立の重要な二大原因の一つが中国側にあると、冷静な観察眼で見抜き、中国政府の対日政策や民衆の余りに偏った日本観を批判している。

「求真務実」とは真実と実効性を求めるとの意味だが、事実に基づいて歴史と現実を理解し、相手を理解し、さらに自身を理解して未来に向い合うべき、と自国を戒めており、それゆえ日本に対する批判は殆どない。逆に日本の現状に対する見方にはかなり甘すぎる面があり、中国人が中国を批判しているからと言って日本人の対中国観が正しい訳ではない。この点は要注意である。

筆者への論評は誹謗と賛同が半々

本書内容の重点は、今の日本に対する曲解と曲解が引き起こす原因を明らかにし日本との関係を処理するよう主張し、中国のネット上で既に発表して大きな反響を呼んだが、中国内の評価は賛否は半々だったという。本書の初版第一刷は二〇一四年九月だが、書かれたのは前年の一三年であろう。したがって現時点の、少なくとも第三次安倍政権以降の日本の状況に冷徹な筆者の観察眼は及んでいない。このことが本書を読む際の重要な注意点で理由は後述する。

では、筆者は日本に対する中国（人）の政策や見方等をどのように批判しているか。

妖魔化された日本像

筆者は中日関係が今日のような膠着状態に陥った二大原因の一つ、日本が中国侵略の歴史を抜本的に認め反省しないことの他に、中国（政府と民間）が軍国主義時代の日本と民主化した今の日本を区別せずに妖魔（怪物）化したことにあると指摘している。「経済で利用、政治では圧力を」という中国政府の対日政策は過去と今の日本と区別せず、日本が軍国主義への道を進んでいるといった妖魔化した見方を民衆に与え、政策が民を縛り、政策が民意に縛られるという悪循環に陥っていると説く。

元中国軍人の筆者は軍国主義の十二の特徴項目をあげて検討し、今の日本に軍国主義の兆しは無いと言う。現時点

中日 対話か？対抗か？
李東雷 著 笹川陽平 監修 牧野田亨 解説
中日
対話か？
対抗か？
著者 李東雷 中国の著名ブロガー、元中佐
監修 笹川陽平 日本財団会長
解説 牧野田亨 読売新聞北京特派員
―日本の「軍国主義化」と中国の「対日外交」を斬る―
日本僑報社

の安倍政権の状況ではこの見方はやや甘すぎるのだが。著者は中国の歴史教育やメディアにも問題ありという。

タイムスリップしやすい軍国主義の印象

抗日戦争時代を強調する歴史教育は、日本軍による悲惨な経験を持つ中国人に日本は今も軍国主義に向かっているとの見方にさせるのは当然であるが、問題は戦前と今の日本を区別せずに短絡的に思い込むことである。また中国メディアには近年日本を罵る文面が多すぎ、日本が歴史教科書を改定し日本の中国侵略を美化し一斉に教えるという印象を人々に与えている。日本には統一された教科書がなく各地域、学校で選択しているという事実は全く伝わっていない。したがって歴史や政治上の問題が起きると、すぐ過去の軍国主義と結び付け猛烈な日本批判となる。

だが中国にも今の日本の現実を知っており、二〇一二年の大規模な反日デモ・暴動を非理性的と批判する冷静な識者も決して少なくない。公の場で語らないだけという。

やや甘すぎる日本（人）観

では本書で中国の識者が中国側をこのように批判しているから日本の現状がまともで正しいのか？否である。前述のように本書の筆は、集団的自衛権容認の閣議決定等右へ右へと暴走する第三次安倍政権以降の現状には及んでいないからだ。こうした現時点の日本を知れば冷静な識者たちもその甘すぎる対日観を訂正せざるを得ないだろう。現政権とその追随勢力の露骨な軍事増強路線の射程が中国に向いていることば誰の目にも明らかであるからだ。

正式書面に「謝罪」の語一切なし

たしかに、中国人の対日歴史認識は戦前・戦後の区別なく大仰で短絡的だし、中国に塗炭の苦しみを与えた日本の侵略行為に対する謝罪をいつまでも求めすぎるという印象を日本側では持ちやすい。だが、二〇〇〇年に訪日した朱鎔基首相は、日本のあらゆる公式文書に中国人民に対する謝罪の言葉は一切書かれていないと答えている。

釣魚島　中日間に戦争なし

釣魚島とは日本側でいう尖閣諸島だが、本書では標記のフレーズでとくに第六章が投げられており、ここでも極めて冷静で妥当な見解が述べられている。

筆者は、釣魚島が中国の支配を離れて一〇〇年余り過ぎたことに触れ、二〇一〇年以降この島を巡る問題が顕在化しなければ多くの中国人はその存在さえ知らなかった、釣魚島は今の中国の最優先の核心的利益ではないと言い切っている。でも誤解しないでほしい。だからこの島は日本の領土であり、日本側の主張が正しいとは一首も述べていない。中国人として領土の帰属問題への答えはひとつ、釣魚島はやはり中国のものと述べている。

だが李氏の見解はそこでは終わらない。たしかに中国の政府や民間に「鮮血と命で祖国の僅か土地でも守れ」とのスローガンが叫ばれるが額面どおり信じてはならない。中国の真のねらいは領土・主権の奪還ではない、領土の問題が存在していること自体を維持することにあると言う。

そしてこんな鳥が卵も生まない小島のために戦争も辞さないなど正気の沙汰ではないと喝破している。「領土問題はいかに神聖でも協議はできる」が氏の理念であろう。まさに我が意を得たりである。というのは我が「8・15の会（元軍人の会）」の見解も「日中間に領土問題はない」という日本政府の問答無用の見解と異なり、両国間に領土問題が存在すると認めているからである。

大切にしたい中国の冷静な人々の見解

中国の世論は反日一辺倒と日本人が思い込むような状態の中でも、いたずらに対抗意識を煽ることを戒め、両国間の相互理解や対話の重要性を主張する冷静で理性的な人々が少なからず存在することを私は本書で知り嬉しく思う。

だが私が最も恐れるのは、このような冷静で理性的な中国の人々も好戦的で軍事を重視する現在の安倍政権の暴走ぶりについにサジを投げて、日本に敵対する考えに傾いていくという状況になることである。

（埼玉・常任幹事）

第35次訪中団への参加者を募集します

2015年度に実施する予定の第35次訪中団への参加者を募集します

☆時期・期間
予定　7月21日（火）～7月28日（火）（7泊8日）
参加希望者の希望を基に、受け入れ先の中国国際友好聯絡会と連絡をとりながら決定します

☆訪問地.
北京を中心として3都市

☆費用
約一七万円位

※希望者は**6月20日（土）までに**事務局まで、手紙、又はFAXにて連絡してください。

※事務局
〒125－0032
東京都葛飾区水元3－3－4
小林悦子方
FAX　03－3627－1953

Abenomics will fail ”アベノミクスは失敗に終わる”

David McNeill

長谷川善夫

年末の選挙結果について、The Economist supports this as Japan's best chance.”エコノミスト誌は評価する”が、マックニールは I don't”そうではない”と言う。

エコノミスト (The Economist) は「イギリスの週刊新聞で、読売新聞と提携している。なお、毎日新聞社出版局が発行している経済専門の週刊誌「エコノミスト」とは資本・人材・提携の関係は一切ない。…マルクスは、『ヨーロッパにおける金融貴族の機関紙』とし…」(Wikipedia)

記事に戻る。まず、
Let's start by complimenting Abe. ”安倍を褒めることから始めよう”
しかし、complimenting の例文には Complimenting is lying.”お世辞とはうそのこと”
だいぶ微妙な褒め言葉のようだ。
その褒め言葉は、
He does not lack chutzpah”図太さに欠けてない(図太い、豪放)”
またしかし、
chutzpah【名詞】信じ難い厚かましさ(unbelievable gall)ともある。
つまり、厚顔無恥ということか。厚顔無知は誤りらしいが、かの御仁には共にふさわしい。恐るべし、古来、干戈は亡者の為すところ。
そして、
One effect of Abe's economic chest-beating was immediate—share prices soared.”アベノミクスの効果は即座に現れた。株価が高騰した”
chest beating とは言葉通りだと”胸を連打すること”だが、さらに調べるとその意味は、
1)Doing an action for the sole purpose of being a show off ”見せびらかしだけの行為” 2)Trying to outmatch someone else”誰かに勝とうとする試み”
と、手きびしい。なにしろ 72%も上げたのだから。
そして続く、
His bludgeoning of the currency, meanwhile, has seen the the sink by about 30 percent against the dollar.”彼の円安誘導は、一方で、ドルに対して 30%も下落させた”

さて、bludgeon
【名詞】【可算名詞】(先に重みをつけた)こん棒.
【動詞】【他動詞】
1a〈…を〉こん棒で打つ.
b〈人を〉(棒などで)殴って〔to〕〔…の状態に〕する
bludgeon a person to death 人を打ち殺す.
c〈人を〉(棒などで)殴って〈…の状態に〉する.
bludgeon a person senseless 人を殴って人事不省にする.
2〈人を〉強制して〔ある行動を〕させる〔into〕.
bludgeon a person into agreeing 人に無理やり同意させる.

随分物騒な用語だ。マックニールはインデペンダント紙,アイリッシュタイムズ紙,上述のエコノミスト誌の特派員で 2000 年以来の在住、1993~1995 年には博士号取得のために来日していた。用語は承知の上と思う。

そして記事は続く
For a while, Abe's gamble seemed to work. "しばらくの間、安倍のギャンブルはうまく行っているかのようだった"
さらに、
History may record, however, that the wheels began to come off the Abenomics bandwagon after the government hiked the sales tax from 5 to 8 percent in April 2014. "しかしながら歴史は消費税の引き上げ後にアベノミクスの話題の政策がつまずき始めたと記すだろう"
　原文通りに読むと"アベノミクスの楽隊車の車輪が外れ始めた"とかなり揶揄している感じ。なにしろ、マックニールにはアベノミクスが"ギャンブル"に映るのだから。

それはそうだ。
The second-quarter 7.3 percent GDP slump of 2014 was the worst since Japan's2011 disaster.
"2014 年 4-6 月期の GDP 成長率の 7・3%の急落は 2011 の惨事以来最悪"なのだから。そして続く、
Japan was back in recession, "日本は景気後退・不景気に戻った"

次には、自民党選挙コピー「この道しかない」の本家が明かされる。
The government now says there is no alternative to Abenomics. "アベノミクスの代案はないと政権はいう"

かつてサッチャーの選挙コピーが"TINT" There is No Alternative."他に道はない"
コピーのコピー「この道しかない」。♪ぼくはかなしいコピーロボ♪

記事から離れて「サッチャー」について
「・1979年の選挙では、20世紀以後に継続されてきた、高福祉の社会保障政策、社会保障支出の拡大継続と、経済の規制緩和、水道、電気、ガス、通信、鉄道、航空の民営化によるイギリス経済の競争力強化を公約に掲げ、保守党を大勝に導く。
・1982年、フォークランド紛争が勃発。この際（領土とは国家そのものであり、その国家なくしては国民の生命・財産の存在する根拠が失われるという意）と述べた。戦争終結後、支持率は73%を記録する。
・任期の終盤には人頭税（community charge）の導入を提唱してイギリス国民の強い反発を受ける。
・労働組合の影響力を削ぎ、所得税・法人税の大幅な税率の引き下げを実施。一方、付加価値税（消費税）は1979年に従来の8%から15%に引き上げられた。
・1988年、教育法を改定。サッチャーは、使用されていた教科書の一つ「人種差別はどのようにイギリスにやってきたのか」が自虐的な内容であるとして使用を止めさせようとした。そのためサッチャーは教育界の反対を押し切り、「(1) 全国共通のカリキュラムを作り、非キリスト教徒に対してもキリスト教の授業を必修とするなど「自虐的」内容の是正」「(2) 全国共通学力テストの実施」「(3) 学校当局に、地方教育委員会からの離脱を認め、その場合は政府直轄とする（政府と共に、親の発言力を強める）」という内容の法改正案を成立させた。
・1980年に選出されたアメリカ合衆国大統領のロナルド・レーガンも新自由主義的な政策を数多く打ち出した。80年代はアングロサクソン各国において新自由主義が台頭する時代となる。また、1982年に首相に就任した中曽根康弘により、行政改革や国鉄分割民営化（1987年）などが行われた。
　安倍晋三、平沼赳夫、藤岡信勝など、現在の歴史教育は「自虐的」と考える論者から、「偏向自虐歴史教科書を克服した先例」とされた。2006年に行われた教育基本法改正や教育バウチャー制度導入の動きは、サッチャーを模範としたものである」
(Wikipedia)　やっぱり♪ぼくはかなしいコピーロボ♪、だ。

記事に戻る。no alternative 自体の誤りの例として、安倍の plea"懇願"にもかかわらず、大企業は 229 兆円もの内部留保をそのままにし、一方で 2014 年実質賃金の落ち込みを指摘する。
そして、
Criticism that Abenomics is simply spruced up trickle-down economics is reinforced by the steady growth of working poor: those who earn two million yen or less a year.
Their numbers rose by about 299,000 in the first year after Abe returned to power.
"アベノミクスのトリクルーダウン経済が見かけだけに過ぎないという批判はワーキングプア:年収 200 万以下の人々の着実な増大に益々強くなっている。その数は安倍の政権復帰後の最初の 1 年で 299,000 人に上った"

また記事から離れ「ワーキングプア」について
「・ワーキングプア (working poor) とは、貧困線以下で労働する人々のこと。直訳では『働く貧者』だが、働く貧困層と解釈される
・日本では国民貧困線が公式設定されていないため、「正社員並み、あるいは正社員としてフルタイムで働いてもギリギリの生活さえ維持が困難、もしくは生活保護の水準にも満たない収入しか得られない就労者の社会層」と解釈される事が多い。
・ワーキングプアにあたる所得の世帯数
1997 年 458 万世帯 12.8%
2002 年 657 万世帯 18.7%
2007 年 675 万世帯 19.0%
・日本では、企業が労働コストの節約をするために社会保険料の企業負担が少ない非正規労働者を多く雇用しており、非正規雇用者比率は 1990 年の 20%から 2008 年の 38%に上昇した。非正規雇用者の賃金は低いため、平均賃金と民間消費を低下させている。企業の非正規雇用者に対する訓練の投資は少ないため、長期的な生産性にも悪影響を与えている。経済協力開発機構 (OECD) は日本に対して以下の改善を求めている

社会保障制度の非正規雇用に対する適用範囲の拡大
正規労働者の雇用保護を引き下げる
非正規雇用者の就業機会を増やすよう職業訓練をする
女性によるフルタイム就業を阻害する制度の廃止
育児支援施設の量的、質的改善」(Wikipedia)

記事に戻る
Meanwhile, the number of millionaires surged over 20% in in2013, according to the Nikkei newspaper. "一方で億万長者の数は日経新聞によれば2013年に20%を超えた"

そう言えば東京では歩いていると外国車が目立つ。高級なB車、中高級なB車、色は決まって銀か白、決まって傍若無人な走り。なぜなんだ外国車に乗る愛国者。ひがみではない。

記事は円安下であえぐ中小企業と自民党の支持基盤の農家とTPP交渉との課題について触れる。そして、次の文で記事は締めくくられる。
Not a few of us have pointed to the contradiction of this great reform project—by the leader of a party that helped build up Japan's sclerotic business structure in the first place. "私たち(特派員)の多くが,そもそも日本の硬直した企業構造の成立を助長した政党のリーダーによる、この遠大な改革プロジェクトとの矛盾を指摘している"
自民党に政権担当能力は望めないということか。

Abenomicsが目指すところが富裕層による国家の簒奪であるとすれば武器輸出、集団的自衛権の容認、格差拡大、原発再稼働、普天間移設も彼らにとっては当然なのだ。政権から追われることはあってもそれまでにどれだけ稼ぐかが問題で、後は野となれ山となれ。

格差と貧困を固定化し、政治・法律・経済・教育を蹂躙すれば彼らの富は守られる。"自分だけでいいのか、今だけでいいのか"、平然と彼らは言い捨てるだろう。今までもこれからもこれでいい、と。
しかし、野さえも山さえも放射能で汚染されれば残らない。民敗れて山河なし、ということか。

(東京・常任幹事)

寄贈誌から

『中国研究月報』（社団法人中国研究所発行）

２０１５年４月号

▽論文　中国の国連ＰＫＯへの積極的関与
政策転換の要因の探求　吉川　純恵

▽研究ノート
モンゴル族出身の指導者ウランフ，その失脚と復活　木村　光弘

▽論評「中国像探索という迷路の道標」――
本田義彦著　岩波書店
『中国転換期の対話　オピニオンリーダー２４人が語る』　岡田　充

▽書評　黒柳米司編著　明石書店
『「米中対峙」時代のＡＳＥＡＮ共同体への深化と対外関与の拡大』　畢　世鴻

▽書評　ヘンリー・サンダースン，　マイケル・フォーサイス著
築地正登訳　原書房
『チャイナズ・スーパーバンク――
中国を動かす謎の巨大銀行』　伊藤　博

▽書評　平山篤子著　法政大学出版局
『スペイン帝国と中華帝国の邂逅　十六・十七世紀のマニラ』　竹田　保孝

▽光陰似箭

『不戦』（不戦兵士・市民の会）　春季号　通巻１７３号

実藤恵秀氏の「在支特別研究員」の記録を読む　（孫　安石）

◇「戦後７０年」の今年
「私の戦争・戦場体験記」を書き残そう！

◇「不戦大学」講演録
「基地のない沖縄」をめざす闘いと安保廃棄の展望　小泉　親司

◇リシードナウの若者たちが
白崎勇次郎さんの戦場体験を聞く　太田　直子

◇遠藤美幸著「『戦場体験』を受け継ぐということ
ビルマルートの拉孟全滅戦の生存者を尋ね歩いて」
――本書から何を学ぶか　高野　邦夫

◇高校生たちの戦場体験証言の映像作品づくりの中で出会った本　宮城　道良

◇高校生たちが東京ビデオフェス２０１５で
最優秀の「ビデオ大賞」を受賞　宮城　道良

◇「私の一冊」佐藤昭夫著『「武力信仰」悪夢再現を憂える』
戦後労働法を学んだ陸軍将校生徒（米寿の記）　大口　昭彦

◇編集後記　高野　邦夫
森脇　靖彦

四月の常任幹事会

日時　四月二十五日（土）十四時～十六時
会場　さいたま市大宮区桜木町1－10－18
　生涯学習センター会議室
出席者　尾形・熊谷・日森・小林・長沼・加藤・山田・秋山・落合

学習会
山田常任幹事が用意した「仮説実験授業研究会」作成のミニ授業書からの抜粋を基に靖国神社の抱える問題について話し合いを行った

報告
・新規入会者の紹介
・意見広告運動への賛同について
・関東日中平和友好会花園さん逝去による葬儀・告別式について
・脱原発の裁判について
・七・七記念集会および今年度総会開催について→協議事項へ

協議
1．今年度担当当番である七・七記念集会の持ち方について協議。七月七日中国大使館で開催することに決定。内容については若干検討が必要であり、これから小林事務局長が中国大使館と打ち合わせの上決定する。報道関係（週刊、朝日新聞社等）、本の販売（日本僑報社）等についても小林事務局長が対応する。
2．総会、懇親会について八月二十九日（土）埼玉会館にて開催することに決定。
3、訪中団派遣について
七月二十一日～七月二十八日の予定で希望者を募る。詳細は中国国際友好連絡会との話し合いの上決定。

（落合）

会へのカンパ（敬称略）

藤田　孟　　五〇〇〇円
（秋山）

事務局月報

・今年の「七・七記念集会」は当会の担当。会場は大使館で、友好交流部の担当書記官や参事官の方々と相談を重ねて　戦後七十年の節目に当たる年の集会の進め方を検討中。
本会誌でも案内をしていくが、できるだけ多くの会員の方々、更にはお知り合いの方々の　ご参加を！

会場の関係上、参加人数を把握したいので、出席の方は事務局・小林まで　ファックス・電話・ハガキなどでお知らせください。
・いにしえのロン・ヤスの如くアベ・オバ（ケ）会談で、戦争への大風呂敷が広げられている。「戦争法案」という言い方に目くじらを立ててはいるが、この風呂敷には溢れる程の「戦争」が包まれるのではないだろうか。
（小林）

『8・15』2015年5月号
2015年5月15日発行
定　価　500円（送料とも）
編集人　落合　正史
発行人　沖松　信夫
印刷所　（有）イワキ
発　行　日中友好8・15の会
〒125－0032
東京都葛飾区水元3－3－4
小林悦子方
TEL＆Fax　03－3627－1953
郵便振替　00120・6・27415
日中友好8・15の会
HP URL　http://www11.ocn.ne.jp/~donpo/

会　　　則

(名称)　第１条　本会は、日中友好元軍人の会を受け継ぐ日中友好「８・１５」の会（通称日中友好８．１５」の会）と称する。

(目的)　第２条　本会は、過去の戦争に対する反省に立脚して、あらゆる戦争準備の動きを阻止し、平和を希求するために世界各国とくに中国との友好に貢献するとともに、会員相互の親睦を深めることを目的とする。

(会員)　第３条　本会は前条の目的に賛成する元軍人および賛同者をもって構成する。

第４条　本会の本部を関東地区に置く、支部を各都道府県に置く、また事務局を関東地区に置く。

(事業)　第５条　本会は、第２条の目的を達成するために以下の事業を行う。

１．会誌『８．１５』の発行
２．講演会、研究会の開催（平和諸団体との共催を含む）
３．学習会の開催
４．中国からの留学生・研修生の受け入れ
５．訪中団の派遣
６．その他、本会の目的達成に必要と認められる諸活動・事業

(総会)　第６条　本会は、総会を毎年１回、原則として８月 15 日に開催する。総会は、委任状を含めて会員の過半数の出席により成立するものとする。総会は、幹事会から、活動報告、行動計画事業計画、決算、予算、役員の選出、その他、本会の運営に必要な事項について報告、提案を受け、出席者の過半数の賛成により　これを承認、決定する。幹事会が必要ありと認めたときは、その決議により、臨時総会を招集することができる。総会の決議に基き、顧問を置くことができる

(運営)　第７条　本会の運営は、幹事会が行う。ただし、幹事会は常任幹事会にその権限を委任することができる。

(役員)　第８条　代表幹事、副代表幹事、常任幹事、事務局長を本会の役員という。

第９条　役員の任期は１年とする．ただし、任期満了後も総会において新役員が選出されるまではその職務を行う。役員の重任は妨げない。

第 10 条　本会の運営のために幹事会ならびに常任幹事会を置く。幹事会は幹事を以って構成し、本会の運営に必要な重要な会務を行う。幹事の互選により代表幹事、副代表幹事、常任幹事、事務局長を選任する。常任幹事会は、原則として毎月 １ 回開催し、幹事会の委任をうけて本会の運営に必要な一般会務を行う。

第 11 条　幹事は、会員の維薦により選任し、捻会の承認を安ける。

第 12 条　幹事会は、常任幹事会の決議に基き、代表幹事が招集する。常任幹事会は、常任幹事２名以上の発議により代表幹事が招集する。幹事会および常任幹事会の決議は、出席幹事の過半数の賛成により成立する。賛否同数のときは、代表幹事がこれを決する。

第 13 条　本会の会議の遂行上、下記の分科委員会を設け、常任幹事会が選出した委員長が運営の責に当る。

1. 組織・活動委員会
2. 会誌編集委員会
3. 財務委員会
4. 対外交流委員会

各委員会の委員は、委員長の堆薦により委嘱する。

第 14 条　会計の監査は、会計監事が行う。会計監事は、幹事会の堆薦により選任し、総会の承認を受ける。

(財政)　第 15 条　本会の経費は、会費、寄付金、その他の収入をもってまかなわれる。留学生・研修生受け入れのため、特別会計を設ける。

(会費)　第 16 条　会費は年額１万円とする．また、家族金員の会辛は年報 2000 円とする。

第 17 条　本会の会計年度は、毎年７月１日に始まり翌年６月 30 日に終る。

(改正)　第 18 条　本会の会則は、幹事会の発議により、総会において、委任状を含む出席者の３分の２以上の賛成により改正することができる。

(付則)　この会則は 2004 年 8 月 29 日から施行する。

過去の直視、これが歴史認識の原点

軍備亡国・反戦平和

2015年　6月号　No. 547

8.15

二〇一五年　六月十五日発行（毎月一回十五日発行）
第五六巻　六号　通巻第五四六号

［巻頭言］

日中友好元軍人の会ＨＰ　　http://www11.ocn.ne.jp/~donpo/

6

日中友好８．１５の会
（日中友好元軍人の会）

創　立　宣　言

戦争の罪悪を身をもって体験した、わたくしども元軍人は、心から人間の尊厳にめざめ、戦争を否定します。

わたくしどもは、過去の反省に立脚し、戦争放棄と戦力不保持を明示した日本国憲法を順守し、真に人類の幸福と世界の平和に貢献せんがため、本会設立の趣意書ならびに会則にのっとり、同志相携えてあらゆる戦争を阻止し、戦争原因の剪除に努め、進んで近隣諸国とくに中国との友好を進めんとするものであります。

ここに終戦の記念日をトして本会を設立するにあたり、万世のため太平を開く決意のもとに日本の更正を誓った当時を追憶し、戦没の万霊に額ずき、ご遺族をはじめ戦争の被害者ならびに軍靴で踏みにじった戦場の住民各位に深く遺憾の意を表しつつ宣言します。

１９６１年8月１５日

日中友好元軍人の会

二〇十四年度　活動方針

われわれは、創立宣言に則り、次の活動を行なう

一、平和憲法を守り抜くため、広く非武装中立・軍備亡国を訴え、組織の強化・拡大に努力する。

二、過去の侵略戦争に対する反省に立脚して、中国をはじめ、アジア近隣諸国、さらには世界各国の平和を希求する人々との友好・提携に努める。

行　動　計　画

一、ますます反動性を強めている安倍内閣の憲法改悪のあらゆる策動を許さず、特に憲法九条を守るために活動している諸団体の運動に積極的に参加する。

二、集団的自衛権の行使を求めず、名目の如何にかかわらず、自衛隊の海外派遣、多国籍軍への支援に反対する。

三、広島・長崎の被爆の歴史に基づいて、核の廃絶を広く世界に訴える。エネルギーの変換、原発０の世界をめざす。

四、沖縄をはじめとする全国各地の米軍基地の縮小・撤廃を求め、そのためにも日米安保条約の解消とそれに代わる日米平和友好条約の締結を提唱する。

五、日・中・韓・朝の障壁になっている歴史認識問題、戦後処理（従軍慰安婦・強制連行・強制労働などに関する訴訟・賠償請求）の早期解決を求めていく。

六、中国国際友好聯絡会研修生受け入れと公私訪中団派遣を通じて、民間レベルでの友好・交流の強化を図る。

【巻頭言】

ファシズムの足音が聴こえる
―その一―

佐藤　正八

はじめに

こうしたテーマは巻頭言に相応しいとは思っていない。しかもテーマの性質上可なりの分量が予想され、連載ものになり（―その二―以降は巻頭言ではない扱を願う）尚更のことである。

しかし、このテーマで幾多の事実を持ってある程度解明したところで、反ファシズム統一戦線の構築を提起しなければ、任務を果たしたことにはならない、と考えている。こうした一人よがりの構想を受け止めて頂き、批評・批判を乞うものである。

太平洋戦争が始まる二年前に福島県の農村で生まれ、戦後は食糧難ではあったが、民主化の波を肌で感じて育ち、大学生時代にキリスト教の信仰を学んだ。平和憲法を活かし護って行きたい、という思いは一貫して変わらず、職場や地域でささやかな活動を続けてきた一人である。１９６０年に反安保の国民的なたたかいがあり、かつ労働運動が盛んであったことも背景にあったが、社会主義革命に情熱や夢を見出していたことがあったことも確かである。

しかし、社会主義国、或いは共産主義国と言われていた諸国が崩壊し、その実態の一部が明らかになるに付け、その理念と現実の乖離を認めざるを得なくなってきた。カンサンジュが「憲法を活かし・護ろう」と云う運動は、冷静に考えれば保守本流なのである、と話した、と云う。安倍首相の「憲法改正」は、戦争出来る国造りへの国家の右翼的再編なのである。ここ１０年に及ぶ地域活動の原点は社会主義にはなく、無論保守本流などではないが、リベラルで、格差が少なく、民主的で連帯感のある福祉社会を目指し求めいているに過ぎない。それ故に、以下の小論を左翼的な見方―という指摘は正鵠を得ていない。

１．ファシズム論の素描

ファシズムの形成過程を様々な事実を持って克明に分析・解明することは、今日の安倍政権の、特に沖縄に基地問題を含めた安保政策における、強権的・権力的対応・態度を見るにつけ極めて重要であり意味がある。しかし、それを遂行するだけの時間的余裕も紙幅もなく、素描するに過ぎない。ファシズムの発生と生成は政治的行きづまり、経済的混乱、社会的不安等々が下地にあり民衆を扇動する才覚あるリーダーが出現した時に驚異的に発達している。

１９１７年にロシアで社会主義革命が起きた結果、世界の資本主義体制は全般に危機の時期に入って行った。そうした時代的政治的背景に中で、１９１９年に、イタリアのムッソリーニが率いる集団が労働者や社会党党員に公然たる暴力を振いながら急速に勢力を拡大して行った。その基盤になったのが、労働運動や社会主義運動に敵対感を抱いていた中産階級であった。政権を獲得したムッソリーニは議会に独裁権を与えることを承認させた。

　１９２５年の選挙でファシスト党が第一党となるや、他の党の活動を禁止させ、独裁体制を樹立し、言論、出版、集会等々に厳しい統制をして行った。その後の経過は割愛するが、日、独、伊の三国同盟に到達し、第二次世界大戦に突入して行ったのである。

　ファシズムはこの時代に様々な形で現れているが、代表格に挙げられているのがドイツのナチスを率いたヒトラーである。その前に、ワイマール憲法に言及しておかなければならない。第一次世界大戦の敗北を契機に１９１８年に革命が起り、社会民主党を主体とする臨時政府が成立し、政府は議会主義の枠内で収拾しようとした。それでもスパルタクス団（共産党）蜂起したが鎮圧され、かの有名なワイマール憲法を制定した。１９１９年のことである。

　この憲法は最も民主的な憲法と云われ、国民主権、男女に普通選挙権、国民の直接投票の大統領制、国会の権限強化、社会政策的条項による労働者の擁護策、等々を盛り込んでいた。

　こうした時代背景の中で、恐慌によって引き起こされた社会不安を背景に、ナチスと共産党が目覚ましい進出をした。特にナチスは１９２８年に12議席であったものが、１９３０年に１０７議席となり、１９３２年には第一党にのし上がった。その最大の要因は恐慌に苦しむ選挙民にアピールし、ヒトラーを頂点とする党組織が機動力に富んでいたことがある。

　ヒトラーはナチスの一党独裁を目指し次ぎ次ぎと手を打ち、強引に全権委任法を成立させた。その上でヒトラー政権は公共事業等で失業者の救済に成功する一方で、言論、出版、集会など国民の自由を容赦なく蹂躙し、反対者を強制収容所に送り込んだ。更にはユダヤ人に対し歴史上最大の迫害を加えた。これらのことはヒトラー著「わが闘争」に記されている。

　こうした弾圧体制は当然というべきか、必然に戦争を必要としていた。１９３７年にドイツは日本、イタリヤアと共に防共協定を締結し、１９４０年には、日、独、伊、の三国同盟に発展し、第二次世界大戦へと突入して行ったのである。

２　米国の世界侵略の歴史と構造

日本を含めたファシズムの体制は国内の反対陣営を徹底的に弾圧し、その返す刀で敵国を造り出し、侵略戦争を当然の如くに突き進んで行った。ところが、第二次大戦後、世界最大の超大国となった米国は、ソ連という共産主義国家との対立を基軸しながらも、朝鮮戦争、ベェトナム戦争、イラク戦争、アフガニスタン戦争等々、世界各地で全面的な戦争を展開して来ている。この他にも様々な戦争や紛争に関わって来ている。

その米国の世界各地で展開している戦争を、戦争に反対し、平和な国際社会を望む立場から、どのように受け止め、歴史と構造をどのように、分析したならば良いのであろうか?とても重たい課題であり、テーマである。以下は走り出しの試論に過ぎない。

第二次世界大戦以後の米国は、世界最大の軍事力、国力を誇り、国内に戦争推進力を抱えながら、世界を抑え、開戦の理由や状況は異なるが資本の論理によって、戦争を遂行・展開してきている。その米国を世の歴史家・評論家はファシズム国家とは呼ばない。即ちファシズムは戦争に突き進むが、戦争推進の力・要因は他にもある、ということである。

第二に、米国は日本による真珠湾攻撃を受けて以来、米国内で一度も戦争を展開してはいない。他国の領土でのみ戦争をしている。それは広大な国土と国力によるものである。地政学上の優位性もある。要するに、倫理や博愛があっても戦争を阻止するには及ばず、資本の論理が圧倒しているためである。

第三に、米国内で反戦活動やグループは常に存在し、活動はしてきているが、多数派には成り得ず、政権の戦争遂行を比較多数の国民は支持してきている。とは言ってもブッシュ大統領のイラク戦争のように、判断の間違いに関しては、厳しい批判を展開している。

第四に、米国の戦争推進の重要な要因は、産軍複合体が高度化・巨大化し、政治がそれをコントロール出来ずにおり、一方、移民層を中心に貧困層を抱えており、それらの複合要因が戦争推進の原動力になっている。

第五に、20世紀後半は完全に米国の世紀であったが、21世紀の米国の相対的な低下は目を覆うばかりである。日政治力、経済力、の相対的な低下は相当なものである。日米間の軍事費の負担増の要求は端的にその現れである。オバマ大統領・米議会の安倍首相歓待の付けは、日本に軍事費を負担させ、その上で、米国と共に世界の各地で戦争をすることである。

・・・・・　続く　・・・・・

（埼玉・常任幹事）

全世界同時代史
アルチュール・ランボー伝（63）

島貫　隆光

帝国国防方針　その三
大東亜戦争への道　3　ノモンハン事件（35）
ウランバートルシンポジューム（牛島報告）　31
モンゴル大粛清（一九三七年）

外蒙の党による歴史では、チョイバルサンの権力闘争の実体を理解することは難しい。特に一九三五～三九年の間の事実を検討するためには、一九三八年の七月に、満州に逃亡してきた駐蒙ソ連軍第二六自動車化狙撃師団のフロント少佐とか、同年八月に満州へ脱出してきたビンバー大尉の談話や手記の方が、はるかに率直具体的に人間の動きを明らかにしている。

特に、ビンバー大尉の「外蒙脱出記」は、異色の資料であるばかりでなく、情報封鎖中のモンゴルのこの時期を解明する唯一の資料である。ビンバー大尉は、満州国へ脱出する時は、第二軍団、騎兵第六師団(ノモンハン戦の時の主力となる)の宣伝班長としてタムサクブラーグに勤務していたが、それ以前ダンバー将軍の直接の部下として、対ソ決起計画に深く関わった人物である。ノモンハン事件の際には近藤少佐と戦場情報班で活躍し、対外蒙軍宣伝工作に従事したことのある偉丈夫である。その手記は、東京朝日の昭和十四年七月二日から七回にわたって連載されている。最初その中から、満州里会議関係部分を紹介する。

「我々〃外蒙人の外蒙〃派は、いよいよ反ソの志を強くした。それにこの志を強くする大きな力(註…日満)が東よりもたらされたことを銘記する。外蒙二五年(註…現在の外蒙では、一九二一年の独立を初年とするが、この当時は、ボグドの独立宣言(一九一一年)を初年と考えていたので、一九三五年のことになる)の暮れ、ダンバー将軍は、満州里会議を終えて、シベリア経由で、ウランバートルより、バイントウメンに帰って来た。満州里で行われた会議は、成功とは言えなかったが、我々には、ある種の喜びを与えた。

ダンバー軍団長は、満州里より帰って、我々を集めて、秘かに『余は、反ソ運動の決心がいよいよ強固になった。あくまで、ゲンドン元首相を、外蒙共和国の元首として、我々は、モスクワ政府の制圧を脱しなければならない。

今度の満州里会議は、無駄ではなかった。殊にケンキ(神吉)という日本代表を通じて、日本人を十分観察した。我々はケンキ代表に親しもうとしたが、周囲の限が光っていて近づくことが出来なかったことは残念であった』と語ってくれた。我々一同は、その時以来、ケンキらの名前を深く記憶している。

外蒙二六年(一九三六年)という年は、外蒙古の煩悶の年であった。我々一群が謀りつつあることをソ連依存派は、十分に探知していたのであろう。この年の初めから、今までと異なる勢いで、一般の赤化教育に拍車がかけられた。

次のような宣伝文が、絵とか写真入りで、各所に貼り出された。『日本軍は、満州北部に移動しつつあり、今日外蒙古もこの魔手によって侵略されるぞ』と書いたポスターの傍らに、タンクの靴をはいた怪物が描いてあり、その傍らに日本と書いてあった。」

続いて彼らの反ソ蜂起計画に関する部分の要旨を紹介する。

「しかし、人民が現実の問題に帰った時には、宣伝の珍しさなど興ざめで、ロシア人の鼻曲がり奴がと秘かに思うようになった。

現実の問題とは、ソ連軍の南下駐屯と家畜課税の強化である。一日一日と、人民の不満は、ソ連人とソ連化蒙古人に対して起こり始めた。一九三七年の春の同志の会合では、外蒙全体の六〇%～八〇%が反ソ暴動を支持するものと報告された。

一、外蒙共和国に元首を定め、ゲンドンをつける。二、外蒙内の全ソ連軍部隊を撤退させる。三、東南国境(註…満州、内蒙との国境)の封鎖を解く。四、ダンバー軍団の四個師団一万余が蜂起に参加し、ウランバートル第一師団も参加する。ことが決定された。

ダンバー将軍は、『ウランバートル政府内における同志は、我々東部のドロドノアイマクの蜂起に期待している。我が軍団は日満側国境に最も近い好条件下にある。我々が反ソ運動に起てば、日本及び隣の同胞は必ず援助を与えてくれる』と語った。この言葉は、満州里会議以降のダンバー将軍の持論である。

『蜂起時機については、二つの好機を見い出すことができる。一つは、日ソ関係が切迫している今日、日ソ開戦と同時に陰謀を実施する。その二は、もし日支が作戦をした場合、日本軍の内蒙進出を機として実施する。時機は近迫している。我々は、この機に備えるため秘かに準備せよ』と将軍は語った。

一九三七年七月、我々が待ちに待った支那事変が始まった。この報が伝わると、外蒙内は大きく動揺した。我々は、日本軍が内蒙から北進してくることをどんなに希望したであろうか。

ウランバートルの同志、マルジー参謀総長は、オチルバトを我々に連絡者としてよこした。同時に内蒙への出口ジャムインウデにおける装甲自動車隊長ジャムインジャップに密令を発した。『内蒙支那軍の密使は、ウランバートルにおいて、外蒙の軍事協力方を交渉中であるが、ジャムインジャップは、支那軍の北上を阻止し、日本軍の北上を誘導して、ウランバートル街上に出よ。第二軍団下の四個師団は、ウランバートルの第一師団とともに反乱を起こす』

ところが、その急使は、途中で、内防処(ゲーペーウー)の手により発見されてしまった。この発覚が、我々の最大痛恨事である。ソ連軍が突如として、南下して、ウランバートル、バイントウメン、ウンドルハンへと驚くべき勢いで南進してきた。

我々のところに来た密使ロトオチルは、ウランバートルへの帰路、自動車内で殺害された。親ソ派であるゲーペーウーと革命党員の活動は全くソ連の力を背景に〝外蒙人の外蒙古〟派に対して、恐ろしい勢いで魔手をふるい始めた。」

当時の世界を驚かせた奇怪な事件が、デミド陸相の訪ソである。デミド将軍は、外蒙内で非常に人気があり、外蒙自体では彼を抹殺できる力はなかったのであろう。

デミド陸相は、モスクワの呼び出しを受けて、モスクワに赴く途中、八月二日シベリア鉄道のタイガ駅で、随行していた砲兵監ジャンサンホルロ中将と共に毒殺された。屍体はモンゴルに返されず、そのまま遠路モスクワまで運ばれ、到着と同時に火葬に付された。

罐詰にあたったとか、色々の風説が巻き起こった。ソ連側は、この疑問死について調査を約したが、その結果は発表されることはなかった。

デミド将軍は、汎蒙古主義者であり、ジンギス汗を崇拝し、蒙古が失ったジンギス汗時代の軍隊の攻撃力を復活させるべきであるなどと公言したことがあった。

したがって、当時の日満側の資料では、デミド将軍が対日攻撃の主唱主戦派で、ソ連は日本と戦いたくないので、粛清したなどと書かれたことがある。これは全くの逆である。

蜂起計画の本存、第二軍団長ダンバー将軍であるが、マルジー参謀長の招電を受けて、連絡のためウランバートルへ向かったが、再びケルレン河を越えて、バヤントウメンに帰っては来なかった。招電は、マルジー参謀長の名を使ったチョイバルサンからの偽電であったと言われている。彼の名は、党史からも全く消されている。

ウランバートルへ出発の際、彼も不安は感じたようである。将軍は、ビンバー大尉に対し、もし帰還しない場合には、満州国へ脱出するよう勧めたと、ビンバーは述べている。

侵入したソ連軍の力を背景として、チョイバルサン派ゲーペーウーが逮捕を開始したのは、八月二十一日頃とされ、八月から十月までが逮捕と処刑の最盛期となった。

この時、粛清された主要人物は、一万人に達すると言われているが、それで粛清が完了した訳ではない。この粛清に続いて、ラマ教僧侶に対する大々的粛清から、科学アカデミーに対する粛清が続き、更に軍隊の動揺など情報密封の中で、国家の指導層の主要部分が潰滅した。最終的には、一九三九年、ゲンドン首相の後を継いだアモル首相らの銃殺によって清掃を完了した。完了したというより、ノモンハン事件の発生を見ることになる。

チョイバルサンと、権力闘争を行いうるような各界指導者は、一人も残されなかったのである。明らかに、スターリンの指示による民族への裏切りである。

主な被粛清者をあげると、陸相デミド、陸軍次官ダリジャップ(満州里会議代表)、参謀総長マルジー、軍政治部長ロトオチル(満州里会議代表)、第一軍団長シンソホルル、第二軍団長ダンバー(満州里会議代表)、師団長六名、従軍部長ジンベリー、軍医部長ジンデツプ、士官学校長ジョインブル以下三教官、以下連隊長級以下まで潰滅的である。

内閣調査室を調査する（33）

五月十四日、遂に安保法制の閣議決定がなされ、これから国会での論戦が始まる。

夕方六時に首相の記者会見が始まった。その前に相撲放送があり、白鵬が豊ノ島に危ない相撲をとっていて、何やら首位の座が危うくなってきたような感じだったが安倍の会見は自信に満ちたものだった。

私は安倍には哲学が無いからダメだと書いた。もう一つ歴史認識が出来ていないからダメだと言いたい。久しぶりにジェラルド・カーチスが出てきて安倍は日米同盟を強化しようとしているが、アメリカも誤ることが多いといってベトナム戦争の例をあげた。これはまったく私と同意見で、私はアメリカが第二次世界大戦から朝鮮戦争までは正しかったものの、それ以後、特にベトナム戦争に始まる戦争は誤りの連続だったと考えている。

ベトナム戦争は共産主義のドミノ理論によって行われた。中国に続いてアジアに共産主義国がドミノ倒しのように拡大するという認識だった。この時、アメリカはベトナムの民族主義について全く理解していなかった。

牛島報告の中で関東軍はモンゴルの民族主義、つまりソ連に対抗する力を無視していることについてふれているが、ベトナムは中国に対抗する強烈な民族主義をもっていて、ドミノ化するはずがなかったのである。それをアメリカは見誤った。数十年に及ぶベトナム戦争で五百兆もの戦費と多数の戦死者を出し、遂にはベトナムを撤退せざるを得なくなり、世界の警察の威信はゆらぎ、今日の衰退を招いた。イラク戦争はCIAの誤情報に乗ったブッシュのネオコン政策の誤りである。それがイスラム国を生んだ。ことごとくアメリカの歴史認識の誤りである。小泉は細川と組んだタッグで反原発運動に力を入れているようだが、その前にやるべきことがあるのではないか。イラク戦争でブッシュを支持したことをいまだに謝罪していない。アメリカもイギリスもともに誤りを認めているというのにである。

つまり、アメリカとの同盟というものはこれほど危ういものなのである。それを正すためには日本独自の哲学と歴史感覚をもって国策を立てていかなければならないのであって、ただただ意を迎えるだけではダメなのだ。安保法制はアメリカに追従する政策を強化するためのものだ。これによって中国に対する抑止力を強化するというのだが、これは両刃の剣である。はね返りが大きすぎる。

日本はこれまで憲法九条の戦争否定の哲学によって守られてきた。これをあえて捨てる必要がどこにあるのか。普通の国になろうとすることの意味はどこにあるのか。これが問われているのだ。

仙幼44期の大先輩、大仏賞の日向康さんは私と電話で話していてジョン・ダワーを読んだかと訊いたことがある。勿論読みましたというととうとうダワーの偉大さを論じ始めた。日向さんは一年に一度は樋口陽一と会うことにしていて、その日はちょうど樋口と会うことになっていた。ダワーの本はその時の話題に上るのだろう。私は二人の平和主義者の対談を想像しただけでうれしくなってしまった。

五月二〇日、党首討論が行われた。いつも思うのだが何故こんなことに時間制限をつけるのか。またいつものことだが政治家の話というのは全くかみあわないおしゃべりに過ぎない。特に安倍の話はひどくて、彼は他人の貴重な時間をいたずらに使って自説をしゃべるだけだ。だからこそヤジが飛ぶのだが、それを制止するのにまた時間を費やす。今回やっと確認できたのは、自衛隊を他国領土に送り込むことは無いということ、隊員のリスクはふえないということだ。二十二日防衛相がこの点について補足した。これらは今後国会で具体的に討議してもらいたい。首相とのソゴが目立つ。

一ヶ月にわたって行われてきたNPT会議が最後のドタン場でアメリカのイスラエル寄りの姿勢のためにブチこわされた。アメリカというのはこういう国だということをわれわれは肝に銘じておく必要がある。

アメリカにとっては日本が協力してくれること貼は有難いにきまっている。基地問題でもそうだが、日本ほど住みやすい所は他にない。金は出してくれるし、自由にできる。だからこそ米国議会は安倍をスタンディング・オベイションで歓待したのだ。それに乗せられていては大変なことになるということが安倍には全く分かっていない。

安倍としてはアメリカの抑止力が力強く日本を支えてくれるだろうと考えているのだろうが、アメリカは日本のことより自国のことを優先するのであり、日本の期待通りにはいかない。中国に対してもアメリカは日本抜きで対決している

イスラム国での邦人問題の検証が出て来た。私の予告通りハシにも棒にもかからないヒドイものだ。首相の発言を問題なしとしている。安倍を批判することを避けている仲間ボメ手前ミソの結果である。

五月二十七日、国会で安保特別委が始まった。例によって安倍の答弁は不誠実だが、私が注目したのはこれまで私の言ってきた後方＝安全神話に関するものだ。維新の柿澤と共産党の志位が正面からとりあげてくれた。

今回は特に自衛隊員のリスクが増大するという問題が大きくクローズアップされてきたが政府側は第一に安全な所にしか行かないし危険になったら引き上げるという説明で逃げ切ろうとしている。これほど現場のことを知らない空論はあるだろうか。私がこれまで日本の弱点としてとりあげてきた兵站の危険性ということが全く分かっていない。絶対安全だというところなどどこにもないし、危険と分かった時点で戦場離脱などできるわけがない。弾雨の下を逃げまどわないかぎり、戦場のことなどわからないといわれる。わたしもそういう経験はないからわからないのだが、

政治家の議論はまったく現場感覚のない空論に終始している。もう一度ハッキリ書いておくが、ミサイル時代には前方も後方もなく、兵站は重要な戦争の道具だから狙われて危険なのである。したがって、絶対安全を言うならば後方支援はできなくなるということを理解するべきだろう。

わたしは安倍の米国議会での演説が七十年談話を占うことになると書いたが、これは誤りだった。考えてみれば、これはアメリカにおけるアメリカのための演説であって、アジアにおけるアジアのための演説ではないからである。つまり、ここにはアメリカに関することしか書いていないからだ。七十年談話はまったく別のものとならざるをえない。それは未知数だが、岸信介のDNAを持つ安倍としては、まず東京裁判の否定に始まり、過去の日本の正しさを取り戻し、戦後の日本の歩みを否定するところから始まることになる。そして現在すすめつつある集団安保法制を基本として平和を構築する世界戦略を語ることになるだろう。そこにはアジアに対する謝罪の言葉は入ってこないかもしれない。

大東亜戦争開戦経緯（29）

ハルノートとは何か（5）

瀬島の大本営参謀時代について、一部の論者は、例によって一切の検証抜きで瀬島を責めたえ「開戦以来、瀬島参謀は満州、中国、内地、南方など戦線全域にわたる皇軍の兵力運用を担当していた。終戦時には二〇〇個師団・六〇〇万人の兵を動かしていた。第二次大戦四年間で大本営陸軍部命令は、一、四〇〇本ぐらい発せられている。そのほとんどに瀬島はかかわっている。上奏を得なければならない命令ばかり」などと書いている。日本陸軍がいかに疲弊状態にあったとしても、まだ三十代前半の瀬島がひとりで切り盛りするような脆弱な組織ではなかった。

瀬島は大本営参謀時代の記録を公けにしていない。昭和五十年前後から、二、三の経済誌で思い出を語っているにすぎない。これまでもっとも瀬島自身がくわしく語っているのは、前出の「大本営の二〇〇〇日」である。これがもっとも内容があり、自らの体験をあるていど明らかにしている（瀬島は、私家版で『北方戦備』という七、八センチの厚さのある回想録を書いている。明治四十年の『帝国国防方針』から、昭和二十年の敗戦に至る日本陸軍の歩みに触れているといわれている。しかし防衛庁戦史室に所蔵されてはいるが、一般には直接目にふれることができない）。

「大本営の二〇〇〇日」によれば、瀬島は、作戦参謀時代の初期、参謀総長の杉山元について宮中への上奏の鞄持ちをすることもあったらしい。天皇に允裁を求めるには三つのシステムがあり、それはそれぞれ異なった意味をもっていたことが説明されている。日米開戦に至るまでの政策の流れとは別に、参謀本部が独自に考えていた兵力の配備などに関し、天皇の諒解をとるまでのプロセスが整理されて語られている。といってもそれは他の著作物でも一般的に説明されていることであり、こと改まって現場にいた参謀が語るほど目新しいものではない。

一連の記事を読んでいて気づくのは、瀬島はすぐにシステムや手続きの一般論に話をもっていき、実際にその場、その時点で自分はどのような役割をはたしたかをあまり明確には話していないということである。自らの体験した事実は、システムや手続きのなかに還元されてしまっている。意静的にか、あるいは無意識にか、作為が働いているように感じられる。その理由はどこにあるのだろうかと考えてみると、あるていどの推測が成り立つ。それは、次代の者が太平洋戦争の構造をつぶさに理解していないことが逆手にとられているという点にある。

そういう例を一点指摘しておきたい。

「昭和国家と太平洋戦争」(『文警春秋』昭和四十九年一月号)の司馬遼太郎との対談でも、そういう言いかたをしている。むろん司馬にはそれがわかっているが、次代の者には理解できない構図になっている。

司馬は、太平洋戦争における〝ルビコン河〟は「南部仏印進駐」にあるとする論者だが、瀬島もそれに相槌を打って話を進めていく。そして、当時、瀬島はどう考えていたかと問われて、次のように答えている。その重要な部分を抜きだしてみよう。

「自分のことを申し上げるのは恐縮ですけれども、このとき私は上司に意見書を出しました。大尉参謀でございましたが、たしか赤い罫の陸軍罫紙に毛筆で認めたと思います。どう考えても、南部仏印に陸海軍兵力を入れることは対米関係を最悪にするという判断を持ったものですから」「最悪の場合には対米戦争をやるんだ、という決定とその見通しと、準備とを持たずに、南部仏印進駐というような大きい行動を軽々しくとるべきではない。政戦両略上の見通しなしに進駐することは、却って予期せぬ事態を惹き起すのではないか――という趣旨でした」

この証言からすると、瀬島は南部仏印進駐に反対した良識的参謀に見えてくる。しかし、これは、その当時の参謀本部内の状況を抜きにして語っているにすぎない。先に述べたように、昭和十六年における仏印進駐前夜の参謀本部内は、対ソか対南方かの選択で煮えたぎっている時期にあたっていた。作戦部長は南部仏印進駐に反対し、対ソ戦を主張していた。一方、対南方班の作戦参謀たちは、ほぼ一年まえから対南方作戦を起案するのに必死になっている。したがって瀬島が上司に意見書をだしたとすれば、自分の立場が、対ソ戦に傾斜していたがゆえに兵力をいれることに反対したのか、それとも対南方作戦はもっか全力をあげて起案中で内容が固まっていないから時機尚早として反対したのか、さもなければ南部仏印進駐にも対ソ戦にも反対し、日本はいかなる行動にもでないようにすべきと判断していたのか、という意見具申の前提が説明されていなければならないはずだ。この時期に、単に南部仏印への進駐に反対するだけの主旨でわざわざ意見書を提出したとしたら、上司から怒鳴り上げられることは必至であり、その後、作戦参謀にとどまっていられる状況ではないからである。瀬島証言は、陸軍の仏印進駐に対する戦後の批判に、自らの意見の一部を適合させて語っているにすぎないといわれても仕方ない。

瀬島の歴史的証言には、常にこうした背景や前提が曖昧にされているのが特徴だ。だから、当時を知らないものにとっては、瀬島の論が、いかにも良識論であったかのように聞えるが、勘ぐれば対ソ戦という陸軍本来の方針にこだわり、ドイツがソ連を制圧するだろうから、そちらに賭けたほうがいいとの信念の持ち主であったとも推測できるのである。そして、もう一歩推測をすすめれば、作戦部長の田中新一や参謀次長の塚田攻、そして参謀総長の杉山元のように対ソ戦に関心の深い指導者たちの意思に沿う立ち場を守っていたとも思えるのだ。

当時、参謀本部の中には東條人脈が根をはっていた。89頁の表でみるとおり、作戦部の要職を占めている服部卓四郎や辻政信などは、東條陸相に連なる人々で南方作戦支持派だった。昭和十六年十月十八日に、東條は、首相にも推挙されるが、昭和十六年春頃からは、陸軍内部の実権を握り目をかけている参謀を要職に据えていた。服部や辻もそうしてこのポストに就いた。

しかしこのふたりには参謀として失態を演じた経験があった。

ふたりはノモンハン事変のとき関東軍作戦参謀の地位にいたが、日本と満洲がソ連、モンゴルとの間で国境線をめぐって対立しているのにつけこみ、消極論を唱える植田謙吉関東軍司令官や磯谷廉介参謀長らを圧倒してソ連との武力衝突を画策した。参謀本部作戦課長の稲田正純は、服部や辻の意を受けて省部を根回しし、陸軍省軍事課の消極論も押さえこんだ。ソ連を討つのなど実に簡単、という楽観説がいつも作戦課にはあった。八月のノモンハンでの日ソ武力衝突は、初めは優勢だったが、兵力を建て直したソ連軍に完膚なきまでに叩きのめされた。無謀な作戦を進め、あまつさえ敗戦の因を現地の連隊長に押しつけて、自決を強要するというのは、服部や辻の参謀としての資質に拘わる重大事であった。

植田と磯谷は責任をとって予備役に編入されたが、服部と辻は一時閑職に追いやられただけで東條人事によって再び要職にすわった。

そのふたりが参謀本部作戦課の課長と班長になっているのだから、作戦課内の空気がどのようなものかは容易に推測できる。ノモンハン事変当時、軍事課高級課員だった西浦進は、「参謀本部第二課（注・作戦課）のこの頃のやり方に対しては本当に信頼をおけなかった。子供の火遊びという気がしてならなかった」とその著書『昭和戦争史の証言』のなかで断言している。服部と辻の暴走を許した空気が、そのまま瀬島が参謀として自立していくときの作戦部作戦課の雰囲気となっていた。

南部仏印進駐後、アメリカの手ひどいしっぺ返しをうけて、参謀本部や軍司令部内部には「対英米戦」によって状況を一変させようという動きが強まった。それを受けて、東條陸相は近衛首相と対立を深め、やがて近衛は内閣を投げだし、東條が首相となった。陸軍の強硬派である東條を首相に据えたとき、内大臣の木戸幸一は、天皇の意を受けて、「対英米戦」より外交に主眼を置くように要請した。天皇は「虎穴に入らずんば虎児を得ずの心境だったのだ。

南部仏印進駐前は対ソ論者だった作戦部長の田中は、このころ対米強硬論者に変り、その田中を先頭に立てて、作戦参謀は一貫して日米開戦やむなしの論を展開していた。天皇の意を受けて、和戦両様の政策を模索する東條首相兼陸相、陸軍省軍務局長の武藤章に、しばしば武力発動でジリ貧状態から放けだすべきと説きつづけたのは田中であり、その意を受けた参謀総長の杉山元であった。杉山をはじめ参謀本部の参謀たちは、東郷茂徳外相がすすめる日米交渉にいらだち、交渉がいきづまるたびに歓声をあげていた。

十一月にはいって、日米交渉は最後の詰めにはいった。外務省は、来栖三郎を特派大使にしてワシントンに送り、何とか交渉を実らせようとする。参謀本部戦争指導班の内部文書(『大本営機密戦争日誌』)は、来栖渡米の日に、こんなことを書いている。「部内、来栖の飛行機墜落を祈るものあり、いわく第二課長(註・服部卓四郎のこと)、第六課長(注・天野正一)等。当班もまたその気持は同様なり」。参謀本部の参謀たちは日米開戦に踏み切りたくて仕方が無かったのだ。

十一月二十七日になって、ハルノートをつきつけられた日本は、外交交渉に見切りをつけて開戦に踏みきる方針が確定する。その日の『大本営機密戦争日誌』には、「交渉はもちろん決裂なり。これにて帝国の開戦決意の踏切り容易となれり。めでたし、めでたし。これ、天佑ともいうべし」と書かれている。

日米開戦一色に染まっている参謀本部のなかで、すこしでも懐疑的な意見を述べることは敗戦主義者のレッテルが貼られて存在さえ許されない状況だった。

瀬島参謀もこういう空気のなかで、日米開戦の道をひたすら願い、そのために労力を費していたとみるべきだろう。瀬島はとくにこのときの参謀本部の空気を忠実に代弁している参謀であったのだろう。開戦時にも次のようなエピソードをのこしているのである。

参謀本部作戦課の参謀たちは、十二月一日の御前会議で日米開戦の聖断が下されたあと、八日まで部内にかんづめ状態になって、開戦に至るまでの連絡を傘下の各軍ととりあった。むろん瀬島もまたそうであった。

二日に参謀本部は参謀総長名で南方軍総司令官の寺内寿一にあてて、電報を発しているが、そのなかに「『ヒノデ』ハ『ヤマガタ』トス(注・作戦開始日は八日)」という一節あった。この電報の文面を帝国の国策に沿って起案したのが瀬島だったらしく(そのことは歴史的にはたいして重要なことではないのだが)、瀬島は前出の記事で、「この開戦命令の陸軍の起案者にはぼくが、海軍は大和で亡くなった山本祐二大佐が選ばれた」と自慢している。

そしてこういう些末なエピソードは饒舌に語るが、歴史的にもっとも重要なエピソードである次のような話にはふれないのである。

昭和十六年アメリカのハル国務長官は、ワシントン時間で十二月六日午後九時(日本時間は十二月七日午前十一時)に、駐日大使のグルーにあて一通の電報を打った。ルーズベルト大統領の天皇にあてた親電である。その内容はすでに、新聞記者に公表され、世界的ニュースとして通信社によって各国に流されていた。日本語に訳すと千五百字余りになるが、「此ノ危局ニ際シ陛下ニ於カレテモ同様暗雲ヲ一掃スルノ方法ニ関シ考慮セラレンコトヲ希望スルガ為ナリ」とあり、ルーズベルトの私見が述べられていた。といってもそこに懸案を解決する新たな提案は盛られていなかった。

ルーズベルトが天皇にあてて親電を打ったというニュースは、日本国内では、同盟通信社から外務省など関係機関に連絡された。そこで東郷外相は駐米大使の野村にあてて、そのような電報がきているか問い合わせた。が、届いていないという。そこで東郷は外務省や宮内省にも連絡してその親電を待っていた。なかなか届かないので、ワシントン政府は天皇への親電を送るのをとりやめたのだろうと考えていた(東郷の回想録『時代の局面』から)。ところが十二月七日午後十時十五分ごろ、駐日アメリカ大使館から外務省に、ワシントンからの電報を解読中だが、解読が終りしだいグルー大使が東郷外相に会いたいと伝えてきた。グルーは、八日午前零時半に東郷のもとにきて天皇へのルーズベルトからの親電を持参したので至急拝謁したいと申しでてきた。

東郷は宮内大臣に連絡する。その一方で東條首相のもとに駈けつけ、親電の内容を伝えた。東條は先方からの譲歩はないようだし、これでは役にたたぬだろうといい、それでも東郷に拝謁するように勧めた。そのとき、東條は、「電報がおそく着いたからよかったよ。一、二日早く着いていたら、またひとさわぎあったかもしれない」と言った。東郷は宮中に行って、木戸とともに天皇に会い、ルーズベルトの親電を天皇の前で読み、その回答(親電拒否)内容を上奏した。そして御前を退出した。それが八日午前三時十五分だった。

この四分後、空母「赤城」からとび立った第一次攻撃隊は真珠湾攻撃を始めていたのである。

ルーズベルトの親電は、すでに弦を離れている矢を止める役割はたさなかった。もし親電が、東條のいうように一日か二日早くに着いていても、日本にとってその内容は受けいれることのできるものではなかったから、戦闘中止の命令は発せられなかったろう。だが、いみじくもハルが回想録でいったように、「歴史に残す記録としての米国の和平の意思」というアリバイにはなった。

実は、このルーズベルト親電は、東條の恐れた「一日前」に届いていたのに、それを参謀本部の将校が故意に遅らせてアメリカ大使館に届けたということが、戦後の東京裁判の法廷で明らかになる。それを知ったとき、東郷は驚き、東條もまた唖然としてしまった。東條はそんな事実を知らなかったのだ。

戦史叢書(『大本営陸軍部　大東亜戦争開戦経緯(5)』)にその経緯が書かれているが、事態は次のように進展していたのである。

大本営第十一課（通信課）の戸村盛雄少佐は、逓信省検閲室の白尾電信官に、日本政府関係のものは除き、外国からの電報はすべて受信時を遅らせて届けるように命じた。それを受けて白尾は、中央電信局に外国電報の差し止めを伝えた。初めは五時間であったが、六日から日によって五時間と十時間と、かえていく。十二月七日正午に、白尾はルーズベルト大統領から天皇あての親電を受信したのだが、戸村に今後は十五時間遅らせて届けるように命じられたというのである。そのためルーズベルトの親電は、午後十時になってアメリカ大使館のグルーのもとに届けられた。

戸村の命令は、ルーズベルト親電の時間ぎれを謀ったものだった。

戦史叢書によると、戸村はこれについて、次のように述べていたという。

「十二月七日正午ころ米国大統領から陛下あて親電が送られたということを知った。この日参謀本部は企図秘匿上出勤する人が少なく至って閑散であった。作戦課の瀬島少佐から、前日馬来（マレー）上陸船団に触接して来た敵機を友軍機が撃墜し、既に戦闘が開始されたこと、そしてそのことは杉山参謀総長から陛下に上奏済みであることを聞いた。今更米国大統領から親電が来てもどうにもなるものではない。かえって混乱の因なると思って、右親電をおさえる措置をとった」

つまり戸村は、瀬島からすでに戦闘は始まっている、それは天皇にも伝えられている、と聞いて、親電の及ぼす効果を薄めるために十五時間（実際には十時間だったが）の差し止めを命じたということになる。

五味川純平は『御前会議』という著書のなかで「（戸村の証言を読んで）一読唖然とはこのことである。一少佐が、他国元首の天皇宛ての親電を、独自の判断において時間切れに導いたのである」と書いている。まさに事態は五味川の指摘どおりである。

戸村と瀬島は、陸大の同期生であり、親しい間柄にあったのだろうが、この「親電差し止め事件」は、参謀本部という統帥組織において佐官クラスが自在に権力をふるえるような状況になっていたことを物語っている。しかも『大本営機密戦争日誌』の、十二月五日、六日、七日の項には、瀬島が戸村に話したような内容、杉山参謀総長から天皇に上奏済みとの記述は見あたらない。瀬島の対戸村発言は、あらためて検証しなおされねばならぬ性質のように思える。

開戦しか念頭にない作戦課の参謀は、アメリカへの最後通牒文（実質上の宣戦布告）を真珠湾攻撃後の八日午後三時にアメリカに手渡すよう要求もしている（前出書の六日の記述）。しかし、連絡会議で真珠湾攻撃の事前に渡すことになっていたため、あきらめている。

作戦参謀たちは、外交上のルールなどどうに無視するつもりでいたのだ。参謀本部の横暴さを「国益」と考えるような参謀本部内の空気のなかで、この「親電差し止め事件」もまた、起こっていたのである。

太平洋戦争の陸軍の作戦は、南方作戦計画のとおりに進んだ。作戦参謀にとっては、得意の絶頂ともいうべき日がつづく。瀬島は、開戦をはさんで自分は兵力運用が担当であったと証言している。それは次のような仕事だった。

ある地域で作戦行動を行うことが作戦部で決定する。その場合、そこにどの師団を送らなければならないか、どの連隊を送らなければならないか、を決めなければならない。上陸作戦を行うとすれば、北海道出身者の部隊や北海道に駐屯する部隊を送っても意味がない。彼らは上陸作戦など訓練もしていない。逆に瀬戸内海の部隊は、日ごろから上陸作戦の訓練を行っているから、それを上陸作戦に投入したほうが効率がいいといったように、用兵作戦をプランとして練っていくのである。

兵力運用にあたる参謀の役割は、全国のどの部隊で日ごろどういう訓練が行われていたかを熟知していなければならない。また、どういう戦闘経験をもっているか、いまはどういう状態にあるか、どの部隊と部隊を組みあわせるか、なども考えるのである。当然、作戦内容のすべてを知つたであろう。ときに作戦部長ともサシで話さなければならない。意見を求められることもあるだろう。用兵という業務は天皇の大権であるから、参謀総長に従って参内することも多かったはずだ。天皇から質問があったら、参謀総長はすぐに答えなければならないから、奏答問答の資料もつくり、それをもっていったであろう。しかし、それは瀬島だけではなく、作戦課の参謀なら誰でもが行っていた慣例である。

兵力運用の専任参謀は、瀬島の前任者が水町勝城であり、後任者は晴気誠であった。彼らはいずれも三十代の前半で、この国運を左右する難業務を担当させられた。それは彼らにとっての不幸だっただけではない。統帥に関わる主務の作戦、用兵が、経験の浅い参謀にゆだねられ、その机上プランだったという事実を裏づけており、日本陸軍を解析するときの重要な反省点としてのこされている。

陸士で瀬島の七期上の作戦課参謀だった井本熊男は、参謀のなかでも自制の効いた幅広い知識をもつ幕僚だった。井本は、『作戦日誌で綴る大東亜戦争』(昭和五十四年十二月刊)という大著をのこしている。この書は、数多い陸軍軍人の回想録のなかでももっとも正確に事実を記し、次代の者の必読の書となっている。井本は、この書のなかで、作戦用兵について反省している。本来この仕事は参謀総長以下参謀本部をあげてとりくまなければならなかったにもかかわらず、そうならなかったというのだ。

「特に第一部は作戦用兵の主務部である。その部長の主活動は、その主務に関することでなければならない。その部長が戦争指導に専念していては、作戦はおろそかになる。勢い作戦用兵は課長以下に委すことになる。さらには課長までが部長の戦争指導の動きに捲きこまれる。これでは事務はできても、大本営の統帥はできない。その点について、大きな欠陥を生じたと筆者は見るのである」

参謀本部作戦部作戦課は市ヶ谷にあるいまの自衛隊東部方

面軍の建物のなかにあった。作家三島由紀夫が昭和四十五年に割腹したあの建物である。二階の角の部屋が参謀総長室で、北側に参謀次長室、総務部の部屋があり、東の二室が作戦部の部屋にあてられていた。その二室の隣に作戦参謀たちの会議室があり、この壁には、太平洋全域の地図が貼られていて、そのときどきの日本軍の戦力配備が一目瞭然でわかるようになっていた。

しかし、ここには大本営参謀のなかでも作戦課の参謀たちしか入室できなかった。

ここで瀬島は、参謀総長、参謀次長、それに作戦部長などを前に、兵力運用の説明にあたっている。全師団の戦備をほとんどそらんじている参謀として、上席の者には便利な存在であった。当時の参謀本部の参謀に話を聞いていくと、瀬島は、それぞれの作戦に用兵をどのようにするかという案を、実に丁寧に、そしてどこを質問されてもすぐに答えられるほどの〝模範答案〟で書いていることが分る。ふつうは、ひとつふたつの見落としをするものだが、瀬島には、そういうことはなかった。皮肉な言い方をする参謀は、「ペーパープランを書く秀才」だったと酷評するが、現実に瀬島のプランは、しばしば採用されたという。しかし客観的には、次のように判断すべきであろう。瀬島と陸士、陸大同期で、参謀本部作戦課の参謀だった首藤忠男の言である。

「人間の頭の切れる時期はそのころじゃありませんか。それを過ぎると、推理、判断力はつきますが、独創性に欠ける。組織上も三十代前半の参謀の意見はとおっていました。課長は四十代半ばの大佐、高級部員といわれる班長は四十歳前後で、その下は三十代前半です。瀬島君は若くして陸大にはいったから、三十代前半の初めで作戦を立案することもありましたね。でも誤解しないでほしいのは、瀬島君の案がそのままとおるというほど、作戦部は甘くはありません。こうしなければ戦争は勝てないというのは、作戦部にいる参謀なら誰が考えても同じようなものです。瀬島君の案を班長がいじり、課長もいじり、しだいに固まっていきます。だから、最後は素案の全体の二割ていどしか生かされていません」

瀬島は、作戦参謀としてめったにこの作戦部の室からでなかった。他の参謀は他の棟にある別のセクションに行ったりして、情報交換をすることがあった。しかし、瀬島はこの部屋で作戦用兵を考えているだけだった。

だから、大本営参謀のなかには、瀬島を次のように見る者も少なくなかった。

「いつのまにか瀬島さんは、奥の方にいて近よりがたい感じになっていった。参謀総長、次長、部長の威光を笠に着ているようなふるまいもありました。瀬島さんの背後には、いつも権力をもつ人が光っているような感じになっていくんですね」

大本営陸軍部（参謀本部）第Ⅰ部作戦課編制および任務分担表

（昭和１６年９月１８日当時）

作戦課長 服部卓四郎大佐（３４期）

- **作戦班長** 櫛田正夫中佐（３５期）
  - **対南方**
    - 井本　熊男中佐（３７期）
    - 岡村　誠之中佐（３８期）
    - 佐藤徳太郎少佐（４１期）
    - 近藤　伝八少佐（４１期）
    - 国武　輝人大尉（４４期）
  - **対北方**
    - 高瀬　啓治中佐（３８期）
    - 竹田宮恒徳王少佐（４２期）
  - **対支那**
    - 高山　信武少佐（３９期）
    - 晴気　誠　大尉（４６期）
- **補助** 瀬島龍三大尉（４４期）
- **戦力班長（兵站）** 辻　政信中佐（３６期）
  - 重野　誠雄少佐（３９期）
  - 加藤　昌平少佐（４１期）
  - 首藤　忠男大尉（４４期）
  - 岩越　伸六大尉（４４期）
- **航空班長** 久門有文中佐（３６期）
  - 松前未曾雄中佐（３８期）
  - 高木　作之大尉（４５期）

（注）元大本営陸軍部第Ⅰ部作戦課参謀、高山信武氏の教示による。

参考文献

米中関係「戦後最悪」の緊張状態に

——中国「南シナ海強奪」は止まらない

選択　六月号

（埼玉・会員）

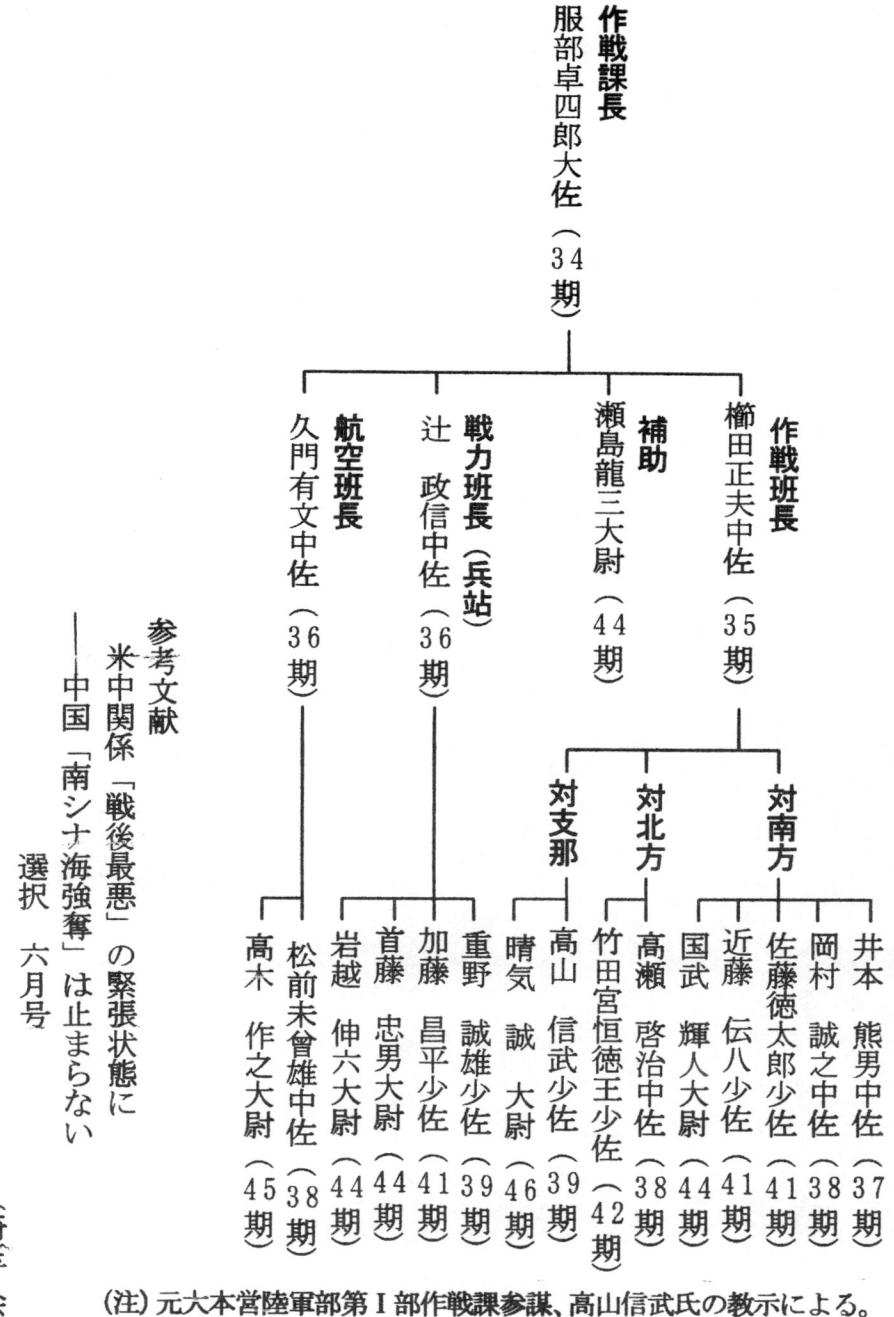

5・17沖縄県民大会参加報告

「辺野古新基地NO!」「屈しない!」

関口　賢

全国各地から様々な労働組合員が結集する沖縄平和行進に参加してきました。中でも、今年は最終日の5月17日(日)に、三万五千人以上の沖縄県民が参加した県民大会の様子を目の当たりにすることができましたので報告いたします。(写真1)

那覇市の沖縄セルラースタジアム那覇には、まさしく老若男女、孫と子ども夫婦と一緒の老人や幼児を抱いた若夫婦など、世代や立場を越えた沖縄県民が開会前から詰めかけていました。実行委員会にはいわゆる革新系のメンバーのみならず沖縄経済界からも代表が出ていました。共同代表の一人、芥川賞作家の大城立裕さんは「これまで革新側だけの運動にはくみしてこなかった。経済界も同様だが、今回は違う。こういう抵抗運動に経済界から代表が出たことは、一部の人々ではなく沖縄の民族的な主体性が問われていることを示している。私も『これに加わらなければうそだ』という強い思いを抱いた」と取材に答えていました。

大会では、元白梅学徒隊の中山きく氏、名護市長の稲嶺進氏、「辺野古基金」共同代表の呉屋守将氏（金秀グループ

写真1

会長）、「沖縄『建白書』を実現し未来を拓く島ぐるみ会議」共同代表の平良朝敬氏（かりゆしグループ最高経営責任者）、連合沖縄会長の大城紀夫氏があいさつしました。大城立裕氏は「沖縄の歴史始まって以来の快挙です」とメッセージを寄せました。本土から参加した鳥越俊太郎氏と作家の佐藤優氏、ヘリ基地反対協議会の安次富浩共同代表、「辺野古・大浦湾に新基地つくらせない・二見以北住民の会」の松田藤子会長、沖縄国際大学生の古堅智美さんが訴えました。海外からも映画監督のオリバー・ストーン氏がメッセージを寄せました。それぞれの人のあいさつ、メッセージは沖縄の決意を真摯に訴えるもので、参加者は熱い拍手で応えていました。

その中でも際だっていたのは、翁長雄志知事の「県の有するあらゆる手法を用いて辺野古に新基地は造らせない」という力強い宣言からはじまったあいさつでした。私の筆力不足のため、その時の様子を正確に伝えられないのがとてももどかしいのですが、翁長知事の「沖縄の原点は普天間基地が戦後、米軍に強制接収されたこと。沖縄は自ら基地を提供したことは一度もない。」普天間基地が世界一危険だから辺野古が唯一の解決策だ、嫌なら沖縄が代替案を出せと基地を押し付ける政府の批判、「新辺野古基地の建設を阻止することが普天間基地を唯一解決する政策です。」といった一言一言に会場全体が敏感に反応し、その熱気と一体感が会場にいる者の体を貫くのです。この感覚はその場に居合わせた人でないと実感できないかも知れません。政府による新基地押しつけがそうさせたのではありますが、今の日本国内でこれほどまでに期待込めた一体感を持って支持されている政治家はいないでしょう。リーダーと一体感を持てる沖縄の人たちを羨ましく思う面もありました。

大会開始時と終了時に全員で掲げた「辺野古新基地NO！」「屈しない！」は、頭ごなしに沖縄をつぶそうとしている政府に対するものですが、組織拡大に苦慮している私たち労組組合員を「くよくよするな！」と叱咤激励するものでもあったように思います。

最後に同行した仲間の感想を記します。

Yさん「会場が浮き上がるような県民集会の熱気は到底伝えられない。一部の人ではなく子ども連れ、お年寄り、戦争体験者。孫と手を携えて自発的に普通の人が集まっている。本土との温度差を感じたが、本土の人も熱くなって、沖縄の思いをあらためて感じる必要がある。」

Iさん「デモ隊自身がデモを自主規制しているのに驚いた。沖縄県警もデモ隊ではなく、右翼を抑えている。沖縄県警の警官も本心は基地反対なのではないか。帰りの那覇空港へのゆいレールは満席。すべて平和行進参加者たちだ。デモに参加して拍手を受けた。歓迎されていることを実感した。」

Tさん「本土では知らされていない実態がある。守る軍隊ではない海兵隊。子どもに対する公的資金は八十万円、米兵一人当たりには一千二百九十三万円。」
Tさん「辺野古への新基地反対に翁長知事自らが立ち上がる。反攻する文化、とでも言えようか。平和行進に地元の人たちが支援する姿に感動した。」
（写真２）

（埼玉・会員）

写真２

柳林さんの本

小林　悦子

柳林　良
元当会会員
一九一九年一月生まれ　二〇〇八年九月八日没
一九四十年一月　現役兵（歩兵）として東京麻布歩兵第三連隊留守隊入隊
一九四一年一月経理部見習士官として大陸へ『出征』二十日間をかけて湖北省当陽県へ
一九四六年、佐世保港に引き揚げ

私鉄の或る駅を挟んで南と北に住んでいた私と柳林さんが話をするようになったのは、二〇〇〇年頃の会の集まりで住まいが近いということがわかった頃からである。少し前から機関紙「8・15」に柳林さんが書かれていた、「侵華日軍の一人としての私の罪責（第一回〜九十二回）」に、私は深く興味を引かれていたので、その筆者と「顔見知り」になれたことが大変嬉しかった。

その後、駅前のスーパーや道で、健康のために極力歩く努力をされていた柳林さんの丸い背中を見つけると声を掛け、短時間ではあったけど話をさせて頂いた。

二〇〇二年七月に、五人の元兵士の方々の記録やお話をまとめた「中国大陸徒歩四六〇〇キロの戦場体験」（永沢道雄著）という本を出されて、一冊送って戴いた。

その本には、もう故人となられた戦友から預かっていた戦場での記録の他に、機関誌に載せた記事を断り無く転載したことを恐縮して丁寧なお手紙も添えられていた。

この本には元会員の故北里夏雄さんの体験も載っている。また、柳林さんも機関誌に書かれた〝盲目の馬・独余〟と行軍をし続けた迫口力さんの体験も収録されており、深く心に残った。

たまたま翌日に入院・手術を控えていた私にとって、この本の出版は大きな喜びだった。連載の終わりと共に終了、というにはあまりに重い「侵華日軍…」の記事だと常々思っていたので、こういう形で多くの人に読まれる機会が出来たことは大変嬉しく、すぐにお礼のハガキを出した。するとと翌日、速達でお見舞いの、

「運を天に任せる気分で平静を持って医者に任せて…」私なども戦争で生きながらえてこのトシになると　もう一日一日ですね。毎日が一生、明日は無い　といった気分です。　ご無事を祈念しております。

というおハガキをいただいた。

柳林さんは筆まめで、こと有る事に丁寧なお便りを戴いた。連載記事も筆（ペン）を使って自筆され、連載一回の

文字数は一万字にも及び、手書きの細かい地図や挿絵も含まれていたので、いったいどれ程の時間がかけられたのか…想像もできないほどだった。

部隊史や防衛庁に残る記録も引かれて書かれていたが、日々つけられていた日記や留守家族との軍事郵便物がお手許に残っていて、任地での生活の様子などが多岐に渡って詳しく述べられていた。

終始、客観的な表現を心がけておられたが、一緒に行軍中に一人だけ戦死した『藤田少尉』については、二回に渡って胸中を吐露されていた。

トラックの運転席で藤田少尉が端然として戦死していた。藤田少尉だけが犠牲になった。この大損害、私は泣いても泣き切れない。

わがいのち今に保ちて胸に捧げ
藤田少尉の遺骨を持てり

…雨振り続く中、明けても暮れても藤田少尉の遺骨と共に難行軍を重ねてきた。運よく目標の長沙城に迫ることができて、私には言い知れぬ深い感慨があった。部隊糧秣の受領は主計の任務である。あの時は師団経理部との連絡も兼ねて、自分が行ってもよかったのではないか。藤田少尉は「いや、私が行きましょう」と言ってくれたのではないか。〈藤田少尉は、おれの身代わりになって死んだのだ〉という思いは、戦争が終って後も、年を経るに従っていよいよ強く、深く、私の心を占め、揺るぎの無い信念となった。私はこの大恩をいだいたまま、一生を終わることであろう。

連載は、二〇〇七年十二月号（「番外」広西省における日本軍の暴虐について）で中断になった。病床にあっても次号の準備をされていたようで、やや大きめのマスに書かれた最後（九十三回用）の原稿は没後ご家族から見せていただいた。

訃報を耳にし、前事務局長の金子さんとお宅に伺い、大変に驚いた。小さな図書館にも匹敵するような本の数々…。浄土真宗の熱心な信者でもいらしたことはお宅に伺って初めてわかったが、宗祖親鸞についての本を始め、仏教についての多岐に渡る膨大な資料や本、戦争関係（天皇制の問題を始めとして載せきれない程広汎な学術書・体験記・写真集等）・被差別部落・女性差別・沖縄・ハンセン病等々、全ての紛争・差別に関する本・資料が幾つもの部屋にぎっしりと並べられていた。同居されていた娘さんのお話では、神田の古本屋さんへは日課のように通い、新聞等で新しく出版された本を目にすると即注文をされていたという。余りの多さに、家族の方が苦言を呈することもあったというが、「こういう本は出版数が少ないので早く買わないと…」と購入され続けていたという。

亡くなられた後、ご家族の方が一括して寄贈・閲覧できるような場所をさがしていらしたが、暫くの間その数の多さと内容故になかなかよい場所が決まらなかった。が、昨年末に最良の場所が見つかった。

京都の浄土真宗東本願寺が、「人の苦しみ・悲しみに関するものを中心にした図書館」を新設し、今年夏にそこに収蔵、貸し出しもしていただくことになった。

運送会社の見積もりで五〇〇箱分にも及ぶ本が、新しい図書館（※）で多くの人達に読まれ続けていくことは、柳林さんが最も望まれていたことであろうと、故人を偲びつつ心から嬉しく思う。

（東京・事務局長）

※ 場所
「真宗教化センターしんらん交流館」
総合資料室　一階　閲覧室

柳林さん蔵書　その1

柳林さん蔵書　その2

戦没者遺児の体験記
歴史
元陸軍省兵務局長　田中隆吉著
太平洋戦争の敗因を衝く
田中隆吉
日本軍閥暗闘史
元陸軍省兵務局長　田中隆吉著
16年12月8日
児島襄
新潮社
半藤一利

天皇の戦争
戦乱の時代
代替りと国民
中島三千男著
天皇の
時代の証言
栗原彬
杉山光信
吉見俊哉編
筑摩書房
そして昭和
日本人の天皇観
東京の150日
朝日新聞社会部
朝日新聞
昭和天皇最後の百十一日
高木顕
崩御
ドキュメント昭和の終焉
皇室番記者
600日の詳細記録
葛谷茂
大正天皇の
今日的意味
東京大空襲
松浦総三
地方都市空襲

柳林さん蔵書　その3

性の奴隷　従軍慰安婦
侵略
慰安婦たちの太平洋戦争　沖縄篇　山田盟子
皇軍慰安所の女たち　川田文子
戦争と性　近代公娼制度・慰安所制度をめぐって　川田文子
赤瓦の家　朝鮮から来た従軍慰安婦　川田文子
のうた　オキナワからの証
戦場のなかの「軍夫」・「慰安婦」
従軍慰安所「海乃家」の伝言　華公平
元下級兵士が体験見聞した　従軍慰安婦　曽根一

被差別部落の歴史　原田伴彦
被差別部落一千年史　岩波文庫
部落史を読みなおす
民衆の生活文化　横井清著　東京大学出版会
検非違使　中世のけがれと権力　平凡社選書
山の民・川の民　日本中世の生活と信仰　平凡社選書
部落史の再検討　亀井トム
部落の歴史と解放運動　部落問題研究所編
明治維新と部落解放令　石尾芳久
部落の歴史

七・七記念集会のお知らせ

今年の七・七記念集会は日中友好８・１５の会が担当で、下記要領により行われます。多数のご参加をお願いしま

日　時　7月7日（火）　午前１０時～１２時３０分
場　所　中国大使館
　（東京都港区元麻布３－４－３３）
次　第　１．挨拶　四団体代表
　　程永華大使
　２．沖松代表幹事（日中友好８・１５の会代表幹事）講演
　　・私の戦争体験と盧溝橋事件
　３．合唱
　　「再生の大地――撫順戦犯管理所」合唱団

※終了後、参加者船全員による懇親会を予定しています。
※準備の都合もありますので、参加希望者希望は事務局長まで必ずご連絡をお願いいたします。

小林事務局長 Tel&Fax　03-3627-1953　Mail　bookoba@star.ocn.ne.jp

寄贈誌から

『中国研究月報』（社団法人中国研究所発行）２０１５年５月号

▽論文　１９６０年代前半における中国とアフリカの関係
　第二回アジア・アフリカ会議と第二回非同盟首脳会議の
　開催をめぐって　村上　享二

▽書評　高原明生・菱田雅晴・村田雄二郎・毛里和子編　岩波書店
『共同討議　日中関係なにが問題か　１９７２年体制の再検証』　辻　康吾

▽書評　江藤名保子著　勁草書房
中国ナショナリズムの中の日本「愛国主義」の変容と歴史認識題』　砂山　幸雄

▽書評　李荘著　田所竹彦訳　日本僑報社
『抗日戦争と私　元人民日報編集長の回想録』　石井　弓

▽書評　柳沢遊・木村健二・浅田進史編著　慶応義塾大学出版会
『日本帝国勢力圏の東アジア都市経済』　小池　求

▽書評　吉尾寛編　汲古書院
『民衆反乱と中華世界　新しい中国史像の構築に向けて』　馬場　毅

▽書評　小谷一郎著　汲古書院
『創造社研究　創造社と日本』　大東　和重

▽報告
第１５回両岸三地歴史学研究生論文発表会参加記　久保茉莉子

▽資料　中国研究所図書館新着図書目録９１号

五月の常任幹事会

日時　五月二十三日（土）十四時〜十六時
会場　さいたま市大宮区桜木町1−10−18
　生涯学習センター会議室
出席者　沖松・佐藤・高橋（勇）・熊谷・小林・
　長沼・加藤・長谷川・秋山・落合
特別参加　小川（日本僑報社）
　王翔（中国中央テレビ）

報告

1．小川さんより中国中央テレビの王翔さんの紹介と取材目的（常任幹事会を取材したい）の説明。
中国人の日本語作文コンクールの審査員を推薦してほしい。

2．七・七記念集会について→協議事項へ

3、総会。懇親会について→協議事項へ

4・沖松代表幹事、4月常任幹事会欠席についての説明。

協議

1・七・七記念集会について
事情により時間が午後から午前に変更になり、それに伴って集会の内容について検討する。詳細は別紙。
当日は総合司会を加藤常任幹事、受け付けを小林事務局長が担当する。その他他団体との連絡および折衝は小林事務局長。
出席希望者は7月1日までに小林事務局長へ連絡する。

3、総会関係
総会の会場、埼玉会館が利用できないので他をあたる。担当長沼常任幹事。懇親会場は埼玉会館を利用可能。

4．訪中団派遣について
募集中であり、詳しいことは次回（六月）の常任幹事会にて決定。

5．中国人の日本語作文コンクールの審査員を推薦してほしいとの依頼について折原会員を推薦することを決定。

（落合）

事務局月報

・「七・七」記念集会は、別紙の通りに大きな変更がありました。ご参加の方は事務局までご連絡下さい。

・この間の安保法制での首相の（説明）は何度読んでも分からず、自分の読解能力を疑ってしまいそうだが、またまた新聞で思わず手を打つ説明に　出会った 安保法制の柱である集団的自衛権は、いわば『人のけんかを買いに行く権利』だ。七〇年間戦争をしなかった国が、自国を攻撃してもいない国と突然戦うわけだから、自衛官に死傷者が出るだろうし、日本人がテロの対象となるリスクも高まる…… 決して許せることではないが、、せつめい）はこうですね、アベさん!。

（小林）

『8・15』2015年6月号
2015年6月15日発行
定価　500円（送料とも）
編集人　落合　正史
発行人　沖松　信夫
印刷所　（有）イワキ
発行　日中友好8・15の会
〒125−0032
東京都葛飾区水元3−3−4
小林悦子方
TEL&Fax　03−3627−1953
郵便振替　00120・6・27415
日中友好8・15の会
HP URL　http://www11.ocn.ne.jp/~donpo/

会　　則

（名称）　第１条　本会は、日中友好元軍人の会を受け継ぐ日中友好「８・１５」の会（通称日中友好８．１５」の会）と称する。

（目的）　第２条　本会は、過去の戦争に対する反省に立脚して、あらゆる戦争準備の動きを阻止し、平和を希求するために世界各国とくに中国との友好に貢献するとともに、会員相互の親睦を深めることを目的とする。

（会員）　第３条　本会は前条の目的に賛成する元軍人および賛同者をもって構成する。

第４条　本会の本部を関東地区に置く、支部を各都道府県に置く、また事務局を関東地区に置く。

（事業）　第５条　本会は、第２条の目的を達成するために以下の事業を行う。

１．会誌『８．１５』の発行
２．講演会、研究会の開催（平和諸団体との共催を含む）
３．学習会の開催
４．中国からの留学生・研修生の受け入れ
５．訪中団の派遣
６．その他、本会の目的達成に必要と認められる諸活動・事業

（総会）　第６条　本会は、総会を毎年１回、原則として８月 15 日に開催する。総会は、委任状を含めて会員の過半数の出席により成立するものとする。総会は、幹事会から、活動報告、行動計画事業計画、決算、予算、役員の選出、その他、本会の運営に必要な事項について報告、提案を受け、出席者の過半数の賛成により　これを承認、決定する。幹事会が必要ありと認めたときは、その決議により、臨時総会を招集することができる。総会の決議に基き、顧問を置くことができる

（運営）　第７条　本会の運営は、幹事会が行う。ただし、幹事会は常任幹事会にその権限を委任することができる。

（役員）　第８条　代表幹事、副代表幹事、常任幹事、事務局長を本会の役員という。

第９条　役員の任期は１年とする．ただし、任期満了後も総会において新役員が選出されるまではその職務を行う。役員の重任は妨げない。

第 10 条　本会の運営のために幹事会ならびに常任幹事会を置く。幹事会は幹事を以って構成し、本会の運営に必要な重要な会務を行う。幹事の互選により代表幹事、副代表幹事、常任幹事、事務局長を選任する。常任幹事会は、原則として毎月 １ 回開催し、幹事会の委任をうけて本会の運営に必要な一般会務を行う。

第 11 条　幹事は、会員の維薦により選任し、捻会の承認を安ける。

第 12 条　幹事会は、常任幹事会の決議に基き、代表幹事が招集する。常任幹事会は、常任幹事２名以上の発議により代表幹事が招集する。幹事会および常任幹事会の決議は、出席幹事の過半数の賛成により成立する。賛否同数のときは、代表幹事がこれを決する。

第 13 条　本会の会議の遂行上、下記の分科委員会を設け、常任幹事会が選出した委員長が運営の責に当る。

1．組織・活動委員会
2．会誌編集委員会
3．財務委員会
4．対外交流委員会

各委員会の委員は、委員長の堆薦により委嘱する。

第 14 条　会計の監査は、会計監事が行う。会計監事は、幹事会の堆薦により選任し、総会の承認を受ける。

（財政）　第 15 条　本会の経費は、会費、寄付金、その他の収入をもってまかなわれる。留学生・研修生受け入れのため、特別会計を設ける。

（会費）　第 16 条　会費は年額１万円とする．また、家族金員の会辛は年報 2000 円とする。

第 17 条　本会の会計年度は、毎年７月１日に始まり翌年６月 30 日に終る。

（改正）　第 18 条　本会の会則は、幹事会の発議により、総会において、委任状を含む出席者の ３ 分の ２ 以上の賛成により改正することができる。

（付則）　この会則は 2004 年 8 月 29 日から施行する。

過去の直視、これが歴史認識の原点

二〇一五年　七月十五日発行（毎月一回十五日発行）
第五六巻　七号　通巻第五四七号

軍備亡国・反戦平和

2015年　7月号　No.　548

8.15

［巻頭言］

日中友好元軍人の会ＨＰ　　http://www11.ocn.ne.jp/~donpo/

7

日中友好８．１５の会
（日中友好元軍人の会）

創　立　宣　言

戦争の罪悪を身をもって体験した、わたくしども元軍人は、心から人間の尊厳にめざめ、戦争を否定します。

わたくしどもは、過去の反省に立脚し、戦争放棄と戦力不保持を明示した日本国憲法を順守し、真に人類の幸福と世界の平和に貢献せんがため、本会設立の趣意書ならびに会則にのっとり、同志相携えてあらゆる戦争を阻止し、戦争原因の剪除に努め、進んで近隣諸国とくに中国との友好を進めんとするものであります。

ここに終戦の記念日をトして本会を設立するにあたり、万世のため太平を開く決意のもとに日本の更正を誓った当時を追憶し、戦没の万霊に額ずき、ご遺族をはじめ戦争の被害者ならびに軍靴で踏みにじった戦場の住民各位に深く遺憾の意を表しつつ宣言します。

１９６１年8月１５日

日中友好元軍人の会

二〇十四年度　活動方針

われわれは、創立宣言に則り、次の活動を行なう

一、平和憲法を守り抜くため、広く非武装中立・軍備亡国を訴え、組織の強化・拡大に努力する。

二、過去の侵略戦争に対する反省に立脚して、中国をはじめ、アジア近隣諸国、さらには世界各国の平和を希求する人々との友好・提携に努める。

行動計画

一、ますます反動性を強めている安倍内閣の憲法改悪のあらゆる策動を許さず、特に憲法九条を守るために活動している諸団体の運動に積極的に参加する。

二、集団的自衛権の行使を求めず、名目の如何にかかわらず、自衛隊の海外派遣、多国籍軍への支援に反対する。

三、広島・長崎の被爆の歴史に基づいて、核の廃絶を広く世界に訴える。エネルギーの変換、原発０の世界をめざす。

四、沖縄をはじめとする全国各地の米軍基地の縮小・撤廃を求め、そのためにも日米安保条約の解消とそれに代わる日米平和友好条約の締結を提唱する。

五、日・中・韓・朝の障壁になっている歴史認識問題、戦後処理（従軍慰安婦・強制連行・強制労働などに関する訴訟・賠償請求）の早期解決を求めていく。

六、中国国際友好聯絡会研修生受け入れと公私訪中団派遣を通じて、民間レベルでの友好・交流の強化を図る。

［巻頭言］

元特攻隊員

沖松氏講演による『平和学習』（朝霞二中）

報告者＝熊谷　憲治

六月五日、実に感動的な講演でした。現在九〇歳の沖松先生は一九四一年一九歳で陸軍予科士官学校（東京・市ヶ谷）に入学、学校がその後朝霞に移転し、そこで学んだ先生はそのゆかりの地・朝霞市の第三中学校で中学では初めての講演でした。初めに校長あいさつと講師紹介（社会科担当中条教諭による）に続いて先生はお元気に、だが静かに体験や思いを淡々と誇られました。聴く生徒は中学3年生二六五名、自分たちには想像も及ばないような話しに熱心に耳を傾け、時には目に涙する中学生もいました。また、五名の保護者も参加してくれました。

特攻出撃命令は8月15日に

講演内容では、たとえば、一九四五年5月に特攻隊編成を命じられたこと、8月に入り15日午後3時の出撃を命じられたこと、当時長野県におられた兄に最後の別れに会いに行かれたこと、そして8月15日正午の戦争終結放送（玉音放送）、とくにこれらのことがらは生徒たちには強く印象づけられことでしょう。

戦争こそ最たる人権侵害

沖松先生の話はこうした貴重な体験から人命の大切さ、そして日本国憲法が掲げる基本的人権の尊重へ、という結びで終わりました。

生徒全員が『大地讃頌』とお礼の手紙

最後に生徒たちがお礼の気持ちをこめて全員合唱『大地讃頌』が歌われこの感動的な講演会が閉じられました。

そして後日、沖松先生には講演を聴いた生徒たちから大量の束になったお礼の手紙が送られて来たようです。次に紹介するのはその一部を無作為に選んだものです。

【生徒のお礼の手紙感想から】

戦時中の日本では、今の日本の状態からは考えることの出来ないことがたくさん起きていたことを知り、今の日本の「平和」という状態があるのは、当時の方の思いがあってのことなので、私たちがこのことを後世へと伝え、この先も平和が続くようにしていきたいと改めて感じることが出来ました。

ありがとうございました。

特攻隊という名前しか知らなかった私は、沖松様のお話にはとても興味がありました。特攻隊員になるのに希望するかしないかを聞かれる手紙が配られ、希望しなくても希望望しなければならない状況だったこと。そして、特攻隊のやることは「死」が目前にあること。それらは私にとって「恐怖の塊」でした。この恐怖に向かって生き抜いた特攻隊の方々が、どれだけ勇敢であったか、それが一番心に残りました。この話を心の中にずっとしまって、二度と戦争という恐怖が蘇らないようにして生きたいと思います。

お話を聴いて、僕は特攻隊に潜水艇もあることを初めて知りました。特攻隊の人は、「生き方」を考えるのではなく、「死に方」考えているという話を聴き、今生きている僕たちにとってありえないと思いました。
八月十五日に終戦にならなかったら沖松さんはこの世にいなかったと思うと、奇跡の人だなと思いました。これからも毎日元気で長生きしてください。

本日はお忙しい中おいで頂いた講演により、大変貴重なお話を伺うことができました。講演の中8月15日に出撃すると決まったときの沖松先生の心情、戦争が終わったときの複雑な気持ちは今の僕には感じても感じきれないものがありました。今後は多くの犠牲をともなう戦争は絶対やってはいけないということを心から自覚して生きていきたいと思います。
ありがとうございました。

さて先日はお忙しい中行って頂いた講演により、大変貴重なお話を伺うことができました。講演会では特攻隊の体験を通して命の大切さを教えて頂きました。講演を聴いて特に驚いたことは特攻隊の非人道的な作戦です。初めはほかに方法があるのではないかと思いましたが、他に方法がないというのに驚きました。私は、その当時かなり日本は追い込まれていたのだなと感じました。今回の講演で学んだことを今後（9月）の広島の修学旅行に生かしたいです。
今回は本当にありがとうございました。失礼ながら書中をもって御礼申し上げます。

本当に実りある素晴らしい講演会でした。沖松先生の体験を通した話を聴いたどの生徒も、戦争とその中で生き抜いた命の重さを深く受け止めてくれたと思います。

最後に、今回の充実した講演会の成功は沖松先生の講演内容もさることながら、朝霞三中社会科担当の中条教諭による周到な準備と平和学習の積み上げの成果だと確信しています。中条さんの教育実践には改めて脱帽します。そして、この子たちは9月に修学旅行で広島を訪れる予定とか、そこでの平和学習はいっそう深まることでしょう。

（埼玉・常任幹事）

「日中友好8・15の会」への入会

または会誌購読のおすすめ

私たちの会は、かって侵略した中国をはじめ、アジア諸国、さらには広く全世界に対し、「反戦・平和」と平和憲法の順守を誓い１９６１年に創立し、すでに５０年以上経過しました。会員は元軍人と趣旨に賛同した戦後生まれの人たちも参加しています。会員には会誌『８・１５』（月刊）を毎号お届けし、また年１回の中国訪問団（見学、友好交流）への参加や当会が隔年に受け入れている中国からの研修生との交流・意見交換への協力をお願いしています。

会費は年額１万円。会誌『８・１５』の購読のみを希望される場合には、１年間の購読料は６０００円です。

皆さんの入会、会誌購読によって「反戦・平和」「日中友好」の声をますます大きくしたいと希っています。

《申し込み先》　〒１２５－００３２　東京都葛飾区水元３－３－４
小林悦子方　　日中友好８・１５の会
TEL&FAX　０３－３６２７－１９５３　郵便振替口座００１２０－６－２７４１５

全世界同時代史
アルチュール・ランボー伝（64）

島貫　隆光

帝国国防方針　その三
大東亜戦争への道　3　ノモンハン事件（36）
ウランバートルシンポジューム（牛島報告）　32

軍外では、ゲンドン元首相、サンボー外相（満州里会議代表）、メルセー郵政相、ミンデー商工相、ウルジバト保健相、バタモトレ教育相、ドンドップ司法相、ナムサライ前ゲーペーウー長官、各地方アイマークの党政府首脳の全員近くが粛清された。

一九三九年には、アモル首相、ドプシン蔵相、ドルジ経済相などが銃殺され、国家指導層の一掃である。これは、明白にモンゴル自体の要請ではなく、スターリンの指令によってのみできうる粛清であろう。その粛清の表面的理由は、日本への協力などであるとしても、真実の目的は、民族の分解としか感じられない。

チョイバルサンが、批判を受け始めた一九六九年の党史によると、チョイバルサンは、日本帝国主義者が、そのスパイをわが国に潜入させていたのを誇張するあまり、わが国の公的機関にも、日本のスパイ、破壊分子、殺戮者が侵入している。反革命組織が、自分たちの犯罪行為を中央のすべての党と国家および公共機関、党中央委員会、国家小議会、政府、商工業省、陸軍省、国民教育省、保健省、消費組合、国営商業機関、運輸機関、労働組合中央評議会、そして地方アイマクの行政府などに至るまで拡大していると、きわめて、一面的な結論をくだし、さらに指導的な人々の活動の欠陥や不均衡にいたるまで、誇張、歪曲し「人民の敵」「反革命」活動とみなすようになった」と述べている。

ここでも、罪は、チョイバルサン止まりで、裏にあるスターリンのソ連については、何も語られていない。スターリンの意志でなくて、いかにチョイバルサンでも、全民族指導者を敵にして粛清などできないことは、論ずるまでもない。モンゴル歴史家が真自国の歴史を再検討したければ、ソ連とスターリンの具体的指示資料をさがすべきであろう。

もっと、根本的に考えるならば、スターリンが、ブルジョア民族主義、汎モンゴリズム批判など、その対民族政策の変更を、つまり民族主義的なものに対する不信と猜疑心から、民族分解指令を強行することになったものを、チョイバルサンが直輸入実施したということであろう。

一九三七年の夏からスターリンが実施した民族弾圧は、外蒙だけの現象ではない。

ソ連邦に組み込まれてしまったブリアート・モンゴル自治共和国の初代首相をつとめ、当時同共和国の党書記長であったイエルバノフは、一九三六年に、ゲンドン外蒙首相がモスクワで、ソ蒙相互援助の締結を強制されている時に、同じくモスクワに招待されていた。

この時、イエルバーノフは、「ブリアート・モンゴル自治共和国を、最も先進的な共和国とした」功績によってレーニン勲章を授与されたのであった。

それが、一年後、外蒙が粛清に見舞われると時を同じくして逮捕され、今度は、「ブリアート・モンゴルをソ連邦から分離して、祖国をサムライ日本の陰惨なファシストの保護国としようとした」とか「汎モンゴル主義者」「ブルジョア民族主義者」などと非難され、五十四名のブリアート指導者とともに、一九三七年十月十二日、モスクワで処刑されている。

外蒙内では、ブリアート族は、十月革命以来、指導的地位について活動した者が多かったが、彼らも勿論追放されることになった。

同じく、極東ウスリー州や沿海州には、四十万たらずの朝鮮人が居住していたが、彼らも、日本と結びつく危険性があるというので、中央アジアのカザフスタンとかウズベクスタンへ強制移住させられ、移動途中で二十万が死亡したのも、一九三七年秋のことである。

これらのスターリンの民族対策というものが、日本との戦争の際の潜在的敵性を前もって排除するという目的と、日本との戦争準備を看板としての民族主義弾圧の強行が目的なのか、あまりに狂気じみているので、私には判断が難しい。ただし、ソ連が、はっきりと周辺民族をソ連に併合しようとする行動は、スターリン時代の一九三七年夏以降、第二次大戦の終了までの間である。ウリアンハイ(トウバ自治州)の併合、沿バルト諸国の併合、カルミック、ボルガ・ドイツ共和国、クリミアタタール等の強制移住や抹殺は、あげるいとまもない。

今回のシンポジウムの論文では、この粛清の結果、外蒙軍の戦力水準は最低となり、軍は上級指揮官を失って、片輪の軍隊となり、志気も軍規も乱れ、幹部不足の結果、幹部は一般兵から補充された。当時の連隊長とか師団長は、無経験な二十五、六歳の者が務めるようになったことを述べている。

したがって、実質的な指揮者は、部隊に派遣されているソ連人顧問ということになった。ところが、ソ連人顧問と外蒙将兵との間柄は悪かったようである。

このような状況は、ノモンハン事件となっても改善されていなかった。例えば、騎兵第一七連隊長はダンダル中尉であったが、五月の戦闘後、彼は、二階級特進して少佐となり第六騎兵師団長に任じられている。

一九三八年の十一月頃には、ハルハ河地区とかタムサクブラグ地区の部隊では、不穏な動きが表面化したため、両地区の将兵六百名が逮捕され、兵士は西モンゴル地区へ送られ、西部のザブハンアイマクの兵士が東部へ送られたとの資料もある。

この粛清の間、国外は勿論、国内的にも、完全な情報禁制下に置かれた。国民議会は、一九三五〜一九四〇年の間召集されることなく、小義会も一九三九年まで召集されなかった。官職、党職への任命は、全くチョイバルサンの個人命令で行われている。

一九三九年三月、最後の大物アモル首相らを処刑に漕ぎつけ、反対派政治家を一掃した後、やっと開催された小会議で、チョイバルサンは、初めて粛清の事実を明らかにして、次のように明言している。

「一九三七年の八月及び九月、我が国は、異常な危機に遭遇せしめられ、一般に、将来における我が国の独立が疑問視せらられるに至った」

これからすると、チョイバルサンは、異常な危機に突如として遭遇したかのような印象を受けるが、実際には、周到な準備を進めていたのである。

一九三六年三月の党中央委員会は、ゲンドン首相らの解任を決定しただけでなく、調印されたソ蒙相互援助条約に基づく多くの保安防衛措置を決定した。

チョイバルサンは、内防処長官を解任すると、これを内務省へ昇格し、ゲー・ペー・ウー機能を直接握ると共に、国境警備隊の管理を、軍から内務省へ移管し、各地方には保安局を設置し、その下にアトリヤツド(監視大隊)を配置して、中佐級の指揮下に二百名ずつの部隊を編成し、この大隊から、監視小隊(三十名)を分駐させた。ソ連の内務省軍隊方式を導入して、軍部隊をも監視下に置いた。

デミド陸相が、一九三七年毒殺されると、陸相、軍総司令官の権限もその手に収め、通信部隊の指揮権も内務省の管理下に入れた。

この中央委員会では、軍事費の増大とか、軍事的緒施策の強化を求めている。軍事費は、一九三四年、一三〇〇万トグリク(国家歳出の三四・六%)であったが、一九三八年には四六八〇万トグリク(同五二・七%)に増大している。

国軍の兵力は、粛清前には、三個軍団、十個騎兵師団を基幹として、兵力一万五千であったが、現役を二年から三年に延長した。計画では、一九三八年には、二万五千を目標とした。粛清によって、軍の増員が達成されたとは思われない。

したがって、ノモンハン戦までの軍事費の増大は、主として、国境警備隊を含む、内務省軍隊の新設増強とソ連軍事顧問の増加などに向けられたのであろう。

弱体化されたというより、危険性がある国軍の指導監視のためのソ連軍事顧問の数は、一九三六年の百余名から、三九年には、六八九名に増大し、ソ連軍事顧問団長リトヴィノフ少将こそ、実質的な国軍権力を握り、チヨイバルサンとしても、思い通りに権力を行使できなかったと推定される。

ソ連軍事顧問は、部隊では、師団、連隊に至るまで、数名ずつ配置され、航空隊は、ソ連人とブリアート人が主体を占めていた。国境監視部隊では、ソ連顧問は、秘密情報を担当したとされているので、ソ連保安将校が顧問となったのであろう。

しかし、この段階で、スターリンが、国軍つまりモンゴル人民革命軍の戦闘力の強化を希望していたかどうかは疑問である。ソ連人顧問とモンゴル将兵の関係は、良好ではなく、更に、モンゴル駐留ソ連軍部隊と国軍部隊との交流と接触は、ゲー・ペー・ウーの監視下にあって切断されていたようである。

一九三七年粛清の後ろ盾となるソ連軍の進駐については、三七年の四月から七月にかけてチタ駐留の狙撃第三六師団が、師団の自動車化は未完成のまま、ウランバートルに進駐して、司令部を置いた。

安倍の応援団の勉強会に呼んだ百田尚樹のトンデモ発言が問題になっているが、これが安倍の本質でありそれが公になったことは結果的にはよかったかもしれない。これで安保法制の行方に若干のおくれがでてくるからだ。しかし敵失に頼るだけではダメだ。

今南シナ海の問題がこのことに関係してくるという情報がある。百田発言に近い考え方だ。しかしアメリカの大原則は中国とは戦争をしないということである。あくまで外交交渉によって解決をはかることになろう。

七月十六日、安倍自民党は予定通り与党単独で集団主義自衛権を可決し、参議院に送った。この暴挙のシッペ返しは必ずや自民党に降るだろう。

大東亜戦争開戦経緯（30）

ハルノートとは何か（6）

同盟というものは必ず戦争と関係してくる。明治以来日本が作った同盟は、日英同盟と三国同盟だが、日英同盟は日露戦争、三国同盟は第二次世界大戦という戦争と関係してくる。日本が戦後結んだ日米同盟は戦争と関係が無いと言われるかもしれないが、実は朝鮮戦争、ベトナム戦争など米国の戦争に日本はまきこまれているのだ。日本はアメリカの基地となり物資の生産で後方支援を行っている。それが朝鮮特需、ベトナム特需と言われるものである。日本経済はこれらの特需で息を吹き返し、ジャパン・アズ・ナンバー・ワンの経済を作り出したのである。だから韓国の人たちはこのことを根にもっている。日本は他人の不幸を食い物にして発展したというわけだ。戦後日本は平和憲法によって戦争とはまったく関係がないと言っているが、実は日米安保のせいで戦後の日本は血塗られているのだ。

このことはよくよく肝に銘じておくべきだ。そうでないとこれからも多くの戦争との関わりが止めどなく拡大していくからである。現在多くの国民が危惧を感じている安保法制はまさにその危険を象徴するものである。安倍のやりたいことは要するに日米安保の協力をしやすくすることであり、これは今後のアメリカの国策に寄り添うことになる。これまでのアメリカの歩みを見ていると間違いだらけでとても安心してつきあえる相手ではない。その歴史をよくよく見定めないといけない。

大東亜戦争に至る日本とアメリカの歴史は日露戦争に始まるといってよい。アメリカはイギリスと共に日本をロシアと戦わせ漁夫の利を得た。ところが、日本が勝った途端に今度は日本を警戒するようになった。日本を仮想敵国とみなしはじめたのである。排日、侮日の政策がこれに続く。

私の少年時代は「日米戦わば」というような未来小説がはやっていた。それが現実のものとなったのだ。

参考文献

「存立危機事態」の南シナ海　選択　7月号

中国が企む南シナ海「聖域化」

南沙諸島「攻防戦」の急所　選択　六月号

中西輝政「日・米・中動乱時代の幕開けと中国の野望

「驚愕の本質」　正論　八月号

特集「違憲」安保法案を廃案に　世界　八月号

（埼玉・会員）

ファシズムの足音が聴こえる
―その2―

佐藤　正八

3．自民党政治の根幹は専守防衛

安倍政治の異質さ異常さは格別である。これをクローズアップするには、戦後自民党の「安保」政治を中心に概観することが意味あると考える。

太平洋戦争で、軍部・政治家の暴走により、日本は国策を誤り、アジアの諸国を侵略したり植民地支配したりして甚大な被害を与えた。日本国内においても広島・長崎の原子爆弾、沖縄の地上戦、東京をはじめ多くの都市が空襲攻撃を受け、計り知れない被害を受けた。

従って、「戦争は二度とやってはいけない」と云うのが、立場や考えの違いを超えた戦後政治の出発点であり、原点であった。それらがある故に、日本国憲法第九条の「戦争の放棄」を当然の如くに受け入れたのである。日々の生活苦に追われながらも、これで戦争をせずに済む、と云う安堵感が庶民にはあった。

ところが、1950年（以下西暦）に朝鮮戦争が勃発すると、マッカサーは日本に再軍備を求め、元々軍備を持ちたい保守層の支持で、警察予備隊を発足させた。51年に、日教組は不滅のスローガン「教え子を再び戦場に送るな」を採択している。この頃から、「安保政策」をめぐって、国論を二分する論争・闘いが展開されてきている、と云っても過言ではないのである。

54年に、防衛庁・自衛隊が発足し、同時に、総評は護憲連合を結成し、社会党と共に憲法擁護運動の基礎を築いた。55年に、自由党と民主党が合同し、自民党を結成し、左派と右派が統一して、社会党となり、以後50余年続いた55年体制が確立された。

ここで特筆しなければならないのが、自民党は結成大会で、憲法「改正」を決定し党是にしたことである。その自民党には、中選挙区制という仕組みの中で、「ハト派」「タカ派」それに「中間派」が常に混在し、社会党が多数派になれない中で、疑似政権交代を実現し、国民の支持・関心を引き止めてきていたのである。

その自民党は、評価は別にして、日米同盟を基軸に据え、かなりの幅があったものの、自衛隊を一貫して増強してきていたが、その幹根は憲法九条の枠内にとどめるべきで、「専守防衛」に徹してきていた、ということである。

一方、社会党であるが、「非武装中立」を党是にし、総評と共に憲法擁護運動を担い、衆参共に、1／3を常に確保していたために、「改憲」を政治の課題に載せさせないできた、と云うことである。勿論その過程で、「砂川闘争」をはじめとして様々な反基地・反自衛隊のたたかいが全国各地で展開されてきた歴史的事実を知らねばならない。

自民党「ハト派」の代表格は、池田内閣の「所得倍増計画」であり、「タカ派」の代表はなんといっても、安倍氏の祖父、岸内閣が、戦後最大の国民的な反安保のたたかいが展開されたにもかかわらずに、「新安保条約」の強行採決を行った、のである。更には中曽根内閣の「不沈空母」「憲法改正」発言等がある。

93年総選挙で自民党と社会党が減少し、55年体制は崩壊し、連立多党内閣が発足した。総評の解体、と小選挙区制の導入によって、社会党が特に打撃を受け、護憲運動は大きな試練を受けることになった。特に、自、社、さ、政権の村山内閣になって、村山首相は自衛隊の合憲を認め、非武装中立については政策的役割を終えた、と語るに至った。これは、自衛隊容認論が国民の8割を超えている政治情勢の中で、個人的には賛成しがたいが、止むを得ない選択であったと思われる。

こうした政治情勢の中で、日本最大の読売新聞が、94年11月に憲法改正試案を発表し、改憲への地ならし役を買って出た。一方米国は次々と戦争を各地で展開している中で、日本に様々な軍事的支援の要請を続けてきた。それらには様々な問題点あったが、当然の事ながら、憲法の枠内での支援に限定せざるを得なかったのである。小泉内閣は03年にイラク復興支援特別措置法を成立させ、イラクに自衛隊員を派遣した。それに対し後年、名古屋高裁は「イラク派遣」は憲法違反の判決を出したのである。

連合が平和運動から手を引いている状況の中で、04年6月に、大江健三郎氏らが九条の会を発足させた。地域・市民に護憲運動への参加を促し、全国各地に九条の会が次々と設立されて行ったのである。

4　安倍政治の本質と実態

(1)　戦後レジームからの脱却

安倍氏がこの思想・命題をどのようにして形成して行ったのか知る由もないが、政治家安倍氏の核心を成すものであり、政治行動の源動力となっているものである。更には、祖父岸信介氏を尊敬するあまりか「東京裁判」を容認はしていない。しかしこれについて多くを語ってはいない。

戦後レジームからの脱却に関しては、自民党の総裁として、更には一国の総理大臣として、あらゆる権力を駆使し徹底的に追求している、と云って良い。「安保法制」も更には次なる政治課題である、憲法「改正」もこれを抜きにして語ることは出来ない。そのことが歴代の自民党総裁や総理大臣と質的に異なる思想や意図・見解を持っている、と云うことである。

安倍氏は選挙演説のような大衆の面前では、戦後レジームからの脱却のための課題については一切語らず、経済問題―アベノミクス―一本槍なのだ。14年12月の総選挙で、次は「安保法制」をやると決めておきながら、不利とみるや演説では一切言及しないのである。別の云い方をするならば、安倍氏は大衆を騙すのに大変に才覚が優れている、と云うことが出来る。

(2) 靖国参拝

安倍氏は第一次安倍内閣の時に、靖国神社に参拝しなかったことを「痛恨の極み」と云って憚らない。靖国神社は戦争を遂行するのに必要不可欠な国家神道の神社であった。その神社に首相が参拝することで、侵略や植民地支配を受けた国々から批判を受け、外交問題に発展したことが度々あった。

外交関係に配慮し、靖国参拝を控えた首相は何人もいた。中曽根首相は参拝後反発が大きいため以後控えたが、小泉首相は外交を悪化させても度々参拝した。その一方、60年談話で小泉氏は「侵略」や「植民地支配」をお詫びし、反省の弁を述べている。

これに対し、安倍首相の場合も大変な反発を受け、外交関係にマイナスの影響を与えている。そこまでは小泉首相と同じレベルかと思われそうであるが、安倍首相には「戦後レジームからの脱却」がある。この両者が結合した場合には大変な事態になると中国や韓国は警戒を強めている。勿論「70年談話」を注目していることは指摘するまでもない。

(3) 権力によるマスコミへの介入　従軍慰安婦報道への介入

安倍氏のマスコミへの介入は歴代自民党総裁には見られない程に度を越している。古くは、小泉内閣の官房副長官時代に、NHKの「従軍慰安婦報道」に直説的に介入したことは良く知られている事実である。これも安倍氏としては戦後レジームからの脱却を目指す行為の一つなのであろう。それは安倍氏と親しい桜井よし子氏の「慰安婦の強制制を示す資料は見つかっていない」と云う発言と符合しているのだ。

一方、朝日新聞は「従軍慰安婦の報道」で「吉田証言」を取り消し、大変な打撃・パッシングを受けた。ところが、週刊金曜日1045号で、今田真人氏は「当時の朝日新聞社長の木村氏と安倍氏は判明しているだけで3回夜の会食をしており、何らかの取引がなされた、と勘繰るのは私だけではありません。」と語っているのだ。さらに同号で、歴史学会関係16団体が、「慰安婦の強制連行は明らか」と声明を出しているのを報道している。

従軍慰安婦問題は日韓における未解決問題としても存在しているが、安倍氏はこれらの問題に正対しないだけでなく、歴史的事実をも捻じ曲げようと画策しているのである。

NHK人事への露骨な介入

安倍内閣は許認可権を盾に、NHKを完全な支配下に置くため、露骨な会長人事を行った。それは、14年1月に行った人事である。安倍政権は会長に籾井勝人氏を、経営委員に安倍氏と親しい百田尚樹氏と長谷川美智子氏を送り込んだ。国会の同意人事であるが、絶対多数を背になんでも出来るのだ。

籾井新会長は初の記者会見で、「政府が右ということに対しては左とは云えない」と公言したのだ。更に後日、従軍慰安婦問題が日韓間で大きな外交問題になっている最中に、「従軍慰安婦問題について正式に政府のスタンスがまだ見えない」と政府に迎合する姿勢を鮮明にしたのだ。安倍人事の意図が貫徹していることを証明するものとなった。この他にも多くの問題があり、国会に呼ばれて、野党から追及を受けたが安倍政権に支えられている安心感からか、自説を曲げることはなかった。

こうした籾井会長に対し、公共放送の会長に相応しくないという声は多い。筆者もNHKに辞任要求のハガキを出した。NHK退職者の有志が籾井会長の辞任を求め運動を展開していると聞く。しかし15年7月現在残念なことに実現はしていない。

こうした情勢を受けて、当時NHKの経営委員長代行であった上村達男氏（早大教授）は「籾井氏の発言は放送法に違反している」と明言し、罷免動議の提出を考えたが、籾井氏擁護が多数の中で、否決なら逆効果になるので、動議を出せなかった、と語っている。（朝日新聞）。このようにして、NHKは安倍内閣支配下の放送局になったのである。NHKが最近政府寄りになったな、と感じている市民は多いと思われるが、さりとて、大変なスピードで流されるテレビの音声と画面の内容をチェックするのは容易な事ではない。更には政府に不利な情報が報道されていない、ことを知る由もない。ここで政府寄りになっている1つの事実を指摘しておこう。

15年6月20日の「ニュース7」で安保法案に関し、地方議会が国会に提出した意見書について報じた。要旨は以下の通りである。「去年7月の集団的自衛権行使容認の閣議決定以降、246の議会から国会に意見書が出され、賛成が3、反対が181、慎重審議が53」と報じ、「それぞれの現場を取材しました」と続けた。（週刊金曜日1047号永野厚男氏）6月議会が継続中なのに（6月議会で意見書を提出した議会は多い）と思ったが、それはさて置く。

ところがである。「現場取材」で放映したのは、「慎重」の埼玉県滑川町議会と「賛成」の金沢市議会のみであった。即ち、第一の問題点は「反対」の議会を放映していないのである。これは大問題で、「反対」の議会が意見書提出の実に79％を占めているにも関わらずに、一切無視して放映していないのだ。これでは公正な報道と言えるだろうか？　第二は、滑川町議会は、全会一致なのに、自民党系議員の「抑止力はあった方がいい」というインタビューを取り上げ、あたかも「賛成派」に傾いていたかのような内容になっていたのである。「慎重派」の真髄を取り上げるべきであった。これは筆者のひがみであろうか。更に、第三の問題点は、金沢市議会の坂本議員（自民党・自衛隊員出身）を密着取材し、「日本を取り巻く環境は変化しており、抑止力で守るしかない」という主旨の発言を放映したのである。

このように放映された事実・実態はどの職制レベルからの指示や企画があったのか、なかったのか、取材現場ではどう対応したのか？知る由もないが、籾井会長の意向が放送現場に徹底・貫徹している一つの事例である。「放送法」に基づき、NHKに「不偏不党」「真実な報道」を求めるのは、山に登って魚を求めるような事態になってしまったのであろうか？

選挙報道介入事件

安倍首相は野党が選挙態勢が取れていないのを見越し、更には「安保法制」や憲法「改正」などの政治課題を有利に運ぶため、と、自らの政治的優位性を確保するために、任期半ばなのに、14年11月に解散を断行し、大義名分のない総選挙を行ない、圧勝した。事件は安倍氏の腹心らによって選挙を有利に運ぶために、テレビ局へ介入したのである。萩田光一自民党筆頭副幹事長と福井昭一報道局長の連名で、総選挙を控えた14年11月に、NHKと在京民放テレビ局に、選挙報道の「公平中立」を要請した。これは前代未聞のことであり、安倍首相自らが、選挙の取材・報道にクレームを付けたのが発端とされているが、許認可権を持っている政権党からの要請文であって、民間団体からのものとは、政治的に天と地の開きがあるのである。この要請文によって、選挙の取材と報道がどのような影響を受けたのか、その実証は困難であるが、自民党に不利な報道を控えた事だけは確かであろう。そして何よりも、放送法の命である、「不偏不党」「報道の自由」に対する重大な侵害と云うべき事件なのである。

安倍氏の親友、百田氏と腹心たちによる看過出来ない重大な「言論弾圧事件」は更に発展する可能性もあるので、ここでは割愛し、別の機会に論じたい。

（4）教育は既に権力者の掌中に

安倍首相は歴代の中で、群を抜き異常なほどまでに教育に支配介入をしてきている。それは強力な権力を行使するために、従順な国民を養成しなければならない、という根本思想が充満しているためである。同時に戦後レジームからの脱却と相通じるものがある、と云っても良い。

敗戦後、二年目にして日本国憲法を制定させたることができたが、この平和憲法を国民の間に広く定着させて行くには、教育の力に待たなければならない、という思いは知識人の間では非常に強かった。日本国憲法は、司法、立法、行政の三権分立を定めてあるが、戦前の教育が国策の誤った手段として活用された反省から、教育権を第四権として位置づけようとした動きが存在したが、日本国憲法に実現されることはなかった。

こうた反省から当時の東京大学総長であり、キリスト者でもあった南原繁氏らが中心となり、政治・行政からの不当な支配に屈してはならない、という思いを中心にした22年教育基本法を制定させるのに成功したのである。

ところが、米国が日本に再軍備を要求してきた力を利用しながら、55年体制確立以後の自民党は、安保体制の確立と表裏一体のものとして、教育を行政の支配下に置くことを一貫して画策して来ている、と云っても過言ではない。教育二法の改悪や、「憂うべき教科書問題」はその一端であるし、日教組が総力を上げてたたかった「勤評反対闘争」は民主教育・教育の自由を守ろう、としたギリギリのたたかいでもあった。

自民党の文教族には「タカ派」が多く、憲法や教育基本法の思想や理念を無視した見解や主張を繰り返したが、「ハト派」もいたことから紆余曲折があった、と云うことである。戦後の教育行政史、及び教育運動史は得意な分野でもあり、別稿に譲ってここでは割愛するが、こうした経緯の中で、07年に第一次安倍内閣が誕生した。

安倍首相が先ず取り組んだのが22年教育基本法の「改悪」であった。即ち、戦後レジームからの脱却に不可欠であり、そして、憲法「改悪」を至上命題の政治課題に掲げている、安倍氏にとって、22年教育基本法の「改悪」は何としてでも成し遂げなければならなかったのである。

その根本思想は「教育行政」を「政治的中立」から外し、行政の支配下に置き、自らの歴史観による教育を全国のスミズミの学校で徹底させようとするものである。そのために当時、津市で起きていた不幸な「いじめ自殺」事件をマスコミを使って最大限に活用し、民主勢力や日教組が大反対のたたかいをする中、戦前の国家統制による教育行政とウリ二つの新しい教育基本法を強行採決させ、成立させたのである。

その結果、教育現場の管理統制は一段と強まり、更には安倍氏の歴史観を反映させた「つくる会」の「教科書」が広がりを見せる一方、他社の教科書も変化してきているのである。

それらに、反比例するかのように、誠に残念なことに日教組の弱体化が進行している。民主教育の重大な危機である。

尚、18歳選挙権の導入に関しては、様々な課題があるが、自民党はこの際教員の管理を一段と強化しようとしている。罰則を導入し、更には、教員組合の解体を目指し、組合の財政問題にも介入しようとしているのだ。

・・・・・・続く・・・・・・

(埼玉・常任幹事)

「安全保障関連法」の名の「戦争法」

尾形　憲

本誌No.546の［巻頭言］で日森文尋さんが指摘しているように、「安全保障関連法案」として「戦争法」がまかり通ろうとしている。

政府は6月24日に会期末を迎える国会を9月27日まで大幅に延長をすることを決めた。これは参議院で60日以内に法案が採決されない場合、衆議院で再採決して成立させることを狙ったものだが、この法案は共同通信の世論調査では、今次国会の成立に「反対」が63・1%である。また朝日新聞の世論調査でも成立の「必要はない」が60%となっている。自民党議員も「なぜそんなに急ぐのか」と疑問の声が高い。

同法案の衆議院特別委員会では参考人として3人の憲法学者、3人の元・現内閣法制局長官らを呼んだ。

3人の憲法学者は自民推薦の長谷部泰男・早大教授、民主推薦の小林節・慶大名誉教授、維新の党推薦の笹田栄司・早大教授である。

その考え方は必ずしも近くはないが、それぞれ「従来の政府見解の基本的な論理の枠内では説明がつかない」、「自民党政府と内閣法制局がつくってき定義を踏み越えてしまっている」、「他国への攻撃に対し武力を行使するのは自衛というよりも他衛、そこまで憲法が認めているというのは難しい」「後方支援という事は日本の特殊概念だ。要するに戦場に後ろから参戦する」（最近の紛争地では前線よりも後方が格好の標的になるケースが多いらしい）「露骨な戦争参加法」などと述べた。

この法案によれば限定的とはいいながら、米国など他国への攻撃に自衛隊が反撃できるようになり、政府の判断次第で世界中で他国軍を後方支援できるようになる。「弾薬を補給」、「戦闘機に給油する」これらは軍事的には戦闘と表裏一体の兵站に他ならない。結論として3人揃ってこの法案を「違憲」と断定した。

これを支持するかのように、今回の法案を違憲とする憲法学者は6月12日の時点で226人に上がっている。

これに対し政府は「これまでの政府の憲法解釈と論理的整合性など法的安定性は保たれている」としながら、武力行使が可能な場合について「これまでの認識を改め」とも明記している。

6月22日の特別委では野党推薦の元内閣法制局長官の阪田雅裕氏と宮崎礼壹氏を参考人として呼んで質疑を行なった。

阪田氏は「集団的自衛権の限定的な行使がこれまでの政府解釈と論理的に全く整合しないものではない」と一定の理解を示しながら、ホルムズ海峡の機雷除去については「限定的でも何でもない」、日本の存立を脅かす事態になりようがなく、「従来の政府見解を明らかに逸脱する」、「歯止めをなくして、日本が戦争をするかどうかを政府の政策や判断に委ねているとと考えている国民は誰もいない」と断じた。一方宮崎氏は「法案が憲法違反の集団的自衛権行使容認が明示されているのは重大な問題だ。政府が一貫して説いてきた『集団的自衛権行使は、他国防衛を本質とするものであって、現憲法9条の下では認められない』という解釈を根底から覆し、9条の規範性をなくす。米国の要請さえあれば際限のない海外での武力行使に道が開かれてしまう」、「法的安定性を自ら破壊するもの」、集団的自衛権を行使できないとした1972年の政府見解の結論部分を変え、行使容認の根拠としたことに対して「黒を白と言いくるめる類い」と厳しく非難した。また同氏は、政府が憲法解釈変更の論拠の一つに挙げる59年の砂川判決についても「多国防衛たる集団的自衛権が入りこむ余地はない」とした。

東京都砂川町（現立川市）の米軍立川基地拡張に反対し基地内に入った7人が、日米安保条約に基づく刑事特別法違反で起訴されたが、東京地裁は59年3月、米軍駐留は憲法9条違反として無罪を言い渡した。いわゆる伊達判決である。これに対し異例の跳躍上告を受けた最高裁は、59年12月「自国の存立を全うするために必要な自衛の措置をとりうることは国家固有の権利の行使して当然のことであり、日本を守る駐留米軍は違憲ではない」「安保条約のような高度な政治性を持つ案件は裁判所の判断になじまない」として、東京地裁判決を破棄し差し戻した。

このように、砂川判決で争点となったのは、米軍駐留が違憲かどうかであって、集団的自衛権を行使できるかどうかではなかったのである。

また、この最高裁判決を踏まえて、72年の政府見解では憲法の下で武力行使を行なうことが許されるのは、わが国に対する急迫・不正の侵略に対処する場合に限られ、他国に加えられた武力攻撃を阻止する集団的自衛権の行使は、憲法上許されないとしている。今回の政府見解は、まったくの論理矛盾というほかない。

なお、このときの最高裁裁判長は田中耕太郎氏であった。田中氏は終戦後新憲法が成立したときの文部大臣で、文部省から出された中学一年の社会科教科書『あたらしい憲法のはなし』では「六、戦争の放棄」でつぎのように言っている

みなさんの中には、こんどの戦争に、おとうさんやにいさんを送りだされた人も多いでしょう。ごぶじにおかえりになったでしょうか。それともとうとうおかえりにならなかったでしょうか。また、くうしゅうで、家やうちの人をなくされた人も多いでしょう。いまやっと戦争はおわりました。二度とこんなおそろしい、かなしい思いをしたくないと思いませんか。こんな戦争をして、日本の国はどんな

利益があったでしょうか。何もありません。ただ、おそろしい、かなしいことが、たくさんおこっただけではありませんか。戦争は人間をほろぼすことです。世の中のよいものをこわすことです。だからこんどの戦争をしかけた国には大きな責任があるといわなければなりません。このまえの世界戦争のあとでも、もう戦争は二度とやるまいと、多くの国々ではいろいろ考えましたが、またこんな大戦争をおこしてしまったのは、まことに残念なことではありませんか。

そこでこんどの憲法では、日本の国が、けっして二度と戦争をしないように、二つのことをきめました。その一つは、兵隊も軍艦も飛行機も、およそ戦争をするためのものは、いっさいもたないということです。これからさき日本には、陸軍も海軍も空軍もないのです。これを戦力の放棄といいます。「放棄」とは「すててしまう」ということです。しかしみなさんは、けっして心ぼそく思うことはありません。日本は正しいことを、ほかの国よりさきに行ったのです。世の中に、正しいことぐらい強いものはありません。

もう一つは、よその国と争いごとがおこったとき、けっして戦争によって、相手をまかして、じぶんのいいぶんをとおそうとしないということをきめたのです。おだやかにそうだんをして、きまりをつけようというのです。なぜならば、いくさをしかけることは、けっきょく、じぶんの国をほろぼすようなはめになるからです。また、戦争とまでゆかずとも、国の力で、相手をおどすようなことは、いっさいしないことにきめたのです。これを戦争の放棄というのです。そうしてよその国となかよくして、世界中の国が、よい友だちになってくれるようにすれば、日本の国は、さかえてゆけるのです。

みなさん、あのおそろしい戦争が、二度とおこらないように、また戦争を二度とおこさないようにいたしましょう。

その田中氏が最高裁裁判長となるやアメリカの介入もあり、純法律的判断を捨てて、上記のようなきわめて政治的判断に陥ったことは許すことができない。

6月26日、特別委は横畠裕彦・内閣法制局長官を参考人として質疑を行った。横畠氏は政府がこれまで「集団的自衛権が必要となる」と強調しているのに対し、ホルムズ海峡の機雷除去について「我が国に対する武力攻撃の意図があるならば、我が国に対する武力攻撃になりうる」とし、そのうえで、個別的自衛権の発動によって機雷を処理することはありうる」と述べている。

（埼玉・常任幹事）

労働運動の発展のために

林　信男

一　社会は発展する

人間は、自然に働きかけて生活資料を手に入れなければならない。その際に人間は、木片や石片等を使用する。貝塚を発見していろいろ中身を調べていると、動物の骨で作った釣針が見つかることがある。その当時の人が、魚を釣って食用にしていたことが分かる。その当時の生産手段がどのようなものであったかを知ることによって、どんな生活をしていたかを知ることができるし、氏族の集団的な生活状況も推測することができる。

生産手段が発展していくと、氏族間の剰余生産物の交換が始まる。更に分業が生まれてくる。農業と鍛冶職を兼務していた人が、鍛冶職に専念した方が能率が上がることが分かってきて、鍛冶職一筋に仕事をするようになる。分業が生まれると、生産した製品は交換されなければならない。製品の交換は商品の流通である。商品が広まると、交換を円滑にするために貨幣が作られる。貨幣の役割は金となる。

このようにして商品経済は徐々に発展していく。原始共同体が解体し、奴隷社会を経て、農奴制社会へと移行する。この社会は農業による自給自足経済が主たる経済であり、一定の土地を与え、そこで生産された産物を無償で貢納させ、支配者は支配権を維持する。五公五民（生産された米の五割が領主へ、残りの五割が農民の手元に）が六公四民になったりする。生活が苦しくなった農民は、百姓一揆で抵抗する。その中において商品経済は休むことなく拡大していく。我が国の徳川時代の絵画をみても様々な職業で働く人々をみることができる。人の流れや物資の運搬が活発になる。

一定の生産力が発展し、商品経済が浸透していくと、封建制度の身分制度をはじめ、様々な制限、抑圧、自由禁止等々は、商品経済発展を阻む大きな邪魔物として現れる。一七八九年のフランス大革命は典型的なブルジョア革命である。我が国での革命は明治維新である。明治維新は、封建的残滓物を持ちながら、絶対王政的性格も残しながら、不完全ながらもブルジョア革命である。この明治維新によって、我が国は資本主義の道を歩みはじめる。

二　階級の規定

われわれの住んでいる社会は資本主義社会である。この社会の基本的階級は、資本家階級と労働者階級である。その他に、少しの生産手段を所有して自らも働く農民や中小零細企業や、弁護士や会計士のような知識によって生活をしている人々もいる。しかし、社会の基本的階級は資本家階級と労働者階級である。

エンゲルスによると階級の規定付けを次のように叙述し

ている。すなわち「ブルジョア階級とは、近代的資本家階級を意味する。すなわち、社会的生産の諸手段の所有者にして賃金労働者の雇用者である階級である。プロレタリア階級とは、自分自身の生産手段を持たないので、生きるためには自分の労働力を売ることを強いられる近代賃金労働者の階級を意味する。」（マルクス・エンゲルス著「共産党宣言」岩波文庫、三三ページ、大内兵衛・向坂逸郎訳、エンゲルスの註）

ご覧のように生産手段を所有しているか、いないかが階級を規定づける基本的条件である。多少の生産手段を所有している人も、資本の過酷な競争の中で、必然的に労働者階級の仲間入りをせざるを得なくされる。私の住んでいる足立区の東和銀座は、近くに大型の商店が出来たために、九〇％以上の商店がシャッターを閉めたままである。店主をはじめ、そこで働いていた人たちは、就職口を見つけて労働者の仲間入りをし、そこで働いているのであろう。資本主義の発展は、無慈悲に、冷酷に、ちょうどブルドーザーで地ならしをするように、このような中小零細な生産手段を所有している人々を、労働者の世界へと放り投げていく。このような資本主義の発展の中から、労働力が商品として世の中に出現することによって、資本主義は高度な経済成長の道を歩むことになる。

三　資本の目的は利潤獲得

資本の本質は、利潤獲得である。利潤を可能な限り蓄積し、集中合併を推進して、資本の競争に打ち勝たねばならない。大資本と中小資本とが競争すればその結果は明白である。資本の競争に敗北することは、資本の世界から去ることを意味する。

労働者は、体内に備わっている労働力を、時間を限って雇用者に売っている。雇用者は資本家である。資本家は労働者を労働させる。労働させることを労働力の支出という。この労働力の支出つまり労働の結晶物が商品の価値である。この価値の大きさを価格で表現する。この価格の内容は、原材料費や、機械類の摩耗した費用部分や、賃金部分や、利潤部分（剰余労働部分）によって構成される。

資本家にとって最も関心のあるのは、利潤部分（剰余労働部分）である。ここで利潤部分つまり剰余労働部分を説明しておこう。資本家が四千万円の資本を所持しているとしよう。資本を投下することは、まず工場や、機械や、原材料等を購入するために二千万円を充てるとする。これを不変資本部分と言う。次に労働者を雇用する。一人の労働者が、一日八時間労働で就職し、月給二五万円とする。これを可変資本部分と言う。彼はこの金額で生活を賄い、家族を養い、次世代の労働力も育てなければならない。労働力の価値は、労働者の生活費を満たす金額でなければならない。だから労働者が就職するということは、労働力が商品として売られていることを意味している。労働力は商品である。

資本家は、この労働力購入のために二千万円を充てるとする。これを可変資本部分という。不変資本部分と可変資本部分が揃って初めて生産が始まる。労働力の使用によって新しい価値が生産される。価値は労働力支出の結晶物であるから、労働者の労働によって、はじめて新しい価値が生産される。

工場や、機械類の摩耗した部分の価値や、原材料部分の価値は、そのまま新しい生産物に移転するだけであるから、新価値の生産とはならない。新しい価値は、労働者の労働力の支出によってのみ生産される。生産された新しい価値は、必要労働部分と剰余労働部分に分けられる。必要労働部分は賃金部分であるが、労働者の八時間労働によって生み出された新しい価値は、労働力以上の価値を生み出している。労働力の価値を超える部分を剰余労働といい、それが剰余価値である。

資本家が所持している資本金四千万円を、生産手段（不変資本部分）に二千万円投資し、労働力に（可変資本部分）二千万円投資して生産を開始する。生産された新製品は六千万円の価値物である。この新製品の内容は、生産手段と労働力のほかに、新しく付加された剰余価値二千万円が含まれている。この剰余価値が利潤、利子、配当、税金、資本蓄積等に割り当てられる。

可変資本部分を分母に、剰余価値部分を分子においた比率を剰余価値率と言う。先の例で言うと、可変資本部分を分母とし、剰余価値を分子とした比率は、資本家の取り分と、労働者の取り分がどのように分けられているかをはっきりと示している。労働者が雇用者によって、どの程度搾取されているかを示している。従がってこの比率を、搾取率とも言う。

四　利潤増大の方法

資本家にとっては最大限の利潤獲得が目的である。この利潤をどうすればより増大させることが出来るのだろうか。利潤の拡大は剰余労働の拡大である。一つ目は労働時間の延長である。価値は労働の結晶物であるから、労働時間の延長は当然に価値を増大させる。二つ目は、労働の密度の強化である。体力や神経を一層緊張させて労働させることである。三つ目は、新しい技術や機械の採用である。つまり労働の生産性の向上を図ることである。例えば、八時間労働で一日に一〇個の製品を生産していたのに、あらしい機械の導入によって、二〇個の製品を生産すれば、当然に利益は増大する。四つ目は、賃金の切り下げである。賃金の切り下げは、労働者の生活内容を切り詰めることになる。その反面、利潤部分は賃金を切り下げた分だけ大きくなる。五つ目は、相対的剰余価値である。例えば米や、小麦や、衣料品等の価格が、生産性向上や安い価格の輸入等で下がるという状況が生まれると、労働力の価値も低下する。必要労働時間の短縮によってもたらされる剰余価値を相対的剰余価値という。

これらの方法によって、資本家の利潤は確実に増大する。その反対に労働者の生活は苦しくなり、体力も神経もする減らすことになる。このような搾取率の強化は、労働者自身並びに家族を貧困、抑圧、隷従、堕落、搾取への道へと必然的に落とし込んでいく。

更に最近顕著になってきた非正規雇用者の問題がある。総務省の統計資料によると、一九八九年（平成元年）から二〇一四年まで間に、非正規雇用者数八一七万人から一九六二万人へと増加した。二倍以上の増加である。その総務省の統計資料の中に五歳刻みで正規雇用者と非正規雇用者の平均賃金が掲載されている。三〇歳から五九歳までの正規雇用者と非正規雇用者の賃金を比較してみると、正規雇用者の賃金にたいして、非正規雇用者の賃金は五七・六％となった。非正規雇用者の賃金は、六〇％を切っている。同じ仕事をしていて賃金は低く抑えられている。これを全労働者階級の階級的立場からみると、巨額の賃金が支払われずにいることになる。低賃金の状況は、市場において購買力を抑え込み、デフレを必然的に引き起こす。デフレを克服するために、自民党政府は金融緩和を実施している。この金融緩和は、商品流通に必要な量以上の通貨を流すのであるから、生活必需品の価格は、軒並みに上昇している。

苦しい、貧しい生活をしている消費者・圧倒的多数の労働者は、更に節約、貧困、やりくり、残業残業で少しでも稼がなければならない。これが資本主義の実情である。

五　労働者階級の団結を

以上みてきたように、資本主義社会に様々な矛盾があるから労使の対立が起こる。この対立を抑えて正常な企業活動を推進するために、労働基準法や、労働組合法や、労働関係調整法等がある。また労使が対等な立場に立って労働協約や、関連する協定を作成する。このように労使が話し合いをして、経営が軌道に乗るように両者が努力することになっている。

労働者一人・一人の力は弱い。労働者は団結することによってはじめて力を持つことになる。労働者の団結を、資本家は嫌うし、労働法によって守られている労働者の権利を、無視することが多い。不法な解雇をしたり、本人の意思を無視して職場転換をしたり、残業を強要したり、パワハラという嫌がらせをしたり、職制が圧力をかける様子をみせたり、正当な組合活動を抑圧したりする。また巨額の買収資金を使って第二組合を作り、第一組合員と第二組合員を衝突させたり、国家権力を使って、すなわち警察権力を使って第一組合を抑圧したり、正当な理由なしに逮捕したりする。ここに国家権力の本質がある。

五五年前の三池闘争は、組合活動家を含めた組合員一二〇〇名の指名解雇をめぐる闘いであった。会社側は、石炭総資本の強い意志をまとめ、国家権力の出動を積極的に要請し、当時の金額で四億円という巨額の買収資金を使って、第二組合を作り上げ、有明海海戦と言われる闘いを引き起こし、多数の負傷者まで出した。日本一強い労働組合と言われた三池労働組合も、一年間徹底的に闘ったが、最終的には一二〇〇名の指名解雇を呑まざるをえなかった。

しかし、この三池闘争は日本の労働者に貴重な闘いの経験を残した。何よりも三池労組が、主婦会と一緒になって、全国の闘う仲間の応援並びに闘いへの参加と、カンパの拠出金と共に、安保条約改悪反対闘争と結合して、徹底的に闘い抜いたのである。このような状況はどのようにして生れたのだろうか。

組合内部の様子を見てみよう。組合指導部と共に活動する元気のいい活動家・つまり労使関係を階級的立場で見る人々がいる。これらの人々は労働者としての意識は一般の組合員よりは高いと言ってよいが、しかし、数としては少数派が一般的である。この指導部・活動家とは反対の人々、組合はどうでもよい、仲間外れにならないために、一応組合には入っておこう、という人々もいる。それは一部の人々である。その中間に存在する人々が最も多数だが、組合費を天引きされているから、自分も組合員だと気が付き、組合の動員や活動にはお付き合いをするという人々である。

組合の状況はそれぞれ異なっているのが現実であるが、大体このような事になっていると考えてよいだろう。問題の焦点は、賃金引き上げ闘争一つ取って見ても分かるように、労組者が団結して、要求を実現するために、実力行使をするぐらいの体制が無ければ、組合の要求を会社側は簡単には呑むことは無い。

したがってどのような方法を使って組合の団結力を強化するかということになる。団結力の強化ということは、まず基本的に労働者としての意識をしっかり身につけることである。現在の日本は資本主義国であるから、学校で労使関係や、労働運動の在り方を教えることは無い。職場に就職し職場のいろいろな矛盾にぶつかり、仲間と話し合い、議論し合ってはじめて労働運動を知ることになる。

そういう中から、労働基準法や、労働組合法や、労働関係調整法や、労働協約や、労使協定や、就業規則を読みなおすことになる。これらの知識は、労働運動を推進する立場に立った時、絶対に不可欠の条件である。

さらにこれらの法律は、政府が勝手に作ったものではない。諸外国の労働運動や、我が国の労働運動を見ても分かるように、我々の先輩たちが苦労を積み重ね、粘り強い闘いを体を張ってやったからこそ、現在の労働法がある。もちろん不十分な、改善すべき問題は残されている。例えば公務員はスト権を剥奪されている。組織を強化して、改善すべきは改善する闘いを挑む方向へ進まなければ、逆に改悪される。資本主義は階級対立の社会であることを常に意識することが肝心である。

マルクスは、人間社会の発展法則を、徹底的な思索と、科学的分析と、唯物弁証法を駆使して完膚無き解明を行った。彼の著作に関する多くの仲間との熱気あふれる学習は、科学的労働運動の揺るぎない確信と、強固な積極的な行動力を生み出し、信頼できる多くの仲間と共に、階級的労働運動を推進する精神力の尽きない泉となるであろう。

（東京・会員）

声を上げる若者たち

折原　利男

「60年安保」と現代

戦後日本の平和、そして民主主義と憲法が、今ほど脅かされていることはない。6月24日までだった国会の会期が9月27日まで大幅に延長され、「安保法案」（＝「戦争法案」）が、数という暴力で強引に成立させられそうな情勢にある。法案の中核は、歴代の政権も憲法（9条）で禁じられているとしてきた、他国の戦争に武力で参加する「集団的自衛権」を、9条の解釈を変える（解釈改憲）ことで行使できるとすることだ。6月4日の衆議院憲法審査会で、政権与党から推薦された憲法学者も含めて3人全員の有力な憲法学者は、これは憲法違反だと表明した。全国の大学の憲法学者（回答204人）の9割、184人も「違憲」とアンケートに答えている（「合憲」は憲7人）（東京新聞、7月9日）。立憲主義国家ではあり得ない話である。

6月24日（水）、夕方6時から行なわれた、この法案の廃案や撤回を求める国会周辺での抗議行動に私も参加した。国会包囲を主催したのは「戦争をさせない・9条壊すな！総がかり行動実行委員会」である。参加は3万人だった。

私は、私がまだ小学生だったときに、日本中を巻き込んだ60年安保のドキュメンタリー『シリーズ　安保とその時代　第3回「60年安保　市民たちの一カ月」』（NHK、2010年9月5日）を思い出した。1951年に結ばれた日米安全保障条約の改訂が、60年5月20日に国会で強行採決され、1カ月後に発効となるまでの記録である。軍事同盟である安保条約があれば、日本はアメリカの戦争に巻き込まれてしまうと、全国的な反対運動が起こっていた。むろん、そこには、今問題になっている集団的自衛権は含まれていない。6月4日には全国各地で560万人がストライキに参加し、2000万人が反対署名していた。反対運動の天王山とされた6月15日には、国会周辺は33万人（主催者発表）の市民が取り囲み、3時には2万人の学生が国会前に集まった。

結局は参議院の議決がないまま、6月19に自然承認された。それまでの責任を取るかたちで、翌月、内閣は総辞職した。それ以降、反対運動は急速に下火になり、軍事同盟の是非という問題が、置き去りにされたまま今日にいたっている。しかし、それでも、あのような広範な国民的反対運動が起こったのは、歴史的な意味があると思う。

現在は、実際はそれ以上の危機だろう。それでもその日の参加者は3万人。5月3日に参加した、横浜での「5・3憲法集会～戦争・原発・貧困・差別を許さない～」も3万人であった。気になるのは、このような集会、あるいは脱原発の集会やデモに参加する若者、そして学生らしき人々の参加が、非常に少ないということだ。現在のような無残な政治、社会状況をまねいてしまった責任は、むろん若い世代にはない。しかし、まともに被害を受けるのは、その若い世代、そしてそれに続く青少年の世代である。なぜ、危機感を持って、もう少し行動しないのか。あるいは危機感を持てないのか。地方や国会の議員選挙でも、20代の投票率が最も低く、30％前後で、これでは主権在民でありながら、白紙委任に近いものになってしまう。

私は現在までの39年の教員生活において、進学校、中堅校、定時制高校、そして看護専門学校で、さまざまな学生と向き合ってきた。そこから確かに言えると思うことは、彼らは、本当は、本もの、真理や真理につながるものを求めているのであり、それらが提供されさえすれば、自ら進んでそれらを理解し、真理を追究し、判断して、未来を創っていこうとする、ということだ。そのような学生たちを目の前にすると、若者への信頼と、救いと、希望を覚えるのである。これは今でも変わらない。

とはいえ、現在の危機的状況での若者の動きは、心細く、もの足りなく思っていた。しかし、それは伝わってきていなかっただけで、そうではない若者の動きが見えてきた。

「自由と民主主義のための学生緊急行動」

3万人が国会を包囲した抗議行動の6月24日、この安保法案に反対する学生のグループ「ＳＥＡＬＤｓ（シールズ：Students Emergency Action for Liberal Democracy-s)、自由と民主主義のための学生緊急行動」が、会見を開いたことが翌日の東京新聞に掲載されていた。

6月から、毎週金曜日の夜、国会前で法案に反対する集会を開き、関西も含めて約２００人のメンバーがいる。今後は６７００人余の学者らが賛同する「安全保障関連法案に反対する学者の会」と連携を深める他、27日午後4時から渋谷駅前で集会を開き、世代を越えて理解を求める。学生の一人は「法案を本当に止める意気込みでやる。二度と戦争はしないという、戦後の日本が追い求めてきた憲法の理想を守りたい」と語っている、とあった。

ＳＥＡＬＤｓのホームページを開くと、こうあった。

「私たちは、戦後70年でつくりあげられてきた、この国の自由と民主主義の伝統を尊重します。そして、その基盤である日本国憲法のもつ価値を守りたいと考えています。この国の平和憲法の理念は、いまだ達成されていない未完のプロジェクトです。現在、危機に瀕している日本国憲法を守るために、私たちは立憲主義・生活保障・安全保障の3分野で、明確なヴィジョンを表明します。

日本の政治状況は悪化し続けています。２０１４年には特定秘密保護法や集団的自衛権の行使容認などが強行され、憲法の理念が空洞化しつつあります。貧困や少子高齢化の問題も深刻で、新たな生活保障の枠組みが求められています。緊張を強める東アジアの安定化も大きな課題です。（中略）

いまこそ、若い世代こそが政治の問題を真剣に考え、現実的なヴィジョンを打ち出さなければなりません。私たちは、日本の自由と民主主義の伝統を守るために、従来の政治的枠組みを越えたリベラル勢力の結集を求めます。そして何より、この社会に生きるすべての人が、この問題提起を真剣に受け止め、思考し、行動することを願います。私たち一人ひとりの行動こそが、日本の自由と民主主義を守る盾となるはずです。」

27日の渋谷での集会の模様は、動画投稿サイト「YouTube」(ユーチューブ)で視聴できる。集会には、参加を呼び掛けられた社民、生活、民主、維新、共産の各野党の代表的議員のスピーチもアップされている。

ハチ公前であふれ返る人々を前にして、車の上からの学生のスピーチは平均10分ほど。多くの拍手や、あちこちからの、そうだ! などという声が上がって、スピーチの内容といい、気迫といい、おそらく耳を傾けたほとんどの市民の心の底に響いて届くものだったと思う。どこからか借りてきた言葉ではなく、それぞれの生活と思索のなかからつかみ取った切実な問題を、さまざまな視点から、自分の言葉で語り、訴えていた。ある女子学生は、このような場所に立つことで自分自身が背負い込むリスクよりも、現政権に身を委ねた結果訪れる未来の方が、よっぽど恐ろしく思える、と語っていた。今のわれわれすべてに必要なのは、このような再確認だろう。ここでは、そのうちの一人「ミキ」という女性のスピーチを載せたい。なお、これはIWJ(Independent Web Journal)が、取材した映像とともに、言葉にもして掲載している。本稿はそれをもとに、句読点、改行など若干読みやすく修正した。

渋谷駅前でのミキさんのスピーチ(全文)

こんにちは。ミキといいます。よろしくお願いします。いきなり戦争だなんて、大袈裟だとか、またか、とか思う人がいると思います。でも私は怒り狂ってるわけでも、バカの一つ覚えみたいに反戦を叫んでいるわけでもありません。たしかに私は怒っているけれど、どうにかそれをぐっとこらえて、怒りをこういう形に変えて、話を聞いてほしくてここにきています。少しだけ足を止めて話を聞いてください。

日本は今年、戦後70年を迎えました。「戦争はいけない」そんな当たり前のことを訴えることが当たり前になりすぎて、いつしか日本人にとって戦争はどこか野蛮な国の人たちが行う、違う世界の出来事となっていったのかもしれません。そして、戦争は悲しい、泣ける物語になっていきました。最近は、よく志半ばで亡くなった人の、悲劇のストーリーが映画化されるけれど、あれは美談なんかではありません。日本人がかつて行った侵略戦争で、人々は憎んで殺し、殺される論理のなかにいました。それは、悲劇以外の何物でもありません。

だけど、今の生活とその物語とが、あまりにかけ離れすぎて、まさか日本人が戦争なんてしないだろうと、いつの間にか私たちは、思い込んでしまいます。だけど、戦争は70年前だから起こったんでしょうか。今の私たちだって、目の前に武装した兵士が現れたら怖いし、突然家族が殺されたら憎しみを抱きます。ＩＳＩＬの人質殺害事件の時のように、自らの安全や利益のために、自己責任論といって他人を切り捨てろという世論も生まれます。今、起こっている戦争は、決して「中東だから」「アフリカだから」という理由で起こっているわけではないんです。それぞれの信じる正しさが違っているだけで、大切な人や自らが攻撃されたとき、恐怖を覚え、憎しみを持つ気持ちにきっと変わりはないはずです。そうして人々は武器を持ち、自衛のために戦ってきたのでしょう。

今の日本があるのは、別に日本人という種族が優秀だったわけではない。私たちの持つ、人を憎んだり、恨んだり、そういう負の感情を放っておくと簡単に争いが起こるから、何百年もかけて世界の人々は、暴力的な感情との付き合い方や折り合いのつけ方を、繰り返し反省し、話し合って、ようやくいくつかの約束事としてかたちにしてきたのではないでしょうか。その積み重ねの最たるものの一つが、日本国憲法です。そうやって戦争の恐ろしさを受け継ぎ、平和な世の中を積み重ねていった人々がいたおかげで今、ちょうど戦争をしない日本に私たちは生まれてきました。だから、歴史上の今の日本だけを切り取って、武器を持ちながら戦争に絶対参加しないなんて、そんな理性的でいられるなんて、簡単に確信を持てません。一度戦地にいけば、いくらでも戦争のきっかけは生まれ、「やり返せ」と、私たちの感情に訴えてくるはずです。私たちがすべきことは、その積み重ねを「時代が変わったから」と言って簡単に捨ててしまうことなんでしょうか。捨てることは簡単かもしれないけれど、私は、先人たちの思考した歴史を蔑(ないがし)ろにしたくはありません。むしろそれを生かして、犠牲のない世界を作れると信じたいのです。馬鹿な理想主義者かもしれないけれど、その理想を掲げていたいと思うのです。

戦争に参加するなら、武器を作って売るのなら、人を殺すという自覚と覚悟が必要です。私にはその責任はとても重く感じられます。だけど今、そのことについて本当によく考えられているでしょうか。日本だけが、イラク戦争について検証も反省もしていません。それは物資の支援だけで多くの民間人が犠牲になったことについて、自分達には関係ないという、自覚のない参加をしたからじゃないでしょうか。今、安倍政権は「後方支援」といって、また覚悟のないまま、戦争に参加しようとしています。自分は本当に悪いところには手をつけていないと思って、その責任の重さに目を背けています。まずは、過去から振り返ってその責任に向き合うべきでしょう。

テロリストたちはどうしてテロリストになったのでしょうか。彼らの多くは報復を目的としています。それは戦争が原因だったり、社会への不満があったりします。日本はそんな社会作りに加担していなかったでしょうか。協力したアメリカの政策に、落ち度はなかったでしょうか。本当に向き合うべきなのは、テロリストを生み出した今の世の中ではないでしょうか。

テロリストは残酷で、武力に頼っていて、彼らもまた悲劇をもたらします。だから、私は彼らも許せません。自分たちの正しさを押し通すために武力を用いる彼らを私は許せません。だけど、だからこそ、何があってももう武器を持って戦争をしてはいけないはずなんです。

9・11以来、対テロ政策として武力行使が正当化されてきたけれど、なにがあっても、どの国の人も、アメリカ人兵士の犠牲さえも、許されるべきではないはずです。なぜなら、戦争はまた憎しみを生み出し、武力の応酬は何の解決にもなりません。これ以上の連鎖をとめるために、私たちは自らその負のサイクルから降りるべきだったのです。

聞き慣れた言葉かもしれないけれど聞いてください。

戦争は人を傷つけます。子供や未来も傷つけます。戦争は町や人を破壊します。70年間言われ続けた、戦争の恐ろしさを伝える言葉たちに、新鮮さを感じなくなって蔑ろにするようになっていませんか。どうか想像してみてください。戦争の恐ろしさと過去の過ちから目をそらし、武力行使を正当化する私たちと、戦争の恐ろしさを反芻して学びながら過去を悔いて、武力行使を放棄する私たち。それぞれの道の先には何が待っているのかを。

私たちはかつて後者にいたはずで、そしてこれからも、同じ選択をしていきたいのです。私は長い長い紛争で何が傷ついたのか、その一端をこの目で見て知っています。

3年前、生きるために親元を離れて治療をするアフガニスタンの子供たちに出会い、数カ月を共に過ごしました。アフガニスタンでは、長い紛争によりインフラが破壊され、国内では簡単な治療も受けられない状況にあります。亡くなる子供も少なくなく、治療をしに来られる子はまだ幸運な方と言えます。怪我や病気があっても彼らはとても元気で、尊重されるべき命で、決してかわいそうな存在ではありません。手足がなくても、顔に火傷を負って差別されても、子供たちは助け合い、大抵のことは自分たちで出来るようになります。けれど時間はそうはいきません。もっと色々な経験ができたはずの時間が治療やリハビリに費やされています。そして、大切な成長期に親元にいられないことや、恐怖や憎悪の記憶は彼らの心にしっかりと刻みつけられているのです。怪我や病は確実に彼らの可能性を奪っています。これが、これこそが、報復戦争の結果で、戦争の現実にほかなりません。

子供たちがあんな思いを今しているのは、「アフガニスタン人だから」ではなく、憎悪にかられた武力行使のせいでしょう。それさえなければ彼らがあんなに苦しむ必要はなかったでしょう。私が出会った子どもたちの人生は、物語でもないし美談でもありません。アフガニスタン人が傷つくことは普通じゃないし、そんなことはあってはならないんです。彼らがこれ以上傷つくことを私は許せないし、日本人がそれに加担し、私自身がその責任を背負いながら、彼らにまたどう向き合っていけばいいのか分かりません。

だから、こういう現実を見たからこそ、なお、私は理想を掲げ続けたいのです。戦争はなくせるという理想を掲げ続けたいのです。その一歩を日本が、日本こそが踏み出せる、そう信じています。

きっと、1人目の日本人犠牲者が出たら、その憎悪が拡大していくのはあっという間でしょう。国の政策も国民の感情も歯止めがきかなくなります。今、もうすでに様々な犠牲の上に私自身生きているけれど、これ以上の犠牲の上に生きることを、ここでやめましょう。

この法案が通って初めの自衛隊員が亡くなる前に、または、自衛隊員に人を殺させてしまう前に、こんなバカげた話し合いを終わりにしましょう。私がこの法案に反対するのは、日本に普通の国になって欲しくないからです。

アフガニスタンには大切な小さな友人たちがいます。彼らやその家族を、日本人が、日本人の作った武器が、傷つけることに私は耐えられません。この国の平和と国民の命を守るために、友人やそのまた友人が戦地で傷つくことに私は耐えられません。

やられたらやり返す、やられる前にやる、そんな報復合戦に参加し、これから先も誰かの犠牲の上に自らの平和が成り立っていくことに、私は耐えられません。

私たちの憲法は、今ある普通の国のその先へ行くことができる、先進的で素晴らしいものだと信じています。徹底して武力行使をしないことこそが、世界の平和と安全をかたち作るものだと信じています。

今、実は反対しているのに、声を上げていない人が私の周りにはたくさんいます。そういう人たちに聞いてもらいたい。犠牲者が出てからでは遅いんです。福島の原発事故で、そのことを痛い程私たちは突きつけられました。法案が通って、人が亡くなった時、「だからそうだと思っていたんだ」と、「僕の、私の思っていた通りになった」と、優越感に浸るんですか。反原発を長年訴えてきた先生は、原発事故以降、間に合わなかったと肩を落としていました。そんなことを、また繰り返すんですか。

声を上げるなら今です。ＳＮＳで、「いいね！」が増えても、安倍さんに危機感を持たせることはできないでしょう。彼は彼の人生における大きな使命を、今全うしようとしているのですから。私たちも、それに見合うだけのエネルギーを注がなくてはいけません。

国会前に集まってください。デモで一緒に歩いてください。想像力の乏しい首相には、実態で反対の姿勢を見せなくては私たちの意志は伝わりません。忙しいのにわざわざ来るからこそ、意味があるのです。疲れてるけれど、行かなくては、と思うそのエネルギーに驚くのです。

彼も私たちと同じ人間ならば、何万、何十万の人が集結したその事実に、向き合わずにはいられないでしょう。私たちが反対の意思表示にかけたそのエネルギーを目の当たりにして、無視してはいられないでしょう。

憎悪の連鎖を私たち自身が止めましょう。過ちは繰り返さないと、70年前の犠牲者に私たちは誓ったはずです。

私たちなら止められる。私たちが止めるんです。

２０１５年6月27日、私は戦争法案に反対します。

7月10日(金)には、私も国会正面でのこのSEALDsの集会に参加した。翌週に「戦争法案」が強行採決される観測が出ていた。夜7時半から9時半までの予定の集会は30分延び、カウンターで数えた参加者は1万5千人になったという。学生の呼び掛けに、それ以上の市民も呼応して集まった感がある。同じ毎週金曜日の夕方6時半から8時までは、脱原発の首相官邸前抗議行動が行なわれている。私はこの日、まずこちらに参加したのだが、この夏には鹿児島の川内原発が、これも強引に再稼働される情勢にあり、市民がやはり長い列を作って声を上げていた。そこから流れて加わった市民も多数いたに違いない。

学生のスピーチの他、学者の会や野党議員、あるいは政権への批判的な解説でテレビ番組を降ろされた元官僚などの連帯の挨拶があり、それに応ずる合いの手や拍手、そして腹の底からのシュプレヒコールは、確かなエネルギーと力を感じさせるものとなった。多数の市民の参加も得た学生たちは、強行採決前の臨時の集会も呼び掛けた。解散の声の後に、「シールズありがとう!」という声が上がった。

(２０１５・７・10)

(埼玉・会員)

２０１５年度総会を開きます

本年度総会を下記に予定しています。月末の多忙な時期でもあり、また厳しい残暑が予想されますが、川内原発の再稼働や安全保障関連法案という名の戦争法案の参議院での質疑が行われているであろう時期でもあり、我々をとりまく厳しい情勢の変化をめぐっての意見交換、さらに「会」や「国」の来し方行く末など活発な論議が期待されます。

ご都合を遣り繰りの上、是非ご参加ください。

日　時　８月２９日（土）１４時～１６時００分

会　場　さいたま市　岸町公民館

JR浦和駅西口より、旧中山道沿い南浦和方向へ徒歩13分

〒330-8518　埼玉県さいたま市浦和区高砂3-1-4

電　話　048-829-2471（代）

主要議題　１、１４年度（14／08～15／07）活動総括

代表幹事、各委員長、事務局長の報告

２、１５年度幹事、役員の選出

３、１４年度決算案、１５年度予算案の承認

４、１５年度活動方針、行動計画の討議・承認

５、その他

総会終了後、１７時より**さいたま会館ＩＦ食堂**にて中国大使館、友好団体関係者の皆さんをお招きしての懇親会を予定しています。

懇親会にもぜひご参加ください。会費は５０００円です。

尚、総会、懇親会へのご案内は改めて差し上げます

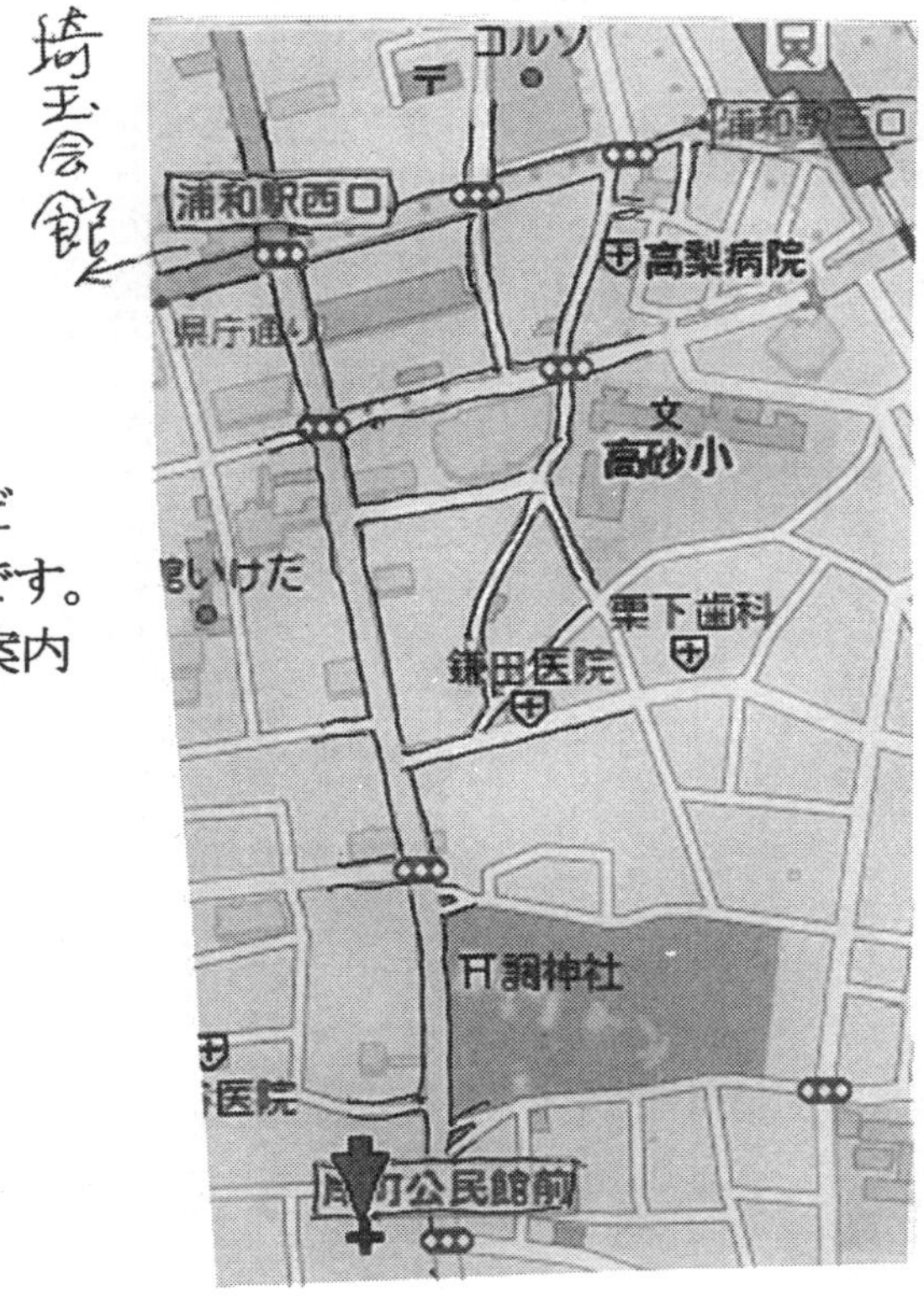

「七・七」記念集会

小林　悦子

会誌六月号でご案内したように、七月七日（火）午前十時から十二時半まで、在日中国大使館大ホールにおいて「七・七」記念集会が開催された。友好三団体（関東日中平和友好会、撫順の奇蹟を受継ぐ会、不戦兵士・市民の会）との持ち回りで、今年は当会が準備を担当した。

戦後七十年の節目にも当たり、各会とも幅広い参加呼びかけを行い、四団体で八十人余、合唱団も加えると百三十人もの人が参加した。マスコミ関係者も多く、中国のマスメディアが十数社、日本からも朝日・毎日・東京など新聞社が五・六社とフジテレビ・朝日テレビ等が取材に入るという賑やかなものになった。

沖松代表幹事の開会宣言の後、四団体の代表者により、各会の沿革説明や決意表明などの短い挨拶があり（当会は日森文尋常任幹事）、最後に程永華大使が、三十年にも及ぶこの集会への感謝の言葉と草の根の民間交流の重要さ、歴史を直視しそれを鑑として進む国際交流の大切さを語られた。更に本会創始者の遠藤三郎氏の名とともに、この三月にご逝去された関東日中平和友好会の元会長花園昭雄氏への追悼の言葉を述べられた。

第二部は、沖松信夫代表幹事の講演。「私の戦争体験と盧溝橋事件」（詳細は次号に）というテーマで一時間余に渡るお話。小さいメモを片手に数十年前の体験をまるで昨日のことのように語り続けられ、終わった後には参加者から感嘆の声も聞こえてきた。

第三部は小休止の後、昨年も演奏された『再生の大地撫順戦犯管理所合唱団』による演奏。撫順の奇蹟を受け継ぐ会の会員の他、様々な立場の方々による合唱団で、熱のこもった合唱を聴かせて頂いた。

その後会場を移して、大使館のお心遣いによる中華料理を頂きながらの懇親会が開かれた。

美味しい料理を頂きながら、参加者・大使館員の方々などとの話の輪があちこちにできていた。

この「七・七」記念集会は、先にも書いたように四団体が持ち回りで開いてきた。今年も春先にこの集会の持ち方について幹事会で検討を始め、例年のように講演会を開く方向でその候補者として大使館の汪参事官のご都合を伺ったところ、節目の今年は大使館もこの行事を重要視しているということから、大使館との共催という形での会の開催となった。常任幹事三・四人が度々大使館にお邪魔し、孫一等書記官と話し合いを重ねてきた。孫書記官には大変お世話になりました。

四年に一度の大きな会は終わったが、また次に向けての歩みが始っていることを肝に命じながら、会場を後にした。

（東京・事務局長）

本会を代表して
日森常任幹事の挨拶

再生の大地
撫順戦犯管理所合唱団

汪婉友好交流部参事官（前列向かって左）
とともに本会からの出席者

寄贈誌から

『中国研究月報』（社団法人中国研究所発行）
２０１５年６月号

▽論文　虚構のなかの烏坎村　田中　信行
▽研究ノート
方法としての中国文学　――
新時期小説翻訳誌『季刊　中国現代小説』　孫　若聖
▽書評　岩下明裕編著　北海道大学出版会
『領土という病　――　国境ナショナリズムへの処方箋』
▽書評　菊池一隆著　法律文化社
『東アジア歴史教科書問題の構図　――
日本・中国・台湾・韓国，および在日朝鮮人学校』　外村　大
▽書評　李鋭著　小島晋治編訳　岩波書店
『中国民主改革派の主張　――　中国共産党私史』
杉村　文彦
▽書評　中兼和津次編　国際書院
『中国経済はどう変わったか　――
改革開放以後の経済制度と政策を評価する』　加藤　潤
▽書評　下村恭民・大橋英夫＋日本国際問題研究所編
日本経済評論社『中国の対外援助』　川島　真
▽報告　２０１４年度『中国研究月報』編集委員会報告（川上哲正）

六月の常任幹事会

日時　六月二十七日（土）十四時～十六時
会場　さいたま市大宮区桜木町1-10-18
　生涯学習センター会議室
出席者　沖松・佐藤・熊谷・小林・長沼・加藤・長谷川・秋山（博）・落合
　小川・杉崎

報告

1．七・七記念集会の準備状況について。6月25日に中国大使館において最終的な打ち合わせをおこなった。詳しくは協議事項で最後の詰めを話合いたい。

2．6月5日の沖松代表幹事講演会についての報国。感動的な話であった。保護者も数名参加した。詳しくは今月号巻頭言に。

3．東電株主代表訴訟等脱原発の闘いについて。

4．鴻巣市で戦争法案反対の請願が可決された。

5．日中出版界の交流と両国関係の改善への役割として出版関係者の交流会について。

協議

1．総会関係
常任幹事会とその後の総会の会場を岸町公民館に決定する。総会終了後の懇親会は一七時より埼玉会館で行う。会費五〇〇〇円とする。七月の常任幹事会で各委員会活動総括案、および行動計画等の検討を行う。

2．七・七記念集会について
当日の日程の詳細を確認、係分担等を決定する。当日は総合司会を加藤常任幹事、受け付けを小林事務局長が担当。その他他団体との連絡および折衝は小林事務局長。

3．訪中団派遣について
七月二十一日からの派遣は延期し八月下旬を目途に再調整する。

5編集委員会より
集稿は順調だが編集におけるミス等が目立つ。委員長の交代を検討してほしい。

4財務委員より
七・七記念集会の会場に掲げる横断幕を作成、経費を会計から支出した。

（落合）

事務局月報

・既報のように、七月七日（火）午前十時より十二時半まで、中国大使館においてわが会担当の「七・七」記念集会が開かれた。
　戦後七〇年の節目の年でもあり、初めての中国大使館を会場としてお借りした集会でもあって、わが会からの三十五人を始め、多数の参加者が集まった。

・今月号でもご案内したように、八月にはわが会の総会・懇親会が開かれる。
　暑い中でありますが、こちらにも多数の会員の方にお集まり頂き、活発な議論をしていただきたい。

（小林）

『8・15』2015年7月号
2015年7月15日発行
定価　500円（送料とも）
編集人　落合　正史
発行人　沖松　信夫
印刷所　（有）イワキ
発　行　日中友好8・15の会
〒125-0032
東京都葛飾区水元3-3-4
小林悦子方
Tel & Fax　03-3627-1953
郵便振替　00120・6・27415
日中友好8・15の会
HP URL　http://www11.ocn.ne.jp/~dompo/

会　　　則

（名称）　第１条　本会は、日中友好元軍人の会を受け継ぐ日中友好「８・１５」の会（通称日中友好８．１５」の会）と称する。

（目的）　第２条　本会は、過去の戦争に対する反省に立脚して、あらゆる戦争準備の動きを阻止し、平和を希求するために世界各国とくに中国との友好に貢献するとともに、会員相互の親睦を深めることを目的とする。

（会員）　第３条　本会は前条の目的に賛成する元軍人および賛同者をもって構成する。

第４条　本会の本部を関東地区に置く、支部を各都道府県に置く、また事務局を関東地区に置く。

（事業）　第５条　本会は、第２条の目的を達成するために以下の事業を行う。

１．会誌『８．１５』の発行
２．講演会、研究会の開催（平和諸団体との共催を含む）
３．学習会の開催
４．中国からの留学生・研修生の受け入れ
５．訪中団の派遣
６．その他、本会の目的達成に必要と認められる諸活動・事業

（総会）　第６条　本会は、総会を毎年１回、原則として８月 15 日に開催する。総会は、委任状を含めて会員の過半数の出席により成立するものとする。総会は、幹事会から、活動報告、行動計画事業計画、決算、予算、役員の選出、その他、本会の運営に必要な事項について報告、提案を受け、出席者の過半数の賛成により　これを承認、決定する。幹事会が必要ありと認めたときは、その決議により、臨時総会を招集することができる。総会の決議に基き、顧問を置くことができる

（運営）　第７条　本会の運営は、幹事会が行う。ただし、幹事会は常任幹事会にその権限を委任することができる。

（役員）　第８条　代表幹事、副代表幹事、常任幹事、事務局長を本会の役員という。

第９条　役員の任期は１年とする．ただし、任期満了後も総会において新役員が選出されるまではその職務を行う。役員の重任は妨げない。

第 10 条　本会の運営のために幹事会ならびに常任幹事会を置く。幹事会は幹事を以って構成し、本会の運営に必要な重要な会務を行う。幹事の互選により代表幹事、副代表幹事、常任幹事、事務局長を選任する。常任幹事会は、原則として毎月 １ 回開催し、幹事会の委任をうけて本会の運営に必要な一般会務を行う。

第 11 条　幹事は、会員の維薦により選任し、捻会の承認を安ける。

第 12 条　幹事会は、常任幹事会の決議に基き、代表幹事が招集する。常任幹事会は、常任幹事２名以上の発議により代表幹事が招集する。幹事会および常任幹事会の決議は、出席幹事の過半数の賛成により成立する。賛否同数のときは、代表幹事がこれを決する。

第 13 条　本会の会議の遂行上、下記の分科委員会を設け、常任幹事会が選出した委員長が運営の責に当る。

1．組織・活動委員会
2．会誌編集委員会
3．財務委員会
4．対外交流委員会

各委員会の委員は、委員長の堆薦により委嘱する。

第 14 条　会計の監査は、会計監事が行う。会計監事は、幹事会の堆薦により選任し、総会の承認を受ける。

（財政）　第 15 条　本会の経費は、会費、寄付金、その他の収入をもってまかなわれる。留学生・研修生受け入れのため、特別会計を設ける。

（会費）　第 16 条　会費は年額１万円とする．また、家族金員の会辛は年報 2000 円とする。

第 17 条　本会の会計年度は、毎年 ７ 月 １ 日に始まり翌年 ６ 月 30 日に終る。

（改正）　第 18 条　本会の会則は、幹事会の発議により、総会において、委任状を含む出席者の ３ 分の ２ 以上の賛成により改正することができる。

（付則）　この会則は 2004 年 8 月 29 日から施行する。

過去の直視、これが歴史認識の原点

軍備亡国・反戦平和

2015年 8月号 No. 549

8.15

二〇一五年 八月十五日発行（毎月一回十五日発行）
第五六巻 八号 通巻第五四九号

[巻頭言]

[今月の本]

日中友好元軍人の会ＨＰ　　http://www11.ocn.ne.jp/~donpo/

２０１５年度総会へ出席される方へ御願い！
この機関誌「８・１５」８月号をご持参のうえ総会へご出席ください

8

日中友好８．１５の会
（日中友好元軍人の会）

創　立　宣　言

戦争の罪悪を身をもって体験した、わたくしども元軍人は、心から人間の尊厳にめざめ、戦争を否定します。

わたくしどもは、過去の反省に立脚し、戦争放棄と戦力不保持を明示した日本国憲法を順守し、真に人類の幸福と世界の平和に貢献せんがため、本会設立の趣意書ならびに会則にのっとり、同志相携えてあらゆる戦争を阻止し、戦争原因の剪除に努め、進んで近隣諸国とくに中国との友好を進めんとするものであります。

ここに終戦の記念日をトして本会を設立するにあたり、万世のため太平を開く決意のもとに日本の更正を誓った当時を追憶し、戦没の万霊に額ずき、ご遺族をはじめ戦争の被害者ならびに軍靴で踏みにじった戦場の住民各位に深く遺憾の意を表しつつ宣言します。

１９６１年8月１５日

日中友好元軍人の会

二〇十四年度　活動方針

われわれは、創立宣言に則り、次の活動を行なう

一、平和憲法を守り抜くため、広く非武装中立・軍備亡国を訴え、組織の強化・拡大に努力する。

二、過去の侵略戦争に対する反省に立脚して、中国をはじめ、アジア近隣諸国、さらには世界各国の平和を希求する人々との友好・提携に努める。

行動計画

一、ますます反動性を強めている安倍内閣の憲法改悪のあらゆる策動を許さず、特に憲法九条を守るために活動している諸団体の運動に積極的に参加する。

二、集団的自衛権の行使を求めず、名目の如何にかかわらず、自衛隊の海外派遣、多国籍軍への支援に反対する。

三、広島・長崎の被爆の歴史に基づいて、核の廃絶を広く世界に訴える。エネルギーの変換、原発０の世界をめざす。

四、沖縄をはじめとする全国各地の米軍基地の縮小・撤廃を求め、そのためにも日米安保条約の解消とそれに代わる日米平和友好条約の締結を提唱する。

五、日・中・韓・朝の障壁になっている歴史認識問題、戦後処理（従軍慰安婦・強制連行・強制労働などに関する訴訟・賠償請求）の早期解決を求めていく。

六、中国国際友好聯絡会研修生受け入れと公私訪中団派遣を通じて、民間レベルでの友好・交流の強化を図る。

【巻頭言】

安倍首相の戦後70年談話に思う

沖松　信夫

今年は戦後70年、戦争体験を語るよう頼まれることが多かった。一つは戦中派が少なくなったこととももう一つは日本の政治が戦争に向かいつつあることが明らかであるからであろう。

(1) ある思い出

確か昭和20年（1945年）8月10日すぎのことである。私たちは3ヶ月の特攻訓練を終え、第6航空軍に配属になり、出撃を数日後にひかえていた。

本部前の廊下で一期先輩に呼び止められた。彼は航空士官学校の区隊長で士官候補生（航空士官学校の生徒）を数十名引率して隊付にきていた。彼も私たちと同じ陸軍士官学校本科の卒業生で、航空転科組だったから親しみを抱いているように見えた。

彼は私に「重臣の一部が和平工作をしているらしい。戦争はあくまで継続せねばならぬ。君側の奸は斬るべきだ。な、そうだろう。」としきりに同意を求めた。

数日後に出撃が決まっていたから、私はそんな話にのる余裕はなかった。「私は本当に数日後に死ぬんだよ。そんなことは関係ないよ。好きにやって呉れ、それにしてもそんなことで騒いでいるあなた達は幸せだなあ」というのが、私の気持ちだった。

当時、和平とか降伏などとは思いもよらなかった。太平洋戦争開戦当時東条英機首相も安倍首相の祖父岸信介商工大臣も、戦争をどう終結させるかその方策もプロセスも頭になかった筈である。

東條首相は、人間一生のうちには清水の舞台から飛び降りる気持ちをもたねばならぬことがあると言っていたというが、そんな気持ちで戦争に踏み切られて国民はたまらない。

安倍首相の集団的自衛権行使容認は、いよいよ清水の舞台によじ登り始めたことを意味する。

(2) 安倍首相の70年談話の問題点

安倍首相はもともと戦後50年の村山富市首相談話や戦後60年の小泉純一郎首相談話と違うものを出したいと意気込んでいた

安倍首相は今年4月、村山談話の「侵略」や「おわび」などのキーワードを引き継ぐか問われた時、「同じ言葉を入れるなら、コピーして名前だけ書き変えればいい」と明言した。それで村山談話を継承しないのではないかとの疑念がもたれた。ところが、与党の公明党からキーワードは大きな意味をもつからもり込んでほしいと言われ、中韓両国に加えアメリカも村山談話の継承を求めた。特にアメリカの要望が大きな圧力になったことは明らかである。

更に8月7日、首相と考えが近い「二十一世紀構想懇談会」の報告書が出されたが、首相の憲法論とは違うものだったことも大きく影響したに違いない。

首相は、8月4日の国会答弁で現行憲法は「極めて短期間に連合国軍総司令部（ＧＨＱ）の25人の人々によって作られた」と述べ、「米軍が作った憲法」であることを強調した。しかし懇談会の報告書は「米国が民主主義を導入したのではなく、軍部や政治家に奪われた民主主義的価値を国民が米国の力を借りて取り戻した」と指摘した。

強気だった首相も、国内外の常識に押されて「侵略」「植民地支配」「痛切な反省」「心からのおわび」の４つのキーワードを盛り込まざるをえなかった。

しかし武力行使は一般論として「二度と用いてはならない」と述べ、植民地支配は永遠に訣別するとしたが、いずれも「わが国はそう誓いました。」と歴代内閣の見解を踏襲したというような書きぶりである。

痛切な反省と心からのおわびも「我が国は繰り返し表明してきました。」として過去の首相談話を引用する形である。一般論として述べるとか引用とか踏襲とか不誠実とあいまいさの目立つ首相談話になった。

首相側近は「この内容なら出さなくてもよかった」ともらしたと新聞は報じているがそれが本音だろう。

（3） 安倍内閣の危険性

安倍内閣の特徴は民意を無視することである。沖縄県民の意思を無視して、辺野古に新基地を建設しようと狂奔している。安保関連法案は戦争に直結するとして学者、知識人をはじめとして約60％の国民が慎重審議を求めているのに、耳をかさない。

もともと自民党が、４割の得票で８割の議席を得たのは小選挙区比例代表並立制という奇妙な選挙制度のお陰である。そもそも自公内閣は改憲とか安保とか国家百年の計を論ずるには無理があるのではないか

国会における野党の任務は数をたのんで法案を無理やり通そうとする内閣与党の横暴と非民主性を徹底的に明らかにすることである。

安保関連法案は衆議院で強行採決され現在参議院で審議の山場を迎えている。

集団的自衛権行使は戦争への道であることを安倍首相に認めさせなければならない。これが第一歩である。あらゆる手段を講じて認めさせなければならない。

アメリカ軍に軍事力をもって協力しても、戦争にはならないという詭弁は絶対に許してはならない。

日本が戦争ではないと言っても、攻撃を受けた相手国が戦争と考えればそれは戦争だろう。現在、民間による警備がなされている原発の防御の方法を具体的に答えさせなけ

ればならない。自衛隊のすべてを使っても全国の原発を防御できるものではない。

武力行使を行った場合、自衛隊は敵に投降できるのだろうか。玉砕しかないのか。自衛官が捕虜になった場合の心得は教えられているのだろうか。集団的自衛権に基づいてアメリカの戦争に参戦することになる自衛隊の兵力はこのままでよいのか。増強しなくてよいのだろうか。徴兵制はどうなるのか。

また集団的自衛権行使には重大な前提があることが忘れられていないか。それはアメリカ軍が常勝不敗の軍隊であることを前提にしていないかということである。敗退するアメリカ軍に自衛隊は付き合うのか。

実際アメリカ軍はベトナムで敗北し、イラク・アフガンでも泥沼に足を入れてもがいている。

考えてみれば、問題は尽きない。不十分な審議で悔いを千載に残してはならない。

（埼玉・代表幹事）

「日中友好８・１５の会」への入会　または会誌購読のおすすめ

私たちの会は、かって侵略した中国をはじめ、アジア諸国、さらには広く全世界に対し、「反戦・平和」と平和憲法の順守を誓い１９６１年に創立し、すでに５０年以上経過しました。会員は元軍人と趣旨に賛同した戦後生まれの人たちも参加しています。会員には会誌『８・１５』（月刊）を毎号お届けし、また年１回の中国訪問団（見学、友好交流）への参加や当会が隔年に受け入れている中国からの研修生との交流・意見交換への協力をお願いしています。

会費は年額１万円。会誌『８・１５』の購読のみを希望される場合には、１年間の購読料は６０００円です。

皆さんの入会、会誌購読によって「反戦・平和」「日中友好」の声をますます大きくしたいと希っています。

≪申し込み先≫　〒１２５－００３２　東京都葛飾区水元３－３－４
小林悦子方　**日中友好８・１５の会**
TEL&FAX　０３－３６２７－１９５３　郵便振替口座００１２０－６－２７４１５

全世界同時代史

アルチュール・ランボー伝（65）

島貫　隆光

帝国国防方針　その三

大東亜戦争への道　3　ノモンハン事件（37）

ウランバートルシンポジューム（牛島報告）33

これ以前のソ連進駐部隊は、本来の戦闘部隊の編成を解いて、部隊ごとに、保安任務をもって進駐していたが、今回は、師団編制を維持しつつ進駐した。ウンドルハンに進駐した戦車第一一、旅団タムサクブラーグに進駐した第一四九自動車化狙撃連隊などが、この時に進駐した。

粛清末期の一九三八年末となると、チタの特別狙撃第五七軍団司令部が、ウランバートルに進駐してきた。この段階になると、ソ連軍の進出と配置は、対日戦略上の配備であることを明確化した。

ウランバートルの自動車化狙撃第三六師団は、日本軍の内蒙における駐蒙軍に備えるため、内蒙への出口ジャミンウデに移動し、ウランバートルへ第九装甲車旅団が進出し、さらに、第七、第八装甲車旅団が、サインシャンダからユクジユルスム方面、つまり、満州国と内蒙国境方面へ配置された。

一九三七年以前の資料によるソ連赤軍部隊の配置と、三八年末からの配置地点は、根本的に変化し、保安目的から、対日満戦略配置へと変化し、東部に重点が置かれ、モンゴルのような広漠地で決定的な役割を演じる機動性と運動性を完備した戦闘編制の赤軍部隊が、ドルノド・スフバートル、ドルノゴビ、トウブ、ヘンテイの諸アイマクに駐留した。

この頃日本軍は、運動性を持つ騎兵集団に代わって、機動性と運動性を欠く、歩兵第二三師団をハイラルに集めていた訳である。

一九三六年のタウラン事件以降、チョイバルサン粛清で、モンゴル内が混乱していた一九三八年の末まで、二年余りの間、皮肉にも満蒙国境線では、比較的静穏に終止した。

モンゴル側は、国境で紛争を起こすような余裕は全くなく、ソ連軍の戦闘配備は未完であった。

更に平穏であるための大きな理由は、一九三七年、関東軍は、北部アムール国境のカンチヤーズ事件、翌三八年には、東部国境の張鼓峯事件に集中し、戦略的には、支那事変に軽率な突入を開始していたのである。加うるに、現地事情としては、ハイラル駐留の騎兵集団が、三八年の六月から中国戦線へ移動し、新設第二三歩兵師団は、三八年の晩秋までハイラルへの集中未完であったからである。

この間、チヨイバルサンは、国境紛争に惑わされることなく、国内粛清に努力を集中し、ソ連赤軍は、対関東軍配備を完了することができた。特に、チヨイバルサン指揮下の国境警備隊だけは、この間に、改変強化されることになった。

このような条件下に、新設小松原師団が、過去と同じような考え方で、新しく活動を開始するならば、国境の衝突は必然的なものとなる。
それと同時に、モンゴル軍などは、日本軍が出てくれば逃げてしまうというような、我田引水的な先入観をもって対処することは誤りであり、モンゴル軍が姿を消したのは、戦うなという命令のためであったことを冷静に判断する必要があった。

一直線にノモンハン事件へ

一九三九年の一月頃から、ノモンハン付近の国境が険悪化したということは、ソ蒙、日満側が共に認めているところである。

その要因を日本側に求めれば、小松原第二三師団の諸部隊のハイラル集中が、一九三八年秋に概了し、国境地帯の調査、偵察、現地訓練などの活動が開始されたことによる。

ソ蒙側より見れば、チヨイバルサンによる反対派の粛清も概了し、特に彼の私兵とも称し得る国境守備隊が新設整備され、国境守備方針が戦闘的となり、またその後ろ盾となるソ連軍の配置と準備が、対日戦闘を目標に概成されたことである。

したがって、第二三師団が、過去に見られた外蒙国境兵の反応を想定して行動する場合には、重大な危険を犯すことになるからである。

一九三八年の十月、蒙古関係のベテランであるハイラル特務機関の矢野少佐は、現地調査のためハンダガヤを出発し、満州内の蒙古人二名を伴って、ハルハ河沿いに、ノモンハンの満洲国境警察分駐所を経由して、ハイラステン河との合流点(川又)に至り、ハルハ河右岸に露営して調査したが、この間、外蒙兵は、ハルハ側左岸を常に一千米の距離を保って併行し、なんの妨害も加えなかったと述べ、ハルハ河右岸を満州国が実行支配しているものと関東軍に報告した。

第二三師団も、将校の指揮する二十名程度の兵力グループを、前線視察のため、数回にわたってハルハ河右岸に二～三週間にわたって派遣したことが明らかとなっている。

現在の問題は、右岸の帰属問題にあるのではなく、以前には、不注意と怠慢から、見落としたり見逃したりしてきた日満側の活動を、外蒙国境部隊は見逃さないぐらい整備されていたことにある。

矢野グループと同じく、十月十四日に、現地調査に赴いた日本側二十四名のグループは行動中に、左岸の外蒙兵五騎から射撃を受けているので、実行支配についての矢野報告とは、矛盾している。要するに外蒙資料を見ると、これらの日本軍の調査活動を慎重に注目していたことを明らかにしている。これを外豪側が、日満側の進撃準備に違いないと理解するのも当然である。

一九三九年に入って、まだハルハ河は凍結中であったが、この年、最初の衝突は、一月十二日と記録されている。ドングルオボ辺りで、渡河してきた外蒙兵を、ノモンハン満側分駐貞が発見して撃退したことになっている。

ノモンハン分駐所から、川又近くのドングルオボまでは、二十粁近くもあることからして、分駐所警察隊が、ハルハ河付近まで進出していて衝突したのであろう。

一月十四日には、かなり重要な衝突が発生しているが、これに関する日満側の資料は発見できなかった。

ソ蒙資料によると、「ノモンハンブルドオボの高地地域にあった外蒙国境警備哨所の派遣隊に対して、約二十名の日本人とバルグート騎兵(満州内の蒙古騎兵の意)が攻撃しきて、国境兵一名が負傷し、第七哨所長が捕虜となった」としている。

外蒙のアモル首相が粛清された理由の一つにこの件をあげた資料もあるが、私には、そう考える理由は判らない。さりながら、この件が外蒙側に対して、かなりの反発材料となったことは確かである。

双方の資料から見ると、その十六、十九、二十二、二十三、二十四、二十五、二十八、二十九日と、毎日のように三名から十名の外蒙兵グループと、分駐所警察官との間の衝突が記録されている。主として、捕虜の取り戻しと、捕虜獲得の争いを続けたようである。

分駐所常駐員五～六名の人員では、不安だったのであろう。北警備軍は、増援部像を送っている。それは、直ちにエスカレートにつながるものとなった。

外蒙資料によれば「一月三十一日、六十名からなる武装日本人の一隊が、ノモンハンブルドオボ地域を占領し、二月二日まで、その地域に留まり、外蒙巡察兵に攻撃を加えた」と述べている。

日満側資料では、「三十一日には、ノモンハン分駐所西南二十粁において、我が国境巡察隊は外蒙兵十余名と交戦して、これを撃退した」とし、更に二月二日「北警備軍の松本小隊は、ノモンハン西南方約二十粁において、外蒙騎兵八名を発見して、これを駆逐した」と述べている。いずれも、増援されてきた松本小隊の戦闘で、戦闘地域は、川又付近と推定される。

チヨイバルサンの反応(その一)

元ハルハ河第二四国境警備隊の政治委員ツエヴエグジャブの手記によると、一九三九年一月二十七日、チヨイバルサン元帥が幕僚を伴ってタムサクブラグを訪ねた。

ツエヴエグジャブが呼ばれて出頭すると、「侵犯している日満軍の武力侵犯を徹底的に潰滅せよ」と命令され、騎兵第六師団第一七連隊のシヤラブ、ヤダムスレンらの指揮する騎兵中隊と、ソ連のクリチエンコ中尉が指揮する軽装甲車、高射重機小隊を、第七国境警備哨所に増強して、これをツエヴエグジャブが、統一指揮するよう命を受けた彼は、二月十一日から五月二十一日の間、この特設部隊を指揮したことを述べている。

この一月末の段階では、チヨイバルサンは、独自の権限下にある内務省の国境警備隊を増強して使用する命令を下しているだけで、人民革命軍を出動させていない。

この段階におけるチヨイバルサンの判断が、この兵力だけで十分であると考えたのか、人民革命軍の出動は、ソ連軍と共同して出動する場合に限るよう定められているためかどうかは判断できない。先に、オランホドック、タウラン紛争の時にも、この内務省の特設部隊が編成されている。

内閣調査室を調査する（32）

米中関係「戦後最悪」の緊張状態に
――中国「南シナ海強奪」は止まらない

世界の国際秩序を左右する実力を備えた米中両大国は緩やかながら「新型大国間関係」の握手の手を離してはいないが、他方の手でいずれかがパンチを放つかもしれない緊張状態に包まれている。南シナ海のスプラトリー（南沙）諸島で中国が岩礁を埋め立てる人工島建設のスピードを上げ、周辺十二カイリ以内は当然領海だとみなす行動を続けているのである。このあと中国はどうでるか。

二〇一三年の十一月に中国は突然東シナ海に防空識別圏（ADIZ）設定の発表を行い、日本を驚愕させた。十二月に北京へ飛んだケリー米国務長官は厳重な抗議をした際に、「この地域とりわけ南シナ海で同じような措置を取らないでほしい」と念を押したはずであったが、中国はどうやら南シナ海でのADIZ設定発表の前に海上で着々と既成事実をつくってしまおうとの腹づもりのようだ。

前回は、米国が旧式で大型のB52戦略爆撃機を東シナ海上に飛ばして安全保障上の責任を負う姿勢を誇示した。今回はP8対潜哨戒機ポセイドンに一部取材陣を搭乗させ南沙諸島に接近したが、中国側は激しくこれを非難し、「自分たちの行動は主権の範囲内だ」との態度を変えようとしない。台湾、マレーシア、ブルネイ、ベトナム、フィリピンの五カ国と長年にわたって続けられてきた領有権をめぐる話し合いをいっきょに引っくり返す異常な行動は、交渉を重視してきたオバマ政権に匕首を突きつけている。オバマ大統領と習近平の判断でアジアのバランスは大きく傾く。

排他的経済水域と防空識別圏の設定へ

米ソ冷戦時代にいち早く「封じ込め政策」を唱えたジョージ・ケナンが回想録の中で、米国には伝統的に中国にロマンティックな夢を描く傾向があると書いている。オバマ大統領は〇九年に「米中関係は二十一世紀を形成するものであり、世界のいかなる二国間関係よりも重要だ」と述べていたが、いまの米政府高官が次から次へと中国に対する警戒感を表明しているのを観察すれば、いかに米政府、とりわけホワイトハウスの中国認識が甘いかは判然としよう。

米政府が、中国の南シナ海への執念がどれだけ強いかを思い知ったのは一〇年七月にハノイで開かれたASEAN地域フォーラム（ARF）の席上、クリントン国務長官が楊潔篪外相と直接やり合ったのがきっかけだ。クリントン長官は航行の自由という国際法の原則を述べ、楊外相は南シナ海の領有権は中国にあり、これに異を唱える国々と中国は二国間交渉をするので、米国は余計な口をさし挟むなと反論した。この基本的な立ち場の相違はいまでもまったく変わっていない。

どれだけ米政権が中国を気遣ってきたかは、昨年四月に日本、韓国、マレーシア、フィリピンを訪れたオバマ大統領が行く先々で、「われわれの目標は中国に対抗することではない。中国を包囲することでもない」との発言を繰り返したところからも明らかだろう。帰国後の翌五月に中国はベトナムと領有権を争う南シナ海のパラセル(西沙)諸島近海に巨大な石油掘削リグを運び込み、試掘のボーリング作業を完了し、地質データを収集して七月に引き揚げている。

その間に中国は南沙諸島でも大々的な人工島の作業を進めていた。係争中の地域で中国が手を着けているのはスービ(渚碧)、ヒューズ(東門)、ミスチーフ(美済)、ジョンソン・サウス(赤瓜)、ガベン(南薫)、ファイアリー・クロス(永暑)、クアテロン(華陽)岩礁の七つといわれる。(ウォール・ストリート・ジャーナル誌＝WSJ五月二〇日付)。国際軍事専門「ジェーン・ディフェンス・ウィークリー」や一部米シンクタンクで実態は衛星写真付きでも報道されてきたが、情報を握る米軍幹部が明らかにしたのは米太平洋艦隊司令官のハリー・B・ハリス提督が初めてであろう。同提督は三月三十一日に豪州の首都キャンベラで講演し、浚渫(しゅんせつ)船やブルドーザーによって環礁が大規模に破壊され、珊瑚礁はより大きい恒久的な島になりつつあると説明した。このときに使用された、「数ケ月間で『砂の万里の長城』を築いてしまった」との表現が以後ジャーナリズムに出回った。

五月八日に米国防総省が公表した中国の軍事・安全保障に関する年次報告書は、中国が五カ所の「前哨基地」で埋め立て作業を進めていると述べており、WSJよりも数字は少ないが、事態が急速に進展していることを物語っている。埋め立て面積は昨年十二月段階の二平方キロメートルが、現在では四倍の約八平方キロメートルに拡大し、四カ所では埋め立て作業が終わり、インフラ整備に移行しているという。東京ドームの約百七十個分の広さの場所に港湾、通信などの偵察施設、後方支援施設、少なくとも一カ所の飛行場が建設されつつあると報告書は書いている。

P8対潜哨戒機に同乗しCNNスタッフが五月二十日に公開した、高性能カメラによる映像では数十隻の浚渫船がそれぞれの岩礁に群がり、海中から砂をくみ上げて島をつくっている様子を映し出している。ファイアリー・クロス岩礁には早期警戒レーダー施設と、中国のいかなる軍用機も離着陸できる新滑走路が観察できる。

岩礁を埋め立てて人工の島とし、当然自国領とするから主権が発生する。それを中心に領海、排他的経済水域(EEZ)が設定される——などという国際法を無視した暴挙が許されるのであろうか。早晩南シナ海上空に防空識別圏が設定され、十二カイリ以内に中国の軍艦が遊弋(ゆうよく)し、十年から十八年にかけては空母艦載機の緊急避難に滑走路が使えるよう完成を急いでいるという。人工島は「不沈空母」の役を果たす。南シナ海は完全に中国が実効支配し、世界で最も頻繁に使われているシーレーンは重大な圧力を受ける。

「中国の意思は岩のように固い」

この事件を単発としてとらえてはいけない。習近平氏が主席に就任する以前の〇八年に中国は対海賊哨戒活動を行うため六百年ぶりに艦隊をソマリア沖に派遣して世界をアッと言わせた。一一年にはリビアの内乱で在留中国人の避難作戦を地中海で実施したし、翌年には政治的デモンストレーションの意味もあって空母遼寧を就航させた。

日本の海上自衛隊護衛艦に射撃管制用レーダーを照射し、軍事的緊張感が日中間に高まったのは一三年だ。同じ年に中国海軍はフィリピン沖で過去最大規模の海空による軍事演習を実施し、原子力潜水艦をインド洋に送った。一四年にはインドネシア南部沖で海軍演習を実施するため、機動部隊がスンダ海峡を通過している。同じ年にはハワイ沖で行われた米主導のリムパック演習に参加し、そのあと呉勝利中国海軍司令官は南沙諸島を訪れ、工事の進んでいるいくつかの岩礁を視察している。

これらを中国海軍の発展の一環としているから、中国軍事力に関する年次報告に関しても、在米中国大使館は「(岩礁の)作業は中国の主権の範囲内の問題で理に適っており、正当かつ合法だ。それはいかなる国にも影響を与えないし、標的にしない」との声明を出し、島の生活、労働条件の改善、領土主権や航行権の確保ならびに海洋調査、救助、災害防止と鎮静化、環境保護と航行安全――など数多くの分野で中国の国際的責任に役立てる目的を持つと説明した。

オバマ政権にとって衝撃的だったのは五月十六、一七の両日ケリー国務長官が訪中した際の中国側の反応だった。同長官は習近平主席のほか李克強首相、楊潔篪国務委員、王毅外相、范長竜中央軍事委員会副主席とそれぞれ会談したが、重点は二つに絞られよう。第一は、ケリー長官が南シナ海の緊張緩和を提案したのに対して王毅外相が「主権を守る中国の意思は岩のように固い」と述べたことだ。米国メディアは「岩のように固い(firm as a rock)」との言い方を重視している。第二は習近平主席が「新型大国間関係」を呼び掛け、「広い太平洋は二つの大国を収容できる能力がある」との決まり文句を繰り返した点だ。米中両国間で話し合えば太平洋の問題はあらかた決着するとの「新型大国間関係」と同じ発想は米側のG2論にもあることを見逃してはならない。中国に対して強い団結を世界に示したはずの四月二十八日の安倍首相とオバマ大統領の日米首脳会談後の記者会見で大統領は「強い日米同盟は(中国への)挑発と見られてはならない」と述べている。

「軍事力を背景にした外交」に転換か

米政府当局者は明らかに発言の調子を次第に上げつつある。例えばダニエル・R・ラッセル国務次官補(東アジア・太平洋問題担当)だ。同次官補は二月五日に下院外交委員会アジア・太平洋小委員会で証言し、①南シナ海に関する中国の説明が明確でないところに、この地域の不安定の原因がある、②あくまでも国際法および〇二年にASEAN諸国と中国が合意した「南シナ海における関係国の行動宣言」(DOC)を尊重する。③同盟および近代化ならびに強固な戦略的パートナーシップを含む米国の強い外交、防衛上のプレゼンスが地域安定の維持に必要不可欠だ――の三点を強調した。

三カ月後の五月十三日の上院外交委員会で証言したラッセル次官補の発言は明らかにエスカレートしている。国際法に従うべきだとの基本的姿勢を堅持したうえで、①中国と問題を抱えるASEAN諸国との関係を強めるほか、日本と豪州の両国と協力し合う、②米第七艦隊と最近の米軍事力の一貫した存在が紛争抑止には重要な要素になるというのが自分の信念だ、③強力で継続的な米軍のプレゼンスはこの地域の諸国の圧倒的多数の支持を得ているが、第一の手段は外交だ――との発言には、ひたすら「外交」だけに頼ってきたオバマ政権が「軍事力を背景にした外交」に転換するとの含蓄が込められている。

この日、ラッセル次官補のあとに証言したデービッド・シーア国防次官補(アジア・太平洋安全保障問題担当)は国防総省の立場から対策として①日本、フィリピン、豪州との同盟関係を強める、②一九九〇年代にフィリピンのスービック基地を閉鎖して以来初めてシンガポールに沿岸戦闘艦隊を展開するなど、東南アジアでのプレゼンスを維持している、③フィリピンの全国沿岸監視体制援助など地域政府の海洋安全保障能力進展に手を貸す、④軍対軍の健全ながら慎重な関与を通じて中国との不測の事態を招くリスクを減らす――の四点を挙げた。

国務、国防両省が南シナ海の異常を鎮めるため、硬軟両様の措置と米日、米豪、米比の同盟関係強化を中心に複雑な組み合わせで対応していることがわかる。安倍首相の四月末の訪米をオバマ政権や米上下両院議員がことのほか歓迎した国際的背景も理解できよう。日本のマスメディアでは取り上げたところは少なかったが、米民主党内ではリベラル左派に属していると見られてきたバイデン副大統領が五月二十二日に、アナポリスの海官士官学校卒業式での演説で南シナ海問題がらみで、「世界のシーレーンは自警をしない。海賊および強制からそれを守り警備するのは米海軍だ」と強調した。「米国は世界の警察官ではない」と宣言したオバマ大統領の発言の事実上の訂正と解釈できるだろうか。

最後の判断は大統領に委ねられる

米中関係は戦後最悪の「衝突進路(collision course)」に入りつつある。五月十二日付WSJが報道し、米国防総省が追認したが、カーター国防長官は人工島十二カイリ以内に米海軍偵察機と艦艇を送る選択の検討をスタッフに命じた。戦闘艦フォートワースは南沙諸島近海にいる。オバマ政権が真剣になったのは、法治主義を貫き通せるかどうか、アジアの同盟諸国の信頼を失い、米中両国の均衡が揺らぐかどうかの瀬戸際に立たされているからだ。最後の判断はオバマ大統領に委ねられている。

「世界のどんな砂も『主権』を製造しない」(ラッセル次官補)という明白な常識をあざ笑うように中国共産党機関紙「人民日報」系の環球時報は五月二十五日付の社説で、「中米両国が南シナ海で一戦交えることは不可避だ」と物騒な表現を使った。翌二十六日に中国政府は国防白書を発表し、「ある国家は中国に対し頻繁に海上、空中で接近偵察を行っている」とあからさまに米国を非難、「海上軍事闘争への準備」が重要と述べた。

最悪の事態を避けるには、中国側に人工島の工事を停止させたうえで、交渉に入ることだろうが、長丁場になるのは必至だし、既成事実は白紙に戻すわけにいかないだけに問題は深刻である。

私が天敵とみなしている中西輝政が「正論」で日米対中国の軍事衝突の危険性について取り上げている。問題は南沙諸島の埋め立てとサイバー攻撃である。これを中国の脅威として取り上げれば、それこそ集団的自衛権の行使につながる抑止力の必要性の事態となる。アメリカは度重なる失敗により国力を落とし、第一列島線から第二列島線に後退せざるをえなくなっている。アジア太平洋におけるアメリカのプレゼンスは後退しつつある。これに反して中国は経済力を上昇させ勢力をつけつつある。この関係が現在の状況である。安倍もついに中国を名指しで批判を強めている。今後の推移が注目だろう。

海と空で一触即発の緊張状態に

珊瑚礁の周りでは、中国海軍の艦艇が常時警備している。昨年九月、呉勝利・海軍司令官が一週間かけて埋め立て工事現場を視察した。折しも北京では習近平政権が徐才厚・党中央軍事委員会前副主席の刑事訴追に踏み切るかどうかで、軍の内部が動揺していた時期だ。それにもかかわらず海軍司令官が長期間、北京を留守にし、現場を督励したのは、「砂の長城」建設に習近平政権の命運がかかっているからだ。

領有権を争うフィリピン当局は監視を続けているが、工事は昼夜兼行の急ピッチで進んでいる。このペースだと年内にも飛行場が完成するのではないかと見られている。なぜそれほど急ぐのか。

政治的な理由と軍事的な理由がある。政治的な理由は、今年の九月三日が「抗日戦争勝利七十周年記念日」にあたるからだ。南シナ海を管轄していた日本に代わって、中華民国が島々を接収し始めた記念日だ。

軍事的な理由は、米軍のアジア・リバランスに中国軍が対抗するためには、東シナ海の防空識別圏(ADIZ)だけでなく、南シナ海にもADIZを設定しなければならない。大陸からはるか離れた南シナ海の南の端までレーダー管制を行うには、スプラトリーにレーダー施設や空中警戒管制機の発着可能な飛行場が必要だ。南シナ海の領土権主張の根拠となる抗日戦勝記念日を口実にして南シナ海ADIZの設定宣言をするのではないかという観測がある。だとすれば、海軍司令官が異例の督励を行ったわけも理解できる。「あと一年で工事を完成せよ」と命じたのだ。

もちろん、中国の軍事施設は空の支配だけが目的ではない。ADIZと同時に海の底の支配も目指している。英国国際戦略研究所(IISS)の研究者が昨年、スプラトリー海域を視察した。その報告書によると、スプラトリー海域とは東西八百キロ、南北六百キロの広大な浅瀬に点在する珊瑚礁群で、大型の軍艦や潜水艦が通るには危険な海域だ。南シナ海は、中国大陸を牛の顔に見立てると、だらりと垂れ下がった「牛の舌」にたとえられるが、その舌先は、軍艦の通れない自然の壁になっており太平洋側から南シナ海への進入を拒んでいる。

もし米艦隊がフィリピン方面から南シナ海の中央へ入ろうとすれば、南華水道と、この水道から枝分かれした中央水道、華陽水道という三本の水道を通るしかない。報告書は中国の埋め立て工事の位置がすべて三つの水道の出入り口近くであることに注意を喚起した。

海南島の基地に配備されている戦略原子力潜水艦が行動するのは、南シナ海中心の最深部。その海域を戦略原潜の聖域にするには南華水道の支配権を握らなければならない。中国の意図が島の領有権より水道の通行権なら、飛行場には対潜哨戒用の航空機やヘリが配備される。

中国が南シナ海の水道と空の支配を宣言する日は近そうだ。その瞬間に東南アジアの軍事バランスは大きく崩れる。南シナ海をめぐって中国軍と米国およびその同盟国軍が、海と空で一触即発の緊張状態に突入しかねないのだ。

カーター米国防長官は、手遅れになる前に埋め立て現場の珊瑚礁の十二カイリ内に第七艦隊を接近させ、中国の領有権を認めない態度を明確にするように主張している。だがホワイトハウスは中国の反発を考慮して慎重だという。

七月十五日、祖父岸信介の記念すべき日にリベンジを果たすように安倍自民党は安保法制を強行採決した。参議院の六十日ルールを使って何が何でも今国会でこの法案を成立させようとする意図の表れだ。そもそも現在の自民党の議席は小選挙区制という欠陥だらけの法のもとで二十八パーセントの投票で八割の議席を獲得したマヤカシのハリボテ議席である。これを以て多数決は民主主義というのはおこがましい。間接民主主義の欠陥でありむしろヒトラーのファッショを想起させる

そもそもは米国議会で約束した今年の夏までにこの法案を成立させるというスケジュールに合わせただけのトンデモ法案だ。国民の理解はもとより、議会内でも無意味な討議に終始したあげくの暴挙である。今後論争は参議院に移るが、ここで討議すべきことについて考えてみたい。

①違憲か合憲かという論議はもとより重要ではあるが、これは見解の相違ということで逃げられる可能性がある。ここに重点を置いて注力するのはあまり効果的ではないだろう。

②これまで私が主張してきた後方=安全神話は、ミサイルとテロの現代にあっては前方も後方もないという論理でもっと現実的な論議を徹底すべきだ。殿(しんがり)という言葉がある。軍隊を引き揚げる際、最後尾にあって追ってくる敵を防ぐ部隊の事である。信長が命からがら退却した時殿をつとめたのが秀吉だった。彼はこの功績によって大名になる緒口をつかんだ。政府は後方支援で安全な地域が危険になった時は撤退すると事も無げに説明する。古来、撤退作戦ほど難しい作戦はないとされてきた。其の常識がい

とも簡単に扱われる。こういう現場感覚の無い議論は空しい。もっとプロ中のプロが論議に加わるべきだ。現在の防衛相は自衛官出身にもかかわらず全く現場感覚が無い。

③そもそも集団的自衛権の行使というものは軍事的には常識である。それを止めてきたのは敗戦という現実の前に封印してきたからだ。安倍は防犯という例で抑止理論を使う。抑止論というのは両刃の剣だ。A国がB国に攻撃した時にC国がA国を攻撃する権利が集団的自衛権である。それを持つことが抑止になるというのだが、逆にそれはA国がB国と同時にC国を攻撃する口実を与えることになり両刃の剣でもあるのだ。この論理が取りあげられたことはない。それこそが重要なのである。

④集団的自衛権行使の決定のための新3要件というのがある。全然新しくもなんともない旧態依然たる考えだが、問題はその中味である。その判断基準が全く無いのである。安倍は総合的に判断すると繰り返すだけである。つまり政府に丸投げしてくれということである。全く呆れ果てた論議が延々と続けられている。もっとも肝要なところがこれでは国民の理解が得られないのも無理はない。

参考文献に挙げた本は私が戦略的に考える考え方を根本にすえた本である。私はこれに期待するものである。

参考文献

川田稔「昭和陸軍全史（三巻）　講談社現代新書
1　満州事変　二〇一四年七月二〇日刊
2　日中戦争　二〇一四年一一月二〇日刊
3　太平洋戦争　二〇一五年六月二〇日刊
昭和陸軍の誕生と変遷を戦略構想面から描く、全く新しい昭和陸軍史決定版

アントニー・ビーヴァー　平賀秀明訳
第二次世界大戦　一九三九―四五　白水社
上　ノモンハン～真珠湾　二〇一五年六月一〇日刊
中　ミッドウェー～アウシュビッツ　二〇一五年七月一〇刊
下　ベルリン陥落～原爆投下　二〇一五年八月一〇日刊

おことわり

このところ体調をくずしてこのエッセイを定期的に続けることに困難を感じるようになりましたので、これからは散発的に続けるスタイルに変えていこうと考えています。

そもそもこのエッセイを始めたのは近代の日本の戦争の歴史を考えてその誤りの原因をつきとめようとして誤りの始まりは幕末維新にあるという仮説をたてたところにあります。その歴史の検証は道半ばですが、ますます確信を深めています。国を守るためと称して近隣諸国を侵略し、無

意味な戦争を仕掛けて敗戦に至った歴史はこの国策にあったと思いますがそれが国策であったためにいまだに日本人はこの歴史を直視できていません。村山談話はよくできていますが、満洲事変は始まりではなく途中経過にすぎないのです。今また国を守ると絶叫して戦争法案を強行する政府の姿を見ていると歴史の教訓をかみしめる必要性をひしひしと感じざるをえません。今後ともよろしくお願い申し上げます。

七月三十日

（埼玉・会員）

追記

八月十五日、迷走を重ねたあげく他人事のような長たらしい評論の寄せ集めの談話が出た。

主語が無く、心の通わない意味不明の内容で、これならばわざわざ出す必要はない。文は人なり。ワイゼッカーのような格調の高いものは望むべくもないが、もう少し自分の考えを出せるはずではなかったか。

【今月の本】

石川文洋『フォトストーリー沖縄の70年』

尾形　憲

「一冊の写真集にも匹敵する190枚余りの写真も圧巻。独特の長い写真説明が付きフォトストーリーとしてまた読み応えがある。」（沖縄タイムス）まったくその通り。

順を追って内容を見て行こう。

第1章　沖縄に生まれて

石川さんは沖縄で生まれたが、4歳の時本土に移住した。中学卒業までは母の実家の「安里」姓だった。本土に来ても、家庭で両親はウチナーグチ（沖縄語）。国民学校（今の小学校）に入学したとき、共通語が少し怪しかったことと、安里という姓が珍しいことがあって、上級生たちから「オキナワ」というあだ名をつけられた。

中学校のとき、同級生と森へ栗拾いに行こうとその家に行ったところ、その父親が「あの子は沖縄の子だろう」と、一緒に行くのを止めたことがあった。

戦中、戦後は極端な物資不足、とくに食糧難はひどかった。8月15日、〝玉音放送〟を聞きながら泣いているお母さんたちを見て、何が悲しいのだろうと思った。戦争の勝ち負けよりは、戦中、戦後の貧しい食糧事情の方が印象に残っている。

第2章　沖縄戦の記憶

沖縄に「命（ヌチ）どぅ宝（命こそ宝）」という言葉がある。その大切な命を奪うのが戦争である。

石川さんは沖縄戦の体験はなかった。それだけに、まめに生き残りの人々の話を聞いて回った。とくに集団自決（強制集団死）のことだ。

集団自決の生存者の一人仲村初子さんは語る。

「その方法も鎌や包丁、カミソリなどの刃物で動脈を切ったり、胸を刺す。クワで後頭部を打つ。岩や棒で頭を叩く。紐で首を絞める。子どもを岩の上に叩きつける。」これがあちらでも、こちらでも、集団で行なわれたのである。

この惨劇にまで追い込んだ皇民化教育や日本軍を憎み、「自決」とは絶対に呼びたくないという生存者もいる。

沖縄戦による県民の戦没者は一応軍人軍属も含め12万2228人と発表されているが、一家全滅による未届け、餓死、病死なども含めると、その数はさらに大きくなるだろう。

第3章　南洋群島の沖縄人たち。海の向こうの戦争体験

マーシャル、カロリン、マリアナの3群島は第1次世界大戦後日本の委任統治領となった。ことに沖縄からの移住者が多かったのは、砂糖以外に主だった産業のない貧しい県だったからである。

戦争の惨禍はこの島にも押し寄せて来た。69年2月25日、サイパン、テニアンは米空軍の空襲を受けた。それから住民たちは艦砲射撃、戦車砲に追われて逃げ回った。途中には腐敗し異様な臭いのする死体が散乱している。負傷した人々は手当ても出来ず、傷にわいた蛆を手で払いのけていた。南国の楽園は生き地獄に変わった。食料も水も無く、飢えと渇きに皆苦しんだ。水のある所は米軍がいるので、危険で近づけなかった。木の枝の芯をちぎって食べ、木の葉についた露を舐めた。

「天皇陛下から玉砕命令が下った」将校が兵士たちに伝えた。

日本軍は兵士、民間人たちの投降を許さず。捕虜になるなら自決せよと命じた。捕虜になったら男は戦車で轢き殺される、女性は辱めを受けた後に殺される。子どもも殺される――というデマを民間人は信じて、家族を殺し、自決した。

とぎれとぎれに語る生き残りの人の言葉に、あらためて戦争の後遺症の深さを思い知らされた。

第4章　ベトナム戦争と沖縄

米駆逐艦が北ベトナム魚雷艇の攻撃を受けたとデッチ上げた1964年の「トンキン湾事件」直後、石川さんはベトナムに入った。取材のなかで、沖縄出身の日本人に会った。彼は第二次大戦で熊本の師団の兵としてシンガポールに渡り、終戦を迎えた。6人の仲間とベトナム経由で日本へ帰ろうとしたが、結局ベトナム独立戦争に参加した。ベトナム人女性と結婚もし、解放後2年までベトナムで仕事をすることになる。

4年後石川さんは沖縄へ帰るが、そこで沖縄の人たちが、本土の人たちよりも、ベトナム戦争を身近なものと考えていることを知った。

その理由は2つある。1つには、自分たちの戦争体験から、同じように地上戦に巻き込まれたベトナムの民衆の悲劇を体で理解できていたからである。そしてもう1つはB52の嘉手納からの発着など沖縄の基地の動きによって、ベトナム戦争の動きを察知出来るからであった。沖縄の人々の周辺には絶えずベトナム戦争が密着していたのである。

第5章　本土復帰

1968年11月19日、嘉手納基地で離陸に失敗したB52が爆発し、民家約百件と4人の人員に損害を与えた。12月7日には、B52撤去原潜寄港阻止県民共闘会議（いのちを守る県民共闘会議）が結成され、沖縄の歴史上始めての大ゼネストが計画された。これは琉球国に対する薩摩の侵略と琉球処分による日本への併合、太平洋戦争での悲劇、敗戦後24年に及ぶアメリカ支配下の生活、そういった中で起こってきた沖縄人の怒りだった。

しかし、この後も沖縄からB52はベトナムへの出撃を止めなかった。

このころ、日米両政府の間で沖縄の返還が協議されはじめていた。だが、基地は縮小されるのか、B52は撤去されるのか。人々の懸念は大きかった。米兵による沖縄人の殺傷があっても、沖縄には犯人を裁く権限もない。70年12月20日コザ市（現沖縄市）で起こった焼き討ち騒動は、アメリカの支配下である沖縄の人たちの不満の表われであった。

70年11月9日から10日にかけて「日米共同声明路線の沖縄返還協定反対・交渉やり直し完全復帰要求」ゼネストが決行された。

果たせるかな、72年に復帰はしても、基地使用のため土地の強制収用は可能であり、沖縄の人たちはアメリカ支配から脱することはできなかった。

また長い戦争による後遺症で苦しんでいるベトナム人と基地に悩む沖縄人の友好のため招かれたベトナム人の入国は、日本政府の「国益」によって実現しなかった。これを日本の3大紙は1紙も扱わなかったのである。

第6章　米軍基地1972~2015

沖縄というと、私たちは直ちに米軍基地を思いだす。1972年の本土復帰時、沖縄の米軍基地は全体の58・6%だった。本土の基地はその後半減したのに、沖縄の基地は返還が進まず、97年その割合は74・9%に上昇した。中でも最大の嘉手納基地は甲子園球場の500倍以上ある。嘉手納町はその82%が基地で、まさしく「基地の町」となっている。

83年秋、画家の丸木位里さん、俊さんの励ましを受けた佐喜真道夫さんは普天間基地内にある自分の土地に美術館を建てる決意をし、防衛庁施設局と交渉を開始した。ねばり強い交渉の結果、92年に550坪の土地が返還され、94年11月美術館は完成した

96年9月8日、日米地位協定の見直しと基地の整理縮小を問う全国でも初めての県単位での県民投票が行なわれた。開票の結果、投票率は59・83%、賛成は89・9%だった。

このときの知事は太田昌秀さんだった。彼は90年から98年までの在任の間、多くの「平和な島」づくりをしたが、その1つに国籍を問わず沖縄戦で犠牲となった人々の名を刻んだ平和の礎の建設があり、もう1つは軍用地の代理署名拒否だった。後者は1995年、3人の米兵が小学生の少女を暴行し、10月21日抗議集会に8万5千人が結集した年だった。

2012年9月9日にはさまざまの欠陥を持ち危険極まるオスプレイの配備に反対する県民集会が行なわれた。

2014年11月の県知事選挙では、辺野古新基地建設を認めるか否かが争点となり、建設に否定的な翁長雄志氏が当選した。安倍政権は基地建設を強行しようとしているが、これは民主主義に対する不正義である。ベトナム戦争での南ベトナム政府とこれを支援するアメリカ政府がそうだったように、不正義の勝利はない。

第7章　故郷を思う

石川さんは最終章で沖縄の高校の甲子園出場のことと、アイゴの稚魚スクを食べたことを書いている。

沖縄の同期とともに、高校の甲子園出場を応援することは感動=「人生の見えない財産」をたくさん与えてくれた。私たちが那覇の市場で見かける「スクガラス」は塩漬けに

されたスクである。6月に年に一度海藻類を食べようと海岸に押し寄せるスクの大群を捕獲する。石川さんははじめての漁への参加に興奮し、その夕方の泡盛に酔った。故郷の自然を味わったのである。

2013年6月23日の慰霊の日に、1人の子どもの「平和への誓い」が読まれた。与那国の小学校1年生安里有紀君の詩だった。

「へいわってすてきだね　へいわってなにかな。/ぼくはかんがえたよ。/おともだちとなかよし。/かぞくがげんき。/えがおであそぶ。/ねこがわらう。/おなかがいっぱい。/やぎがのんびりあるいてる。/けんかしてもすぐなかなおり。/ちょうめいそうがたくさんはえ、よなぐにうまが、ヒヒーンとなく。/みなとには、フェリーがとまっていて、うみにはかめやかじきがおよいでいる。/やさしいこころがにじになる。/みんなのこころから、/へいわってうれしいね。/せんそうは、おそろしい。/「ドドーン、ドカーン」/ばくだんがおちてくるこわいおと。/おなかがすいて、くるしむこども。/かぞくがしんでしまってなくひとたち。/ああ、ぼくは、へいわなときにうまれてよかったよ。/このへいわが、/ずっとつづいてほしい。/みんなのえがおが、/へいわながっこう、/へいわなよなぐにじま、/へいわなおきなわ、/へいわなせかい、/へいわってすてきだね。/これからも、ずっとへいわがつづくように、/ぼくも、ぼくのできることからがんばるよ。」

安倍政権ではことごとく平和とかけはなれた政策がとられており、この与那国島への自衛隊配備計画も進められている。政治家たちは、本土の人たちは、沖縄の言葉に一度耳を傾けてほしい。

あとがき

今安倍政権は辺野古新基地建設工事を強行している。だが、2014年1月の名護市長選、11月の県知事選のどちらでも新基地建設に反対の候補者が当選した。12月の総選挙では、4小選挙区で同様な候補者が全員当選である。基地建設反対から賛成に変節した4人の自民党候補者はすべて落選し、広大な九州比例区に逃げこんで、やっと当選した。これが沖縄の民意である。

仲井真前知事は新基地建設反対を公約しながら、土壇場になって辺野古埋め立てを承認して県民の不信を買った。その結果、14年の知事選で落選となった。

戦争は兵士が殺し合い、民間人を犠牲にする。人命だけでなく、個人・公共の財産、文化遺産、自然が破壊される。石川さんは戦場カメラマンとして、こうしたことを目撃し、撮影した。そして戦争は民間人を守らないことも実感した。

「基地の無い平和な島・沖縄」がこの本のしめくくりとしての石川さんの切なる願いである。

石川さんは「琉球人・沖縄人の先祖たち、いま生きる人々との怒りと共鳴しながら、私はこの本を『在日沖縄人』として書き綴った。」と言っているが、「在日」というと、沖縄もふくまれてしまう。「在本土」か「在ヤマト」と言った方が、石川さんの意図をより適切に表明するのではないか。

私たちは今年で6年連続で、辺野古の新基地反対、普天間即時返還、海兵隊帰れ＝日米安保条約破棄の3点を要求する新聞の1ページ全面広告を続けている。掲載紙は本土の朝日か毎日・東京、沖縄の沖縄タイムスと琉球新報である。石川さんはその賛同者になってくれている。この場を借りて謝意を表したい。

〔付記〕

本稿のはじめで見たように、この本では多数の写真が圧巻となっており、本のタイトルにも「フォトスオーリー」と付いている。内容の紹介だけでなく、多くの写真の紹介が必要だが、紙面の関係でそれは許されない。そこで最後に1枚だけ、現在の沖縄をもっともよく表しているものを紹介する。

（埼玉・会員）

普天間基地に並ぶオスプレイ（２０１４年）

私の戦争体験と盧溝橋事件（1）

七月七日、中国大使館で行われた「七・七記念集会」で行われた沖松代表幹事の講演「私の戦争体験と盧溝橋事件」を数回に渡ってお届けします

私は一九二五年（大正十四年）生まれです。したがって私の年齢と昭和の年数は同じになります。私は今年で九十歳ですから昭和になってから九十年です。私は幼少時から戦争と共に大きくなったという気がします。小学校に入学した年（一九三一年）の九月十八日に柳条湖事件が起きました。中国では九一八というそうです。そして、中学校に入った年（一九三七年）の七月七日に盧溝橋事件が起きます。さらに、陸軍士官学校に入った年（一九四一年）の十二月に太平洋戦争が始まりました。昭和十六年に十六歳で陸軍士官学校に入学し、十九年に十九歳で卒業し、二十歳で戦争が終わりました。戦前・戦中・戦後とずいぶん長く生きたと思います。

大正から昭和にかけての日本は軍国主義の中で軍人が尊敬された時代でした。私も国の方針に従い、軍国少年として軍人になりたいと思いました。当時の少年に聞けば、十人中八人か九人は軍人になりたいと答えたでしょう。軍人となり天皇陛下のために死ぬ、国家のために死ぬ、それが国民として最高の生き方であると教えられましたし、そう信じていました。軍人というのは職業ではなく日本国民として道徳にしたがった最高の生き方であるという考え方が徹底しておりました。それは明治以来の教育と教育を動かした政治に関係があります。司馬遼太郎は明治維新について「坂の上の雲」の冒頭で「まことに小さな国が開化期を迎えようとしている」と書いておりますが、小さな国が大きくなろうとした。膨張主義・軍国主義の政治をおこない、政治にしたがい教育勅語を基にした教育がおこなわれました。

教育勅語を評価するという政治家がいますが、一八九〇年に公布されたこの勅語で一番大切な箇所は「一旦緩急アレハ義勇公ニ奉ジ以テ天壌無窮ノ皇運ヲ扶翼スベシ」の部分です。命を捨てて天皇制を守れということです。ここからできた国歌が君が代です。君が代に反対する人たちの理由は、膨張主義・軍国主義の時代の国歌をなぜ民主主義国家の国歌にするのかということです。

私は中学校に入り様々な教育を受ける中で、小さい頃から抱いてきた軍人志望が薄まってきたように思いました。軍人だけが人生ではないのではないか。実業家や教育家など色々職業がある中でどれが一番などというのは一概にはいえないと考えるようになったのです。ところが、私が中学校三年生の時に父親が亡くなりました。当時は父親が亡くなったら中学校は経済的に続けられないというのが一般的でした。幸い私の家庭では「中学校だけは卒業しなさい」

と言ってくれたので続けられましたが、上級の学校には行けません。そこで考えたのが学費のかからない学校です。それは陸軍、海軍の学校でした。具体的には陸軍なら陸軍士官学校、陸軍経理学校、海軍では海軍兵学校、海軍機関学校、海軍経理学校です。もう一つは教師になる道で高等師範学校も学費はかかりませんでした。私はそうした学校に入ろうと考え、幸い陸軍士官学校に入学することができました。陸軍士官学校には、予科士官学校と士官学校本科、陸軍航空士官学校がありました。一番記憶に残っているのは、陸軍予科士官学校の校長が牟田口廉也中将だったことです。この人は盧溝橋事件の時に現地の連隊長でした。そして、戦争を拡大させたと言われています。後にインパール作戦で失敗しました。

陸軍士官学校の教育は明治十五年（一八八二年）の軍人勅諭、天皇が軍人に賜ったことばにもとづくものでした。日本の軍人精神の元とされる意味を持つ文章で、全て読むと十分くらいかかるのですが毎日朝晩読むのです。内容は天皇と軍人との結びつき、いかに天皇が軍人を信頼しているか、軍人は天皇のために尽くさねばならない、死を恐れてはいけない、階級は大切だから上級者の命令には絶対に従わなければいけないというようなことです。奇妙なものでこれを毎日読み続ける内にだんだんありがたいと思うようになっていくのです。軍人勅諭に書かれているとおりに命を捨ててもかまわないというように変わっていきます。私もそれを体験しました。

陸軍士官学校の教育には特徴が二つあったと思います。一つは軍人勅諭を徹底して頭の中に入れることで、エリート意識を作り上げていくこと。軍人は一般国民とは違うのだ。天皇の股肱であり、一番近い存在であるという考え方にしていくのです。二つ目は徹底した実務教育です。抽象論を排し、実際に体験させて覚えさせることで卒業後はすぐに第一線の将校として使えるようにする。例えば、手紙を書かせて文章を練習させるという方法はどこの学校でもやるでしょうが、陸軍士官学校では書かせた手紙を教官が点検して直して返し、書き直させるということを何回も繰り返すのです。また、戦死者が出た際に弔文を書かせました。この場合にも実例をいくつも見せてから、書かせたものを提出させ点検して何回も書かせるのです。軍隊では地図の読み方が重要でした。地図から実際の地形、高度や傾斜などがすぐにわからないとなりません。それを教育するために地図を作らされました。私たちのいた練馬区で実際の土地を測量し地図を書かせました。そうすると地図を見た時に、傾斜の様子からこの地点からならば見通しがきくというようなことまでわかるようになるのです。あるいは毒ガスの訓練。これには実際に毒ガスが充満した室内に防毒面をつけさせて入れました。このように徹底した実務教育が士官学校の特徴でしたが、後で考えると大きな欠陥があったと思います。それは本質を考えなくなるということです。表面だけの教育の欠陥が、中国との戦争においても太平洋戦争でもくっきり表れたと思うのです。

私はくじ運が良くないようです。くじを引いてもはずればかりで当たりを引くことはありません。しかし、運は良いのかなと思うことがいくつかあります。そのひとつについてお話しします。予科士官学校から本科に進む際に兵科を決められるのですが、私は輜重兵にされました。輜重（しちょう）とは、物資を補給するための兵科です。日本軍では軽視された兵科でした。戦争する軍人ではなく物を輸送する軍人だからというのです。私も希望しなかったのですが必要であるとされて輜重兵にされました。日本には「武士は食わねど高楊枝」という言葉があるとおり、ご飯のことを言うなというような考え方・教育がありました。それが輜重兵は重要な兵科ではないという考えにつながるのですが、これも日本軍の間違いのもとでした。日本軍は物資の補給がうまくできないために苦しんだ、そのために飢えて亡くなっていったかを考えると、輜重兵軽視が根本的な間違いだったと思います。中国の孫子の兵法書には「軍に輜重無くんば即ち亡ぶ」とあります。輜重がなければ軍は成り立っていかないのです。相手からすれば、戦力を弱めるには輜重部隊を攻撃すればよいのです。後方連絡線といいますが、補給線を絶てばよいということです。それを日本軍は知らなかったと痛切に感じます。私は輜重兵になることで輜重の重要性を学べたと思います。

ところが、輜重兵の将校になるつもりで陸軍士官学校を卒業した時、「これからは航空の時代だが航空兵が足りない」ということから航空兵に転科させられました。陸軍士官学校を卒業後、グライダー、練習機と訓練を続けることになりました。この訓練が一年間続いたことが命を長らえた理由でした。陸軍士官学校を卒業し陸軍航空士官学校に操縦学生として入りなおし、最初に習うのは離着陸です。離陸して着陸する練習は一回について三分から四分かかります。それを繰り返し行い、おおよそ百二十から百三十回くらい練習すれば、練習機ならば一人で操縦できるようになります。

航空士官学校を卒業後、浜松の飛行学校に入校しました。そこで実用機の訓練を約半年間行いました。昭和二十年五月に「新設部隊要員トシテ充用セラル」という命令をもらいました。浜松の師団長に申告するため、列車で浜松に向かいました。浜松に着くまで私は、新設部隊要員の意味がわからず新しい戦隊ができたとしか考えていませんでした。実はそれは特攻隊だったのです。それを教えられたのは、浜松のプラットホームで会った私の友人からでした。浜松駅に到着したのは夜中でしたが、たまたま降り立った所に友人がいて、「しっかりやれよ」と言うのです。戦時中の「しっかりやれよ」というのは外交辞令のようなあいさつでしたから、「そうか」と言うと、友人の雰囲気が異様なのです。私は心配になり、「どうしたのか」と聞き返すと、「お前たちは知らないのか。お前たちは特攻隊要員だぞ」と言うのです。その時の気持ちは高いところから突き落とされたようで、一瞬顔色が変わったと思います。

特攻はその前年（昭和十九年）の秋から、海軍も陸軍も特攻隊を編成してアメリカ軍の艦船に衝突・体当たりさせるということをはじめました。アメリカ軍の艦船を撃沈する方法が他になくなったからです。戦闘機は何機あったとしても、艦船を沈めることはできません。しかし、爆弾を積んで体当たりすれば燃料もありますから、大きな損害を与えることができます。爆撃機でも回避行動する、逃げ回る敵に爆弾を投下するには高度な技術が必要ですし、爆弾投下後には撃墜されてしまいます。アメリカ軍のものすごい対空砲火から帰ってくることはほぼ不可能です。ならば体当たりした方がよいという考えになったのです。先ほどから申しました通り、命を惜しんではいけないということから、相手の航空母艦や戦艦、輸送船にダメージを与えるにはこれが一番いい方法だという結論から特攻隊を編成したのです。

特攻隊は一応は志願ということになっています。特攻隊を志望するかどうかを聞くのです。しかし、命を惜しんではいけないとする教育を受けた者は、志望しないとはどうしても言えないのです。全員が志望するということになります。そこから選ぶのは上官でした。したがって、私も志望するかどうかを紙に書いて提出しろという指令を受けました。私は希望しますと書きました。ところが、「お前は特攻隊だ」と言われると非常に大きな精神的ショックを受けました。その晩、浜松駅前の旅館に泊まりましたが寝られませんでした。一番最初に思ったことは「おふくろは泣くだろうな」、母親のことを考えました。次に自分の心をどう整理するかを考えるのですが、考えはまとまりません。「どうせみな死ぬのだ。早いかおそいかの違いだけだ」とか「アメリカ軍の艦船を破壊できればアメリカ軍の日本上陸を遅らせることができるのだ」など色々なことを考えましたが、考えがまとまらないままで、明け方うとうとしただけですが、目覚めると寝汗でびっしょりでした。

それまでの教育から怖いとは思わないようになっていますし、若い人は死ぬことを深刻に考えませんから、私もそれほど怖いとは思わないのですが、ただ寂しいといいますか、食事をしてもあと何回食べたらおしまいかなとか、桜の花はもう見られないのだなとかを感じました。時々、故郷や兄弟のことを考えますが、すぐにそんなことを考えても無駄だと打ち消したりすることを繰り返していたように思います。

訓練期間は三ヶ月でした。第六航空軍という九州・沖縄方面を担当していた航空軍に配属され、八月十五日の午後三時に熊谷飛行場を出て熊本健軍飛行場に前進せよとの命令を受けました。熊本に行けば燃料を積んですぐ出撃になるということがわかっていました。これでおしまいだと覚悟しましたが、八月十五日正午の天皇の放送を聞きました。その時私は、率直にいって「ああ助かった」と思いました。これで死なずにすんだのだと。それと同時に「何のために戦争したのだ」という悔しさを感じたのも事実です。

「遺書を書きましたか」と聞かれるのですが、私は遺書は書きませんでしたが、手紙を書きました。その内容は今でもはっきり覚えています。私には兄が五人いまして一番下の兄と仲がよく喧嘩もしました。喧嘩の理由を思い出してみますと。私が中学校の数学の宿題を早く終わらせようとしてその兄に教わる。最初の内はいいのですが、その内に兄が「ここはこうやって、この公式を使って、」という。私が「その公式は習っていない」というと、「そんなはずはない。習っているはずだ」「いや、習っていない」というようなことから喧嘩になり、「もういい。もう教わらない」と喧嘩別れになる。でもしばらくすると、また仲がよくなり再び色々教わるというような関係でした。その兄が長野に疎開していました。私は八月に入り出撃が近いので兄を訪ねて長野に行きました。ところが兄は出張でいませんでした。私は置き手紙をして帰ってきました。その手紙は、「会いに来たけれども会えなかった。二、三日の内に出撃します。長い間ありがとうございました。きっとお母さんが泣いて悲しむだろうと思いますが、慰めてください。みなさん、私の分まで長生きしてください。」という内容でした。その兄は二十年前に亡くなっており、兄からは一言も聞いていません。ただ、兄の死後、兄嫁が私に「あの手紙を読んで兄さんはもうこれで会えないのだと言って泣いていましたよ。」と伝えてくれました。「その手紙を下宿のおばさんに見せたらおばさんも泣いていました。」と言っていました。戦後五十年も経ってから初めて聞きました。特別なことを書いたわけでなく、自分で考えた当たり前のことを書いただけですけれども。やはり、喧嘩してもすぐに仲直りする肉親がいるということ。それが一番幸せな生活なのだということを今でも痛感しています。特攻隊になってからの三ヶ月間は特別な食事が出されました。でも食べても美味しくありません。ご馳走など出されるより長生きできた方がいいやという気になります。また、金を持っていても何にもなりませんし、偉くなっても何にもなりません。人間には平凡な生活が一番幸せなのだと感じました。

戦争が終わった翌年（昭和二十一年）、大学に進学できるということで入学しました。私は法科に入りましたが、法律よりも学びたかったのは、「日本はどうして戦争に負けたのか。なぜこうした国になったのか」ということでした。結論として得たことは、「明治維新が間違っていた」ということです。明治維新は日本が近代文化を取り入れて近代国家になったという側面もあったのですが、重大なことを忘れていました。それは、日本が選んだ道が覇道であったこと、武力で近隣諸国を圧迫し領土を広げていく方法が間違っていたのです。孫文が「西洋覇道の鷹犬となるか、或は東洋王道の干城となるか」と尋ねたという有名な話があります。王道か覇道かという選択で道を間違えました。日本は王道を行くべきでした。石橋湛山は「小日本主義」といいましたが、膨張すれば国際社会が認めてくれるという考え方が間違っていたのです。国際的に尊敬される国をめざすべきであったと今は考えています。

先ほど程大使からもご紹介いただいたとおり、私たち日中友好元軍人の会を作った中心人物は遠藤三郎です。元陸軍中将で、私たちが生徒だった時代の陸軍航空士官学校校長でした。陸軍幼年学校、陸軍士官学校、陸軍大学、陸軍砲工学校をいずれも優等で卒業して、これほどの俊才は明治以来いないといわれました。そして、戦争でも勇敢に闘い、金鵄勲章二回、感謝状四回受領という人でした。彼は自分の経歴、戦争の体験を反省し、「日本は戦争してはいけない。日本は戦争できない国なのだから」と言いました。

国際社会においてどの国とも平和的につきあっていくことではじめて生きていける国だとして、軍備不要、平和主義に徹するべきだと言った人です。

・・・・・続く・・・・・

二〇一五年度総会開催について

二〇一五年度総会が左記の要領により開催されます。この一年間我々を取り巻く政治情勢は目まぐるしく変化しました。集団的自衛権公認の閣議決に続く安全保障関連法案という名による憲法違反の戦争法案の自然成立を見越した国会延長と衆議院での強行採決。また多くの人たちから危険性、問題点が指摘されている中での川内原発の再稼働強行等々・・・。これらの問題を受けて、我が会の活動は如何なるべきかの論議、また年一度の情報交換、顔合わせ等も含めて開催されます、月末のお忙しい時でもあり、厳しい残暑の中ではありますが、多数の皆様のご出席をお待ちします。

出席の際は機関誌「8・15」八月号をご持参ください。

日　時　八月二十九日(土)一四時〜一六時

会　場　さいたま市　岸町公民館

JR浦和駅西口より、旧中山道沿い南浦和方向へ徒歩13分

〒330—8581

埼玉県さいたま市浦和区岸町5-1-3

電　話　048-824-0168

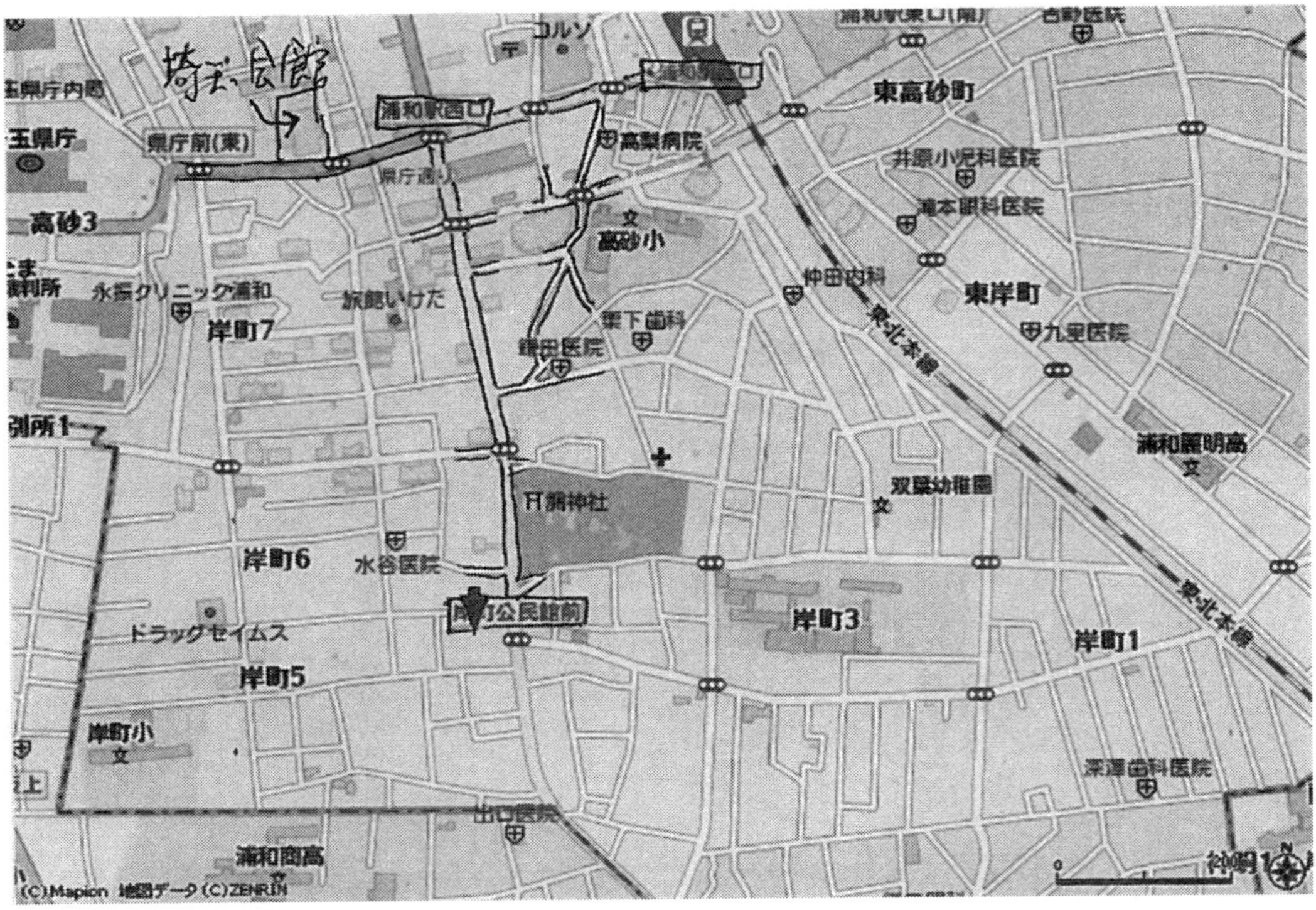

総会次第

1、資格確認・開会宣言

2、議長選出

3、代表幹事挨拶

4、二〇一四年度活動報告（含　決算）

※各委員会活動報告（案）

◎会誌編集委員会　　委員長　落合正史

（1）会員の皆さんのご協力により、今年度も予定通り順調に発行することができた。原則として28ページでの発行を心がけている。集稿のご協力いただいているが、なお一層のご協力をお願いしたい。

これからも絶大なご協力をお願いします。

各記事について読んだ感想など是非編集委員会へ寄せて頂きたい。適宜この8・15に掲載していきたい。

宛先

369-1305埼玉県秩父郡長瀞町長瀞411

落合正史　宛

FAX　0494-66-0037

（2）ここ数年の間、「地方からの短信」欄の充実と「編集委員が地方へ出向く」ことが挙げられているが、昨年度もスローガンだけで終わってしまった。「地方からの短信」は会員の皆様の投稿に負うことが大であり、改まっての投稿でなくとも、日々思うこと、感じたことなどの走り書きでも結構ですから是非とも情報を寄せていただきたい。

（3）会誌の充実・発展に心がけたい。今自分のやっていること心がけていること、あるいは地域で起きていることなど、会員の皆様の積極的な投稿をお願いします。

情報の発信、共有化が活動の大きな武器になるのだと思う。安倍内閣による原発の再稼働、「安保法制」に名を借りた戦争法案。戦争のできる国から戦争を「する」国へと等々、今こそ小さな力を寄せ集めて闘うことが大事な時である。心の中で考えているだけでは変わらない。過ぎてからああすればよかった、こうすればよかったと後悔しないよう行動して行きたい。

（4）細かなミスが目立つようになってきた。編集委員長を引き受けてから約10年が過ぎる。そろそろ交代を考えてもらいたい。

◎対外交流委員会　　委員長　小林悦子

（1）八月三十日（土）定期総会・懇親会が、さいたま市さいたま会館で開かれた。懇親会には会員のほか中国メディアの記者の方も参加。
（2）九月二十五日（木）中華人民共和国六十五周年のレセプションがホテルニューオオタニで開催され、会から五人が参加。
（3）沖松代表幹事が十一月十三日、埼玉県本庄高校で戦争体験の講演を行なった。
（4）十一月二十九日（土）埼玉会館にて、中国大使館の孫永剛一等書記官・中国国際友好聯絡会留学生・周鵬さんを招き、歓迎会兼意見交流会を開催。
（5）一月三十一日（土）埼玉会館で新年会を開催。
（6）三月六日（金）中国大使館にて国際婦人デーレセプションが開かれ、会から六人が参加。
（7）三月七日（土）沖松代表幹事が埼玉県退職教職員会の入間支部で戦争体験について話した。
（8）「七・七」記念集会が当会担当のもと、中国大使館で開催され、成功裏に終了した。
（9）七月二十八日（火）中華人民共和国建軍記念のレセプションに会から四人が参加。

◎組織・活動委員会

委員長　長沼清英

訪中団の組織化を通して、組織の強化拡大、活発化をめざす。

◎財務委員会

委員長　秋山博史

（1）２０１４年度の年会費と会誌購読料の収入状況は、それぞれ84％、72％で合計75万１０００円で、２０１３年度に比べて９９０００円増になりました。今後も会へのご支援をお願いいたします。
（2）会の運営では、健全な財政が重要です。長年、会の財政を支えて頂いた会員の方も高齢化のための活動から身を引かざるを得ない状況です。そのため、新しい会員の獲得が絶対に必要です。

※事務局長報告(案)

事務局長　小林　悦子

昨年実施できなかった訪中。今年は日程の調整がつかないなどで訪中団の具体化が遅れているが、年内または年明けには訪中団を出したい。

留学生の方々と数少なかったが、交流ができた。今年は是非研修生を招きたい。

昨年に引き続き、不穏な安倍行動に対し色々な形で反対の意思を発し続けた。安保法制反対の抗議集会・行動などへの参加、新聞誌面への意見広告など。さらに、脱原発に向けて活動な行動を特に編集長が行なった。

5、幹事選出

（出席者全員に幹事になってもらい、役員について話し合う）

休　憩　(Coffee　Break)

（適宜休憩をはさみながら引き続き幹事会開催）

6、役員選出

代表幹事、常任幹事、事務局長、監事など

7、２０１４年度活動方針・行動計画（案）

※活動方針

二〇一四年活動方針を踏襲する。

※行動計画

一、違憲の安保法制を強行し、健保改悪へ向かう安倍内閣のあらゆる策動を許さず、特に憲法9条を守るために活動している諸団体の運動に積極的に参加する。

二、戦争に直結する集団的自衛権の行使を認めず、名目の如何にかかわらず、自衛隊の海外派遣、多国籍軍への支援に反対する。

三、広島・長崎の被爆の歴史に基づいて、核の廃絶を広く世界に訴える。エネルギー変換、脱原発をめざす。

四、沖縄の民意を無視した辺野古新軍事基地建設に反対し普天間を始めとする全国各地の米軍基地の縮小・撤廃を求める。そのためにも日米安保条約の解消とそれに代わる日米友好条約の締結を提唱する。

五、日・中・韓・朝の障壁になっている歴史認識問題、戦後処理問題（従軍慰安婦、強制連行・強制労働などに関する訴訟・賠償請求）の早期解決を求めていく。

六、中国国際友好聯絡会研修生受け入れと公私訪中派遣を通じて、民間レベルでの友好・交流の強化を図る。

8、二〇一五年度予算（案）

（1）15年度予算は、概ね14年度に準じて立てましたが、会費は会員の高齢化による会員数の減少もあり68万8０００円としました。今年度も現在まで研修生訪日の予定はありませんが予算を計上しました。

9、意見交換

10、議長解任

11、閉会宣言、事務連絡

総会メモ

二〇一四年度の会費の振込をお願いします。

新しい年度の始まりとなります。振込用紙を同封しますので、会費の振込をお願いします。

会　員　年間一〇、〇〇〇円（家族会員一二、〇〇〇円）

購読会員　年間六、〇〇〇円

寄贈誌より

『中国研究月報』（社団法人中国研究所発行）
２０１５年７月号

▽論文　「依法治国」と司法改革　中国的司法の可能性　但見　亮

▽研究ノート
忘れられた革命家伍澄宇と日中戦争
日本占領地の将来構想　関　智英

▽論評　習近平の福建省在任時期における
外交政策の原像と対台湾政策　柴田　哲雄

▽書評　寺尾智史著　彩流社
『欧州周縁の言語マイノリティと
東アジア言語多様性の継承は可能か』　岩月　純一

▽書評　馬立誠著　及川淳子訳　岩波書店
『憎しみに未来はない　日中関係新思考』　森　保裕

▽光陰似箭　『中国年鑑　２０１５』の刊行

（伊藤一彦）

七月の常任幹事会

日時　七月二十五日（土）十四時～十六時
会場　さいたま市大宮区桜木町1－10－18
　生涯学習センター会議室
出席者　沖松・日森・高橋（勇）・熊谷・小林・
　山田・長沼・加藤・長谷川・秋山（博）・
　落合
　小川・杉崎

報告
1．七・七記念集会は無事成功裏に終了した。
　この間の活動を通じて会への加入があった。
2．沖松代表幹事の戦争体験の講演の報告
　上尾・原市中学、坂戸市原爆絵画展。
　七・七記念集会報告とともに7月22日の朝日新聞夕刊に掲載された
3．東電株主代表訴訟、戦争法案反対などの集会参加について報告。

協議
1．総会関係
・活動方針、行動計画を検討し若干の手直しを行った。
・各種委員会活動総括案の了承
・当日の次第の確認と係分担の決定（総合司会、議長候補者の選出等）
・常任幹事会の会場、時間等の確認とその後の懇親会における係分担の決定。
3．訪中団派遣について
　八月二十日頃からの派遣を計画したが時間的な問題もあり中止とする。

（落合）

会へのカンパ（敬称略）

謝花　悦子	一〇、〇〇〇円
柳澤　けさ美	一〇、〇〇〇円
安藤　喜生	一〇、〇〇〇円
沖松　信夫	七、〇〇〇円

（秋山）

事務局月報

・政府（自民党？）要人などによる、失言・誤解を与える発言が引きもきらない。推敲に推敲を重ねた上での公表・公言のはずなのに。マスコミ等に取り上げられると、言い訳・釈明で言い逃れようとするけど、保身のための苦しい言い訳の裏に本心が丸見え。戦争に行かない利己主義者と言う若い議員の発言（インターネットとかの）に至っては、呆れて開いた口が塞がらない。

・八月二九日の総会懇親会。是非ご出席ください。日頃お会いできない会員の方々や来賓の方々と交流できる数少ない機会です。

（小林）

『8・15』2015年8月号
2015年8月15日発行
定価　500円（送料とも）
編集人　落合　正史
発行人　沖松　信夫
印刷所　（有）イワキ
発行　日中友好8・15の会
〒125－0032
東京都葛飾区水元3－3－4
小林悦子方
TEL＆Fax　03－3627－1953
郵便振替　00120・6・27415
日中友好8・15の会
HP URL　http://www11.ocn.ne.jp/~donpo/

会　　　則

（名称）　第１条　本会は、日中友好元軍人の会を受け継ぐ日中友好「８・１５」の会（通称日中友好８．１５」の会）と称する。

（目的）　第２条　本会は、過去の戦争に対する反省に立脚して、あらゆる戦争準備の動きを阻止し、平和を希求するために世界各国とくに中国との友好に貢献するとともに、会員相互の親睦を深めることを目的とする。

（会員）　第３条　本会は前条の目的に賛成する元軍人および賛同者をもって構成する。

第４条　本会の本部を関東地区に置く、支部を各都道府県に置く、また事務局を関東地区に置く。

（事業）　第５条　本会は、第２条の目的を達成するために以下の事業を行う。

１．会誌『８．１５』の発行
２．講演会、研究会の開催（平和諸団体との共催を含む）
３．学習会の開催
４．中国からの留学生・研修生の受け入れ
５．訪中団の派遣
６．その他、本会の目的達成に必要と認められる諸活動・事業

（総会）　第６条　本会は、総会を毎年１回、原則として８月15日に開催する。総会は、委任状を含めて会員の過半数の出席により成立するものとする。総会は、幹事会から、活動報告、行動計画事業計画、決算、予算、役員の選出、その他、本会の運営に必要な事項について報告、提案を受け、出席者の過半数の賛成により　これを承認、決定する。幹事会が必要ありと認めたときは、その決議により、臨時総会を招集することができる。総会の決議に基き、顧問を置くことができる

（運営）　第７条　本会の運営は、幹事会が行う。ただし、幹事会は常任幹事会にその権限を委任することができる。

（役員）　第８条　代表幹事、副代表幹事、常任幹事、事務局長を本会の役員という。

第９条　役員の任期は１年とする．ただし、任期満了後も総会において新役員が選出されるまではその職務を行う。役員の重任は妨げない。

第10条　本会の運営のために幹事会ならびに常任幹事会を置く。幹事会は幹事を以って構成し、本会の運営に必要な重要な会務を行う。幹事の互選により代表幹事、副代表幹事、常任幹事、事務局長を選任する。常任幹事会は、原則として毎月１回開催し、幹事会の委任をうけて本会の運営に必要な一般会務を行う。

第11条　幹事は、会員の維薦により選任し、捻会の承認を安ける。

第12条　幹事会は、常任幹事会の決議に基き、代表幹事が招集する。常任幹事会は、常任幹事２名以上の発議により代表幹事が招集する。幹事会および常任幹事会の決議は、出席幹事の過半数の賛成により成立する。賛否同数のときは、代表幹事がこれを決する。

第13条　本会の会議の遂行上、下記の分科委員会を設け、常任幹事会が選出した委員長が運営の責に当る。

1．組織・活動委員会
2．会誌編集委員会
3．財務委員会
4．対外交流委員会

各委員会の委員は、委員長の堆薦により委嘱する。

第14条　会計の監査は、会計監事が行う。会計監事は、幹事会の堆薦により選任し、総会の承認を受ける。

（財政）　第15条　本会の経費は、会費、寄付金、その他の収入をもってまかなわれる。留学生・研修生受け入れのため、特別会計を設ける。

（会費）　第16条　会費は年額１万円とする．また、家族金員の会辛は年報2000円とする。

第17条　本会の会計年度は、毎年７月１日に始まり翌年６月30日に終る。

（改正）　第18条　本会の会則は、幹事会の発議により、総会において、委任状を含む出席者の３分の２以上の賛成により改正することができる。

（付則）　この会則は2004年８月29日から施行する。

過去の直視、これが歴史認識の原点

二〇一五年 九月十五日発行（毎月一回十五日発行）
第五六巻 九号 通巻第五五〇号

軍備亡国・反戦平和

２０１５年 ９月号 No. ５５０

8.15

日中友好元軍人の会ＨＰ http://www11.ocn.ne.jp/~donpo/

9

日中友好８．１５の会
（日中友好元軍人の会）

創　立　宣　言

戦争の罪悪を身をもって体験した、わたくしども元軍人は、心から人間の尊厳にめざめ、戦争を否定します。

わたくしどもは、過去の反省に立脚し、戦争放棄と戦力不保持を明示した日本国憲法を順守し、真に人類の幸福と世界の平和に貢献せんがため、本会設立の趣意書ならびに会則にのっとり、同志相携えてあらゆる戦争を阻止し、戦争原因の剪除に努め、進んで近隣諸国とくに中国との友好を進めんとするものであります。

ここに終戦の記念日をトして本会を設立するにあたり、万世のため太平を開く決意のもとに日本の更正を誓った当時を追憶し、戦没の万霊に額ずき、ご遺族をはじめ戦争の被害者ならびに軍靴で踏みにじった戦場の住民各位に深く遺憾の意を表しつつ宣言します。

１９６１年8月１５日

日中友好元軍人の会

二〇十五年度　活動方針

われわれは、創立宣言に則り、次の活動を行なう

一、平和憲法を守り抜くため、広く非武装中立・軍備亡国を訴え、組織の強化・拡大に努力する。

二、過去の侵略戦争に対する反省に立脚して、中国をはじめ、アジア近隣諸国、さらには世界各国の平和を希求する人々との友好・提携に努める。

行　動　計　画

一、違憲の安保法制を強行し、憲法改悪へ向かう安倍内閣のあらゆる策動を許さず、特に憲法9条を守るために活動している諸団体の運動に積極的に参加する。

二、戦争に直結する集団的自衛権の行使を認めず、名目の如何にかかわらず、自衛隊の海外派遣、多国籍軍への支援に反対する。

三、広島・長崎の被爆の歴史に基づいて、核の廃絶を広く世界に訴える。エネルギー変換、脱原発をめざす。

四、沖縄の民意を無視した辺野古新軍事基地建設に反対し普天間を始めとする全国各地の米軍基地の縮小・撤廃を求める。そのためにも日米安保条約の解消とそれに代わる日米友好条約の締結を提唱する。

五、日・中・韓・朝の障壁になっている歴史認識問題、戦後処理問題（従軍慰安婦、強制連行・強制労働などに関する訴訟・賠償請求）の早期解決を求めていく。

六、中国国際友好聯絡会研修生受け入れと公私訪中派遣を通じて、民間レベルでの友好・交流の強化を図る。

【巻頭言】

戦争法成立

日森　文尋

2015年9月19未明、参議院本会議は、安全保障関連法案（私たちは、この法案の本質からし一貫して「戦争法案」と主張してきた）を、自民・公明と一部の野党の賛成多数で強行成立させた。

各種世論調査でも、6割を超える国民が法案の持つ危険性にきづき、「国民の命と暮らしを守るための法案」という政府の主張が、まさに詭弁でしかないことを見ぬいたが故に反対の意志を明らかにし即時廃案を求めた。

また、8割以上の人々が「政府の説明は不十分、今国会で成立させるべきではない」と主張した。加えて、多くの憲法学者や最高裁長官経験者、内閣法制局の歴代長官などが、法案自体明確な憲法違反であることを明らかにし、法案の成立は法の安定性を欠くことになり、法秩序の破壊につながると懸念を表明した。

安倍内閣はこうした声の全てを無視し、強行採決という暴力的手段で遮二無二成立させたのである。

私たちは、9月19日を忘れない。忘れてはならない。18日未明、激しい雨とともに天を切り裂く雷鳴が何度も轟いた。あたかも、暴走する安倍政権に最後に正気を取り戻す事を求めるように。

法案が可決成立した直後、安倍総理は緊張した面持ちで会見に臨み、例の「国民の生命・財産を守り、戦争させないための法律を制定できた」と胸を張った。その安倍総理の胸中に去来したものはなにか。

国民や国会に法案を示す前に、米国議会で「夏までに安保法案を成立させる」という約束を果たした安堵感か。それとも、戦前、東條内閣の商工大臣を務め、侵略戦争の張本人の一人として「満洲国」で辣腕をふるい、東條と共にA級戦犯となった尊敬する祖父岸信介、戦後、米国のエージェントとして世論無視の日米安保改定を強行し、9条改正と核武装を信条としたその祖父の思いに一歩近づいた喜びなのか。

あるいは、曲芸のような理屈（砂川判決の荒唐無稽な解釈）で集団的自衛権を容認し、米国との対等軍事同盟実現へ踏み出した事への達成感なのか。

まさに戦争法としか言いようのない法律が，安倍晋三という東京裁判を批判する歴史修正主義者がトップにある、戦後未曾有の右翼政治の手中にあることを私たちは明記しておこう。

支離滅裂／破綻する政府見解

安全保障法案の審議は、最初から最後まで「異例」であった。まず、安倍総理が米国議会で夏までの成立（集団的自衛権容認が柱）を約束する。国会審議の中で総理訪米前に自衛隊高級幹部が米軍幹部に同様の話をしたことが暴露されたことも。今国会での成立が既定路線になっていたということだ。

11本にものぼる法案が個別ではなく、一括提案されたことも「最初に成立ありき」を物語っている。日本の安全保障全般に関する法であるならば、一法案ごとに十分な審議を行うことが基本だ。米国との約束や来年の参議院選挙への影響を避けたいがために、一括提案・一括裁決で一丁挙がり的なやり口は言語道断である。

この法律の柱である「集団的自衛権」の必要性について、国民が納得できる説明すらできないことも、異例といえば異例である。

安倍総理は二つの例を示した。朝鮮半島有事を想定し、避難する邦人を輸送する米戦艦が攻撃された時、「現行法では守ることもできない」と安倍総理は声高に主張した。しかし、現実にはありえない事例であった。在韓米軍の「非戦闘員避難救出作戦」で対象になっているのは、アングロサクソン系諸国民であり、邦人は含まれない。しかも、救出作戦は航空機で行われる。

中谷防衛相は参院で「邦人が乗船していることは絶対条件ではない」とした。茶番である。

さらに、ホルムズ海峡がイランによって機雷封鎖された際、自衛隊が「機雷掃海」を行うために、集団的自衛権の行使が必要とした安倍総理の説明も、すべて虚構であった事が暴露された。

実態は、ホルムズ海峡に公海は存在せず、自衛隊は海峡の手前で虚しく引き返すほかない。掃海などできないのだ。しかも、イラン政府は石油輸出に必要な海に機雷を敷設することはないと言明し、米国の対イラン政策も協調路線へと変化した。この説明は意味を失ったのである。

それでもなぜ安倍総理は「集団的自衛権」にこだわるのか。

冷戦時代の思考で集団的自衛権

集団的自衛権の必要性を訴えた二つの例が破綻し、改めて強調されたのが「安全保障環境の悪化」であった。例示しているのは、北朝鮮のミサイルの脅威と中国の急速な軍備拡張のみである。

しかし、東アジアを取り巻く情勢については、一片の説明もない。

とりわけ、米・中関係及び中・韓関係の現状と展望については、国会はもとより、国民に示すべきではないのか。冷戦時代の思考そのままに、日米軍事同盟強化で対応することは、アジアでの日本の孤立に繋がることを自覚すべきである。

米国は、「米中関係は世界でもっとも重要な二国間関係」（オバマ）であり、中国は、世界で起きている深刻な諸問題の解決のために、「重要な役割を果たす国家」であることを認め、昨年訪米した安倍総理と、「中国との間で生産的かつ建設的な関係を築く」ことへの日米の関係を再認識したのである（共同声明）。

　同時に、日本の集団的自衛権行使に対して、歓迎しつつも、集団的自衛権行使はあくまでも米軍指揮下のものであり、その前提として「近隣諸国（中／韓）との対話」を不可欠とした。

　韓国も「親米和中」を基本方針に、米韓同盟を基軸にしつつ中国とも友好関係を強化するとしている。

　北朝鮮についても「１００を超えるミサイルが日本に照準を合わせている」といたずらにその脅威を煽り立てているが朝鮮が一方的に攻撃に踏み切り、米国の反撃で国家そのものを失う愚をおかすとは考えにくい。仮に、北朝鮮のミサイルが日本を標的にしているなら、もっとも危険な「原発再稼働」などできるはずはない。（この項「集団的自衛権と安全保障」（岩波新書）参考）

　結局、「安全保障環境の悪化」という集団的自衛権行使のための理屈も、甚だ根拠を欠いた怪しいものでしかないといえる。

進む戦争準備

　山口大学副学長の纐纈厚氏は、「安倍政権の戦争出来る国家づくりは米国のアジア戦略に見事に合致している。」とす

る一方で、「安倍政権は対米従属主義かというとそう単純ではない。表向きは米国に従属する格好で、集団的自衛権を実質化し、いずれは単独でも武力を発揮できる国防軍をもって、国家を強くして、米国への対抗も志向することが積極的に選択されている。これが集団的自衛権行使の本当の狙いで、米国も警戒している」という。

　今回国会で暴露された自衛隊統合幕僚監部（以下統幕の内部文書（５月作成）、明らかな「軍事作戦計画書」の存在は、日米連司令部の設置や、東シナ海および南シナ海への自衛隊の関与が示されている。法案成立前から、制服組みの中で軍事計画が練られ、成立後直ちに立ち上げることが可能になっているのだ。

　特に、「日米連合司令部」内に設置される「軍軍間の調整所」（既に自衛隊を「軍」として位置づけている）は、日米連合軍が共同作戦を実施する上で不可欠とされる。

　「米軍の行動範囲が自衛隊の行動範囲」とする纐纈氏の指摘通り、水面下で国民の知らないところで戦争への準備は確実に始まっている。


（埼玉・常任幹事）

全世界同時代史

アルチュール・ランボー伝（66）

島貫　隆光

帝国国防方針　その三

大東亜戦争への道　3　ノモンハン事件（38）

ウランバートルシンポジューム(牛島報告)　34

一月二十七日のチョイバルサン命令は、間もなく前線の国境紛争に反映し、それまで、外蒙国境兵は、三名から十名のグループで行動していたに過ぎなかったが、二月八日の衝突では一気に増加された。

この日、北警備軍巡察隊は、ノモンハン分駐所付近で、外蒙兵四十名と遭遇して、交戦撃退したとしている。この件は、直ちに日満軍側のエスカレート増強をもたらしたようである。

外蒙資料によれば、「二月十六日、ハイラステン河に増強された前哨(タリン・マハン前哨)を出したところ、日本軍の二百余の騎兵と機甲兵が、五〜六台の軽装甲車、飛行機二機の支援のもとに攻撃をかけてきた。チヨグドン、シヤラブらは、国境警備隊と特設中隊と合流して、全力をあげ、ハイラステン河まで、まる一日、日本軍と戦って、六十名以上の敵を粉砕し、数十の小銃と機銃を捕獲し、四名を捕虜とした」と述べている。

日本側は、このことを発表していない。

ただ二日には、二回の衝突があったことを述べているだけである。しかし、飛行機と装甲車が使用されていることからして、どうも日本軍、中でも東捜索隊または捜索隊の一部と、北警備軍騎兵の混合部隊のように思われる。

外蒙にとっても、特設部隊のこの地域における最初の戦闘である。

この点を考えると、ノモンハン付近の小衝突は、満軍だけの問題であり、関東軍は関知していなかったかのような日本側の主張はいささか疑問であり、少なくとも、第二三師団にとっては、ことほど左様な些事ではなかったはずである。

また、ノモンハン事件発生の報を受けて、「またか」と感じた関東軍の服部、辻参謀らの印象記の「またか」の一つには入っているはずである。

「ノモンハン全戦史」の中で、第二三師団の北部国境方面におけるソ連国境守備隊とのたび重なる衝突がこの時機に発生していることについて述べておいたが、第二三師団の北正面のソ連軍との衝突と、この南正面の外蒙軍との衝突は、その時機から推定すると、あるいは辻政信が「満ソ国境紛争処理要綱」を起案する上での重要な促進要因となっているのではないかという疑問を消しえない。

しかし、彼らが、ノモンハンという地名を知らなかったという件は、私は、多分その通りであると考えている。攻撃目標としての外蒙の地名は知っていても、すでに勢力圏内にあり、計画戦略路線からはずれた小地点の名前は、新京の関東軍参謀はおそらく知らなかったろうと考える。

衝突は、二月十九日にも発生しているが、この衝突は多分北警備軍部隊であり、場所もノモンハンブルドオボの北西二粁の地点で、越境（外蒙主張の線）し、三粁ぐらいしか入っていないので、大したものではないようである。

チヨイバルサンの反応（その二）

この二月十六日の衝突は、外蒙側には、かなりの反作用を招くものとなったようである。チヨイバルサンは、この二月末の段階で、ソ連軍と協議すると共に、人民革命軍の使用に踏み切っている。

この当時、人民革命軍内の粛清と動揺状態はなお続いていた。軍指揮官の上層部はほとんど全員粛清銃殺されてしまったために、軍政治部長ラハグワスレンが、軍の副司令官に任命されたような状態であった（総司令官は、チヨイバルサンであるが、首相等を兼任していたので、副司令官が、実質上の軍の最高管理者であった）。

〝三月初め〟、チヨイバルサンは、副司令官ラハグワスレンとその幕僚を呼び出し、日本軍の侵攻が明らかとなったので、人民革命軍を戦闘準備態勢に入れるよう命令した（ラハグワスレン手記）。

この措置が、ソ連軍との打ち合わせを終わっていたということは、次のことからも明らかである。チヨイバルサンが、人民革命軍に命令を出した〝三月初め〟よりも前の三月一日、ウンドルハン駐留のソ連軍戦車第一一旅団長ヤコヴレフ少将は、同旅団の自動車化狙撃大隊長ヴイコフ少佐に対して、混成支隊を編成して、タムサクプラグへ出動を命じ、その任務を外蒙第七国境警備哨所に向けられている日本の行動を阻止することとしている。

ヴイコフ支隊は、三月五日には、すでにタムサクプラグ郊外に到着している。その三月十日スターリンは、第一八回ソ連共産党大会で演説し、「ソ連は侵略国からの脅迫を恐れない。ソ連国境に対する打撃に対しては、二倍の反撃をもって応ずる用意がある」と述べた。

現地の状況について、チヨイバルサンからスターリンまで、一直線に情報が流れているのは、見事と言うほかはない。

一方、この段階に達しての日本の情報の流れは、満軍自体で処理している段階であり、日本軍は、些事として無視していたと言うのである。極東裁判を控えての言い訳のための発表なので、真偽の程は明らかでないが、現地の情報は、関東軍まで達したかどうかもあやふやで、誤魔化しがあるような気がする。情報が流れていないということは、命令も流れていないということで、指揮組織に次陥があるということである。

外蒙資料によれば、「三月二十一日、トラック二十八台に分乗した歩兵と、戦車三台（日本軍の軽装甲車を形の上から外蒙は戦車としている場合が多いが、もしかしたらハイラルで試験中の戦車かも知れない）、砲二門、重機八、無線器を装備し、飛行機一機の支援を受けた部隊が、ボヤンオボヒッド（場所不詳）の地点で、国境（外蒙主張線）を侵犯し、十五粁侵入して、二十二日、内務省予備隊(特設部隊)と戦闘した。日本軍機は、爆弾三を投下した」としている。

更に四月十三日には、「兵員九百名からなる日本軍歩兵を乗せた五十台のトラック隊が、ハラツクチン、ウラ山の地点で越境した。歩兵は、砲二門、重機四を装備し、飛行機一機の掩護を受けていた」としているが、日本軍側からの発表資料は見つからない。

これを読むと、まず日本軍であることは確かであり、使用兵力を外蒙側がオーバーに発表したとしても、この段階で日本側の使用兵力は、規模としては、ノモンハン戦初期とあまり変わりはなくなっている。

五月となると、ハルハ河も結氷は解けて流れ出した。

日満側資料によると、五月四日正午頃、軽機三を有する外蒙騎兵五十名が、パルシヤガル付近に越境して来て、日本人警官六名を含む二十二名の国境巡察隊が発砲を受けたが、満州国の国境警備軍(北警備軍であろう)及び警察隊はこれを撃退した。敵に与えた損害は少なくとも三名と認められ、敵は、下士官一名を失ったことになっている。

この日満側の資料は不正確であって、それぞれの資料がまちまちである。警察官の数を十六とするもの、敵の損害を十五とするもの、交戦時間は五〜十時間の開きがある。

五月四日の衝突についての外蒙資料では、「十五名からなる武装日本人の一隊が、フラトウリインオボ地域で越境し、領内十五粁侵入して、突如わがパンツアラーチ前哨を攻撃してきたので、重傷者一名の損害を受けた」と述べている。これは、前記の日満側の件よりも、もっと南よりの別件衝突であると考える(第六国境哨所)。

いずれにしろ、五月以降は、外蒙側も、パルシヤガルと、ノロ高地の双方に進出して、陣地の構築を始めたようである。

ソ連資料によると、「五月八日、日本の小隊以下の兵力が、ハルハ河の中島を占領しようとしたが、短時間の交戦で、敵は戦死三、捕虜一名を出して後退した。捕虜は、第二三師団捜索隊の高崎一郎一等兵であった」と述べているが、日満側の資料は欠けている。

こうなってくると、ノモンハン戦の衝突とは、ほとんど大差ない兵力の衝突が連続しているので、どこからノモンハン紛争とすべきか迷うような状態である。

元ハルハ河第二四国境警備隊政治委員ツエヴエグジャブの手記によれば、四月二十七日、日本機十数機が国境警備隊の戦功表彰式を行っている某国境警備隊の兵舎を爆撃して、二百個以上の爆弾を投下し、十数名の重傷者を出したと述べている。

この件については、かなり突飛な情報なので、五月二十八日、六月二十七日のどちらかの空襲と日時を間違えているのではないかと考えて、評価を控えているが、いまだ確認できない。

しかし、これが事実とすると、判断に大きく作用する要因である。

紛争発生当日の状況……

紛争発生を単純に衝突の発生という意味で解釈するならば、

五月十一日と定めることにはいささか抵抗がある。なぜならば、一月十二日から衝突は続いているからである。

はっきりと第二三師団が、関東軍の認可を受けて、敵を撃滅する目的をもって出動対戦した日、つまり戦闘内容が質的に変化した日時と考えるならば、五月十三日以降ということになる。しかし、その出動に直接作用を与えた衝突と考えるならば、五月四日か十一日となる。

内閣調査室を調査する。（33）

私は八月号の追記で七十年談話をコキおろしたが、もともと右翼でありながら最近はウルトラ化した安倍に批判的な小林よしのりもこれをコキおろしたあとで、唯一感動したのは「孫子の代まで謝罪させてはならない」という言葉だったと言う。これまた右翼評論家の桜井よしこも談話で最も重要な点としてこれをあげている。

私は追記で評論の寄せ集めだと批判したが、唯一安倍の肉声が伝わったのはこの言葉だったと思う。その言やよし。政治家の願望としてそれを言うのはたやすい。しかし政治家というものは願望を語るとき言いっぱなしにしてはならない。それを実現するための環境を整えるのが政治家なのではないか。

つまり孫子の代まで謝罪させないというのは、いま日本に謝罪を求めている中韓両国民が完全に日本を許すということだ。そうさせる為にいま日本の政治家は何をなすべきかということとなのである。中韓が求めているのは日本が戦前の侵略と植民地化の歴史事実と直面し、その事実を認めて謝罪し、必要ならば賠償することだ。それが安倍に出来るのか。そこにこそ七十年談話の核心があるのではないか。

つまり、従来の発言を見ていると安倍は過去の侵略や植民地化を認めようとせず今回の談話でも自らの発言で認めてはいない。一応村山談話を引き継ぐと述べてはいるが、当の村山は全然引き継いでいないと明言する。というのは安倍の談話の中では四点セットが盛り込まれてはいるが、それは一般評論の紹介に過ぎず、自らの言葉ではないからだ。私は追記で意味不明の談話と批判したが、週刊新潮はヌエになったと批判する。もともと自分の思想と真反対の談話であるから、自らの言葉で語ることができず、ほうぼうに気兼ねして、各方面の顔を立てた結果、意味不明になってしまったという事情があるのだから、これはいたしかたのないことかもしれない。

「ぬえ」とは「鵺」と書く、『平家物語』にも登場する日本古来の妖怪とされる。サルの顔、タヌキの胴体、トラの手足、そしてヘビの尾を持つことから、正体不明、得体の知れない人物や物事を指す。

いま、8月14日に閣議決定された、安倍総理の「70年談話」をこの「ぬえ」だとする声が上がっている。2006年の第1次政権発足時から「戦後レジームからの脱却」を掲げ、過去の謝罪外交に終止符を打とうと努めてきた安倍の談話が、身内であるはずの保守系支持層から強い批判にさらされているのである。何が起こっているのか。政治部記者が解説する。

「安倍総理は13年4月に参議院の予算委員会で〝侵略とは国際法上、明確な定義がない〟と明言しました。加えて、今年4月に出演したテレビ番組で、〝（村山談話と）同じものを出すなら名前だけ書き換えれば良いだけの話になり、談話を出す必要がない〟と、自虐史観や東京裁判史観を汲んだとされる、河野談話や村山談話に縛られない独自の談話を出すことを示唆していたのです。

ところが今回、蓋を開けてみると、中身は想定とは異なるものだった。

「談話では〝我が国は、先の大戦における行いについて、繰り返し、痛切な反省と心からのお詫びの気持ちを表明してきました。（中略）こうした歴代内閣の立場は、今後も、揺るぎないものであります〟として、過去の談話を引き継ぎました。さらに〝4点セット〟と呼ばれ、とくに総理が記述を見送ると見られていた〝侵略〟〝植民地支配〟〝痛切な反省〟〝心からのお詫び〟という表現まで盛り込まれたのです。これに保守系の支持者が反発し、〝総理に裏切られた〟という批判がじわじわと広がっているというわけです」

「新しい歴史教科書をつくる会」の藤岡信勝副会長が言う。

「私たちは村山談話の呪縛からの脱却を期待していました。その手法の1つは村山談話を破棄すること。もう1つは形式上は引き継いだ上で文脈の中で無害化するというものです。結果的に後者が採用され、厳しい政治環境の中で良くやったと思いますが戦争の原因を日本が外交的、経済的な行き詰まりを、力の行使によって解決しようと試みました〝国際秩序への挑戦者となってしまった〟という表現は正しくありません。日本は意図的に追い込まれて戦わざるを得なくなったという州が事実。村山談話より前進しましたが、談話の歴史観は批判的議論が必要です」

別の保守系団体幹部もため息を隠さない。

「安倍談話は、期待していたものとは全く異なる内容でした。侵略を含む4点セットが入っており、これで中韓は、今後も靖国神社におけるA級戦犯を侵略者だとして、合祀問題を追及する可能性があります。また、安倍政権は社会科の教科書検定基準を改正しており、近現代史の歴史的事実に関しては政府見解に基づいて記述するよう求めています。今回の談話が閣議決定された以上、今後は歴史教科書に〝日本政府は侵略の事実を認めた〟と記載される恐れが出てきました」

国内では批判の矢面に立たされる一方で、中韓からは中途半端な理解を示された安倍談話。一体、何があったのか。

「新聞各紙、とくに読売の圧力に屈したんですよ」

と、内情を明かすのは、さる政府関係者である。

「総理はこの春先、官邸のスピーチライターである谷口智彦内閣官房参与や今井尚哉秘書官らに原案の作成を命じていました。一方で総理は今年2月、70年談話の作成に当たって有識者の意見を参考にするため『21世紀構想懇談会』を立ち上げた。実質的に議論を取り仕切る座長代理には、集団的自衛権に関する総理の諮問機関の座長などを務める北岡伸一氏が就任しました」

北岡氏は永田町で読売新聞の渡辺恒雄会長と非常に親しい関係といわれている。

「北岡さんは当初、〃こういう言葉を入れた方が良い、悪いということは考えていない〃と話していました。ところが3月に入ると、突然〃私はもちろん侵略だと思っている。学者としては自分の説に色んな人がしたがって欲しいと思うのは当然で、総理にもそう言って欲しい〃と言い出した。それは、渡辺氏の意向を受けた発言ということで衆目一致しています」

その理由を、政府高官がそっと明かす。

「懇談会で議論が進む最中、『侵略』との文言を盛り込むことについては政府関係者の間でも〃これはナベツネ談話なんだろう〃〃政権としても抵抗のしようがない〃と、北岡氏の主張を受け入れるしかない現状を自嘲気味に口にする人もいました」

ナベツネこと渡辺恒雄読売新聞会長は巨人軍のオーナーでもあり、江川問題などで悪名高いが、一方で一兵卒として従軍した体験があり、反軍思想を持ち、東大時代は共産党員であったという複雑な側面を持つ。その彼が安保法制で苦しむ安倍に交換条件として談話に侵略の二文字を入れることを要求したというのである。

週刊ポストは安倍談話と天皇の「おことば」の問題をめぐって宮内庁と官邸がスッタモンダやったことを取り上げている。このところ天皇の平和行脚と安倍の思想のへだたりが大きく、宮内庁も気が気でなかったというのだ。つまり、「おことば」と安倍談話のカイリを心配していたということである。最終的に「おことば」には「深い反省」という言葉が入り天皇の意志が貫かれた。

鍵は今年1月1日、新年の所感で天皇が発表した文書にある。

「本年は終戦から70年という節目の年に当たります。(中略)この機会に、満州事変に始まるこの戦争の歴史を十分に学び、今後の日本のあり方を考えていくことが、今、極めて大切なことだと思っています」

今回のおことばに関しても、「歴史と向き合い平和を希求する陛下の、現状への危機感の表われではないか」(皇室ジャーナリスト)と見る向きは多い。

仏紙ルモンドは「安倍首相は直接的には何も謝罪しなかった」と論評し、英紙ガーディアンは「日本の天皇は、第二次世界大戦について安倍首相以上に謝罪のトーンを強めたおことばを述べた」と報じた。

世界は、安倍談話は〃謝ったふり〃をしただけで、かわりに天皇が〃謝罪〃したと受け止めたのである。

安倍首相には、「天皇のおことば」の他に、もうひとつ恐れていたことがある。

安倍応援団というべき「コアな保守層」の失望だ。

安倍首相は、戦後70年談話で、過去の戦争を「侵略」と位置づけて謝罪した村山談話に象徴される政府の歴史認識を事実上、転換しようとした。保守勢力もそうした安倍首相の姿勢に期待を寄せて支持してきた。

歴史認識見直しを掲げる『新しい歴史教科書をつくる会は安倍談話の発表にあたって、3万人以上の署名を集め、談話に(「侵略」や「おわび」を一方的に日本を断罪する文脈で入れることのないよう、強く要求する)という要望書を官邸に申し入れている。

だが、安倍首相は最終的に「植民地支配」「侵略」「痛切な反省」「おわび」という村山談話の4つの贖罪キーワードを全部盛り込まざるを得なかった。

神道学者で歴史研究家としても知られる高森明勅氏の見方はこうだ。

「安倍談話の印象は、村山談話を事実上撤回する目的で発案されながら、政治的事情で不可能になり、やむなく村山談話を極力薄めた内容にしたということです。本当はもっと安倍色を前面に出した強気な談話にしたかったのに、安保法制で支持率が下がり、これ以上落とせなくなった。公明党の顔色も窺う必要があった。そのために入れる予定になかったおわびや植民地支配といった言葉を盛り込んで玉虫色の巧妙な談話に仕上げた。まさに政治的妥協の産物になってしまった」

そのままでは保守派の失望を買いかねない。安倍首相はそれを防ぐために談話に保守派が喜ぶ〝粉飾〟を施した。反省やおわびに「私は」という主語をあえて入れずに主語を曖昧にしただけではない。

「談話には『アジアで最初に立憲政治を打ち立て、独立を守り抜きました』とか、『日露戦争は、植民地支配のもとにあった、多くのアジアやアフリカの人々を勇気づけました』など安倍応援団的な保守派の喜びそうなフレーズがてんこ盛りにされている。一方で、戦後70年談話なのだから昭和の戦争についての認識を明確に語るべきなのに、大東亜戦争や支那事変といった言葉さえ出ていない。あえていえば読み手の誤解を意図的に狙うようなトリッキーな文章です」(高森氏)

本来、戦後70年談話は世界に向けたメッセージのはずだが、安倍首相が国内の「安倍応援団」向けの修飾を重ねた結果、談話は3000字を超え、意図がわかりにくくなった。

親安倍のメディアは国内の保守層が失望しないように〝談話ヨイショ〟に力を入れた。

そうした安倍談話のトリックによって、使った言葉は村山談話と同じでも、村山談話批判派の保守層から不思議な好評価が広がっている。

皮肉な現象も起きた。

安保法案強行というタカ派路線で急落した内閣支持率が、〝安倍色〟を薄めた70年談話で再上昇したのだ。

そうした民意に気づいてこれからの政権運営で軌道修正を図るか、それともあくまで「特定の保守層」を向いた路線に邁進するのか、その選択で政権の行く末が決まってくるはずだ。

髙森氏は以前にも書いた記憶があるが十年程前に住んでいた家の隣人である。当時はそれ程偉い人とは知らなかったが、ひょんなことからこの人が「新しい歴史教科書を作る会」の副会長であることを知った。

七十年談話は例によって賛否両論で新聞も朝日、毎日、東京は批判的、読売、産経、日経は評価と別れているが、これは要するに以上述べたようなトリックによるものであろう。私は何故安倍が存在するのかも分からないのであるが、世界同時株安でアベノミクスもいよいよ正体が明らかになるであろうこの時に安倍の正体が一般的に知れわたる日が近いことを望むばかりである。

最後に一つ、以前にも書いたことがあるが、トンデモない話をしておこう。安倍が侵略や植民地という言葉をちりばめたことで多くの人がだまされているが、これは安倍の言葉ではなく、評論の引用文に過ぎない。自らは決して侵略を認めていないのである。その上で返す刀で現在及び将来の中露の侵略行動を牽制している。

「残念ながら、現在も紛争は絶えない。ウクライナ、南シナ海、東シナ海での力による現状変更の試みは許されない」驚くほど率直な、中国及びロシアに対する痛烈なメッセージではないか。

つまり、自分の責任を果たすべく切腹する為に与えられた短刀を、それで自分の腹を切るのではなく、首切り役人に刃を向けたのである。この談話には多くの人がだまされて評価しているが全く笑止千万な話である。

コアな保守派の雑誌、WILLは正しく把握して歓迎している。東京裁判史観を粉砕してくれたのだと評価しているのである。

桜井よしこも同様の認識を示している。

最大の特徴は有識者会議「21世紀構想懇談会」が打ち出した「満洲事変以降、日本は侵略を拡大していった」という歴史観を拒絶したことだ。首相は談話でこう語っている。

「事変、侵略、戦争。いかなる武力の威嚇や行使も、国際紛争を解決する手段としては、もう二度と用いてはならない。植民地支配から永遠に訣別し、すべての民族の自決の権利が尊重される世界にしなければならない」「先の大戦への深い悔悟の念と共に、我が国は、そう誓いました」

この件りについて談話発表直後の「言論テレビ」の番組で外交評論家の田久保忠衛氏が喝破した。

「首相は、第一次世界大戦、不戦条約、国連憲章及びわが国の憲法9条の言葉を語っているのです。これら国際間の取り決めに込められた普遍的原理をわが国も守ると一般論として語っただけです。21世紀懇は日本が侵略したという歴史観を強く打ち出しましたが、歴史には常に因果関係があります。そのヒダを見ることなしに満州事変以降を切り取って議論するのでは歴史の実相は見えてきません。そのような21世紀懇の歴史観を、首相が採らなかったことを高く評価します。」

談話にはダマされている人が多く、支持率も上っている。参院に移った安保法制は最終段階に至って混迷を深めている。目立つものは防衛相の迷走する答弁だ。弾薬は消耗品だから武器ではないという話には笑ってしまった。たしかに武器弾薬という言葉があり弾薬は武器と区別されているかもしれないが、現在は兵器体系 weapon system といって装備から指揮通信までを一体のものとして考えるのが普通である。専門家であるはずの防衛相の答弁はあまりにもお粗末だ。その他にも衆院で何をやってきたのかと思われるボロが目立つ。政界では維新の党がいよいよ分裂してまたぞろ少数政党の離合集散が始まりそうで、目が放せない。

九月には米中首脳会談が予定されている。これは今後の世界の運命を定めるものになりかねない。注目すべきことであろう。

参考文献
昭和史大論争　文芸春秋SPECIAL　二〇一五秋号
安倍政権は違憲だ
ー小林節、阪田雅裕、田中秀征、木村草太、高橋若木、藤原帰一、保坂展人
SIGHTー　二〇一五　VOL62

（埼玉・会員）

私の戦争体験と盧溝橋事件（2）

沖松代表幹事講演より（・・・8月号より続く・・・）

余談になりますが、私が八十八歳になったお祝いに電子辞書を貰いました。辞書を貰ったということは、もっと勉強しろということかなと思いました。（笑い）その中には、今まで知らなかったことが沢山載っていますから大変勉強になっています。ただ不満な点があります。それは電子辞書に水野廣徳という人は載っているのに、遠藤三郎が載っていないことです。水野廣徳は愛媛県松山出身で、日本海海戦に水雷艇長として参戦し、後に海軍大佐になります。海軍の場合は大佐（たいさ）と読まずに大佐（だいさ）と読み、陸軍の大尉（たいい）は海軍では大尉（だいい）と読むのだそうです。しかし、大将（たいしょう）はたいしょうのままです。なぜかと尋ねましたら、青大将（あおだいしょう）と間違えるからだと。（笑い）水野廣徳は第一次世界大戦後に欧州視察を行い、「もう戦争をすべきではない」と主張したことから海軍を追われました。「此一戦」という日本海海戦のルポルタージュがベストセラーになりました。大変文才がある人でした。この水野廣徳は電子辞書に載っているのに、遠藤三郎が出ていないことが私は不満です。私は海軍の水野・陸軍の遠藤、この二人は反戦主義者として日本人が記憶していかねばならないと考えています。二

人は死ぬまで「日本は絶対に戦争してはいけない」と言い続けたのです。

最後に盧溝橋事件についてお話し申し上げます。その前の柳条湖事件にもふれます。戦争のきっかけになった、特に盧溝橋事件は本格的な戦争のはじまりですが、この二つの事件について日本の高校の教科書にはどう書かれているかを紹介します。まず柳条湖事件から。「関東軍は参謀の石原莞爾を中心として一九三一年九月十八日、奉天郊外の柳条湖で南満州鉄道の線路を爆破し(柳条湖事件)、これを中国軍の仕業として軍事行動を開始して満州事変がはじまった」と、教科書に二行で書いてあります。そして、盧溝橋事件については「第一次近衛文麿内閣成立直後の一九三七年七月七日、北京郊外の盧溝橋付近で日中両国軍の衝突事件が発生し(盧溝橋事件)」でこれも二行です。中国の方に聞くと、中国の教科書では大体一ページの記述だそうです。そして、盧溝橋事件で日本兵が一人行方不明になったことまで書いてあるようです。日本人でその事実を知っている人はあまりいません。今、紹介した教科書ではそうしたことまでは教わらないということですね。

柳条湖事件は日本の関東軍参謀による恥ずべき陰謀だと思います。しかし、それを日本人は知らなかった。知らされていなかった。そのことを私は戦争が終わった翌年、大学に入ってから知りました。国際公法の横田喜三郎、最高裁長官になった人ですが、この人の講義で聴いたのです。二十五番教室という一番大きな教室で約千人近い学生の前で話され、柳条湖爆破事件の被害の実態についてという内容でした。南満州鉄道は複線ですからレールが四本あります。日本軍が故意に爆破したのはその内の一本です。レールの継ぎ目約五十センチメートルが損傷し、それを発見した際、近づいてきた列車を止めようとしたが間に合わずその上を通過した。その列車はわずかに左右に動揺したのみだったというのです。これはリットン調査団の報告書の記述から説明されたのだと思います。それまで、日本人は鉄道爆破と聞くと大爆発を想像していたのですが、実際はその上を列車が走っても無事だったということを知り、教室中の学生たちがどよめいたのを今でも覚えています。この時すでに柳条湖事件が起きてから十五年経っていましたが、事実を知る日本人はほとんどいなかったのです。もちろん日本軍の謀略であったことも知りませんでした。

盧溝橋事件は柳条湖事件と関係が深いのです。偶発的に起きたように言われますが、それまでに衝突する要因が出そろっていたと思います。事件の前年、九月十八日に、豊台という盧溝橋の近くの町で日本軍と中国軍が乱闘事件を起こしているのです。そこには元々中国軍の兵営がありましたが日本軍も兵営を置かせろと割り込んだ。そして、豊台の駅前の路上で、演習に出かける日本軍と演習から帰ってきた中国軍がすれ違いました。その時、最後尾にいた衛生兵に中国軍が手を出したとかいう理由で大乱闘になりました。その結果、中国軍は謝罪した上に駐屯地を変えました。これは中国軍に大変な屈辱を与えたことになります。しかし、その事件に対して牟田口連隊長は、何かあったらもっと打撃を与えなくてはいけないということを戦闘詳報も書いていますし、公然と主張していたのです。

七月七日夕方、豊台の駐屯部隊である第八中隊、清水節郎中隊長が率いる約百三十名の部隊が、盧溝橋の近くの演習場で夜間演習をはじめました。中国軍がいる堤防のすぐ近くでした。中国軍との距離は二百メートルともそれより近かったという説もありますが、堤防からから離れていく形で演習をはじめました。演習では空砲を撃ってはいけない、射撃してはいけないことになっていました。しかし、空砲を撃ちました。空砲といえども実弾と同じように火が出ます。空砲の弾は紙で全て破裂しますので、実弾とは異なるものです。でも、実弾と空砲は区別しにくいため、中国軍側は実弾と錯覚しおもわず射撃したのではないか、と日本の多くの学者が推察していますが、私もありうることだと思います。撃ってはいけないはずの空砲を撃った事に対しては、中隊長も「何をしているんだ」と言ったそうです。中国軍の射撃で飛んできた弾は高い位置だったので、実害は全くありませんでした。ところが、急いで中隊の兵隊を集めてみると一人足りなかった。志村という二等兵だったそうです。道に迷っていたとも言われます。日本軍は兵がいなくなったということを重要視したのですが、その兵は二十分後に出てきたのです。しかし、引っこみがつかなくなっている。そこで、今度はなぜ発砲したんだと、そうしたことからこじれていったのです。一時的には停戦協定を結ぶのですが、日本軍の考えは、何かあれば必ず一撃を加えるべきだというものでした。中国軍も柳条湖事件と同じようにいつ日本軍が攻めてくるかわからないと考えていた。中国軍の大隊長だった金振中が書いた本の中にも、日本軍が盛んに夜間演習を行いしきりにラッパを吹く。それがすべて進軍ラッパに聞こえるとあります。中国軍の神経を刺激する無神経な行動でした。そうしたことが重なり、基本的には日本軍が満州国を拡大しようとして、華北にまで手を伸ばす。そして、中国軍を軍事力で圧迫すれば事は解決するのだと思った。その思い上がりが問題だったのだと私は思います。現在そうしたことを日本人は反省しているのだろうか。七七記念集会にあたって、歴史をもう一度振り返って、明治以来、日本が中国に対して何をしたのかを考え直さなければいけない。それをごまかしてはいけない。中国のことわざに「君子は過ちを改める。小人は過ちを文（かざ）る。」とあります。日本人は歴史を謙虚に考える必要があると私は思います。時間がきましたので私のお話はここまでといたします。

（完）

ファシズムの足音が聴こえる　―その三―

佐藤正八

5．安倍暴走政治の現実と実態

（1）「安保法」に国民の理解・支持はない

安倍内閣と与党の自民党・公明党は、２０１５年９月19日未明、集団的自衛権の行使ができる「安保法」を極めて強権的に成立させた。これは自衛隊がいつでも、世界のどこにでも出かけて行き、武器の使用を可能にし、後方支援の名のもとに戦争が出来る体制づくりを確立したものである。戦後70年目にして、戦争をしない国から、戦争をする国に大転換をしたのである。

こうした政府・与党の行動に対し、国民の反応はどうであったのか？　「安保法案」の審議開始と共に、安倍内閣の支持率は低下して行った。そして「安保法」成立直後の朝日新聞の世論調査によると、安倍内閣の支持率は35％に低下し、不支持は45％に上がっている。次に、強権的に成立させた「安保法」に対し、賛成がわずか30％であるのに対し、反対は１．７倍の51％にもなっている。

次に、「安保法」成立直後の毎日新聞の世論調査によると、「安保法」成立を、評価するが、33％なのに対し、評価しないは１．７３倍の57％にもなっている。憲法違反と思わないが24％であるのに対し、憲法違反だと思うが、２．５倍の60％にもなっている。国民への説明に関しては、十分だが、13％で、不十分が何と６倍の78％にもなっている。

要するに、この「戦争法案」には、60年安保闘争以来の大規模で、高校生、学生、ママたち、研究者、労働者、シニア世代を含めた実に多くの市民が、「戦争法案」成立阻止に向けたたたかいに参加していたが、それらは限られた一部の人々の行動ではなく、むしろ広い国民的な支持基盤を持っていたということである。むしろ政府・自民党・公明党によって強行採決された「安保法」こそ、反国民的であり、国民の支持基盤を完全に失っている、ことが明々白々になって来ている。

（2）「安保法」の法的違法性

この「安保法」の法的問題点は幾多とあるが、最大の問題点は日本国憲法の立憲主義を公然と無視し、かつ日本国憲法に違憲していることである。日本国憲法に対する重大なクーデターと呼ばれる所以である。

権力者を縛るのが憲法なのに、その権力者自らが安全保障環境の変化を口実に、憲法を完全に無視する方策に出たのである。それらが明々白々であるにも関わらずに、安倍首相は憲法の範囲内と強弁を続けたのである。これはワイマール憲法を保持していながらも、一括法を手に入れ、ファシズムへの道を歩んだヒトラーと50歩百歩である。本稿のテーマである、「ファシズムの足音が聴こえる」とは正にこの事態を指している。

第2は、集団的自衛権の行使は日本国憲法第九条に違憲である。早大憲法学教授　長谷部恭男は自民党の推薦でありながら、2015年6月4日の衆議院憲法審査会で「集団的自衛権の行使が許される、と云うのは憲法違反。法的安定性を揺るがす。閣議決定の文脈におおいに欠陥がある。」と証言した。他の野党推薦の憲法学者も違憲を指摘した。

第3は、歴代の政府で「集団的自衛権の行使は憲法違反である」を堅持してきていた、元内閣法制局長官大森政輔は、2015年9月8日、参議院特別委員会のおける参考人質疑で、他国の航空機への給油については他国の武力行使と一体化に当たり「違憲」と指摘した。

第4は、法の番人のトップを務めた山口繁元最高裁長官が朝日新聞のインタビューに応じ（9月3日報道)、集団的自衛権の行使を認める「安保法」を違憲と指摘し、安倍政権による憲法解釈の変更や方法の正当性に疑問を投げかけた。更に政府が砂川判決を合憲の根拠にしていることに関しても、砂川判決は集団的自衛権を想定していないと、指摘した。

（3）政府の答弁が2転3転で曖昧

政府と自民党は集団的自衛権の行使の法的根拠に砂川判決を引用しているが、山口繁元最高裁長官をはじめ多くの法曹関係者が指摘しているように根拠になり得ない。荒唐無稽以外の何物でもない。それに留まるものではなく当時の最高裁長官田中氏が米国に飛び、口裏合わせせた判決で、米軍基地の在り様が問われた問題の判決なのである。

政府答弁の問題点を詳細に分析・検証するのが本稿の目的ではないので割愛するが、衆参合わせて188回も審議が中断しており、政府答弁が2転3転している事の証明なのである。例えば、安倍首相は始めの頃は、ホルムズ海峡の地雷掃海に大変に熱を入れパネルを使って説明していたが、次第に変化し、情勢の変化を理由に答弁を変えているのである。

政府答弁を総合的に判断すると、今までは武器を持って海外に出動出来なかったものを、政府の判断で、地域、期間を限定せずに武器を持って後方支援の名で、海外に出動出来るようにしたことである。その際に、公明党が主張した新3原則は曖昧であり、海外派兵の歯止めになり得ていない、と云うことである。公明党は戦争法を強力に推進する側に回ったことで、平和の党は死滅したと云って良い。その証拠に、公明党の旗を持って国会のデモに多くの公明党の党員が参加していたのだ。

6　安倍暴走政治の若干の解明

（1）安倍シフトの人事

どんな組織にあってもトップは自らの課題・目標を実現するために、最適の人事をする。これは極めて至極当然のことである。それは政治にあっても企業にあっても変わることはない。ところが、安倍首相の場合は、強い軍事国家の建設が目標であるから、即ち目標自体が、憲法体制を超えるもので違憲であり、異常なのである。従って、人事も異常ならざるを得ないのである。

安倍首相は第一次安倍内閣の折から、安保体制の改変に異常な意欲を持っていたが実現は出来なかった。第二次で、安倍首相の私的懇談会をつくり、答申させた。それらを実現させるために、内閣法制局長官に、集団的自衛権の行使を可能とすることが立論出来る人物を探し出し、他の役所から引き抜き、横畠祐介氏を内閣法制局長官に据えたのである。これは極めて異常なことである。

同様にして、安倍路線＝シフトを強力に推進するために、様々な人事が張りめぐらされている。例えば、NHK は籾井会長になり、皆様の NHK から、安倍様のＮＨＫに変質しているし、日銀総裁は、アベノミクスを実現するために、経済の実態を無視して、お札を大量に発行を続けている。

（2） トップダウン方式で指示を連発

従来の自民党には多様な意見が存在し、総務会でも政調会でも論議が噴出し活発であった。しかもそれがオープンに行われていた。第二次安倍内閣になってからは党内論議が極めて低調になり、反比例してトップダウンが連発される事態になっている。こうした事態が安倍の暴走を許している遠因にもなっている。

（3） 三権の分立は全くの形式

三権の分立は中学校の教科書にもあるように、憲法上極めて重要な規定である。人々の多くはこの三権が不可侵で独自に機能しているように受け止めているが、現実は逆である。

日本は米国のような大統領制と違って、議員内閣制である。議会で最大の党の党首が首相になる議員内閣制であっても、イギリスの場合は議会が強い権限を行使する歴史と体制があるが、日本の場合は歴史的に行政府の長である首相が優位にある。特に安倍首相の場合はそれが顕著である。

参議院が良識の府と指摘されたのは昔のことで、今回の「安保法」の審議を見てもその面影は見当たらない。特別委員会委員長の鴻池氏は野党の要求を少し入れ、官邸にわずかの抵抗を試みたが、官邸からの締め付に遭い、最後にやるはずであった総括審議を一切取り止め、手続きに置いても内容に置いても無謀な強行採決を断行させられたのである。ここには、立法府独自の判断が入る余地はなく、安倍首相に屈服した事を物語る以外の何ものでもない。

次に、話は変わるが、安倍首相は最高裁長官の人事をもコントロールしようとした形跡がある。即ち、違憲判決を阻止するために、安倍首相好みの長官を据えようとしたのである。２０１４年1月の頃のことである。これを証言したのは、法曹界の人事に詳しい元日本弁護士会会長の宇都宮健児氏で、２０１４年3月のキリスト者政治連盟の講演会で語っている。

（4）自民党の党内論議が極めて低調

民主党から政権を奪還した直後の暫くは、即ち2013年の春頃までは、安倍首相は憲法96条の「改憲」に大変な意欲を燃やしていた。即ち、国会の発議を2／3から、1／2にし改憲の垣根を低くし、その後に本格的な「改憲」をやろうとしたのだ。いわく2段階改憲論である。「改憲」は安倍首相が目指す最大の政治課題であることは良く知られている。

その「改憲」を当面は諦め、「解釈改憲」に軌道修正した訳であるが、それらに関し、自民党内の政調会等で白熱した議論を展開した経緯や形跡が見つからないのである。要するに、「改憲」から「解釈改憲」路線を切り替えたのは、安倍首相を含めた少数のブレーンで決めた可能性が極めて高い。

更に重要なのは、「解釈改憲」に関する重大な問題点・課題について、党内論議を展開した形跡もない。あるのは、高村副総裁を中心にした作業グループのみで、それらが国会審議で2転3転した最大の原因になっている。要するに「安保法案」の中味が党内で十分練られていないのだ。従って、自民党の国会議員が少しでも突込まれると説明出来ないのだ。

（5）野田聖子氏の総裁選立候補に圧力

安倍総裁の任期が2015年9月迄であることから、野田聖子氏が意欲を燃やしていた。氏は開かれた自民党にするため、火中の栗を拾うとしたのである。ところ、安倍陣営から圧力を受け、推薦人の20人が集まらずに、断念に追い込まれた。この時期は安保法案が審議の山場であり、自民党の地方組織から批判が噴き出るのを恐れたのである。民論を封殺した、と云っても良いのである。

7　安倍首相の目標は軍事国家の建設

（1）「法の支配」の2枚舌

安倍首相は対外的には「法の支配」を度々発言している。特に中国を念頭に、領土問題を語る時は特にそうである。その同じ人間が国内では「法の支配」を完全に無視し根底から覆す言動・政策を執っている。即ち、憲法の根本である立憲主義を完膚無きまでに、完全と言える程に無視しているのだ。即ち、最高権力者が暴走しないために、憲法で縛りがかかっているにもかかわらず、解釈改憲を断行したのである。戦後歴代の政府が営々と築いてきた「集団的自衛権の行使は憲法違反である」との見解を金繰り捨て、「安保法」は合憲だと、ウソぶいているのである。その安倍首相に「法の支配」を語る資格がないことは明々白々である。更に「法の安定性は関係がない」と首相の安全保障担当補佐官、磯崎陽輔氏が地元の講演会で発言し問題になったが、これこそが、首相の本音であり、本質なのである。官邸全体がそうした意識で運営されている何よりの証拠である。

（２）積極的平和主義について

安倍首相は様々なところで、特に外交の場で「積極的平和主義」について発言しているが、それらは言葉の誤魔化しであって、真の狙いは強力な軍事国家の建設なのだ。軍事国家の建設には膨大な予算が必要なため、経済を強くする必要があり、アベノミクスが位置づけられている。国民・市民の生活の向上に資するような言説を繰り返しているが、本音は違うところにある。

というのは、第一に、武器輸出の原則を緩和し、武器の生産体制を強化しているではないか。第二に、戦争出来る体制づくりにとって、その精神的宗教的支柱が必要であり、安倍首相は靖国神社を位置づけており、靖国神社の参拝に固執しているのは周知のことである。即ち、第一次安倍内閣の折り、参拝しなかった事を「痛恨の極み」といい、２０１４年１２月、中国や韓国からは強い反対が伝えられ、米国からも忠告があったにも関わらずに参拝したではないか。

（３）格差の拡大を平然と進める

「労働者派遣法」に対し、連合は組織の総力を挙げてたたかった。それは労働者間に分裂と格差をもたらすことが明々白々だからである。それでなくとも既に大量の臨時雇いやアルバイトで派遣社員がいるのだ。更に人件費抑制のため、派遣制度を導入した。安倍首相は、財界に労働者の賃金を上げるよう要請し、大企業では一定程度効果はあったが、（賃金は労使交渉で決めるものだ）その一方で国民や労働者の格差の拡大には極めて冷淡である。特に若者の就業の実態は深刻である。アルバイトや派遣社員が多く、賃金が安いため結婚が出来ない若者が増えている。更に深刻なのが引きこもりや精神疾患の若者が増え大きな社会問題になっているのに、首相は放置している。

「安保法案」の審議で、このまま行くと、徴兵制度が導入されるのではないか？と云う追及に対し、首相は「憲法上絶対にあり得ない」と答弁しているが、格差の拡大で自衛隊員の募集には事欠かない、という認識なのであろう。

（４）教育は国家＝権力者に従順な国民の育成

安倍首相が異常な程に教育行政に介入してきている実態については、その－２－で論考して有るが、軍事国家建設の観点からすると、歴史観と道徳観が大切なのである。文部省の中央教育審議会更には学習指導要領の改訂で国家＝権力者の要求を入れて来ている。それなのに、一般にはそれらの意図・内容が余り知られてはいない。残念ながらこうした観点から教育問題にアプローチ出来る市民は少ない。

（５）ＴＰＰの推進で農業は大打撃

日本の食糧自給率が４０％を切って既に久しい。民主党政権時代に所得補償方式の導入で、農業を救済しようとしたが、焼け石に水であった。農業は食糧の供給が第一であることは当然であるが、国土の保全、自然環境の保護、等々様々な機能がある。安倍政権はＴＰＰを導入しようとしているが、これが入れば、大打撃を受けることは火を見るより明らかである。安倍首相にすれば、生産性の低い農業を切り捨て、生産性の高い製造業にシフトさせようとしているのだ。

（6）首相はアジア北東構想に冷淡である

ヨーロッパは幾度も戦争を経験し、かつ文化、歴史、宗教も異なりながらも、戦争を防止するために、和解と謝罪を繰り返し、長い時間をかけてヨーロッパ共同体を構築してきた。この共同体の国同士で戦争をすることはあり得ない状況を作り出して来ている。これがヨーロッパ共同体の最大の強みである。

一方アジアに目を向けると、日本が侵略戦争に敗戦して70年になるが、未だに国交を樹立していない国があるのだ。アジアにはヨーロッパ以上に、歴史や文化、宗教の違いは大きい。しかし、共同体構想を少しでも前進させることが出来れば、軍事費を削減し、市民の生活の向上に仕向けることが可能である。

民主党の鳩山元首相はアジア北東構想を持ちながらも、沖縄の基地問題で失敗し、退陣に追い込まれた。自民党の首相でもアジアの連帯を深める構想を打ち出した方はいたが、前進させてはいない。積極的平和主義を云うのであれば、先ずはアジア北東の国々と真の和解を成し遂げ、その上で、精力的に平和外交を展開する必要がある。それが北東アジア共同体構想である。安倍首相は石原元知事同様中国を敵視しているため、この構想に極めて冷淡である。この構想を推進出来る政府の樹立が望まれる所以である。

8　「安保法」反対のたたかいが生み出したもの

（1）8月30日（日）国会周辺に１２万人が集結

安倍内閣の平和憲法を破壊する策動に危機感を抱いた市民は確実に増え、組織動員は影を潜め、自主的・自律的に判断し行動する若者、ママたち、シニア世代が確実に増えて行った。5月3日、横浜みなとみらい公園に、3万人が参加したのが、その端緒であった。6月、7月の国会のデモ・集会に度々参加したが、参加者の意識が高まって行くのを実感していた。そして8月30日の１２万人集会である。60年安保闘争を経験している私にとって、それ以来の高揚感であったが、その内実は異なっていた。安保闘争は権力闘争に近かったが、今回はこれで戦争に巻き込まれるかも知れない、という認識に立ち、平和を守りたい、戦争を許しては絶対にいけない。という単純にして奥深い人間愛に満ちた心からの必死の叫びであった。

（2）総がかり実行委員会の創設

戦争させない１０００人委員会が昨年の春創設され、それを受け、埼玉１０００人委員会も設立され、小生も呼びかけ人の一人として微力ながら働くことになった。こうして、つくられた、戦争させない１０００人委員会、解釈で憲法を壊すな！実行委員会、それに、戦争する国づくりストップ　憲法を守り・活かす共同体センター、の3組織、現在日本に存在する憲法を護り活かす全ての組織を糾合する形で、戦争させない・9条壊すな！ 総がかり行動実行委員会が創設されたのである。安倍首相がすすめる戦争が出来る国づくりに、遅きに失した感はあるが、日本の全ての運動体を糾合して創設された意義は極めて大きい。

また、9月4日（金）の夜、大宮西口で、埼玉総がかり行動実行委員会による集会が、15000人の参加で成功させているし、9月9日（水）の夜、雨が激しく降る中、5500人が参加していたが、人々の強い意気込みを感じた。

（3）学生、ママの会、学者の会、弁護士会等々が立ち上がった

戦後70年続けて来ていた平和憲法を無力にし、戦争する国になり、殺し殺される関係に入って行くことに危機感を持った、学生・高校生、ママたち、それに、学者たちが、インターネットやスマホ等々を使って広がりを見せ、初めての参加者がどんどん増えて行った。学者・研究者も大学で有志が集まり、どんどん意志表示の機会が増えて行った。弁護士会は職業上の倫理観に基づき、法治国家の崩壊に危機感を抱き、「安保法」に全国の全ての弁護士会が反対の声明を出すと共に、行動に立ちあがった。こうした事は60年安保闘争でもなかったことであり、今後の「違憲」訴訟にも大きな力になるであろう。

日本の学生たちやママたちは、政治的行動をしない、自分の意見を外に向かって表明しないと長らく受け止められていた。それだけに、今回の行動は新鮮で、海外特派員はデモの様子を母国に送っていた。

（4）市民の政治への関心・意識が高まった

正確に調査しているわけではないが、従来政治に余り関心を寄せていない層の人々が今回の安倍首相の暴走に危機感を持った方々が確実に増えている。従来デモ等に違和感を持っていた人々が、支持や賛同に変わり、家族や知人の間で、「安保法」を話題にした方々は増えている。

集会やデモには参加しないが、マスコミに投書したり、スマホで疑念を表明したりした市民は多い。問題は、こうした市民の政治への関心や意識の高まりを、今後の運動・活動にどうつなげて行くかが、即ち、「安保法」を廃案にさせる活動にどうつなげて行けるかが最大の課題である。

9　活動の方向性・目標を明確に

（1）60年安保闘争後の分裂を教訓に

戦後最大の60年安保闘争は反安保実行委員会が指導し、それに全学連が組織的に参加して展開されたが、条約成立後は、全学連を中心に分裂を繰り返した。今回はそれを繰り返してはならない。幸い、たたかいに参加した人々は敗北感や残念に思いつつも、次のたたかいに立ち上がっている人々が多い。9月23日の脱原発・反安保集会にも多くの人々が参加している。特に、憲法学者・弁護士を中心に最大の「違憲訴訟」を展開しようとしている。これらは、反「安保法」でたたかった人々を勇気づけるものであり、再びたたかいに参加させることが可能になる。

(2)「戦争法」を許したのは国民

今後の方向性・目標を論議する前に、足元の現実を正しく認識することが先であり大切である。2014年12月の総選挙で、安倍首相は最高権力者として、最大の権能を使って、野党が選挙態勢が創られていないことを見越し、大義名分のない総選挙を断行した。大義名分がないとは、①野党から追い詰められていたわけではなく、国民に信を問うべき材料がなかった。②任期は後3年近くも残っていた。③与党は前回圧勝していたから、議席の不足感は一切なかった、からである。にも関わらずに、安倍首相は解散に打って出たのだ。それは何故か？　「安保法」は国民の信任を受けていない。だからと云って「安保法案」を前面に出すと、国民の反発を受けるので、避けたい。そこで考えたのが、消費税10％の導入時期の先延ばし（これだけなら国会審議で充分）を最大の口実にし、アベノミクスを加えて遊説したのだ。

要するに、野党と国民をだまし、不意打ち解散を断行し、与党を圧勝させた。では何故そこまでして、不意打ち解散をやったのか、本音は不人気な「安保法案」を成立させることが出来る態勢づくりを目指していたのだ。というのは「安保法案」については街頭演説では触れずに、選挙公約に1行入れたのみなのに、「安保法」の国会審議では、国民の信任を得ている、と強弁を続けたのである。この事実こそ、安倍首相が野党を騙し、国民を騙し続け、総選挙に打って出た真実の姿なのである。

(3) 野党にも責任は大いにある

参議院の最終段階で次世代の党、日本を元気にする会、新党改革の3党は、「法案」の修正を要求していたが、それが実現せず、閣議決定による運用に活かすことで合意し、「安保法」に賛成した。従ってこれらの党は従来もそうであるが、准与党である。

野党の立場を鮮明にし、内閣不信任や問責決議案を連発し、最後まで足並みを揃えて徹底的に抗戦したのは、民主党、日本維新の会、日本共産党、社民党、それに、生活の党と山本太郎と仲間たち、の5党である。

日本維新の会には、橋下大阪市長の影響下にある議員が多く、分裂含みであるが、「安保法」には反対し、安倍首相の不信任や問責には賛成している。しかし、大阪維新の会は「憲法の改正」に賛成であり、安倍首相と通じていることから、「安保法」の廃案を求める政府の樹立に参加は望むべくもないであろう。

ところで、安倍首相の暴走を許した責任の半分は野党にもあることは紛れもない事実である。この責任の重さを痛感するとともに、国会周辺に集まった大衆の目前で、民主党岡田、共産党志位、社民党吉田、それに生活の党小沢、の4氏が手を結んで高らかに上げた姿、光景を単なるセレモニーに終わらせることが絶対にあってはならない。

要するに、これらに党首・代表には勿論国会議員を含めて、安倍暴走政権を倒し、「安保法」を廃案に出来る政府を樹立する責任があるのだ。

そのためには、第一に、小党が分立していては巨大自民党を倒せないことは明らかで政党の再編強化を真剣に協議すべきである。第二は、野党間の選挙協力を真剣に協議すべきである。勿論政策の内容についても協議し、信頼関係を構築して行く作業は不可欠である。

（3）市民活動家、学者や弁護士、ママたち、学生にも責任はある

私にも市民活動家の一人として責任はあると自覚している。責任を自覚する故に、本稿を執筆し、課題を整理している。このように反「安保法」をたたかった方々すべての方々に責任はある。そしてその責任を果たすとは、人権、平和、民主の旗を掲げ、「安保法」を廃案にする政府の樹立に向けて大同団結し、行動を開始することである。

今回のたたかいで、学者や弁護士が大きな役割を果たした。要するに、政治的立場を乗り越え、専門的知識と良心に従い、「安保法」が違憲であることをテレビ、新聞、集会等々様々な場面で表明してきたからである。学問的良心に従いたたかった、と云っても良い。

そうした学者・弁護士たちのたたかい・活動を「安保法」の成立で終わらせることがあってはならない。法の支配＝法治国家を取り戻すために、厳しく困難であっても「安保法」を廃止出来る政府の樹立に向けて取り組まなければならない。

（4）「安保法」を廃止できる政府の樹立に向けた取り組み

既に述べたように、「安保法」は国民の支持・信任を得ていない。それだけではなく戦争に加担するのではないかと国民は不安に思っている。この声・思いに応えない政治は許されない。課題は据えられてある。それに真正面から応える政治、すなわち、「安保法」を廃止出来る政府の樹立に向け、一つ一つ取り組み、着実に前進させることである。そのことによって国民・市民の支持は高まり、展望が出てくるのである。

とは云っても、事がそう簡単ではないことも明らかである。「安保法」に反対してたたかった野党の5党が分立している状況で、たとえ、それぞれが個別に従来の2倍3倍の努力をしたところで、自民・公明の与党に勝てる見込みは皆無に等しい。1000%ないと言って良い。

従って、ここで求められるのは、小異を横に置き、大同団結する道を見出し、創り出さなければならない。古くは統一戦線の構築であり、今日的に云えば政党の再編強化である。無原則な数合わせに走ってならないことは過去の政党再編の教訓である。従って信頼関係を構築し政策のすり合わせが極めて大切である。次に政党間の強力な選挙協力である。

（６）「安保法」を廃止出来る政府の骨格

「安保法」に全力でたたかった国会議員、国会周辺に駆け付けたり、様々な地域でたたかった全ての皆さん、反対の意思を持ち続けた皆さんに喜ばれ、歓迎される政府の樹立が大切だ。１００％満足行かなくとも、６～７割は満足の行く政府でなければならない。

それには、「安保法」の廃案を目指すと共に、日本国憲法を護り、活かすことが基本で、人権の尊重、平和主義の徹底、民主主義を大切にする、政府でなければならない。そして更に、脱原発を推進すると共に、沖縄の普天間基地は返還させ、その上で、辺野古の新基地は米国と交渉し、取り止めることが必要である。

10　リベラル新党で再編・強化を

（１）民主党と維新の党との統合

小党が分立していては安倍首相の暴走を食い止められなかったことが明らかになった以上、野党の再編強化は避けて通れない重要課題である。だからと云って、数合わせの野合は、力を発揮出来ないし国民の支持を得ることも出来ない。

維新の党は、大阪組が大阪維新の会に結集するであろうから、その後に、岡田民主党と松野維新の会が、統合に関する協議に入ることになろう。統合が新党の結成に向かうのか、民主党への吸収合併になるのか、注目して行く必要がある。

その際、最も重要なのが政策の擦り合わせである。最大の問題は、これから憲法に対して、どう対応するのか、最大の試金石である。というのは、民主党の中にも維新の党の中にも、「改憲」を志向している議員が少なくいるからである。

（２）社民党は解党的出直しで、リベラル勢力の総結集を

このテーマは本稿の中で、最も重く、かつ重要である。リベラル勢力の再興をもたらすことが、日本政治の活性化、そして、憲法を政治の中心の据え、活かすためにも欠かせない最重要課題であるからだ。

２０１４年１２月の総選挙で、民主党と共産党の候補者がいるにも関わらず、投票したい人がいないと、何人もの人から聞いた。更に、民意を正当に反映させない小選挙区制のため（自民党は４割の得票で７割の議席を得た）、少数政党には二重に不利である。正に党の存立が掛っている、重大な事態である。これを打開して行くには、社民党自らが解党的出直しを行ない、リベラル勢力総結集の核になることである。

第一に、社民党と生活の党と山本太郎の仲間たち、と結集に向けた真剣な協議を展開することである。この両党は

歴史も体質も全く異なるし、顔も見たくない、というのが本音であろう。しかし、消費税の問題や反「安保法」ではスクラム組めたではないか！

千尋の谷に飛び降りるに等しいが、反「安保法」をたたかった市民の期待に応えるにはこの道はどうしても避けて通れない。

第二は、国会で革新系であり、無所属で活動している議員に、様々なルートを駆使して結集を呼び掛けることである。第三は、国会に議席はないが、地方議会で議席を持っている、新社会党や緑の党、その他と結集に向けた真剣な協議を目指すべきである。第四は、地域で市民活動に参加している多くの人々に新党の結成に参加を呼び掛けることである。

（3）リベラル新党の代表に著名な方を

大坂市長の橋下氏の政策や手法について賛成出来るものではないが、発信力にはすごいものがある。抜群である。リベラル新党の代表には国民的に人気のある著名な音楽家或いは文化人を据え、新党の路線をブレズに発信力を高めることが必要である。

問題は、火中の栗を拾う勇気がある方がいるか、ということであるが、「安保法」の反対に立ち上がり、果敢に闘った方の中からお願いするのである。「安保法」反対を呼び掛けた方々には、人一倍の責任があるのであり、厳しい選択ではあるが、国の民主主義、法治主義を取り戻すために、決断を求めるのである。

11　野党間の選挙協力は是非共実現を

いくら大同団結と云ったところで、全野党が統合し、候補者を一本化することは、日本が社会主義革命を起こすより遥かに難しいし、不可能である。従って、安倍暴走政治を食い止めるためには、野党間の選挙協力が必要であり有効である。障壁は沢山あるが信頼関係を醸成し、日本で初めての全野党による選挙協力を実現せねばならない。

それに応えるには、信頼関係を醸成することであり、先ず同じテーブルに着かなければならない。次には、政策について、過去の問題点も含めて率直に話し合い、協議することである。その上で、次回に参議院選挙、衆議院選挙の政策について、意見交換を行うことである。こうした作業・協議を積み重ねて、全野党がテーブルにつき、効果のある選挙協力を実現することが必要であり大切である。是非とも実現してほしい。それが、「安保法」反対に立ち上がり、反対した多くの人々への誠意ある回答となるであろうし、人々に勇気を与えることになる。同時に、ファシズムを阻止する道でもある。

—完—

（埼玉・常任幹事）

川内原発再稼働阻止行動

折原　利男

強行採決された安保法(安全保障関連法)(=戦争法)は、成立過程と内容からして、まぎれもなく憲法違反のものだろう。「この憲法は、国の最高法規であって、その条規に反する法律、命令、詔勅及び国務に関するその他の行為の全部又は一部は、その効力を有しない」(日本国憲法98条)。これからは、ここが出発点になる。

憲法違反のもの、平和的生存権を犯すもの、道理に反するものにどう対峙していったらいいのか。思い浮かべるのは、インドを独立に導いたガンジー、人種差別反対と公民権運動を推進したキング牧師、あるいは、米軍から奪われた沖縄の土地を取り戻した阿波根昌鴻《あはごんしょうこう》などである。そこに共通してあるのは、理不尽なものに対する怒り、そして、民衆と共にする不服従、非暴力抵抗、反対運動である。

さて、政権に後押しされた原子力規制委員会は、14年9月10日に鹿児島川内原発1、2号機が「新規制基準」を満たしたとした。原発をもつすべての電力会社が、できるだけ早い再稼働にむけて原子力規制委員会に審査を申請し、14年8月の段階で、その数は全国13原発20基となっている。そのうちの「合格」第1号で、再稼働一番手になったのだ。

まず川内原発再稼働問題の要点を整理しておきたい。

⑴「新規制基準」とはいっても、「これを満たすことによって絶対的な安全性が確保できるわけではない」としている。委員長も、新規制基準に合格したかどうかを判断するのが委員会の役割で、原発が安全だと判断したわけではない、と、ことあるごとに念を押している。

⑵首相と政府は新規制基準に合格したのだから、「再稼働に求められる安全性の確保が確認された」と言い、合格した原発は、再稼働していくとしている。

⑶福島原発事故は、初めは想定もできなかった巨大津波のためだとされた。しかし、国会が設置した事故調査委員会は、津波が来る前にすでに、原発の運転に必要な電源が失われていた、あるいは、原発の配管が破断されていた、という可能性も示した。これが事実なら、地震大国日本のどこの原発も、津波に襲われなくても、地震だけで福島原発のような大惨事を起こす可能性がある、ということになる。

⑷この事故が最悪の事態になったときには、原発から半径１７０㎞圏内で強制移住となり、半径２５０㎞圏内で避難の必要があったということが内閣府原子力委員会から菅直人首相(当時)に報告されていた。前者には南東北や新潟県の一部、北関東の一部が入り、後者には東京都や埼玉県の大半、横浜市の一部がそれぞれ含まれる。そ

こまでならなかったのは、いくつかの幸運な偶然があり、紙一重の違いだったと、元首相が述べた。
(5)川内原発の周囲には、いくつもの大きな火山があり、かつて巨大噴火によって、原発敷地まで火砕流（河の用に流れてくる高温の溶岩）が押し寄せた可能性があったことが分かっている。電力会社は、それを認めた上で、原発に装着された核燃料棒を全部取り出すには最低2年以上はかかるが、火山周辺の地殻変動を監視すれば、噴火は予知でき、核燃料を安全に運び出す余裕はあるとしている。
(6)ほとんどの火山の専門学者たちは、現在の技術では巨大噴火の前兆を数年も前に予知することは困難である、と証言している。
(7)川内原発がこの先運転するのはせいぜい30年間。その間に巨大噴火はないだろう。ただし、今回は火山のモニタリングもやるということで、一応『よし』と判断しました」これは14年7月16日、規制委が案をまとめた後、田中俊一委員長が記者説明をした際の言葉である。審査の実情を物語る象徴的な、そして驚くべき言葉である。
(8)福島原発事故は偏西風により、8割以上の放射能は太平洋に拡散した。しかし、川内原発が事故を起こせば、偏西風による放射能拡散で、九州全土、瀬戸内海近郊はほぼ全滅の可能性があると予測されている。
(9)日本の原発が全部止まって1年11カ月、電力需要が最大時でも10％の余裕をもって足りていた。
(10)原発の発電コストは、今日では、事故の処理、補償費用を入れなくても、世界的に最も高い部類に入る。
(11)原発はトイレなきマンションと言われているごとく、運転すると同時に排出される高濃度放射性汚染物質の安全な処理方法は確立されていない、また、その処分場として受け入れる自治体はなく、その見通しも全くたっていない。
(12)原発は地球温暖化を防ぐ切り札と言われていたが、偽りだった。
(13)立地自治体や住民の生活が成り立たないから、原発の再稼働は必要だという声があるが、本末転倒で、原発は国策として進められてきたのだから、国が保障していくべきものである。

私が最初に川内原発を訪れたのは、2014年に行われた「ストップ川内原発再稼働　9・28全国集会」である。新規制基準に「合格」が出された直後だった。午前9時半からの原発ゲート前抗議行動への関東からの参加者は114名。午後1時からの鹿児島天文館公園での集会とデモ参加者は7500名だった。前日、午後4時から8時まで、川内市内の市民ホールで、再稼働阻止全国ネットワーク主催「川内原発再稼働阻止・全国相談会」が行われた。全国の原発を抱える現地からの情勢報告と、主催者、現地の人々を含めて、当面の行動計画の相談会があった。いかに川内原発の再稼働を阻止したらいいのか。延々4時間、当面の効果的、現実的な運動方針をめぐって議論が続けられた。そしてその最中に、死者・行方不明者が63人にのぼる、戦後最悪の火山災害となった御嶽山噴火の報告が伝わってきた。まさに、再稼働まっしぐらの川内原発への警告のようであった。

2回目が15年8月8日（土）～11日（火）の「川内原発再稼働阻止！ゲート前大行動」だった。再稼働予定は10日とされていたが、直前に11日に変更された。

今回私が参加したのは、「川内原発へ行く基金」での、8日～10日の第1陣である。9日～11日の第2陣合わせて首都圏から109人の参加があった。この基金は、首都圏から現地に行ける人は行き、参加はできないが、せめてカンパならできるという人にはカンパしてもらおう、という企画だった。お盆期間で航空運賃は普段の2倍になっていたが、呼びかけ期間が短かったにもかかわらず、109人の航空運賃の半額（3万円）がカンパで賄えたとのことだった。連帯した市民運動のひとつのあり方である。

直前の7月29日に東京で準備会があった。この基金は、アイディアが菅元首相からルポライターの鎌田慧氏に出されたことが発端となり、10人の呼びかけ人のもと、脱原発市民運動を精力的に行っているタンポポ舎のボランティアが、短期間での大変な実務を担って実現したものだった。野党の代表的国会議員も超党派で賛同人となったのは画期的という。

9日（日）、大型バスで鹿児島市内のビジネスホテルを出発し、1時間半ほどで、集会会場の川内原発真横の久見崎《ぐみざき》海岸に到着した。車中、担当者から、この企画で高校生を含む学生10人の参加もあり、学生は空路運賃の負担を1万円とした、ドイツのデュッセルドルフからも9万円のカンパがあった、などの報告があった。

この久見崎海岸は、今は人があまり来なくなり、荒れた砂浜になっているが、大昔から、海亀の産卵地なのだという。今年は99個の産卵があったとのことだった。また、与謝野晶子も愛したという海岸で、次の短歌を残している。

久見崎の沙に摘みたる薬草を載せてわが船蓬莱離る

ここで、前日からこの日の午前にかけて、再稼働阻止行動と連携して「ウェル亀ロックフェスティバル」が開かれた。「これからも命を繋ぐため美しい久見崎を回帰するためにみんなでできる事を」として、「薩摩川内市のグミザキビーチにてウミガメの保護をテーマとした音楽フェスティバルを開催いたします。キャンプインして次の日は海岸のクリーングリーン作戦！」と参加が呼びかけられていた。

再稼働阻止集会前の昼食時、私は海岸の端にある堤防の上でひとり釣りをしていた50歳前後の男性に、川内原発の再稼働問題について話を聞いた。原発ができて、仕事が少なかった地域で土木や建設業などの雇用が生まれ、仕事が増えたのは確かだ。仕事を考えると、賛成、反対は五分五分だと思う。しかし、と男性は続けた。仕事に関係なければ、８割は反対だと思う。自分も反対だ。もっとも、自分は建設関係の仕事をしていて、そんなことを言える立場ではないけれど、と。これは原発立地体で生きている人々に共通している気持ちだろう。

この問題は、再稼働問題と切り離して考えなければならない。原発が建設予定になった地域では、初めはどこでも強い反対運動があった。それを金力と権力で押さえ付けて建設してきたのである。そうして一度原発が作られると、それなしでは地域の生活と経済が成り立たなくなってしまったのだ。国策として強引に進めてきたのだから、廃炉にする場合には、地域住民が安心して生活できるよう保障し、雇用環境を用意していくのが国の責任であるのだ。ドイツでは、自然エネルギーへの転換で、多くの新しい産業と雇用が生まれているのである。

午後1時から、「ストップ再稼働！3・11鹿児島集会実行委員会」主催の集会が開かれた。参加者は２０００人。現地での集会としては、これまでで最大だという。ギラギラと真夏の太陽が照りつける気温36度の砂浜で、市民団体の代表や県内外からの参加者が原発の危険性や九電への批判を唱えた。浜辺には大小さまざまな40張りほどの反対グループのテントがある。東京の経産省前テント広場から拡散したものだという。

集会後、参加者は会場から2キロほどの原発ゲート前に通じる3号線をデモ行進した。普段と違ってこの日は、恣意的な交通規制によってバスはゲート近くまで行けなかった。いくつもに分断され、遮る物のない真夏の炎天下のものとのデモは、体力を消耗するものだった。しかし、ゲート前に到着した一団は、次々にシュプレヒコールなどの抗議行動を行ない、また往路を戻った。

翌10日(月)は、早朝からゲート前での抗議行動が開始されていた。門の前には、バリケードとして鋼鉄製の車止めが並べられ、その間に警官隊とガードマン、そして九州電力の職員が何重にも立って並んでいる。この抗議行動で、午前一杯、シュプレヒコールと、宣伝カーの上からの抗議のスピーチが繰り広げられた。そのなかから、特に強い印象を残した言葉を紹介したい。

再稼働阻止全国ネットワークの柳田真氏（タンポポ舎共同代表）は、まずこの警備について批判した。

〈私たちはこの場で5回目の抗議行動を行った。2年半前は、警察もこんなにはいず、柵もなかったし、九電の警備員もいなかった。そして、そのときは、今、警察や警備員が立っている所に我々は立つことができた。公益企業の九電の姿勢と過剰警備に最初に強く抗議したい〉

60年安保のときに学生だった柳田氏は、定年退職後の1

989年に、原発と環境破壊のない社会をめざして、市民有志とタンポポ舎を立ち上げていた。私は、タンポポ舎が窓口になっていた、福島での13年、14年の「福島を忘れない・全国シンポジウム」、12年の伊方原発再稼働阻止行動「NO　NUKES　えひめ」、そして2度の川内原発再稼働阻止　行動に参加した。そのときには、いつも先頭に立って精力的に行動し、また参加者のために配慮を怠らない氏の姿があった。氏は、スピーチのなかで、密接につながっている安保法案と原発再稼働阻止を訴えた。

ルポライターの鎌田慧氏は、作家の広瀬隆氏とともに、全国各地でのこのような場に、いつも姿を見せてスピーチをする。氏はゲート前の異様さを、こう訴えた。

〈工場が稼働したりするとき、普通だったら、くす玉が割られたり、テープカットがあったり、地元の人たちがお祝いに来たりして、稼働は祝福され、華やかにスイッチが押される。しかし、これはなんなんだ。敵意に囲まれての、呪われた稼働ではないか〉

九電とその労働者に向かってマイクで訴えたJRの組合員の言葉も、インパクトがあり、強く心に響いてきた。

〈九州電力と川内原発で働く労働者の皆さん、聞いて欲しい。原発は被爆労働なしには1日も成り立たない。全国の原発では10万人、フクシマでは7000人の労働者が働いている。東電の労働者も本当に被害者だと思う。労働者を守るはずの労働組合なのに、原発再稼働、原発の推進に積極的に加担する電力総連。会社の幹部も労働組合の電力総連も、事故が起こっても全く責任を取らない。本当にこんなことが許されるのか、という話だ。

私は労働者というものは誰しも社会的責任というものを持っていると思っている。私だったら電車を安全に運転する。危険なことはやらない。電力会社の労働者だったら、危険な原子力発電だったら、断固として拒否する。会社の方針に反しても、今、世の中が、圧倒的な人たちがそれを求めているんだから。会社の声と世の中の声とどっちが正しいのか、どっちに耳を傾けるべきなのか〉

そうして労働者の仲間に呼びかけるように、こう結んだ。

「労働者には社会的責任があるんですよ。だから会社の方針がおかしかったら、おかしいことにはおかしいと言いましょうよ。おかしいと思ったときには、労働者は自分たちで労働組合を作って、団結して、ストライキで戦って、原発を止めることができるんですよ。(中略)ストライキをやって、あしたにでも川内原発を止めて、私たちの声にぜひ応えてください。その時に初めて、九電の労働者は労働者としての誇りを取り戻し、社会的責任を果たせると思います。皆さん、よく聞いてください。ストライキで原発を止めましょう。私たちに合流して、共にがんばりましょう!」

この呼びかけは、労働組合の本質的問題も提起していて、全ての労働者が耳を傾け、心すべき問題でもあるだろう。最後は、菅元首相の20分ほどにわたる渾身の演説だった。

〈3・11のとき首相だった私は、最悪の場合、フクシマから半径250キロ圏内、東京も含めて5000万人が、20年、30年、40年と避難しなければならなくなると知った。それで私は考えを変えた。何としても原発をやめていくことが、日本のためにも世界のためにもなるんだと。安倍首相は日本の原発は世界で一番安全だと言っているが、大ウソつきで、あれほどの大ウソつきは珍しい。亡国の総理だ〉

これはむろん、大勢の報道陣がいる前での発言である。戦争法強行制定といい原発再稼働といい、本当に「亡国」に導きかねない、戦後最悪の総理大臣と言っていいだろう。

氏は、フクシマの事故のとき、政府として、住民の避難を極めて不十分にしかできなかったことを詫びた。その上で、川内原発の1号機再稼働は、明らかに原子力災害対策特別措置法(原災法)に違反することになるということを、次のように伝えた。原災法は住民の避難など安全確保責任を電力会社ではなく、自治体に負わせている。原災法に基づく原子力災害対策指針には、原発から30キロ圏の自治体に住民避難などの計画策定を義務付け、住民の安全確保の責任を負わせている。そして「昨年11月、国会に電力会社を代表し参考人出席した東電の担当常務も『30キロ圏の自治体の同意が無ければ再稼働の条件は満たされない』と答えている。ところが九州電力はまだ30キロ圏内の全自治体の同意を得ていない。そのような中で再稼働すれば、明らかに原災法に違反する」と。そして、原発の中の九電と阻止行動参加者に向かって訴えた。

〈今度この川内原発で何かあったときに、今度は言い訳がきかない。九電もだ。事故が起きれば九電の責任は重い。避難計画もできていない。再稼働にあたっても、処分地も決まっていない。こんなことを続けていたら、日本もおかしくなると言っている。それにもかかわらずこれをやったら、この国は本当に千年も万年経っても、その罪は消えない。そういう国だと私は思う。何としてもこの川内原発を止める、そして10年以内には原発はどんどん減らしていって、今世紀の終わりには、世界中の原発がなくなることは歴史の必然だと思っている〉。そうして、こう結んだ。

「原発のない世界を、原発のない世界を、皆さんの手で、私たちの手で作り上げようではありませんか」

原発再稼働反対の世論も60～70パーセントほどもあるなか、翌11日午前10時30分、川内原発再稼働は強行された。

鎌田慧氏は〈カネ儲けのために再稼働するのは人間のモラルに反し、人間社会に対する挑戦だ〉とし、再稼働直前、宣伝カーの上から〈わたしたちは怒りをこめて、次の再稼働阻止闘争を準備する〉と叫んだ。この気持ちはゲート前阻止行動の参加者全員のものだったろう。

広瀬隆氏は、常にポジティブな姿勢で発言をして、元気づけられる。かつてメーカーの金属技術者だった氏は、前

日のゲート前で、欠陥を抱え、老朽化し、4年間も止まっていた川内原発は、必ずトラブルを起こし、絶対に止まる、止めていこう、と、参加者を鼓舞したのだった。

（埼玉・会員）

二〇一五年度総会報告

落合　正史

二〇一五年度定期総会が八月二十九日（土）一四時からさいたま市浦和区岸町の岸町公民館で行われました。残暑厳しい中、多数の会員が出席し活発な意見交換が行われ、総会そしてその後の懇親会と成功裏に終了することが出来ました。総会ならびに懇親会の様子を簡単に報告します

総会

1、資格確認・開会宣言

総合司会の長谷川常任幹事が開会宣言と総会出席者、委任状の数が過半数に達して総会が成立したことを報告し、総会が始まりました。

2、議長選出

加藤常任幹事を議長に選出、議事に進みました。

3、代表幹事挨拶

今年は戦後70年の節目の年に当たります。安倍首相は、8月14日に、戦後70年談話を発表しましたが、奥歯にものはさまったような言い廻しで、戦争に対する真摯な反省は感じられませんでした。

8月15日には3人の女性閣僚と超党派の議員連盟「みん

なで靖国神社に参拝する国会議員の会」６７人が靖国神社に参拝しました。「祖国」のために生命を捧げた護国の英霊に感謝し、平和を祈るということですが、祖国とはどういう祖国だったのかは考えていないようです。

日本は降伏の条件として、ポツダム宣言を受諾しました。ポツダム宣言受諾とは、日本が民主国家に変わるということを国際的に約束したことであります。ということは、敗戦前の日本は非民主的な国家だったことを意味します。

日本国民は、靖国の英霊とは、祖国を護るという美名の下に、非民主的国家に協力させられて、戦場に斃れた「英霊」であることを認識する必要があります。この認識こそが、民主主義国家の建設の原点であります。

安倍内閣は特定秘密保護法の制定に始まり、集団的自衛権の行使容認、更に安全保障関連法案を衆議院で強行採決しました。さらに参議院でも数を頼んで強引に採決しようと目論んでいますが、アメリカの戦争に協力する国づくりをなぜ急ぐ必要があるのでしょうか。

集団的自衛権の行使容認や安保関連法案は、内容が違憲、手続きは非民主的と学者・知識人が批判し、多くの国民が反対の意志を表明しているにもかかわらず、安倍内閣は耳をかそうとしません。

沖縄基地問題や原発再稼働についても、国民の意思を無視しつづける安倍内閣の非民主性は言語道断です。

民主主義の危機は、日本という国家の危機です。日本の民主主義の原点は、８・１５にあると考える私たちは、戦没者の死を無駄にしてはいけないと思っています。

私たちは、今こそ会の創立宣言にある「同志相携えてあらゆる戦争を阻止し、戦争原因の剪除に努め」ねばなりません。また、日中政府間は冷え切ったままですが、私たちが率先して民間の交流を推し進める必要があります。

共に頑張りましょう

４、二〇一四年度活動報告（含　決算）

各委員会委員長（落合会誌編集員会、小林対外交流委員会、長沼組織・活動委員会）、小林事務局長から２０１４年度の活動報告案が提案され承認されました。↓各委員会活動報告は８月号を参照してください。

秋山財務委員長より決算報告、関口監事（代理）から監査報告があり、決算報告が了承されました。

５、幹事選出

昨年と同様出席者全員に幹事になってもらい、役員選出についての話し合いを継続しました。

休　憩　(Coffee Break)

(暫時休憩をはさみ、引き続き幹事会を開催)

６、役員選出

小林事務局長より2015年度役員（案）が提案され承認されました。

2015年度役員

代表幹事　沖松信夫

常任幹事　佐藤正八、日森文尋、高橋勇、熊谷憲治、落合正史、長沼清英、長谷川善夫、小川利靖、加藤富士雄、山田伸男、秋山博史、小林悦子、杉崎一浩

事務局長　小林悦子

監事　関口賢、柴崎葦津子

7、2015年度活動方針・行動計画（案）

小林事務局長からに提案され、活動方針、行動計画ともに原案通り承認されました、

承認された活動方針・行動計画ともに表紙裏に掲載してあります。ご覧ください。

8、2015年度予算（案）

秋山財務委員長より2015年度の予算案が提案され了承されました。

9、意見交換

10、議長解任

11、閉会宣言、事務連絡

懇親会

一六時より埼玉会館2F特別室にて懇親会が行われました。この懇親会には中国大使館より孫永剛一等書記官、最近赴任された曹力萍さんが出席され、長沼常任幹事の司会により浜口会員の乾杯の掛け声で始まり、途中でスピーチをはさみながら、歓談、意見交換が行われ、親睦が深められました。

二〇一五年度の会費の振込をお願いします。

新しい年度の始まりとなります。会費の振込をお願いします。（行き違いで、すでに振り込まれた方ご容赦ください）

会　　員　年間一〇、〇〇〇円（家族会員一二、〇〇〇円）

購読会員　年間六、〇〇〇円

郵便振替　口座番号　００１２０・６・２７４１５

口座名　　日中友好８・１５の会

寄贈誌より

『中国研究月報』（社団法人中国研究所発行）

2015年8月号

▽論文 「満州国」成立前後の中国人女子教育
― 奉天省女子中等教育を中心として ― 譚 娟

▽論文 中国にとっての6者会合の戦略的意義： 山崎 周

▽対話 辻康吾氏の書評（『中国研究月報』2015年5月号）にお応えする
平野健一郎
毛里 和子

▽書評 孫 江著 汲古書院
『中国の「近代」を問う ― 歴史・記憶・アイデンティティ』
小野寺史郎

▽書評 陳慈玉著 御茶の水書房
『近代台湾における貿易と産業 ― 連続と断絶』 一ノ瀬雄

▽学而思 私と中国のつき合いの始まり
― 木曽谷でのひそやかな交流 ― 平井 博二

▽書籍紹介
『東アジア古代における諸民族と国家』（汲古書院，2015年）
川本 芳昭著

『中国詩跡事典 漢詩の歌枕』（研文出版 2015年）
植木 久行編

『芝寛 ある時代の上海・東京―東亜同文書院と企画院事件』
（績文堂出版 2015年） 志真斗 美恵著

『不 戦』（不戦兵士・市民の会） 夏季号 通巻174号

◇声明
憲法を破壊し、日本を「海外で戦争をする国」につくり変える戦争法案の強行採決に対し、満身の怒りを込めて抗議し、断固廃案をめざして闘う

◇「不戦大学」講演録
戦争と平和の現在を わたしたちはどう生きるか 新しいテロの時代・深層国家・国家安全保障複合体 浦田 賢治

◇「私の戦争体験記」
昭和18年（1943）の少年志願兵 仲田文之助

◇「関東軍」「支那派遣軍」の住民への残虐行為を風化させてはいけない 中島 五郎

◇残虐な性奴隷の実態とアジア蔑視の思想 池田 栄子

◇書評
『ラストコロニー西サハラ』（平田伊都子著）
積極的9条主義から読んでみる 勝俣 誠

◇東京新聞 社説 「不戦兵士」の声は今
戦後70年 憲法を考える

◇2015年度定期総会決定・決議・新役員紹介

◇編集後記 高野邦夫・森脇 靖彦

八月の常任幹事会

日時　八月二十九日（土）十一時〜十四時
会場　さいたま市うらわ区岸町5-1-3
　岸町公民館
出席者　沖松・尾形・日森・佐藤・高橋（勇）・熊谷・小林・山田・長沼・加藤・長谷川・秋山（博）・落合・小川・杉崎

報告

1．沖松常任幹事の講演、取材等についての報告。日中友好元軍人の会のことが詳しく書かれている本『戦場体験者　沈黙の記録』（筑摩書房、保坂正康著）の紹介

協議

1．総会関係

・総会・懇親会の日程の確認と次第および資格の確認。
・機関誌に乗せられなかったものは口頭で。
・係分担の確認。
・常任幹事候補者の確認と尾形さんの常任幹事辞任申し出の了解。

2．編集員会より

原稿は順調に集まっている。
編集委員長交代について9月常任幹事会で具体的に検討する。

（落合）

会へのカンパ（敬称略）

小田　純一　四、〇〇〇円

（秋山）

お詫び

8月号、今月の本石川文洋『フォトストーリ沖縄の70年』で発行所岩波書店、定価（本体1020円＋税）が抜けていました。お詫びします

（落合）

事務局月報

・総会・懇親会が無事に終わり、十五年度が始まった。山積する課題に眼を　話せない毎日も続く。

・先日、地下鉄で都心に向かっていた時のこと。手をかけたつり革の下の二人分の席の真ん中に若い女性が一人で坐っていた。手にはスマホ、耳にはバックの中から出ている別の機械からのイヤホーン。三十分程の間、スマホの画面を人差し指が動き廻り、彼女は一度も顔を上げなかった。

根本のところで、優先席の要不要が言われることもあるが、こんな車内アナウンスもいつの日かありかもしれない。「スマホをお使いの方は、座席のご使用をご遠慮下さい」…そうすれば、席はいつもガラガラのはず。

電車の中でスマホの画面をこすっている人は、低く見積もっても五〜六割はいるのだから

（小林）

『8・15』2015年9月号
2015年9月15日発行
定価　500円（送料とも）
編集人　落合　正史
発行人　沖松　信夫
印刷所　（有）イワキ
発行　日中友好8・15の会
〒125-0032
東京都葛飾区水元3-3-4
小林悦子方
TEL&Fax　03-3627-1953
郵便振替　00120・6・27415
日中友好8・15の会
HP URL　http://www11.ocn.ne.jp/~donpo/

会　　則

（名称）　第１条　本会は、日中友好元軍人の会を受け継ぐ日中友好「８・１５」の会（通称日中友好８．１５」の会）と称する。

（目的）　第２条　本会は、過去の戦争に対する反省に立脚して、あらゆる戦争準備の動きを阻止し、平和を希求するために世界各国とくに中国との友好に貢献するとともに、会員相互の親睦を深めることを目的とする。

（会員）　第３条　本会は前条の目的に賛成する元軍人および賛同者をもって構成する。

第４条　本会の本部を関東地区に置く、支部を各都道府県に置く、また事務局を関東地区に置く。

（事業）　第５条　本会は、第２条の目的を達成するために以下の事業を行う。

１．会誌『８．１５』の発行
２．講演会、研究会の開催（平和諸団体との共催を含む）
３．学習会の開催
４．中国からの留学生・研修生の受け入れ
５．訪中団の派遣
６．その他、本会の目的達成に必要と認められる諸活動・事業

（総会）　第６条　本会は、総会を毎年１回、原則として８月 15 日に開催する。総会は、委任状を含めて会員の過半数の出席により成立するものとする。総会は、幹事会から、活動報告、行動計画事業計画、決算、予算、役員の選出、その他、本会の運営に必要な事項について報告、提案を受け、出席者の過半数の賛成により　これを承認、決定する。幹事会が必要ありと認めたときは、その決議により、臨時総会を招集することができる。総会の決議に基き、顧問を置くことができる

（運営）　第７条　本会の運営は、幹事会が行う。ただし、幹事会は常任幹事会にその権限を委任することができる。

（役員）　第８条　代表幹事、副代表幹事、常任幹事、事務局長を本会の役員という。

第９条　役員の任期は１年とする．ただし、任期満了後も総会において新役員が選出されるまではその職務を行う。役員の重任は妨げない。

第 10 条　本会の運営のために幹事会ならびに常任幹事会を置く。幹事会は幹事を以って構成し、本会の運営に必要な重要な会務を行う。幹事の互選により代表幹事、副代表幹事、常任幹事、事務局長を選任する。常任幹事会は、原則として毎月 １ 回開催し、幹事会の委任をうけて本会の運営に必要な一般会務を行う。

第 11 条　幹事は、会員の維薦により選任し、捻会の承認を安ける。

第 12 条　幹事会は、常任幹事会の決議に基き、代表幹事が招集する。常任幹事会は、常任幹事２名以上の発議により代表幹事が招集する。幹事会および常任幹事会の決議は、出席幹事の過半数の賛成により成立する。賛否同数のときは、代表幹事がこれを決する。

第 13 条　本会の会議の遂行上、下記の分科委員会を設け、常任幹事会が選出した委員長が運営の賁に当る。

1. 組織・活動委員会
2. 会誌編集委員会
3. 財務委員会
4. 対外交流委員会

各委員会の委員は、委員長の堆薦により委嘱する。

第 14 条　会計の監査は、会計監事が行う。会計監事は、幹事会の堆薦により選任し、総会の承認を受ける。

（財政）　第 15 条　本会の経費は、会費、寄付金、その他の収入をもってまかなわれる。留学生・研修生受け入れのため、特別会計を設ける。

（会費）　第 16 条　会費は年額１万円とする．また、家族金員の会辛は年報 2000 円とする。

第 17 条　本会の会計年度は、毎年 7 月 1 日に始まり翌年 6 月 30 日に終る。

（改正）　第 18 条　本会の会則は、幹事会の発議により、総会において、委任状を含む出席者の ３ 分の ２ 以上の賛成により改正することができる。

（付則）　この会則は 2004 年 8 月 29 日から施行する。

過去の直視、これが歴史認識の原点

軍備亡国・反戦平和

2015年 10月号 No. 551

8.15

二〇一五年 十月十五日発行（毎月一回十五日発行）
第五六巻 十号 通巻第五五一号

［巻頭言］

日中友好元軍人の会ＨＰ　http://www11.ocn.ne.jp/~donpo/

10

日中友好８．１５の会
（日中友好元軍人の会）

創 立 宣 言

戦争の罪悪を身をもって体験した、わたくしども元軍人は、心から人間の尊厳にめざめ、戦争を否定します。

わたくしどもは、過去の反省に立脚し、戦争放棄と戦力不保持を明示した日本国憲法を順守し、真に人類の幸福と世界の平和に貢献せんがため、本会設立の趣意書ならびに会則にのっとり、同志相携えてあらゆる戦争を阻止し、戦争原因の剪除に努め、進んで近隣諸国とくに中国との友好を進めんとするものであります。

ここに終戦の記念日をトして本会を設立するにあたり、万世のため太平を開く決意のもとに日本の更正を誓った当時を追憶し、戦没の万霊に額ずき、ご遺族をはじめ戦争の被害者ならびに軍靴で踏みにじった戦場の住民各位に深く遺憾の意を表しつつ宣言します。

１９６１年8月１５日

日中友好元軍人の会

二〇十五年度　活動方針

われわれは、創立宣言に則り、次の活動を行なう

一、平和憲法を守り抜くため、広く非武装中立・軍備亡国を訴え、組織の強化・拡大に努力する。

二、過去の侵略戦争に対する反省に立脚して、中国をはじめ、アジア近隣諸国、さらには世界各国の平和を希求する人々との友好・提携に努める。

行動計画

一、違憲の安保法制を強行し、憲法改悪へ向かう安倍内閣のあらゆる策動を許さず、特に憲法９条を守るために活動している諸団体の運動に積極的に参加する。

二、戦争に直結する集団的自衛権の行使を認めず、名目の如何にかかわらず、自衛隊の海外派遣、多国籍軍への支援に反対する。

三、広島・長崎の被爆の歴史に基づいて、核の廃絶を広く世界に訴える。エネルギー変換、脱原発をめざす。

四、沖縄の民意を無視した辺野古新軍事基地建設に反対し普天間を始めとする全国各地の米軍基地の縮小・撤廃を求める。そのためにも日米安保条約の解消とそれに代わる日米友好条約の締結を提唱する。

五、日・中・韓・朝の障壁になっている歴史認識問題、戦後処理問題（従軍慰安婦、強制連行・強制労働などに関する訴訟・賠償請求）の早期解決を求めていく。

六、中国国際友好聯絡会研修生受け入れと公私訪中派遣を通じて、民間レベルでの友好・交流の強化を図る。

【巻頭言】

教育で「始末」をつけられないために

武井　誠

来年の参院選から選挙権年齢が18歳以上に引き下げられることに伴い、文部科学省は、これまで禁じていた高校生の政治活動を一定の条件のもとで認める新たな通知案を取りまとめました。

1969年、大学の学生運動の影響が高校にも及ぶのを懸念して、当時の文部省が「教育上の観点から望ましくない」として、学校の内外での活動を制限・禁止する通知を出しました。文科省によると当時の調査では「政治活動」として、卒業式を妨害するなどの行為が全国80校近くの高校で起きていて、こうした事態を防ぐための対策として通知が出されたということです。そのうちの一つが私の母校である愛知県立旭丘高校でした。

1969年、私は中学3年生でした。2年から3年に進級する春に、大学紛争で東大が入試中止になりました。中3の卒業式の前には「仰げば尊し」の中の「身を立て名をあげ」という歌詞に、異議申し立てをする級友がいて、学級討論をしました。虐げられている人たちを踏み台にして、一人だけ出世するのが学ぶ目的というのはおかしい、と。私が議長をして、まじめにクラスで話し合った記憶があります。そういう時代でした。

そのころ、まもなく私たちの上級生となる旭丘高校生は、この文部省通知の撤回を求めるデモを、名古屋の目抜き通りでやっていました。そういった運動が昂揚期を過ぎたころ、私たちは高校に入学しました。

入学直後の授業中、突然教室に来た上級生が大声で「お前たちの手はベトナム人民の血で真っ赤に染まっている！」と話し始めました。教員もそれを黙認。ベトナム戦争に加担する日本政府を倒す行動に参加しないものは、ベトナム人民に対する加害者であるというアジ演説でした。基地をそのままにした沖縄「返還」の日には、生徒会役員が校門に掲揚された「日の丸」を引きずりおろしました。

私は、体を壊すまで陸上競技部の練習に打ち込んでいました。わずらわしい政治のことに関わらない言い訳にしていたという側面もあります。しかし「人間は搾取する側とされる側に分けられる。お前はどちらだ」という問いには、しっかり向き合わねば成らないと、考え続けていました。

高3のときに、鈴木泉という校長が来ました。民主的な教員を大量不当配転し、旭丘高校の紛争を収束させた「功績」で、のちに愛知県の教育長になったという人物です。彼は「日の丸を掲げ、君が代を斉唱する厳粛・荘重な卒業式を行う。従わないものは卒業を認定しない」と言いました。卒業式では「君が代」斉唱のときに、ほとんどの生徒が一斉に着席しましたが、卒業式は「厳粛に」挙行されました。マスコミのインタビューに「勝利宣言」をする生徒会執行部とは違って、結局、私たちは社会変革より、卒業証書欲しさに自粛し、自分の立身出世を選んだのだという敗北感が、当時の私にはありました。

私たちの世代には、水俣病、ベトナム戦争、安保自動延長、沖縄「返還」、狭山事件などについて、社会変革を訴える上級生の問題提起をまじめに受け止めず、引き継がず、デモにも行かず、全校集会もよくエスケープしたものが多かったです。私も、どちらかというと、その一人でしたが、それでも上級生の問題提起を、それなりに重く受け止め、心の中で反芻し、その後、今まで「社会的弱者の側に立つ」ということをずっと考え、行動してきました。数年後の大学卒業前。「たとえば戦争に協力したり、公害をまき散らす企業に就職して、そのことに内部から異議申し立てをし続けるストレスに私は耐えられるか。しかし、経済的には自立せねばならない。なんとか、自分にうそをつかずに食っていく道はないか。」中学校の教員採用試験を受けたのは、そんな動機だったと思います。

さて、綾小路きみまろ風に言えば「あれから40年!」。ここで高校生の政治活動が認められることを、私たちはどう受け止めたらいいのでしょうか。

1953年、池田・ロバートソン会談で、今すぐ憲法『改正』はできないとし「日本国民の防衛に対する責任感を増大させるような日本の空気を助長することが最も重要であることに同意、日本政府は教育および広報によって日本人に愛国心と自衛のための自発的精神が成長するような空気を助長する」ことになって、自民党政権が国家主義的教育に力を入れ始めてから60余年です。私は、国家権力が「解釈改憲によって集団的自衛権行使を認める『戦争法』も成立させた。もう、高校生に政治活動をさせても、たいしたことはできないだろう」と、見切ったのだと思います。

しかし一方、この政府の「読み」は狂うのではないか、という希望的観測も持っています。根拠は、国会前や街頭での、「戦争法」に反対する若者たちの行動や演説です。ここまでの私たちの闘いは、後退に次ぐ後退であったことを認めざるをえませんが、そのなかでも次の世代に受け継がれてきたものも確実にあるという感動を覚えました。彼らと手を携えて前に進みたいです。

教育で「始末」をつけられてたまるか。私たちの闘いは、負けて負けて負けて負けて負けて、最後に勝つ、と信じて。

（坂戸市会議員　埼玉・会員）

追記

原稿を書きあげかけたところで、「日本政府が、中国が国連教育科学文化機関（ユネスコ）に申請した『南京大虐殺文書』が記憶遺産に登録されたことを受け、ユネスコの制度上の問題の是正を促すため、分担金拠出の停止や削減などの具体的な対応の検討に着手した。」というニュースを知りました。彼らは、なんというなさけないことをしてくれるのでしょうか。会として、日本政府への抗議声明を出すなど、何らかのアクションを起こすことを提案します。

「日中友好８・１５の会」への入会

または会誌購読のおすすめ

私たちの会は、かって侵略した中国をはじめ、アジア諸国、さらには広く全世界に対し、「反戦・平和」と平和憲法の順守を誓い１９６１年に創立し、すでに５０年以上経過しました。会員は元軍人と趣旨に賛同した戦後生まれの人たちも参加しています。会員には会誌『８・１５』（月刊）を毎号お届けし、また年１回の中国訪問団（見学、友好交流）への参加や当会が隔年に受け入れている中国からの研修生との交流・意見交換への協力をお願いしています。

会費は年額１万円。会誌『８・１５』の購読のみを希望される場合には、１年間の購読料は６０００円です。

皆さんの入会、会誌購読によって「反戦・平和」「日中友好」の声をますます大きくしたいと希っています。

≪申し込み先≫　〒１２５－００３２　東京都葛飾区水元３－３－４

小林悦子方　**日中友好８・１５の会**

TEL&FAX　０３－３６２７－１９５３　郵便振替口座００１２０－６－２７４１５

全世界同時代史
アルチュール・ランボー伝（67）

島貫　隆光

帝国国防方針　その三
大東亜戦争への道　3　ノモンハン事件（39）
ウランバートルシンポジューム（牛島報告）34

公式的に日満、ソ蒙側が双方ともに認めている五月十一日の戦闘資料というのが、これまた甚だ明確さを欠いているのである。

この日の戦闘に関するソ蒙側の資料を整理すると次の通りとなる。「五月十日から十一日の夜間に、第七哨所長チヨグドン中尉は、ノモンハンブルドオボの南西六粁地点に、ツエドイブ政治委員を長とする一時的な前哨二十名を派遣した。

十一日朝、前哨長は、ウズルヌウル湖方向の地平線に粉塵が上るのに気づいて、望遠鏡で眺めると、日満軍の自動車縦隊であった。

半時間後、午前入時、重機、小銃、擲弾筒で武装した日本側バルグート騎兵三百名（二百名、四百名としたものもある）がトラック四台を伴い、ノモンハンブルドオボ地区で国境（外蒙主張の）を越えた。

前哨は、この部隊の偵察隊と戦闘し、兵バトチル、ドツシン、ノルボが戦死、兵オチルバト負傷、軍馬三を失い、領内深く後退した。バルグート部隊は、領内二十粁に侵入したが、国境警備隊予備隊が到着して、ノモンハンブルドオボ西南方十八粁のヌレンオボ地区で停止させられ、五月十二日の夜までに国境外へ撃退された。」

日本側資料は、この午前八時の戦闘については言及していない。小衝突として無視されたのであろう。したがって、日本側資料は、その後に発生したものについて述べるものである。ところが、どの資料もまちまちで、よく判別できないので、それらから結論的に状況を推定すると次のようになる。

午前八時に、外蒙側前哨を退却させた北警備軍は、ハルハ河に向かって前進した。これに関する急報を受けた外蒙側は、国境警備哨の増援と、特設予備隊を右岸に渡河させた。

その兵力は約八十～九十名で、約三十騎がパルシヤガル高地方向へ、約六十騎がハイラステン河南のノロ高地北部へ進出した。

北警備軍は、夜に入るまで、長時間にわたりこの敵と戦闘して、敵は遺棄屍体五と多くの資材を残して対岸に退却した。北警備軍の進出線はヌレンオボ付近であった。しかし、外蒙側の主張しているように十二日に、撃退されて国境外に出たのか、命により戦場を去ったのかは明らかでない。

これ以降の戦闘は、辻政信の起案した「満ソ国境紛争処理要綱」に基づいた軍事作戦ということになる。軍事作戦に転化する要因を作ったものを、日本側に求めれば、この「要綱」にあることは否定できない。

私がこの項を検討してきた訳は、「ハルハ廟事件とオランホドック、タウラン事件が、チヨイバルサンの挑発によると推定したことから、ノモンハン事件も、スターリン・チヨイバルサンの線からの工作があるのか、無いのかを確かめる目的であったからである。

しかしながら、ノモンハン戦に関する限りは、外蒙側が衝突そのものを挑発した意識的事実は発見できないし、これを挑発することによって、チヨイバルサンが有利となるような国内的政治要因も発見できなかった。明らかに衝突エスカレート要因は、辻要綱にある。

ただし、発生したこの紛争を利用して、何を達成すべきかという政治目的の確立と追及ということになると、スターリンの目的は確然としていた。この戦いに圧倒的な軍事力によって、日本軍を叩くということは、国境線を数粁、前進させるというようなケチなことではなく、彼にとっては外蒙全体を失うか否かの問題であった。

一九三九年五月末、ジェコフ将軍を外蒙に送る決断をした時から、スターリンは、圧倒的なソ連軍を投入して、勝利を達成するという決意はでき上がっていた。

そして、ノモンハン戦を通じて、外蒙は、対外的にも対内的にも、チヨイバルサンの下で、ソ連邦の鋳型に固められてしまった。

これに比べると、第二三師団、関東軍、参謀本部を通じて、何をこの紛争の政治目的として戦ったのか、確然としたものは何もない。

ハルハ廟事件やオランホドック事件と同じく、何のために出動したのか、紛争地帯において武威を示そうというだけで、安定した哨所一つ保持し得なかったばかりか、黙っていれば熟柿が落ちてくるはずなのに外蒙の国内政治に対する音痴からして、外蒙の親日傾向まで踏みつぶす結果となった。

ノモンハン紛争も、これを大規模化して実施しただけである。日満側の主張する国境線を外蒙に認めさせるために出動するというような、確たる目標があったとも思えないし、ただ敵を撃滅せよ、関東軍が強いことを敵に知らしめよというだけで、ほかに何もないし、そんなことでは武威すらも示すことはできなかった。

激動するソ連圏の民族問題

この問題の観察を通じている考え方は、第二次大戦から一九七五年までに、自由世界の諸国は、ほとんど、全植民地を放棄してしまった。時代の変化によって、異民族植民地を所有していても、総合的に、ペイしなくなったからです。

これに反して、ソ・中二大社会主義国は、本来植民地保有帝国の伝統を持つだけでなく、自由諸国が放棄した従属国とか植民地を、十九世紀的論理と貪欲さで抱えこみ、今となってそのつけを、国民が支払う羽目に陥ったということです。

この観点から、ゴルバチョフ政権と国民が許容できる構成民族の分離独立の限界点を、考察し、それとの比較によって、モンゴル民主化の現状を考えて見ました。

日本とモンゴルの歴史的接点

第一に、元冠の役以降、最初に日本とモンゴルが接触したのは、一九一一年、モンゴルが独立を宣言した時です。ロシア帝国と勢力圏を分割協定していた日本は、モンゴルの独立を冷酷に無視したという事例です。日本は決してアジアの盟主などではなかったのです。

第二に、満蒙独立運動として、あたかも日本が、満州とかモンゴルの独立を支援したかのような誤解を生む、武勇伝的な話が残っています。具体的には、川島浪速とか、バブチャップ（外蒙ではバボージャップ）支援について、『夕日と拳銃』という著作とか『東亜先覚士記伝』などが、伝えている運動です。

最初は、この運動を興味をもって観察し、非難とか批判をする気持ちはなかったのですが、検討するうちに、これは間が抜けているばかりでなく、独立運動などと呼べる性質のものではないことが、判りました。著者自身が、これに類する経験を経てきたのですが、それだけに、大陸で活躍したと言われる当時の日本人志士とか、大陸浪人の活動には、失望しました。

第三が、大正のシベリア出兵時代に、日本軍が支援した自衛軍セミョーノフ軍の支隊ウンゲルン気違い男爵の軍隊が、モンゴルに侵入して恐怖政治をしき、結果的にモンゴルをソ連に頼らせ、この国の社会主義化に貢献したという、過去の失敗を述べたものです。

チョイバルサンと関東軍の対決（ノモンハン事件の原因究明）

これが、ノモンハン事件の原因究明という分析で、本書の主要命題です。

これは、一九三九年のノモンハン事件にいたるまでの五、六年の間に、モンゴルの指導者となったチョイバルサンの国内権力闘争と、満蒙国境における日本とモンゴルの軍事紛争との相関関係を検討したものです。結論的には、スターリンとチョイバルサンに関東軍は上手にあやつられたということになります。

したがってこの当時の歴史的事件であるハルハ廟事件、満州里会議、ソ蒙相互援助条約、凌陞事件と外蒙の大粛清などに関して、歴史の見直しと評価を新しくしたものと考えています。

この一九三〇年代半ばというと、モンゴルは暗黒の情報封鎖時代で、客観的な資料も少なく、日満側の資料も客観的資料は少ないので、この双方の資料を、後世代の人が分析することは非常に難しいと考えます。資料の不足を、当時生きていた者が想像力をもって、推定する必要があるからです。したがって、この研究は、当時に生きた者の義務と考えました。

内閣調査室を調査する。（36）

七十年談話（承前）

安倍首相は七十年談話を発表した後の記者会見で村山談話は歴史の説明が粗雑だから私はていねいに説明したと言

っていた。私の印象は全く逆である。村山談話は、過去の日本の侵略や植民地支配が国策であったことを認め、その国策が誤りであったと認めた上で謝罪している。だから中韓両国はこれを認めたのである。安倍談話はたしかにていねいではあるが、これは評論の寄せ集めであって、どこにどういう意味があるのか不明な文章で、だからこそ中韓両国には素直に受け取られていない。村山談話は簡にして要を得ている。カンペキなのである。安倍はただゴタクを並べただけで言い訳をしているだけだ。ここが大きな違いだ。

わたしは安倍をウルトラ・ナショナリストと称しているが若干違和感を持っている。ナショナリストは愛国者だが、安倍はアメリカに追従するペットにすぎないからである。

怒号と暴力の果てに参院で安保法制が委員会採決がなされた。私はライブであの場面を見ていたが、その後何べん画面をみてもいつどうやって採決されたのか分からない。国民として言わせてもらえばあんなものは無効である。

安倍晋三という男は裏口入学専門の劣等生ではないか。憲法改正が難しいとなると閣議決定で事をすすめる。最後はダマしうちの採決だ。こんな男に国の安全を任せるわけにはいかない。しかしそのためには野党が小異を消して大同団結しなければならないがそううまくいくかどうか。いずれにしろ来年の参院選挙までの長丁場をこの怒りを持続させることができるかどうかだ。十八才からの選挙年令引下げがどう結びつくか、重要な局面だろう。また共産党が野党の選挙協力を呼びかけた。畏友屋山太郎も言うように小選挙区制では小党分立では絶対勝てない。もしこれが一部でも実現すれば自民党を敗退させるかもしれない。

共産党は党勢把握のために全選挙区に候補者をたてるが、〇九年民主党が政権を奪掠した時には半分にとどめた。数字的に言えばこれは可能なのである。小異を捨ててさえすれば五党がそれぞれ倍増し、自民党をカイメツさせられる。選挙の神様、合併王者小沢一郎の出番ではないか。安倍のゴルフ姿はもう見たくない。安保国会がその契機となるならば望外の幸せだ。

要するに安保法制の変更は米軍との協力関係を強化するということだ。アメリカはベトナム戦争以後多くの誤りをおかしてきた札つきの戦争国家である。その誤りの歴史を糾弾するのは言語学者のノーム・チョムスキーだ。ブッシュ政権がテロとの戦いを宣言した時「9・11——アメリカに報復する資格はない」を発表した時のことをとりあげたドキュメンタリー映画監督ジャン・ユンカーマンはいう。

米国は自分たちが攻撃されると「テロ」だと非難する。一方で「対テロ」の名目で自らが行う武力行使は正当なものだと主張する。しかし攻撃を受ける側からみれば、それ自体「テロ」と変らないではないか——。これがチョムスキー氏の核心なんです。彼は米国とその同盟国が過去に行なってきた武力行使の歴史をふり返り、テロを止めたいのならば、自らが、そうした行為をやめるべきなのだと呼びかけます。

私はこれまでアメリカとの同盟は危ないと強調してきたが、安保法制を急ぐ理由はアメリカの要請によるものだ。アーミテージ・ナイ報告というのがある。

憲法第九条は戦後、形骸化の一途を辿ってきた。内閣法制局が辛うじて残していた「イチジクの葉」が集団的自衛権不行使だったと思う。そのタガが閣議決定で外され、違憲の疑いの濃い安保法制が今国会で成立するなら、この夏は「『戦後』が終わったいちばん暑い夏」と呼ばれることになるのだろう。

それにしても、体系的な青写真も政策テキストも提示せぬまま、重大な政策転換を央継ぎ早に打ち出す、乱暴で前のめりの姿勢には怒りを通り越して呆れるばかりだった。

ようやく得心したのは、最近話題の第三次アーミテージ・ナイ報告〝The U.S.-Japan Alliance〟(二〇一二年八月)を読んだからだ。米国の「安保マフィア」「ジャパン・ハンドラー」などとも呼ばれる元国務副長官リチャード・アーミテージ、国際政治学者ジョセフ・ナイらが執筆した「戦略国際問題研究所(CSIS)」報告だ。

「3・11の悲劇のために、経済と環境をこれ以上衰退させてはならない。安全でクリーンな責任ある開発と利用によって、原子力は日本の包括的な安全保障に欠かせない要素を構成する」=**原子力発電所の再稼働**

「東京は特にインド、オーストラリア、フィリピンと台湾の民主的パートナーと関与し続けていく必要がある。新しい役割と任務の見直しにおいては、日本は地域の有事における自国の防衛と米国との共同防衛を含めることで責任の範囲を拡大する必要がある」=**切れ目ない積極的平和主義**

「(イランがホルムズ海峡封鎖の意思を示した場合)すぐさま日本はその地域に掃海艇を一方的に派遣すべきである」「日本は、航行の自由を保障するために、米国と協力して南シナ海の監視も増やすべきである」=**ホルムズ海峡や南シナ海への派遣**

「東京は二国間の、もしくは国家の保安機密と極秘情報を保護するために、防衛省の法的能力を強化すべきである」=**特定秘密保護法**

「PKOへのより充実した参加を可能にするためには、平和維持部隊が必要に応じて武力で一般人や他の国際平和維持部隊を保護することも含め、許容範囲を拡大することが必要である」=**駆けつけ警護**

「トモダチ作戦が行われている間は憲法第九条の解釈が緩和されたし、日本と米国は、他の諸国と協力してアデン湾で海賊と戦っている」「集団的自衛の禁止は、米日同盟にとってひとつの障害である。3・11は米軍と自衛隊が、必要な時にはいかに能力を最大限発揮できるかを示した。平時、緊張時、危機、そして戦時と、どんな状況でも双方が全面協力して対応できるようにすることは、日米が協力していくことを公に認めるために

当然必要なことである」＝**集団的自衛権行使**

「米国と日本は共同サイバーセキュリティーセンターを設立すべきだ」＝**今年一月の「内閣サイバーセキュリテーセンター（NISC）」設置**

もちろん、こうした米側の知日派安保専門家の「提言」は、今に始まったことではない。

既に二〇〇〇年の第一次アーミテージ・ナイ報告は、ポスト冷戦時代の日米関係は日英同盟のような強固なものとなるべきで、新ガイドライン、周辺事態法は第一歩にすぎず、集団的自衛権を認めるべきだとしていた。〇一年の9・11。〇二年の小泉内閣での「武力攻撃事態法案」、〇三年の「イラク特別措置法案」の提出の過程で、そうした働きかけは強まり、〇七年には第二次報告も出ていた。

ただ、安倍晋三政権の安保法案は第三次報告の提言を丸写ししたかと見紛う露骨さだ。

同報告は冒頭で、日本の少子高齢化、GDPの二倍に及ぶ国家債務、若者の悲観主義と内向き志向などを挙げつつ「日本は一流国家であり続けたいのか、それとも二流国家になりさがってもいいのか？」と問いかける。また「日本の自衛隊は、今や日本で最も信頼されている機関だが、時代錯誤の制約が緩和されれば、日本の安全保障と声価の向上により大きな役割を果たせる」と強調している。

安倍首相は第二次政権発足直後の一三年二月の訪米でCSISを訪問して「日本は戻ってきた」と題し講演した。

「昨年、リチャード・アーミテージ、ジョセフ・ナイ、マイケル・グリーンやほかのいろんな人たちが、日本についての報告を出しました。そこで彼らが問うたのは、日本はもしかして、二流国家になってしまうのだろうかということでした。アーミテージさん、わたしからお答えします。日本は今も、これからも、二流国家にはなりません。わたしは、カムバックをいたしました。日本も、そうでなくてはなりません」

今年四月の訪米の際には米議会で演説して安保法制について「戦後、初めての大改革です。この夏までに成就させます」と公約したが、実はその二年前には米側が注文したレシピに沿って料理をつくる決意表明をしていたのである。第一次安倍政権時の谷内正太郎元外務事務次官を内閣官房参与、国家安全保障局長に起用し、外務省と防衛省に手早く調理させたのだろう

ただ、共和党系のアーミテージが以前から改憲提案を繰り返していたのに対し、民主党系のナイは日本の右傾化に警戒的で、第三次報告では微妙な表現ながら憲法改正不要論も盛り込まれている。

「集団的自衛の禁止についての政策変更が米軍と自衛隊の統一指揮を必要とするわけではないし、日本が軍事的に一層攻撃的になったり平和憲法の改正を必要としたりするわけでもない」

安倍政権は憲法改正を目指しつつも、国内世論の反発や海外の警戒、公明党への配慮から、当面は〝解釈改憲〟路線を

選択。結果的にはこの点でも同報告の敷いたレール通りに走っている。

〇四年四月十三日、天皇が公式実務訪問で来日したディック・チェイニー副大統領を引見した時のことを思い出す。ブッシュ政権の「ネオコン」と呼ばれた強硬派の筆頭格。アフガニスタン進攻、イラク戦争開戦直後の硝煙の匂いさめやらぬなか、小泉政権がイラク特措法で自衛隊を派遣したばかり。こんなやりとりがあった。

副大統領：かつてマンスフィールド駐日大使が日米関係ほど重要な二国間関係はないと言いました。短い滞在ですが、その重要性を改めて実感しています。この地域のみならず、世界の諸問題に対処する上でも、きわめて重要だと思います。（略）イラクではなかなか難しい状況になっておりますが、日本側の果たしている役割に感謝しています。

天皇：自衛隊は、給水、学校の復旧、医療など地元の人々のための作業を通じて復興を支援するために派遣されたものです。無事にイラクの人々の幸せに貢献することを願っております。

現天皇ならではの切り返しだと感じたが、きわどいやりとりだった。安保法制が成立し、米軍と一体化した自衛隊の武力行使を伴う活動が展開したとき、象徴天皇は政治・軍事と一線を画すことができるだろうか。（敬称略）

安保法制はアメリカの要望に最大限答えた模範解答である。これがアメリカのペット安倍の真の姿である。愛国者の姿ではない。

参院の採決で一人牛歩戦術を敢行した山本太郎はこの報告を取り上げて防衛相を攻めたが、防衛相は偶然に重なったと弁明して逃げ切った。しかしそんなことが通るわけはない。

（埼玉・会員）

謝花さんからの手紙

会誌読者の謝花悦子さんから、お手紙と本を贈って頂きました。(ご本人の了解のもと、転載いたします)

文責・小林

暑中お見舞い申し上げます。

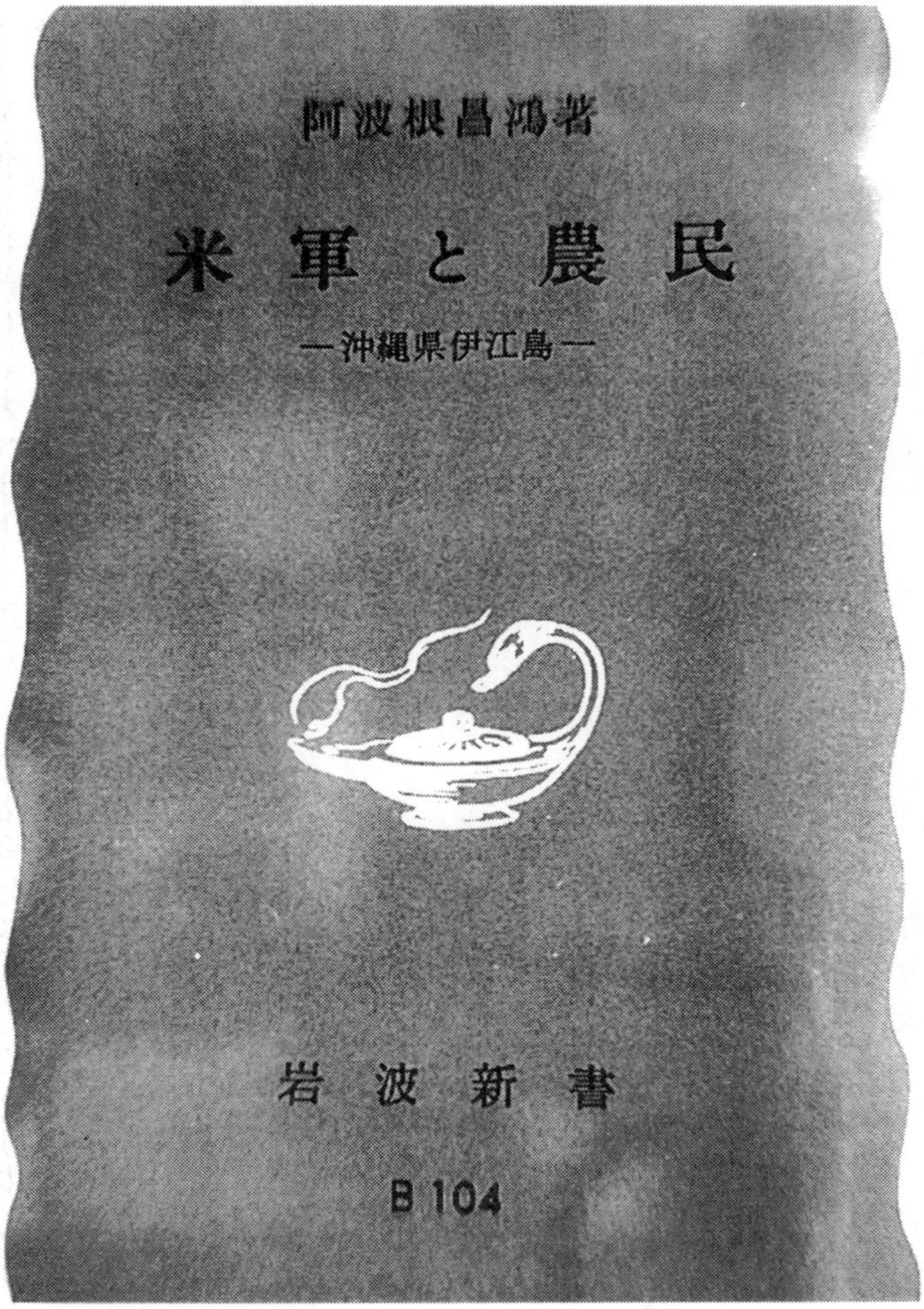

特別に暑い夏のようですが、皆様お元気でいらっしゃいますか。私は沖縄県伊江島に住む者でございます。毎回8・15の月刊誌を送ってもらって勉強させてもらっています。沖縄の現場はごぞんじのとおり大変なところにきておりまして、戦後七〇年というのに日本政府は責任もとらない、反省もしない、後片付けもしないどころか、これから先の軍備に沖縄の県民を無視して世界のどこから戦

争が始まっても対応できる軍備が沖縄にされておりますことに日夜怒りに苦しんでおります。

ここに、沖縄現場で執筆された方々の本がありますので、同封させて頂きます。（略）会員の皆様こそ本当の平和へのお働きをされておられると合掌しております。

国は、伊江島・辺野古・高江を次の戦争への場所とにらみ、日夜大工事をすすめ・演習をしております。人災である戦争はどんなことがありましても、くい止めなければいけないと思います。

阿波根昌鴻さんは、軍備は国を滅ぼす、と言われてきました。そのとおりと思います。沖縄辺野古高江は、日夜坐りこみの闘いが続いております。本土からの支援がつづいており感謝してます（伊江島・わびあいの里には、農業等の訪問者は全国から毎日あり、今日まで戦後七〇年間の闘

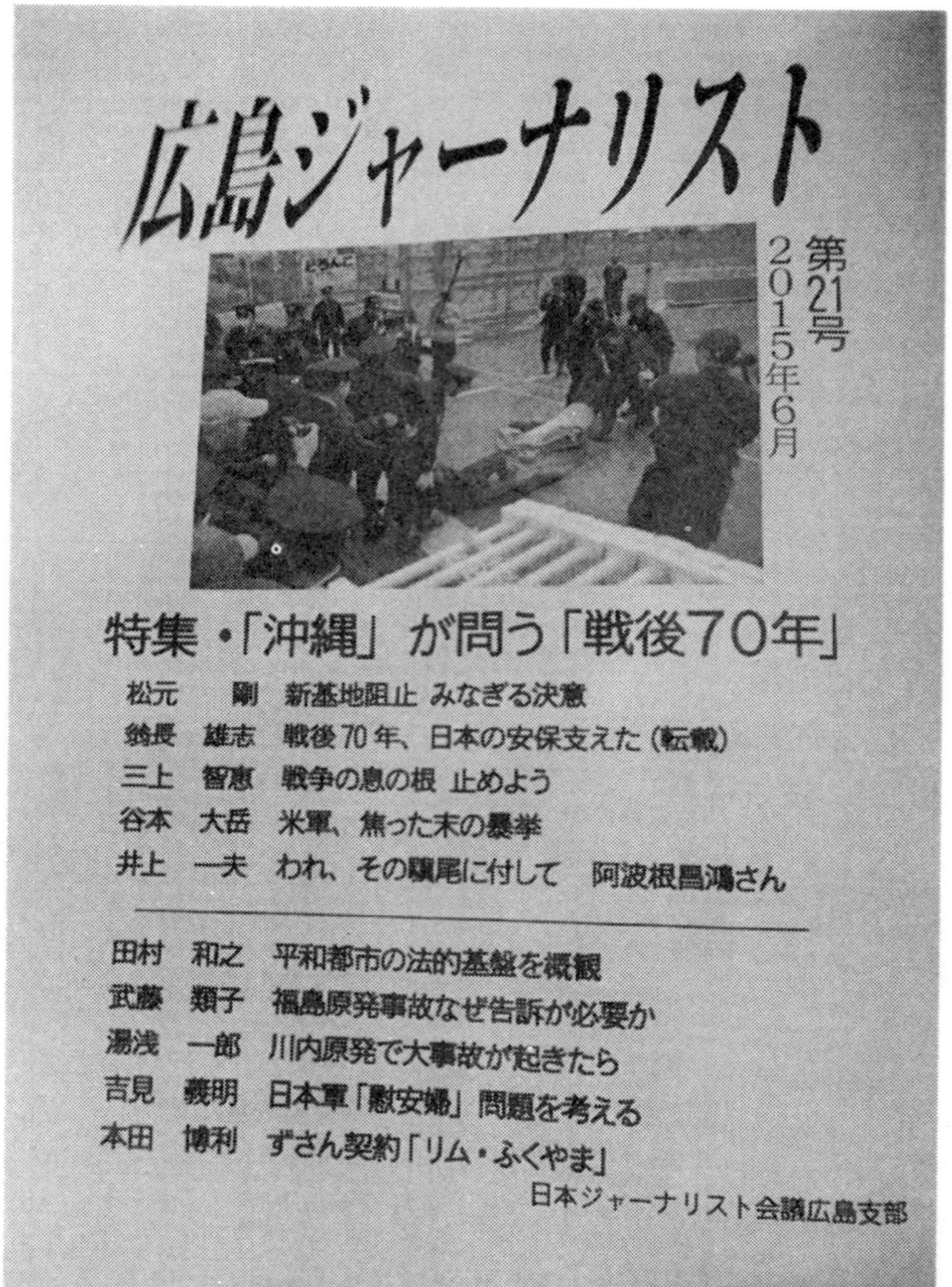
広島ジャーナリスト
第21号
2015年6月

特集・「沖縄」が問う「戦後70年」

松元　剛　新基地阻止 みなぎる決意
翁長　雄志　戦後70年、日本の安保支えた（転載）
三上　智恵　戦争の息の根 止めよう
谷本　大岳　米軍、焦った末の暴挙
井上　一夫　われ、その驥尾に付して　阿波根昌鴻さん

田村　和之　平和都市の法的基盤を概観
武藤　類子　福島原発事故なぜ告訴が必要か
湯浅　一郎　川内原発で大事故が起きたら
吉見　義明　日本軍「慰安婦」問題を考える
本田　博利　ずさん契約「リム・ふくやま」

日本ジャーナリスト会議広島支部

いと伊江島の闘いを語り、次代に戦争準備はいらない、人が起こす戦争をくい止めたい、と運動を続けております）本土の方々のお力なくして沖縄の闘いの勝利は難しいです。宜しくお願いいします。

　沖縄の基地問題は伊江島から始まっております。七〇年前の戦争で全滅になった島です。最後まで共にがんばりましょう。

　では、皆様のご健康とご活躍をお祈りし、お礼の筆にかえさせて頂きます。ありがとうございました。

二〇一五年七月二八日

謝花　悦子

・『米軍と農民』　阿波根昌鴻著　岩波新書

・『広島ジャーナリスト』第２１号
日本ジャーナリスト会議広島支部

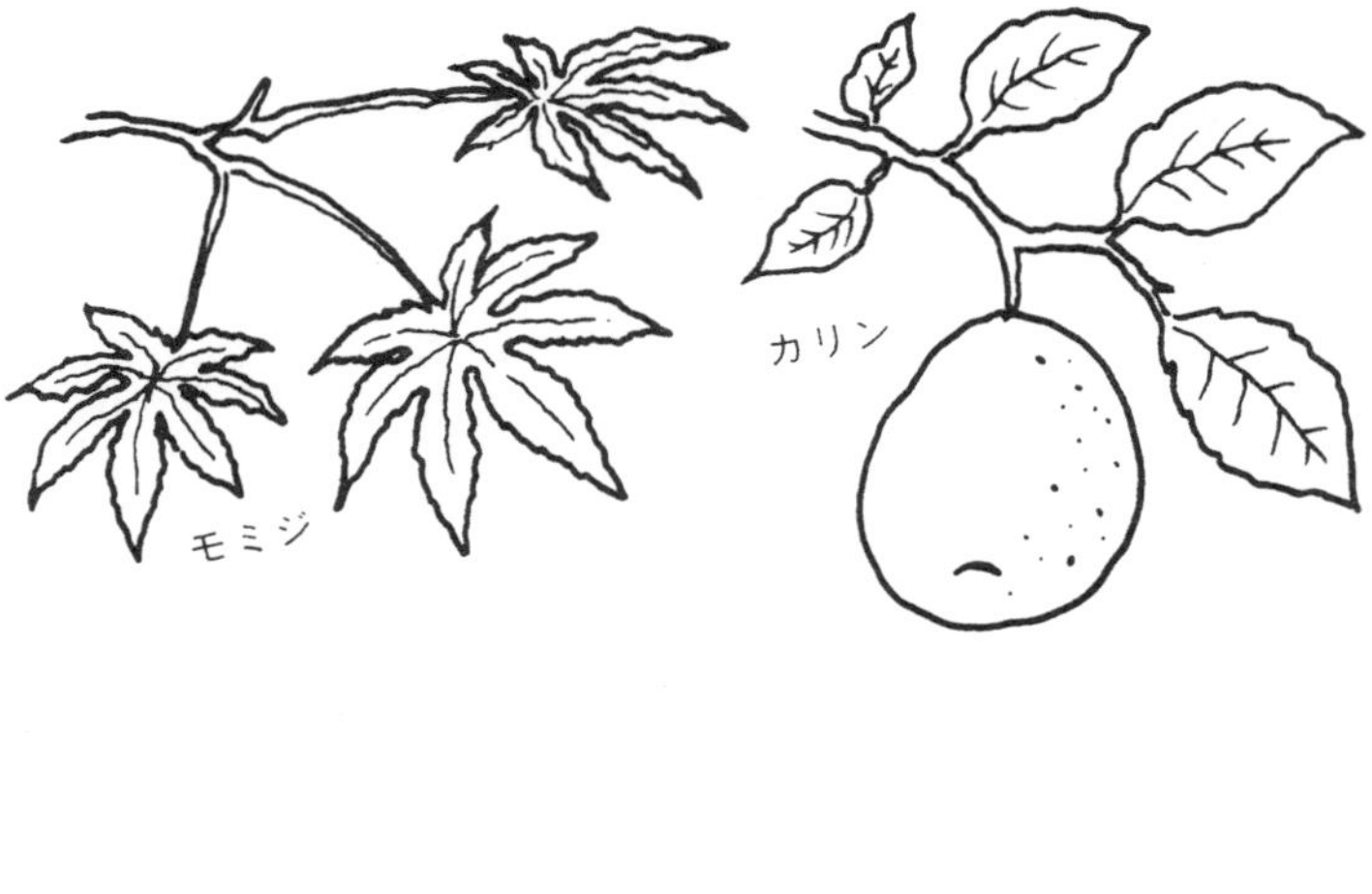

学習は闘いである

林　信男

一　成長の正しい道

人間は、赤ん坊として母親のお腹の中から生まれてくる。一年経つ頃になると、簡単な言葉、「ママ」、「パパ」、「マンマ」がでてくる。両手、両足を使い、這い這いして移動することを覚える。近くにある物につかまって立ちあがることを覚える。そしてよちよちと歩き始める。倒れては立ち上がり、倒れては立ち上がって、母親の居る所までたどり着くようになる。自分の力で母親のところまで来たことを大喜びする。

傍で見ていて、赤ん坊の成長は素晴らしいものだと思う。大人の話を聴きわけるようになる。外に出て遊ぶようになると、友達と仲良く遊んだり、おもちゃの取り合いや場所の取り合いなどやったりする。自分の物であることを主張して喧嘩を始めるのも、自己を確立する行為である。友達と仲良く遊ぶことも、喧嘩をするのも、社会に出てからの人間としての在り方を身につける基礎作りである。

このようにして成長し小学校六年間、中学校三年間、高校三年間、短大二年間、大学四年間の勉強は、社会を維持し発展させていく労働力の養成である。この労働力養成の期間は、人間としての知性や徳政を身につけ、集団の中の一員として行動し、生産、流通、配分、消費の中で労働出来るようにし、生きていく術を体に染み込ませる期間である。高校卒で就職すれば一二年間、短大に進めば一四年間、大学まで行けば一六年間の学校での勉強となる。

学校での勉強は、社会の維持発展を担う基礎力を創るための勉強であり、友達との人間関係の絆を深めるための機会であり、社会を生きて行くために重要な体験である。そういう意味で、学校の勉強を一生懸命にやることは、成績を上げることにつながり、努力を示していて、前向きの進歩的な面である。ただ豊かな人間性の向上を忘れ、成績を上げて名の通った上級の学校へ入ろうとか、あるいは大企業に就職しようとだけを考えるのであってはならない。自分は将来、世の中のために、人のために何をやりたいか、どういう研究をしたいか、あるいはどんな夢を持ちその夢をどうやって実現するかを自分なりに考え、一歩一歩じっくりと積み重ねることである。

いい大学を卒業して、いい企業に就職し、定年退職まで無難に務め上げる、というかつての人々が心の中で考え、目指していた生活状況は、今日の資本主義社会においては、消え失せている。

総務省統計局の「労働力調査」(平成二六年)を見ておこう。役員を除く正規雇用者(職員・従業員)は、三二七八万人である。非正規雇用者は、一九六二万人である。完全失業者数(男女計)は、二〇一五年二月において二三〇万人である。いったん就職したが、三年以内に離職する人も増加している。厚生労働省の発表による新規学卒者（二〇一一年卒業者）の三年以内の離職率は、大学卒三二・四％、短大卒四一・二％、高校卒三九・六％、中学卒六四・八％となっている。この事実を見てみると、これから就職する人は、慎重に考え、周りの人ともよく相談し、将来のことも考えなければならないことを示している。

二　人類の福祉と自己の完成

マルクスは高等中学校を一七歳で卒業し、卒業の時「職業選択に当面する一青年の考察」という卒業作文を書いている。その一部を抜粋する。すなわち、

「しかし、地位を選択する場合にわれわれを導くべき主な道しるべは、人類の福祉ということと我々自身の完成ということである。この二つの利害は、お互いに敵対して闘うものであり、一方は他方を否定するはずのものであるというように考えるのは誤りであって、人間の天性は、その時代の完成と福祉のために、人間が働く場合にはじめて自己の完成をも達成することができるようになっているものである、と考えるのが正しい。

もし人間が、自分のためだけを考えてことをなすならば、たとえ名のある学者、たいへん賢い人、すぐれた詩人ていどのものになることは出来ても、決して完成した、真に偉大な人間になることは出来まい。

歴史は、世の中全体のために働いて、自分自身を気高くして行く人を、最大の人物と名づけるのである。――われわれが最も多くの人類のために働きうる地位を選んだとしたら、その人の肩にどんなに多くの重荷がかかっても、これで挫折するようなことは決してあるまい。それはすべての人々のためにする犠牲にほかならないからである。だから、われわれは、決して貧弱な、狭小な、利己的な喜びをたのしみにするものではなく、われわれの幸福は、万人に属し、われわれの行為は、静かに、しかし永遠に生きることをやめず、そして我々の灰は高貴な人間の熱い涙で濡らされるであろう。」（マルクス作文「職業の選択に当面する一青年の考察」、向坂逸郎著・「マルクス伝」四四―四五ページ、新潮社・社会主義協会出版局）

マルクスは、「将来の人生を考える場合の道しるべは、人類の福祉とわれわれ自身の完成である」と言っている。「人間の天性は、その時代の完成と福祉のために、人間が働く場合にはじめて自己の完成をも達成することが出来るようになっているものである」、また「われわれが最も多く人類のために働きうる地位を選んだとしたら、その人の肩にどんなに多くの重荷がかかっても、これで挫折するようなことは決してあるまい。それはすべての人々のためにする犠牲に外ならないからである。」と書いている。この文章は、一七歳の青年の書いた作文である。

「人類の福祉とわれわれ自身の完成」ということは、一

七歳のマルクスが、社会全体を見る目を持っていることを表し、世の中に存在する貧困、隷従、抑圧、堕落のなかで、どん底にあえぐ苦しい生活者への温かい手を差し伸べる福祉活動を通じて、自分自身が人間として成長していくものだ、と述べている言葉は、自分のことだけを考える人に対する箴言である。

そして「われわれが最も多くの人類のために働きうる地位を選んだとしたら、その人の肩にどんなに多くの重荷がかかっても、これで挫折するようなことは決してあるまい」と記述している。その通りである。

われわれが学校を卒業して「最も多くの人類のために働きうる地位をどのようにして認識するか」という問題がある。これは現在のわれわれが生きている社会の仕組みや、社会発展の運動法則を認識するしかない。われわれ自身の力が微々たるものであったとしても、社会を動かす一つの要素として自覚することが必要である。自覚するためには、世の中の仕組みを理解すること、世の中がどのように動き、どのように発展するかを理解する力を身につけていなければならない。

三　社会科学の学習

世の中の過去がどうであったか、現状がどうなっているのか、どのような運動法則で動いているのか、どういう方向へ発展するのか等々については、社会科学関係の書物を学習する外に方法は無い。学校で習った基礎的な知識をもとに、人間の社会がどのような道を歩んできたか、歴史の流れが、人間の争いや、戦争まで引き起こし、たくさんの人命が失われ、支配階級と被支配階級とに分裂して行った本質を理解しなければならない。

マルクス・エンゲルス著「共産党宣言」の冒頭において、「今日までのあらゆる社会の歴史は、階級闘争の歴史である。」（岩波文庫・三三ページ、大内兵衛・向坂逸郎訳）と記述されている。

そして一八八八年英語版へのエンゲルスの注釈は、次のように書かれている。

「すなわち、あらゆる書かれた歴史である。一八四七年には、社会の前史、すなわち記録された歴史に先行する社会組織は、全然といっていいほど知られていなかった。その後、ハクストハウゼンは、ロシアにおける土地の共有制を発見し、マウラーは、土地の共有制がすべての部族の歴史的出発の社会的基礎であったことを立証した。そして次第に、村落共同体は、インドからアイルランドにいたるあらゆるところで、社会の原始的形態であること、あるいはあったことが発見された。そして、氏族の真の性質および部族に対するその関係についてのモルガンの称讃すべき発見によって、原始共産主義社会の内部組織の典型的な形が明らかにされた。この原始時代の共同社会の解体とともに、別々の、ついには対立する階級への分裂がはじまる。」（岩

波文庫・三三ページ、同上)

書かれた人間社会のあらゆる歴史は、階級闘争の歴史である、というマルクス・エンゲルスの言葉は、今日の資本主義社会が続く限り、消えることはない。資本主義社会は、資本と労働の二つの階級が基本的構成となっており、搾取と被搾取の関係になっているからである。資本が無かったら資本主義は存在しない。同様にして労働する人間がいなかったら資本主義は存在しない。

資本は利潤を増大し、資本蓄積に全力を挙げなければならない。利潤は労働者の剰余労働の転化したものである。資本と労働という二つの階級の存在や、階級間の関係・矛盾を分析し理解しようとするならば、社会科学の分野の学習をするほかに方法は無い。社会科学の分野は大変広いが、資本主義の経済的運動法則を学習しようとすれば、科学的社会主義(またはマルクス経済学と言ってもよい)を学習しなければならない。

四 科学的社会主義の学習

マルクス経済学の入門書として、マルクス著「賃労働と資本」は、初心者の多くの人々が手にしている。向坂逸郎氏は、マルクス・エンゲルス選集第七巻の「賃労働と資本」(大内兵衛訳)の解題で次のように述べている。すなわち

「マルクスは、この小冊子の中で、商品の価値を明らかにし、資本の歴史的性格を説明している。史的唯物論の骨格も示されている。資本の競争が生む生産力の発展が、労働者階級の運命にどんな作用をおよぼすかという問題、いわゆる『窮乏化論』と、中間諸社会層におよぼす分解作用も、資本主義そのものの発展の必然として形をととのえて示されている。ここでは、『聖家族』等でいわば哲学的にのべられた『窮乏化』の社会発展における意義は、まさしく経済学的に、資本主義経済機構の必然として、極めて簡単にではあるが、明確にされている。ここで、マルクスは明白にマルクシストになっている。すなわち、階級および階級闘争と社会主義的変革が、生産関係そのものの発展との必然的な関係において正しく理解されている。」(マルクス・エンゲルス選集第七巻、「賃労働と資本」向坂逸郎解題、新潮社・二三六ページ。岩波文庫。長谷部文雄訳)

商品は、人間が労働によって生産した生産物を、交換したり、販売したりする物資である。原始共同体の中に分業が発生し、物々交換の過程において、貨幣が生まれ、そして価格が表示される。商品の価格は、商品の価値によって決まる。それではその商品の価値はどうやって決まるのだろうか。それはその商品の生産のために費やされた労働力の支出の大きさである。つまり社会的な抽象的一般的な労働の大きさによる。労働者の労働力支出の結晶物が価値である。社会的な抽象的一般的な労働という言葉、つまり価値という言葉が分かりにくいかもしれない。それを手に取ったり、目で見たりすることが出来ないからである。抽象

的な言葉であるからである。

良く考えてみよう。われわれは日常衣服を身につけている。毎日三度の食事をとっている。住居に住んでいる。これらの衣、食、住はすべて人間労働の支出によって生産されたものである。衣・食・住を確保するために労働力が支出されていることは、現実的で、真実で明らかな事実である。衣、食、住がもしなかったとすれば、人間は地球上に生存することはできない。人間が生きていくためには、自然に働きかける労働によって衣、食、住を確保しなければならない。この労働力の支出された結晶物を価値という。だから五時間労働の生産物と、一〇時間の生産物の交換はあり得ない。交換はすべて等価交換である。商品交換は価値どおりに交換される。

労働力も商品であるから、価格がある。労働力は時間を限定して売られる。その価格は賃金である。賃金の大きさは、労働者の衣、食、住を賄い、次世代の労働力を養成できる大きさの賃金でなければならない。

五　学習が人の心を掴む

われわれは資本主義社会の中で生きている。毎日配達される新聞には、世の中の様々な事件が報道される。殺人や、自殺や、強盗や、悲惨な自動車事故や巨額の詐欺や、贈収賄事件等が毎日掲載される。そして巧みな屁理屈をこねて、堂々と平和憲法を改悪し、戦争の出来る日本国にしようという動きが、国民の目の前で展開されている。

われわれが「平和憲法を守ろう」、「戦争への道反対」を叫ぶ時、重要なことは、なぜ「戦争は起こるのか」という問題である。たしかに戦争は多くの人命を奪い、貴重な財産を破壊する。このような人道主義的立場から反対することは正しいことである。平和憲法を守り、断固として戦争への道を阻止する行動に、多くの大衆を結集する運動として進めなければならない。

われわれは第二次世界大戦から、戦争の過酷な悲惨さを骨身に染みて経験している。しかし、終戦から七〇年経つと、その戦争を経験した人数は段々と少なくなっていく。次世代そして次々世代に正しく引き継いでいかなければならない。それと同時に、なぜ戦争が発生するかの必然性を、科学的に分析し、大衆への説得や理解を高めていかなければならない。

生産力の発展を阻止することはできない。生産力の発展と生産関係の矛盾は、資本主義の発展と共に不可避的に拡大強化される。それと共に金融独占資本の確立と、国内外の金融独占資本相互の利潤獲得競争は、資本の海外への進出を不可避とする。市場の確保、低賃金労働者の使用、原材料の入手、資本の輸出等は、海外における他国金融独占資本との熾烈な競争を生み出す。過去の戦争は、植民地を含めて、これらが原因であるといってもよいであろう。

階級社会においては、生産手段を所有する階級が政治的権力を掌握する。生産手段を所有しない階級は、自分の労働によって生産したものの一部分を自分のものとするが、その他の部分は生産手段所有者の取り分となる。なぜこうなるかは、マルクスの史的唯物論と剰余価値論を理解する方法は無い。マルクス経済学を勉強するほかに理解することによって、はじめて経済の運動法則を理解し、階級対立の必然性を腹の底に落ち着かせることが出来る。だから学習は人生における成長のための闘いである。

マルクス経済学の学習は、短時間で身に付くものではない。ゆっくりと、丁寧に、同じ文章を何度も繰り返し、ある程度納得しながら学習することが肝心である。根気よく、粘り強く、時間をかけ、自分の体に内容が染み込むように読むことである。マルクスの著書の読む順序も決めておくとよい。初心者は「共産党宣言」、「空想より科学へ」、「賃労働と資本」、「賃銀・価格および利潤」から入ると学習は入り易いであろう。

マルクス主義がある程度身についてくると、世の中の動きが見えてくる、特に、政治や経済の動向を正しく分析し、予測することも可能となる。このような社会の動きや、組織的な方向や、人間としての生き方も、正しい方向を見定める力が付いてくる。辛苦の努力の積み重ねの結果である。努力の蓄積が人間を成長させるのである。正しい考え、科学的な思想、悪と戦う強力な意志、組織的な指導力、そして人間的な魅力を兼ね備えた人間こそが、社会発展の先頭に立つことができるであろう。これらの学習の蓄積と努力こそが、人の心を掴み、政治的統一戦線の指導的立場に大衆が押し上げるであろう、

保守的な、右翼的な社会勢力が跋扈している時、働く人々の努力と活動の方向は、政治的統一戦線を志向するのが正しい道であろう。世論調査で自民党内閣の支持率がどんどん低下している時、働く人々の団結と組織の強化を進めなければならない。それは政治的統一戦線へ向かうこと以外にはない。平和と生活を守るために、働く人々の組織化と行動力を向上させることこそ不可欠の条件である。

（東京・会員）

地方からの短信

総会へ欠席された方々から寄せられた近況を紹介します
(順不同)

元気です。でも92才、夜の会合や遠くでの会合には失礼しています。ご盛会をお祈りあげます。
(宮城県登米市　三上良喜)

元気で暮らしていますが、油断していたら血糖値が高くなり、食事制限の生活中です。安倍内閣の戦争法案には頭に来ています。(廃案にしなければ)
(茨城県水戸市　日野詮)

県内の平和運動にとりくんでいます。
(熊本県熊本市　上村文男)

ご盛会をおいのりいたします。
(埼玉県鶴ヶ島市　川村訓史)

隊長不良のため外出を控えています。ご盛会を祈念します。
(埼玉県入間市　島貫隆光)

安倍内閣の戦争法案は、国会審議が進む程に矛盾が出てきています。恐ろしいことです。小生7月26日に当地区の防災学習会も終え、やっと一息ついたところです。ご盛会を。お祈りします。
(山形県酒田市　小田純市)

日に大学のOB会が入っており、今年度幹事のため、欠席させて頂きます。申し訳ありません。ご盛会を祈念いたします。
(埼玉県熊谷市　関口賢)

青森労災病院顧問として毎日出勤しています。(仕事は何もしていませんが)
(青森県八戸市　藤田孟)

御案内ありがとうございました。当日は、私が世話係をしております地域のラジオ体操の会の子どもたちとの「お楽しみ会」のため残念ですが。欠席させていただきます。ご盛会をお祈りいたします
(埼玉県坂戸市　武井誠)

パーキンソニズムになんとかやっと抵抗しています。会費を送る郵便振替用紙を8・15に同封いただければありがたいです。
(埼玉県熊谷市　山川重雄)

どうも体調がすぐれませんので、残念乍ら欠席させて頂きます。

（東京都世田谷区　宮崎繁樹）

元気にしています。

（群馬県吾妻郡　湯本里子）

体調不良、行動範囲がだんだん狭くなってきました。盛会を祈ります。

（東京都世田谷区　金子広太郎）

今年で定年ですが、年金が62才まで出ないため再任用をやります。当日は犬と旅行です。すみません。

（埼玉県所沢市　立野隆一）

暑さに負けています。

（埼玉県熊谷市　堀口武）

元気に農業をしています。皆様によろしくお伝え下さい。

（埼玉県大里郡　青木美恵子）

所要で今回は都合がつきません。皆さんにお会いできる日を楽しみにしております。

（埼玉県深谷市　須永規彦）

戦争法案に怒りを込め会う人ごとに口説いています。返事は良いのですが選挙になるとどうなるのか。そんな事の継続で新聞のスクラップをしています。出席できませんので悪しからず・・・。

（茨城県水戸市　榎戸吉定）

日常の生活は何とか支障なく行うことができますが、遠出することは控えて居るので今回も失礼致します。

（埼玉県熊谷市　関慎）

独りで歩くことが出来なくなり人の手を借りて何とか動き乍ら家の中のみで生きています。残念ですが欠席します。よろしく。

（東京都北区　安藤喜生）

木版画、ステンドグラス講習中、時々孫の子守り、意外と多忙です。

（埼玉熊谷市　磯部雄二）

総会のご盛会を祈念致します。

（茨城県日立市　渡辺二郎）

体調が思わしくありませんので欠席します。誠に済みません。

（東京都八王子市　羽田順二）

参加できず残念です。ご盛会を祈ります。暑いですからお身体お大切に。

（群馬県高崎市　竹田久枝）

心不全と肝ぞうの治療をしています。（昨年一度にこの二つにおそわれました。）皆様にお会い出来ないのが残念です。

（東京都目黒区　幡野憲正）

日本の進路を決める大切な時、戦争体験者の方々に正しく導いて頂けることを期待しています。

（大阪府大阪市　牧田敬祐）

また非常勤、三郷工業で4時間やっています。埼玉の中学校で25年度採用教員の不採用について裁判の応援を二田さんとやっています。東京からも来てくれています。アコーディオン習って7年目です。

（東京都足立区　横山憲夫）

7月22日の朝日新聞夕刊の沖松様の記事読みました。

（埼玉県さいたま市　槍崎文雄）

昨年いっぱいは微力ながら吉田曠二氏の著書の校正等をお手伝いさせていただきました。地域の日本語教室（中国の方も大勢いらっしゃいます。）はじめ、国史交流協会での活動に関わっています。英語関係の方も、もうしばらくは続けられるかな～と思っております。

（埼玉県狭山市　遠藤十九子）

先約と重なり残念乍ら参加できません。盛会祈り上げます。代表幹事、皆様にあやかりピンピン長生きし、ましな日本にしたいものです

（埼玉県熊谷市　谷俊夫）

御連絡ありがとうございます。母は現在高齢者住宅に入所しております。足が不自由で、外出には介助が必要です。しかし、父と共に平和を訴えて参りましたので、その思いは増々強くなっております。残念ながら参加出来ませんが、みな様の御活躍を願っております。よろしくお願い致します。

（茨城県笠間市　小山栄子　代筆服部てる代）

脱原発社会への展望(1)
―3つの訴訟での闘い―

折原　利男

はじめに

インターネットを使ってのコミュニケーションが大きな割合を占めている今日、物事を短文、あるいは一言で表現することが主流になっている。例えば、140文字以内でのコミュニケーション・ツールであるツイッター(Twitter)でのやりとり、あるいはソーシャル・ネットワーキング・サービス(SNS)での投稿に対する、好き、楽しい、支持できる、といった意志を示すための「いいね!」ボタンでの応答などである。手ごろな利便性はあるにしても、問題点もある。短文や一言での応答だけでは、ものごとの論理性や因果関係、あるいはその思考が削がれがちになることだ。

とはいえ、現在の政治、社会状況で、怒りを込めて一言で表したくなることが多過ぎる。それは「でたらめ」、あるいは「ひどい」、「むごい」、「恥知らず」といった言葉だ。

戦後日本の平和、そして民主主義と憲法が今ほど脅かされていることはない。その最たるものが「安全保障関連法」(=「戦争法」)であり原子力発電所の再稼働問題であろう。

安保法案に反対していた学生のグループ「SEALDs(シールズ:自由と民主主義のための学生緊急行動)」のある学生が、「憲法違反のことをいくら議論しても憲法違反なんだよ!」と叫んでいた。ずばり本質を突いていると思う。また、戦後50年の1995年8月15日に閣議決定に基づいた「村山談話」(これは以後の内閣にも引き継がれ、日本政府の公式の歴史的見解となっている)を発表した村山元首相も、この安保法案について、憲法違反のことを国会で議論していること自体が間違っている、と怒りを露わにしていた。その胸中が痛いほど分かる気がした。

1997年10月から2002年11月まで、「憲法の番人」とされる最高裁判所の長官だった山口繁も、この安保法案は違憲であり、政府、与党が説明している根拠を「論理的な矛盾があり、ナンセンスだ」と厳しく批判した(東京新聞、15年9月4日)。06年から10年まで内閣法制局長官を勤めた宮崎礼壹《れいいち》も9月3日の講演で、「黙っていられない」と話し、「違憲の法案は廃案にするしかない」と訴えた(同)。

内閣法制局は、提出された法案が憲法や他の法律との整合性がとれているか、などを判断し、俗に「(行政府における)法の番人」といわれる。ここは戦後の歴代内閣で憲法解釈の責任を担い、首相でさえも容易には介入できない「独立性」を誇ってきた。ところが現政権は昨年8月、内閣法制次長を昇任させる法制局の慣例を破り、法制局長官に、集団的自衛権行使容認に積極的な外務省出身者を起用した。その長官が健康問題で退任すると、その後任者もまた首相の方針に従って検討作業を進める意向を表明した。人事権を乱用しての結果で、目的達成のためには手段を選ばない。

これだけの違憲性を多方面から指摘されながらも、法案成立を強行した首相と内閣、そして、ただ頭数だけそろえて黙って従うような与党議員たち。いずれも憲法というものが、まるで分かっていないか、あるいは自らの保身や利権のために目をつぶっているとしか考えられない。

財界はどうなのか。日本経済団体連合会（経団連）と経済同友会のトップも、「集団的自衛権は必要」という立場で一致し、「国会で十分審議した上で関連法案を着実に整備してほしい」としていた（産経ニュース、15年5月12日）。

なりふりかまわず強引に進められてきた安保法案は、9月19日に参議院で可決・成立したが、経団連はそれを見越して9月15日に「防衛産業を国家戦略として推進すべきだ」とする提言をまとめていた（J－CASTニュース、9月29日）。経団連はそこで、「安全保障関連法案が成立すれば、自衛隊の国際的な役割の拡大が見込まれ」、「自衛隊の活動を支える防衛産業の役割は一層高まり、その基盤の維持・強化には中長期的な展望が必要だ」と指摘した。そして、10月1日に発足することになった防衛装備庁に対して、

(1) 装備品に関する適正な予算を確保し、人員の充実を図る

(2) 関係省庁を含めた官民による緊密な連携を基に、装備品や技術の海外移転の仕組みを構築する

等を要求し、「陸海空の装備品の調達および国際共同開発・生産や海外移転を効果的に進めるべきだ」と主張していた。

大企業を中心に国内の１３２９社が加盟する経団連は、自民党の支持母体で、政治献金で経済界が主張する政策の実現を求める圧力団体でもある。その経団連には、防衛省と取引がある企業で組織する「防衛産業委員会」があり、15年7月の同委員会総会では、防衛省の事務次官が「わが国の防衛産業政策」をテーマに講演し、こう述べていた。

「今後は、わが国の装備品の海外への移転について、いかに実効性を高めていくかが課題だ」、「装備品の海外移転や国際共同開発には、政府と産業界が一体となって取り組まなければならない」

これは、今回の提言を先取りする発言である。記者は「まだ安保法制の議論が山場にも達していなかったころからの、法案成立を機に、防衛産業のマーケットを海外にも広げることに用意周到だった経団連と安倍政権の一体ぶりは、隠しようもない」とコメントしている。

このままでは、わが国はとうてい立憲主義国家、法治国家、平和主義国家とは言えなくなるだろう。恥ずかしくないのだろうか。

原発再稼働の問題も、根はつながっている。本稿では、この問題に焦点を当てて、３つの原発関連裁判について報

告したい。(原発再稼働問題の要点は、本『8・15』2015年9月号の拙文「川内原発再稼働阻止行動」に記した)

1 福島原発告訴

私の娘夫婦が結婚したのは2010年のことで、翌年に3・11を迎えた。公務員をしていた娘の勤務先は東京近郊だったが、彼の仕事の関係で、新婚の住まいは関東北西部の地方都市にしていた。新居での生活にある程度慣れたころ、彼の転勤が12年の4月から、ということが分かった。ただ、転勤先は3月末にならないと分からないという。

転勤先について、われわれ両親と娘の願いはひとつ、福島だけにはならないで欲しい、ということだけだった。彼に彼の両親の気持ちを探ってもらうと、同じとのことだった。むろん、原発事故によって引き起こされた途方もない放射能汚染のためである。まして、結婚3年目、新しい命の誕生も願っていた。

福島で現に生きている人々には申し訳ないとは思いながら、それが正直な気持ちだった。もし福島転勤になったら、単身赴任してもらおうか。結婚して3年もしないのに、そんな話も出た。放射能汚染に怯えながら福島に住んでいる方々、そして家と庭や地域の除染(単なる移染に過ぎない)を進め、前よりは多少とも汚染の値が小さくなって、避難先から、帰るべきか、やめるべきか迷いに迷っている人々の気持ちも、痛いように分かる気がした。

3月末を迎え、その転勤先が鹿児島市となった。ああ、よかった、これで安心だ、と大喜びした。これも、皆同じだった。放射能汚染による被害がほとんどないと思われる、福島から遠く離れた場所だったからだ。ふたりは関東生まれだったから、原発事故前なら、遠方への転勤を喜ぶはずはなかった。ところが、それも束の間、薩摩川内市の川内原発が再稼働候補の一番手になっていったのだった。

12年3月に生まれた福島原発告訴団は、1324人の告訴人を集め、6月11日に福島地方検察庁に第1次告訴をした。9月に行われた全国集会のアピールにはこうある。

〈おびただしい被害を出し、命を傷つけ、かけがえのない自然環境を破壊しながら、この未曾有の原発事故でなぜ誰も責任を問われないのか。

こんなあからさまな不正義、不条理が目の前で起こっているのになんの手も打たれない日本は本当に法治国家なのか。当たり前の正義が通る社会にしたい〉

そんな思いから、福島原発告訴団は生まれた。陳述書はひとまず検察を動かし、8月1日、告訴が受理された。告訴団は、それは通過点だとして、さらに次の段階に進めた。〈怒りは福島だけではない、全国が被害者であり、怒っているのだと示す必要〉があると考え、さらに全国から告訴人を集めようとした。そして次のように続けている。

〈日本政府は、あらゆる戦争、あらゆる公害、あらゆる事故や企業犯罪で、ことごとく加害者・企業の側に立ち、最も苦しめられている被害者を切り捨てるための役割を果たしてきました。私たちの目標は、誰かを犠牲にして成り立つ社会を根源から問い、「犠牲のシステム」の歴史に終止符を打つことです。〉

こうして、福島地方検察庁に福島原発告訴団第2次告訴が行なわれ、北は北海道から南は沖縄まで全国と海外から1万3262人が告訴人に加わり、私もその1人になった。まぎれもなく私や私の家族も被害者だと思ったからである。

この告訴の流れを確認しておきたい。通常であれば、例えば工場などで爆発事故が起こり、死傷者が出れば、業務上過失致死傷罪の疑いでの強制捜査と刑事訴追が行われる。ところが、この告訴では、検察は強制捜査に踏み切ることもなく、13年9月、東京電力元会長や政府関係者42人を全員不起訴にした。

この検察官による不起訴は妥当でないとして、告訴団は13年10月、検察審査会（検審）に審査を申し立てた。検審は、検察官による不起訴の妥当性を、国民からくじで選ばれた11人が判断する制度である。この検審は14年7月、東電元会長ら3人を起訴相当（起訴すべきだ）と議決した。しかし、これを受けた検察は15年1月、「巨大津波を回避するのは困難だった」と一蹴し、3人を再び不起訴とした。この制度では、起訴相当とされた容疑者を検察が再び不起訴にした場合、検審は2回目の審査に入る。

15年7月31日、この東京第5検察審査会は、ついに、東電の元会長ら旧経営陣3人を、業務上過失致死傷罪で起訴すべきだとする「起訴相当」議決をし、公表した。審査会が発表した議決のポイントは次のようである。

●1992年の伊方原発訴訟最高裁判決で、原発の安全審査は、「万が一にも起こらないようにするため」にあるとしている。

●政府の地震調査研究推進本部（推本）は、長期評価で、02年7月の段階で、福島第一原発の沖合を含む日本海溝沿いでマグニチュード（M）8・2クラスの津波地震が30年以内に20％の確率で発生する可能性があると予測し、指摘していた。東電は08年の段階で、その長期評価を用いて試算すると、15・7メートルもの大津波が押し寄せる、という結果も出していた。しかし東電は原発の運転停止のリスクが生じるとして採用を見送り、関係者への根回しや時間かせぎをした。

●原発敷地（敷地高10メートル）を超える津波が来たら、全電源喪失や炉心損壊する危険性を認識できた。過去に実際起きた事故の教訓からも、対策が必要と認識できた。

●規制当局も事業者も、原発の運転停止にならないよう連携していた。

●K（「議決」では本名）は、大津波が来る可能性とその影響を知りうる立場にあり、責任者として対応策を取らせることのできる地位にあった。供述では、重要な点は知らなかった、と言っているが、資料をみるかぎり信用できない。
●M（同）は、原発の専門家であり、技術的な事について実質的な判断を下せる立場にあった。推本の長期評価による15・7m津波試算の報告を受けながら対策を取らず、土木学会に検証を依頼するなど時間かせぎをしたり、学者への根回しを指示したりした。
●T（同）は、原子力担当ではトップの地位で、原子力関係の経営判断を行う立場にあった。想定を超える津波が来ることの議論をしたり、資料を確認したりしていた。また、Mから15・7m津波試算の報告を受けたが、対策を取らなかった。
●未だ明らかなっていない点も多く、再度捜査すべきである。

こうして3人は今後、裁判所が指定した検察官役の3人の弁護士（指定弁護士）によって強制的に起訴され、東京地裁の法廷に立つことになった。東京地裁の推薦依頼を受け、第二東京弁護士会は3人の弁護士を推薦した。決定した指定弁護士は選任後、必要な場合は補充捜査などをして3人を起訴し、公判も担当する。告訴団と弁護団、そして広範な市民の粘り強い活動と闘いの結果である。
告訴団弁護団の海渡雄一弁護士（脱原発弁護団全国連絡会共同代表）は、選任された指定弁護士について、「望みうる最高の布陣」と評している。このようななかで、原発事故の刑事責任が初めて裁判で問われ、当時の東電の幹部たちが事故にどう対処してきたのか、その証言や証拠が開示され、われわれ国民の前で、事故の原因や責任の所在が明らかになることへの期待と意義は極めて大きいと言える。

2　東電株主代表訴訟

3・11の翌年2012年1月14、15日に横浜で「脱原発世界会議2012 YOKOHAMA」が実施され、世界30カ国から役100人の専門家や市民活動家、政治家などが集まり、二日間合計で約1万1500人の参加者があった。

参加した私に、特に印象に残った話の一つが、脱原発弁護団全国連絡会代表の河合弘之弁護士による、東電株主代表訴訟の説明と意気込みだった。訴えのポイントは、津波大国の日本で、危険な原発を扱う会社の取締役として、津波対策を講じなかった過失があった。役員たちに、会社に与えた損害（5兆5000億円：政府事故調の第三者委員会が試算した金額）を賠償させる。さらにその弁償金を、そっくりそのまま、ただちに福島の被害者への賠償に充てる。そのような責任を取らせれば、危険な日本の原発を動かすことができなくなるだろう、というものだった。

パンフには、1986年のチェルノブイリ原発事故以後、日本の原発について考える市民が多くなり、全国で草の根的に脱原発の市民運動が広まっていった、という背景の説明のあとに、次のようにある。

〈私たちは、１９８９年の福島第二原発3号機の事故（それまでの東電の原発史上最も深刻といわれた再循環ポンプの大破損事故：筆者注）をきっかけとして、脱原発・東電株主運動を始めました。東電の株を買い、一般株主の協力も得ながら、毎年株主総会で脱原発を求める議案を提案してきました。

３・11の原発震災において、東電は、原子力事業者として必要な対策を怠り、原発立地地域にとどまらず、広範な地域とすべての"いのち"に対して、取り返しのつかない被害をもたらしました。（中略）これは株主という立場から、どこまでも東電取締役の責任を追及していく訴訟です。〉

東京地裁への12年の提訴以来、15年8月現在、開かれた口頭弁論は19回を数えた。口頭弁論の終了後には、報告会と各方面の講師を招いての、中身の濃い学習会が開かれている。私は株主ではないが、支援者として都合のつくときに裁判を傍聴したり、学習会に参加したりしている。訴訟は福島原発告訴と連携して進められ、重要な成果を上げながら進められている。例えば、原発事故後の3月12日から30日にかけて、現地と東電本社、柏崎刈羽原発、福島オフサイトセンターを専用回線で結んだテレビ会議の記録を、マスコミ各社と連携し、ノーカット版ＤＶＤ99枚を裁判所に証拠保全させることに成功した。これは裁判の重要証拠に留まらず、歴史的に貴重な資料となった。あるいは、株主の権利行使に必要だとして、取締役会議事録閲覧・謄写許可請求により、議事録が一部開示されたのだった。

（本会の落合正史氏はこの訴訟について何度か本誌に報告しているが、原告の１人として活躍している。裁判当日の裁判所前でのアピール時に幟や旗を持って参加したり、報告会や学習会にも積極的に参加し、さらには傍聴への呼び掛けチラシを配布したりなど、労を厭わずに尽力する姿には、頭の下がる思いがしている。氏は、この訴訟だけでなく、いくつもの訴訟の原告にもなって活動している。後悔しないように、今やれることはやっておきたい、とは、いつも笑顔で行動の氏の弁である。）

２０１５・10・14

（──続く──）

（埼玉・会員）

「非武装中立・軍備亡国」について

長谷川善夫

常任幹事会で組織拡大が議題に上がる。対語としての深化の視点から考えてみた。

安保法制論議では「専守防衛」「個別的自衛権」「自衛隊」が前提とされていた。個別的自衛権は自然権であるからか。それにしても戦争はむごい。行きつくところは原爆でやられたり原発がやられてオシマイ。いや、小国日本だけ消えて大国米中と市場は残るか。戦争は軍需産業と投資家と政治家の金儲けの口実と思う。

数千万に及ぶアジア諸国への加害、そしてこの国は国民さえ守らない。それは沖縄、東京、全国諸都市、広島、長崎、満州、樺太等々それがまた沖縄、水俣、福島に続く。

杜撰極まる戦略のもとに英霊の多くは餓死、傷病死、海没死、彼我の力量差による虐殺にも等しい戦死、悲惨極まる特攻死。父母はこんな生き死にのために子を成したのではない。白木の空箱、未だ野晒しの遺骨。民間人に至ってはその犠牲のほとんどが敗戦必至の昭和二〇年に起きた。

なにゆえの爆撃・艦砲射撃、大量殺戮。江戸が退けたものを明治は招いた。爆撃を命じた者も爆撃に曝した者も許されてはならない。民を殺してなお顧みない国とはそもそも何なのか。戦後70年、改めてこの者たちの断罪に加わろうではないか。罪は贖われなければ永遠に消えない。罪を見逃しては永遠に許されない。

さて、「非武装中立・軍備亡国」。都留重人は「日米安保解消への道」の中で、例として「朝日新聞」1995年5月3日憲法記念日の特集社説、六つの提言を挙げる。「同新聞社として大きな決断」としての著者の紹介である。

提言1　国際協力法の制定

提言2　平和支援隊をつくる

提言3　憲法九条は改定しない

提言4　自衛隊を改造する

九条が認める自衛力は、真に「自衛」の域にとどまる限定的なものだ。今の自衛隊は装備や規模などの点で、許される自衛力の範囲を逸脱している疑いが濃い。二〇一〇年を目標に、年次計画委を立て、自衛隊を国土防衛隊的な組織に改編、縮小する。陸上自衛隊は半分に、イージス艦、P3C対潜哨戒機なども大幅削減を目指す。

提言5　冷戦型安保の解消

日米両国は、冷戦型の安保体制を見直し、東アジアの平和と安定に役立つ枠組みを作るために協力しよう。すべての土台は、日本が再び軍事的な脅威とならないことだ。多国間の協議を重ね、今世紀中に、予防外交や軍備管理の機能を持つＯＳＣＥ（欧州安保協力機構）型の機構をめざそう。重点は、軍拡、経済・資源紛争など、新たな脅威への対処だ。

提言6　国連改革。

すでに二〇一五年、さらに戦争法成立のさなかだからこそ、敢えて「非武装中立・軍備亡国」の深化を拡大の道標としよう。

（東京・常任幹事）

寄贈誌より

『中国研究月報』(社団法人中国研究所発行)

2015年9月号

▽論文　日中戦争期、華北政権下の統治動向と基層社会(2)
　交易場システムの導入と税制　浜口　充子
▽資料紹介　関中の渠水灌漑と水利改革
　清峪河の「源澄渠」を中心に　森田　明
▽書評　美根慶樹編著　蒼蒼社
　『習近平政権の言論統制』　森　保裕
▽書評　岡本隆司著　筑摩書房
　『近代中国史』　篠崎　守利
▽書評　卯田宗平著　東京大学出版会
　『鵜飼いと外題中国
　――人と動物，国家のエスノグラフィー――』　渡部　武
▽中研七〇年史
　その1　資料紹介
　「中国研究所設立趣意書」「中国研究所案内」「創立総会」
　(大里　浩秋)

九月の常任幹事会

日時　九月二十六日（土）十四時〜十六時
会場　さいたま市うらわ区岸町5−1−3
　　岸町公民館
出席者　沖松・日森・小川・熊谷・小林・山田・加藤・長谷川・秋山（博）・落合・小川・杉崎

報告
1．日中友好手帳の注文希望が届いてる。
2．前回常任幹事会での協議積み残しについて。
3．山田常任幹事より他団体での訪中団に参加の報告。

協議
1．各委員会の委員長および委員の推薦。
・会誌編集委員会…保留
・対外交流委員会
委員長…小林、委員…熊谷
・組織活動委員会
委員長…長沼、委員山田
・財務委員会
委員長…秋山（博）、委員…加藤
2、会誌編集委員会について
・12月までは現体制で発行を行う。それまでに委員長交代を模索する。集稿状態は会員の協力が大で順調、豊富に集まっている。
3．組織拡大について
・講演会、懇談会だけでは参加者の増大は望めないのではないか。しかし何らかの行事のようなものは必要。
・会員増加が必要か否かを含めて、内部での学習、話し合いが必要。
4．訪中団派遣について
・派遣する場合、友聯との打ち合わせもあり早めの計画（3〜4カ月前）が必要である。次回の常任幹事会で山田氏に訪中の報告をお願いする。

（落合）

事務局月報

・首の挿げ替えの内閣改造…を読み進めて、呆れた。一億総活躍だなんて！
活躍って、誰が・何の為に・どの様にすることなんだろうか？担当大臣 は何を根拠にその役を引き受けたのだろうか。
ちょっと前に発せられた「女性が活躍…」等の具体的道筋、その裏付け だって目にしていないのに、ポンポン揚げられる思いつきの言葉だけが 続く。国家の役に立つための出産、と言った政府高官の本音と併せると、一億国家総動員の時代への回帰を連想させられる。

（小林）

『8・15』2015年10月号
2015年10月15日発行
定価　500円（送料とも）
編集人　落合　正史
発行人　沖松　信夫
印刷所　（有）イワキ
発　行　日中友好8・15の会
〒125−0032
東京都葛飾区水元3−3−4
小林悦子方
Tel & Fax　03−3627−1953
郵便振替　00120・6・27415
日中友好8・15の会
HP URL http://www11.ocn.ne.jp/~donpo/

会則

（名称）　第１条　本会は、日中友好元軍人の会を受け継ぐ日中友好「８・１５」の会（通称日中友好８．１５」の会）と称する。

（目的）　第２条　本会は、過去の戦争に対する反省に立脚して、あらゆる戦争準備の動きを阻止し、平和を希求するために世界各国とくに中国との友好に貢献するとともに、会員相互の親睦を深めることを目的とする。

（会員）　第３条　本会は前条の目的に賛成する元軍人および賛同者をもって構成する。

第４条　本会の本部を関東地区に置く、支部を各都道府県に置く、また事務局を関東地区に置く。

（事業）　第５条　本会は、第２条の目的を達成するために以下の事業を行う。

１．会誌『８．１５』の発行
２．講演会、研究会の開催（平和諸団体との共催を含む）
３．学習会の開催
４．中国からの留学生・研修生の受け入れ
５．訪中団の派遣
６．その他、本会の目的達成に必要と認められる諸活動・事業

（総会）　第６条　本会は、総会を毎年１回、原則として８月 15 日に開催する。総会は、委任状を含めて会員の過半数の出席により成立するものとする。総会は、幹事会から、活動報告、行動計画事業計画、決算、予算、役員の選出、その他、本会の運営に必要な事項について報告、提案を受け、出席者の過半数の賛成により　これを承認、決定する。幹事会が必要ありと認めたときは、その決議により、臨時総会を招集することができる。総会の決議に基き、顧問を置くことができる

（運営）　第７条　本会の運営は、幹事会が行う。ただし、幹事会は常任幹事会にその権限を委任することができる。

（役員）　第８条　代表幹事、副代表幹事、常任幹事、事務局長を本会の役員という。

第９条　役員の任期は１年とする．ただし、任期満了後も総会において新役員が選出されるまではその職務を行う。役員の重任は妨げない。

第 10 条　本会の運営のために幹事会ならびに常任幹事会を置く。幹事会は幹事を以って構成し、本会の運営に必要な重要な会務を行う。幹事の互選により代表幹事、副代表幹事、常任幹事、事務局長を選任する。常任幹事会は、原則として毎月 １ 回開催し、幹事会の委任をうけて本会の運営に必要な一般会務を行う。

第 11 条　幹事は、会員の維薦により選任し、捻会の承認を安ける。

第 12 条　幹事会は、常任幹事会の決議に基き、代表幹事が招集する。常任幹事会は、常任幹事２名以上の発議により代表幹事が招集する。幹事会および常任幹事会の決議は、出席幹事の過半数の賛成により成立する。賛否同数のときは、代表幹事がこれを決する。

第 13 条　本会の会議の遂行上、下記の分科委員会を設け、常任幹事会が選出した委員長が運営の責に当る。

1. 組織・活動委員会
2. 会誌編集委員会
3. 財務委員会
4. 対外交流委員会

各委員会の委員は、委員長の堆薦により委嘱する。

第 14 条　会計の監査は、会計監事が行う。会計監事は、幹事会の堆薦により選任し、総会の承認を受ける。

（財政）　第 15 条　本会の経費は、会費、寄付金、その他の収入をもってまかなわれる。留学生・研修生受け入れのため、特別会計を設ける。

（会費）　第 16 条　会費は年額１万円とする．また、家族金員の会辛は年報 2000 円とする。

第 17 条　本会の会計年度は、毎年７月１日に始まり翌年６月 30 日に終る。

（改正）　第 18 条　本会の会則は、幹事会の発議により、総会において、委任状を含む出席者の３分の２以上の賛成により改正することができる。

（付則）　この会則は 2004 年８月 29 日から施行する。

過去の直視、これが歴史認識の原点

二〇一五年 十一月十五日発行（毎月一回十五日発行）
第五七巻 十一号 通巻第五五二号

軍備亡国・反戦平和

2015年 11月号 No. 552

8.15

［巻頭言］

［今月の本］

日中友好元軍人の会ＨＰ　http://www11.ocn.ne.jp/~donpo/

11

日中友好８．１５の会
（日中友好元軍人の会）

創立宣言

戦争の罪悪を身をもって体験した、わたくしども元軍人は、心から人間の尊厳にめざめ、戦争を否定します。

わたくしどもは、過去の反省に立脚し、戦争放棄と戦力不保持を明示した日本国憲法を順守し、真に人類の幸福と世界の平和に貢献せんがため、本会設立の趣意書ならびに会則にのっとり、同志相携えてあらゆる戦争を阻止し、戦争原因の剪除に努め、進んで近隣諸国とくに中国との友好を進めんとするものであります。

ここに終戦の記念日をトして本会を設立するにあたり、万世のため太平を開く決意のもとに日本の更正を誓った当時を追憶し、戦没の万霊に額ずき、ご遺族をはじめ戦争の被害者ならびに軍靴で踏みにじった戦場の住民各位に深く遺憾の意を表しつつ宣言します。

１９６１年8月１５日

日中友好元軍人の会

二〇十五年度　活動方針

われわれは、創立宣言に則り、次の活動を行なう

一、平和憲法を守り抜くため、広く非武装中立・軍備亡国を訴え、組織の強化・拡大に努力する。

二、過去の侵略戦争に対する反省に立脚して、中国をはじめ、アジア近隣諸国、さらには世界各国の平和を希求する人々との友好・提携に努める。

行　動　計　画

一、違憲の安保法制を強行し、憲法改悪へ向かう安倍内閣のあらゆる策動を許さず、特に憲法９条を守るために活動している諸団体の運動に積極的に参加する。

二、戦争に直結する集団的自衛権の行使を認めず、名目の如何にかかわらず、自衛隊の海外派遣、多国籍軍への支援に反対する。

三、広島・長崎の被爆の歴史に基づいて、核の廃絶を広く世界に訴える。エネルギー変換、脱原発をめざす。

四、沖縄の民意を無視した辺野古新軍事基地建設に反対し普天間を始めとする全国各地の米軍基地の縮小・撤廃を求める。そのためにも日米安保条約の解消とそれに代わる日米友好条約の締結を提唱する。

五、日・中・韓・朝の障壁になっている歴史認識問題、戦後処理問題（従軍慰安婦、強制連行・強制労働などに関する訴訟・賠償請求）の早期解決を求めていく。

六、中国国際友好聯絡会研修生受け入れと公私訪中派遣を通じて、民間レベルでの友好・交流の強化を図る。

［巻頭言］

原点を見詰め直す
―創立五十五周年の課題

金子広太郎

悠然と平野を潤す大河もその源流を求めれば、山裾の谷奥から滴り落ちる水が原点（もと）である。地球規模、国家の単位はさておき、こちらの原点、半年後の二〇一六年八月の「五十五周年」の原点を探して、『会報』復刻版を読んだ。

『会報』復刻版は、一九六一年七月の「準備号」から一九六五年一一月号までが所収されている一五二頁の冊子で、今から二十五年前の一九九〇年八月に上梓されている。活字（9p）、四段組など読むのにいささか努力を必要とする割付であるが、読み進むにつれてその内容に引き込まれた。推測でしかないが、編集に当たった方々は、敗戦までこのような作業にほとんど縁のない職業軍人だったと思う。それだけに、見よう真似ようにしても、よくここまでと感嘆しながら頁を繰った。

先ずはその“オープンさ”である。会の趣旨に諸手を挙げての賛成、疑問を持ちながら半分賛成、戦いに負けたからといっていまさら何だとの意見など、当時の編集部はあらゆる意見を取捨選択することなく掲載したようである。これは「創立宣言」に表明した侵略に対する深い反省と平和憲法擁護を誓う路線に繋がっていく。

六十三年八月号で編集部はベトナム情勢に関する三つの設問ついての会員の意見を掲載した。（この時代、ベトナムは南北に分断し、南はアメリカの支配下に）

一、日本の安全保障をどう考えるか
二、日韓条約と日中問題
三、その他緊急の問題について

この設問についての遠藤三郎先生の回答を次に紹介する。当然のことながら、半世紀以前の情勢分析であるが、現状に適合する部分の多さに歴史のあと戻りを感じること大である。

「日本の安全に必要なこと」　遠藤三郎

一、安全保障　従来、外国軍隊の侵略に対し、軍隊を以て国土を守るとか、自由と独立を守るということが常識のようになっていたが、このような考えは、既に陳腐である。外国軍隊の侵略の如き、今日においては侵略の口実を与えぬ限り、世論が許さなくなった。軍隊による武力抵抗は有害無益、むしろガンジーの唱える心の武装、非暴力の抵抗が宜しい。従って米軍の駐留も、自衛隊に直接侵略に対する防衛任務をあたえることも日本の安全のためマイナスである。

二、真の安全保障は、さらに広義に国民の生活安定を目的にすべきであり、その敵は天災、人災である。
この必然的に来る災害対策に全力を尽くすべきであり、防衛費はあげてこれに使用する。(自衛隊法から、直接侵略に対する防衛任務を削除し、災害救済の任務をさらに拡大して、国土建設の任務を与える。日米安保条約はなるべく速やかに解消する)
三、左右または労使の対立抗争が内乱に発展するが如きにないよう、日本国憲法を中心に、国民が一致協力するよう努むべきである。
四、ベトナム戦争に直接軍隊を派遣している韓国と条約を結び、同時に巨額の金を注ぎ込むことは、間接的に南ベトナムを支持することとなり、北朝鮮ならびに中国との関係を悪化する虞れがあろう。
五、日中友好は口先だけでは駄目。また、商取引だけでもいけない。速やかに国交を回復し、且つ中国の国連加盟を促進すべきである。
蒋政権に気兼ねするが如きは、所詮、小節の信義であり米国に遠慮するのはドル欲しさの乞食根性か、さもなければ米国の威武に屈する腰抜け武士の類であろう。
遠藤先生の指摘の多くが日米関係の現況に当てはまる。それは横に置いて、来年に迎える「五十五周年」までに『原点』を見直す絶好の機会ではないだろうか。

(東京・会員)

「日中友好8・15の会」への入会
または会誌購読のおすすめ

私たちの会は、かって侵略した中国をはじめ、アジア諸国、さらには広く全世界に対し、「反戦・平和」と平和憲法の順守を誓い1961年に創立し、すでに50年以上経過しました。会員は元軍人と趣旨に賛同した戦後生まれの人たちも参加しています。会員には会誌『8・15』(月刊)を毎号お届けし、また年1回の中国訪問団(見学、友好交流)への参加や当会が隔年に受け入れている中国からの研修生との交流・意見交換への協力をお願いしています。

会費は年額1万円。会誌『8・15』の購読のみを希望される場合には、1年間の購読料は6000円です。

皆さんの入会、会誌購読によって「反戦・平和」「日中友好」の声をますます大きくしたいと希っています。

≪申し込み先≫　〒125−0032　東京都葛飾区水元3−3−4
小林悦子方　**日中友好8・15の会**
TEL&FAX　03−3627−1953　郵便振替口座00120−6−27415

全世界同時代史

アルチュール・ランボー伝（68）

島貫　隆光

帝国国防方針　その三
大東亜戦争への道　3　ノモンハン事件（40）
私とノモンハン事件

私は昭和六年十二月に生まれた。満州事変の年である。その十年後、私の十才の誕生日に真珠湾攻撃で日米戦争が始まった。私の少年時代はまさに戦争につぐ戦争の時代だった。軍国少年だった私はその四年後に仙台陸軍幼年学校に入校した。祖父以来の軍人一家が既定路線として自分の意思とは関係なくその道に進んだのである。

もともと私は文弱の徒であって、おそらく軍人には向いていない。幼年学校に入って三、四カ月でイヤになって脱走することを考えていた。だから敗戦の詔勅を聞いた時にはホットした。これで解放されると思ったのである。一期上には同じ文弱の徒、今泉隆雄（いずみ・たく）、堀内秀（なだ・いなだ）がいて、今泉は素行不良で退校させられた。おそらく私も長くいれば同じ運命を辿ったことだろう。

私が物心ついてはじめて覚えた言葉は、ノモンハン、行方不明、ハルハ河ホルステン川合流地点の三つである。これらはいずれも昭和十四年七月三日にノモンハンで戦死した父をめぐってかわされていたことばである。父は第二飛行集団の作戦参謀として現地を偵察飛行中モンゴル高射砲兵によって撃墜された。最初は敵地内で撃墜されたため遺体の確認がとれず、一ヶ月ほど行方不明として扱われた。

その頃のことについて姉の手記で見てみたい。

七月三日　父行方不明の通知以後一ヶ月毎日部隊からその日の捜索状況を報告に来られる。母もある時は占いに見て貰ったりしていたが、毅然とした態度で取り乱したところは一度もみなかった。さすが佐賀士族の娘である。私が一度どうして泣かないのと聞くと、誰もいない時、誰もいない所で泣くと答えた。母満三十一才、私十二才九ケ月、雅之十才二ケ月、隆光七才七ケ月、敬子三才十ケ月であった。

父の同期の方が植田軍司令官の命によってある時は足に弾があたる様な危険を冒して探して下さったが一ケ月経ってもわからず八月二日戦死したものと認むという公表があった。其の後私達の学業のこともあり日本に帰るため留守部隊による仮告別式が行われた。

楠木参謀長の涙で一時とだえた弔辞は今でも忘れる事が出来ない。女子職員も皆泣いて下さった。新京を離れる時、部隊では岡本属官を介添えにつけて下さったが、どこ迄来て下さったかは忘れた。大連に着いて乃木旅館に泊った。夜中に雅之が「お父ちゃん々々」と泣き乍ら廊下の方に夢遊病の様に行くので岡本さんのお部屋に寝かせて頂いた。

一年前新京に着いた夜人知れず私が泣き満洲を去る日雅之が父を求めて泣く、何とも不思議な父子の因縁と思う。

父が行方不明になった時、軍の上層部がもっとも怖れたのは父が生きて捕虜になることだった。父は偵察機に搭乗するとき重要機密書類を身に着けて出撃する習慣があったらしく、その時も軍の作戦や組織に関する機密情報を含む書類をカバンに収めて出撃したようだ。もちろんそれが敵手に落ちることも重大だが、それはあとから変更がきく。だがもし生きて捕えられたら、頭の中にある機密情報を拷問などによって聞き出されてしまう。軍はそれを怖れていたのである。父の五弟基久（士52）の「思い出」で辿ってみたい。

すなわち、第二次ノモンハン戦の推移を述べ、兄さんの戦死が確認されて近く公表の予定、よって、成し得べくんば仙台に至り、事前に留守宅の心構えを整えさせるよう、との趣旨であった。その中で一ケ所、私の注意をひいた箇所がある。それは兄さんの行方捜索に関連して、関東軍命令が出ていることで、この命令だけは転送されず、「重節保管」と赤インクで注記してあった。

いかに飛行集団の高級参謀とはいえ、その捜索に軍命令が出るとは？私には理解できなかったが、これには次のような事情がある。兄さんは重要書類を鞄にいれ、常に身からはなさぬ習性があった。この習性が裏目にでたわけで、あの日も鞄をもったまま出撃、そこで重要書類の行方が問題となり、軍の捜索命令に発展した。

さて、武治兄の同期生に、宮子（みやし）さんという方がおられる。私の世界政経における上司であるが、この方は当時、関東軍作戦課の航空班で、兄さんとは職務上、一番関係が深い。その宮子さんは翌々年春、山下使節団の一員として訪独し、独ソ開戦の直前に帰国した。途中モスクワで――日本でいえば、靖国神社の遊就館――みたいな所に立ち寄った時の話である。そこに、兄さんの重要書類が陳列してあったという。もう十年ほど前になるであろうか？宮子さんから直接、私がきいた話である。

いま一つ、坂間訓一少将といえば、長いこと陸大の教官をつとめられ、終戦直前、方面軍司令官後宮大将の参謀副長として赴任された。この方が昭和三十一年夏、シベリアから帰還されたときである。私は命により、その体験談を詳しく聞かしてもらった。その時の一節である。「あれはエラブカの将官ラーゲリから、ハバロフスクに移る前後であった。ソ連当局者の調査をうけたとき、一枚の写真を示され、この人物を知らぬかという。見れば、君の兄さんだ。戦死されてもう十年、迷惑をかける気づかいはないから、知ってることは話したよ」と。

古語に「死せる孔明、生ける仲達を走らす」とあるが、この意味で兄さんは戦死して十年、なお生きていたともいえるわけだ。重節兄の文に、「兄さんはソ連にとり、最も注視されていた人物の一人」とあったが、それはこのような意味合いに解すべきであろう。

ハルハ河ホルステン川合流地点（通称・川又地区）というのは激戦が行われた所で父はこの地点上空で偵察飛行中に撃墜されたのである。当時の状況を集団長儀峨徹二中将および次弟武治（士36　辻征信と同期、当時関東軍参謀）の文により紹介したい。

偶々昭和十四年六月ノモンハン事件勃発スルヤ司令部ト共ニ満洲国西部国境ニ出動シテ優勢ナル敵空軍ニ対し運籌ノ最ヲ尽クシ寡兵克ク衆敵に殲滅的打撃ヲ与フ七月三日空地作戦正ニ酣ナルノ時君ハ作戦指導ノ重要任務ヲ帯ビ生駒少佐ト共ニ曠原ノ暁雲ヲ衝イテ敵機群ル戦場ノ上空ヲ飛翔シ熾烈ナル敵高射砲ノ弾幕ヲ冒シテ任務遂行中君ノ愛機ハ不幸敵弾ノ為大ナル損傷ヲ蒙リ自由ヲ失フニ至リ愛機ト共ニ決然突入シテ壮烈無非ノ戦死ヲ遂ク当時予君カ所属部隊ニ長タリ而も君カ最後ノ活躍ニ際シ予モ亦君ト鵬翼ヲ連ネテ其ノ行ヲ共ニシタルヲ以テ悼惜ノ情更ニ切ナルモノアリ

碑文　陸軍中将従四位勲二等　儀峨徹二　識

紀元　二千六百一年七月三日

戦死詳報

次弟　武治

拝啓酷暑の砌り皆様如何御消光遊ばされ候哉御伺申上候。

扨今般「ノモンハン」事件に於て我戦果甚大なるもの有之候と共に尊き犠牲も幾多払い、兄忠正及安達千賀雄少佐殿（よし子の夫）も華々しき戦死を遂げ申候が其情況を父上に報告し弟妹親戚に御通知申上げ両人の壮烈なる最後に対し敬弔の意を表し度く左に縷述申すへく候。

海拉爾（ハイラル）南方約五十里「ノモンハン」方面満蒙国境に於ては本年初頭以来日満軍と「ソ」蒙軍との間に小衝突繰り返へされしが哈拉哈（ハルハ）河流域一帯の好牧場地域を己れの領有に帰せしめんとする野望を有する彼は再三の我抗議及撃攘にも拘らす遂次其兵力を増加するに及ひ遂に五月下旬第一次「ノモンハン」事件なるもの惹起し我山縣支隊及東飛行団は敵に多大の打撃を与へて之を哈拉哈河の彼方に撃攘致候然るに外蒙に対し威武を失墜せる「ソ」軍は理不尽にも更に一段と兵力を増派し再ひ越境侵襲を企画し遂に我をして忍び難きに至らしめ茲に第二次「ノモンハン」事件を惹起せしむるに至りしものに候而して共作戦の規模は第一次の十数倍に及び彼に与へし打撃も絶大なるもの有之本事件中最も激烈にして彼我の大勢を決したるは七月三、四日の戦斗に候兄上及安達殿の戦死せられしも此意義深き決戦場に於てにて候。

兄上は哈拉哈河両岸地区に於て彼我混乱乱闘の状況を明

らかにし空地協力の完きを期すへく三日朝六時生駒大尉の操縦する司令部偵察機に搭乗し戦場上空に到りしが敵高射砲(当時二十数門あり)の猛射に遭ひ機関部に火を発し敵陣地台上に突き込み自爆して壮烈なる戦死を遂げたるものに候、彼我地上部隊の近接せる際之を空中高くより見定むることは極めて困難にして小官も第一次「ノモンハン」事件の際彼我の判別を確むへく同一上空に於て地上小銃射撃の猛射を受くる程度迄降下せるも十分なる判定困難なりし事情より推察して兄上も定めし危険を知りつゝも任務を完遂する為め十分高度を下げて飛行せるものと存ぜられ候、今次事件に於て偵察機の損害比較的多かりしも皆此犠牲的行動より発足せるものに候、兄上は「ソ」邦駐在間地上協力飛行隊に隊附し帰朝後之に適する飛行隊の編制を唱道し漸く其緒に就かんとする時、空地協力の為犠牲となりしは寔に年来の主唱に殉せるものとして意義深き戦死と存ぜられ候。彼我力戦奮闘間に於ける兄上の遭遇は確たる目撃なく或は我領土内に不時着睦にてもなしあるに非ずやとの万一の僥倖を期待し特に植田軍司令官の格別なるご配慮より特に飛行機に依り連日に亘り其行方を隈なく捜索せしも約一ケ月に垂んとするも杳として其消息を得ず右期待の過望なりしを確認致候。戦斗機等に搭乗せるものは機体は焼失するも落下傘により生命拾ひするものも有之候も司令部偵察機は墜落間搭乗者の飛び降り困難なるのみならず兄上は落下傘を携行しあらざるを以て右の如きは絶無にて又敵地に不時着せば故障を生ぜる飛行機は直後の偵察に依り発見し得べく全く飛行機と共に墜落焼失せるものと断定し得べく候。飛行機の墜落するや火を発して其瞬間は目撃し得るも加速度の逓増と共に離隔せる位置よりは之を確認し難きに至り地上に落着するや殆んど紛砕せらるゝと共に「ガソリン」に延焼して殆んど完全に燃焼し何者をも残さず僅かに周囲の雑草の焼跡にて辛うして空中より発見し得る程度にて候。

此くも壮烈にして然も勇壮美なる最後は又と無かるべく唯、何等の遺骨遺留品をも入手するを得ず特に故地に墜落し此次国境事件の如く敵を国境外に撃攘するを以て最終作戦目的とする場合に於ては絶対不可能に候は如何にも物足りなく感ぜられ特に近親なる者程尚何処にか生存しあるに非やなどの未練を抱き易きものなるも此は壮烈無比の最後と共に護国の神となりし兄上に対する冒瀆とも申すべく候此次「ノモンハン」事件は世界一を自他共に許容せし「ソ」軍空軍に対し文字通り一以て十に当り我無敵空軍の威容を全世界に発揚し敵の野望を永く封殺し得べきが此偉大なる戦果は我航空戦史に於て或は空前絶後なるべく此空中戦に於て作戦主任参謀として其策戦を畫し遂に其大任に殉じたるは寔に死処を得たるべく我等兎角将来の立身出世等を嘱望し如何にも残念なるが如く考ふるも此は極めて低級なる未練にして本八月二日天晴なる戦死と確定せられしを衷心喜悦満足する次第に候。老父始め皆様何卒兄上の偉大なる最後を賞賛せられ度徒らに悲歎にくるゝか如きことなかる様願上候。

この時、父と一緒に出撃したのは集団長と関東軍参謀の次男武治（たけはる）であった。三人のうち何故父だけが撃墜されたのか。叔父が話したことがある。「あの時兄はトイレに行くといって出るのが少し遅れた。だから敵の高射砲がわれわれの通過したあとで準備の出来たところにやって来たので撃墜された」と。

それもあるかもしれないが、文中にあるように高度を下げて飛行したためにモンゴル高射砲兵の餌食になったということだろう。この件に関して仙幼の大先輩41期の青柳悌彦さんは自分の体験として偵察機の高度によってどれだけ見え方が違うかについて詳しく説明して下さった。

仙台二中の同級生で直木賞作家の常盤新平は晩年のエッセーで年をとるといろいろの縁が明らかになってくると書いている。私が今の住所に引っ越してきたのは二十年程前、定年退職して少し田舎で暮らそうかと思ったからだが、以前からこの地に住んでいた陸軍幼年学校の同期生、大内那翁逸（東京幼年）は「オヤジさんが呼んだんだよ」と言った。その時はその言葉の意味が分からなかったが、平成二十四年、航空自衛隊入間基地に航空資料記念館が出来るに及んでようやくその意味が分かった。父は昭和七年から二年間ソ連航空部隊に隊付きし、ソ連の飛行機に乗ってヨーロッパの空を飛びまわっていた。昭和九年帰国すると陸軍省で陸軍航空の大増強計画を作った。その時航空士官学校の創設にかかわったらしく、その功績を顕彰して写真を展示されることになった。その記念館は私が最初に移り住んだ家と道路をへだてて二百メートルしか離れていない。これを偶然と言えるだろうか。これこそが縁であり宿命としか言い様がない。

内閣調査室を調査する（37）

七十年談話（3）

近現代日本史研究者の日本女子大教授成田龍一は8月14日は韓国の日本研究者たちと談話の発表を見ていたが、みんなが異口同音に「ああ、司馬だ」と言ったという。つまり、談話の歴史観の基本が司馬史観と同じだというのである。

西洋諸国の植民地支配の中で、日本が近代化を進め、独立を守り抜いたという出発点や、日露戦争が近代化の達成点だということ。やがて日本が第1次世界大戦後につくられた新しい国際秩序に対する挑戦者になり、失敗したという見方もよく似ています。

司馬史観の特徴は、国民国家という枠組みや価値観を肯定していることです。「竜馬がゆく」「坂の上の雲」などでは、日本が国民国家化をなしとげたプロセスを1960～　70年代初めの経済的繁栄の追求と重ねて描くことで、戦後日本の指針を示そうとした。

ただ、そこには弱点もありました。司馬は、日本の近代化と国民国家化は成功だったが、その先で間違えたという二段階で考える。だが、近代化の過程で欧米とそっくりな国にしたために、日本は軍事的にも領土的にも拡大路線をとらざるをえなかった。司馬が成功と見なしたことが、実は失敗に直結していた。安倍談話と同じく二段階で捉えているから、司馬史観の弱点を引き継いでいるといえます。

もう一つの弱点は、植民地の問題に視線が及んでいないことです。「坂の上の雲」には台湾や朝鮮の植民地化がほとんど出てこない。安倍談話も「植民地支配からの決別」は強調しても、推が植民地化したのかには触れない。日本が加害者だという視点が希薄な点でも共通しています。

ただ、忘れるべきでないのは、司馬の考え方が時代によって変化していたことです。60年代には、国民国家にもとづく経済的繁栄こそが日本の進むべき道と考えていた。それが80年代には、「菜の花の沖」で、高田屋嘉兵衛という商人が日本を越えてロシアと接触する姿を描いた。「韃靼疾風録」では、長崎・平戸の武士が単身で明に渡り、多くの民族の中で、日本人としてのアイデンティティーが薄れていく様を描いた。

つまり、司馬は単純に国民国家を肯定していただけの人ではなく、グローバル化の波の中で、国民国家の枠組みを超えていくことも考えていました。しかし、安倍談話はそうしたものは一切、採り入れていない。「坂の上の雲」の司馬しか見ず、司馬史観の一つの側面だけを安易に利用しているように見えます。

東日本大震災の後、経済的繁栄とは違う新たな目標を誰もが求めた。60年代の司馬的な理念はそこで終わったはずですが、安倍談話は国民国家を立て直し、経済的繁栄を取り戻すという、司馬自身も80年代に捨てた夢を追っている。そこが決定的な問題だと思います。

もちろん、こうした考え方は植民地化された方からはとても受け入れることのできない話だ。

韓国・国民大学教授　李　元徳（イ　ウォンドク）は言う。

安倍談話には「日露戦争は、植民地支配のもとにあった、多くのアジアやアフリカの人々を勇気づけました」とあります。これは韓国の立場から見て、最も違和感を覚える部分です。日露戦争は朝鮮半島と満洲の支配をめぐって争われ、日本がロシアを破った。日本は1905年に第2次日韓協約で韓国の外交権を握り、保護国にします。そして10年には韓国を併合し、植民地にしてしまう。日露戦争は、朝鮮半島からみれば勇気づけられたどころか、悲劇の始まりだったわけです。

「独島（トクト）」（日本名・竹島）もそうです。日本は1905年2月、「竹島」を島根県に編入します。日本海でのロシアとの海戦を前に、独島が軍事的に価値があると判断したためで、韓国では日本による主権侵奪の最初の犠牲と受け止められている。日露戦争と独島、植民地化の問題はつながっているというのがいわば常識で、それに反しているから違和感が強いのです。

95年の村山談話は「植民地支配と侵略」によって「多大の損害と苦痛」を与えたことを認め、「痛切な反省」と「心からのお詫び」を表明しました。2010年の併合100年に合わせて出された菅談話では、それがさらに明確に示されています。

ところが、安倍談話では1931年の満州事変から、進むべき針路を誤ったとなっています。村山談話以降の日本政府の歴史認識を否定し、後戻りしたかのようです。一方で安倍談話は「歴代内閣の立場は、今後も、揺るぎない」としている。相矛盾する考え方で、どちらが安倍首相の本当の歴史認識なのか。

朴槿恵大統領は「揺るぎない」という部分に注目して一定の評価をしましたが、それは日韓関係をこれ以上、悪くしないための戦略的な判断だった思います。実際にはより、不信感は強くなったのではないでしょうか。

× × × ×

私の父は明治三十三年三月三日生まれで、陸士33期、戦死が七月三日と3のオンパレードで父自身も三という数字にはこだわっていたらしい。安倍晋三も三にこだわっているようだ。三本の矢に始まって安保法制の新三要件、またまた新しい三本の矢と三づくしだ。そういえばこれはもともと毛利元就の三本の矢にまつわる話かもしれないのだ。毛利は山口の殿様だ。アレッと思うのは最初の三本の矢はどうなったのかということだ。遂にあれはあきらめたのだろう。金をジャブジャブ垂れ流して借金をつみあげただけでカンジンの成長戦略は何も成果がなく、物価の二%アップは日銀総裁もあきらめかけている。新しい三本の矢はちょっと小ぶりで、明確な内容はなく、GNP六〇〇兆などというのは何を考えているのかと言いたくなる。遂に出たのが一億総・・・。これを聞くと戦中派は胸にグサリと傷をつけられる。全く無神経な男だ。つまり三本の矢は政府の力で何とかやれるだけのことはやったが何の成果も無く、今度はいよいよ国民の一人一人に丸投げという事だろう。しかし出生率とか介護離職ゼロなどということはこれまで財政面で何の手立てもとられず失敗したものばかりで何をかいわんやというものばかり。遂に安倍も終わりを迎えるのだろう。

米中首脳会談ではオバマも遂に中国に見切りをつけたのだろう。南シナ海をめぐって行動に出た。遅きに失したがこのあとの外交交渉は長くなろう。

日中韓三国首脳会談は大体予測通りに推移している。ここでもやはり安倍の歴史認識が問われる。それにしてもあくまでもシングル・イシューにこだわり続ける韓国大統領も困ったものだ。あれではだから女の政治家はダメだということになりかねない。

以前私は橋下発言はおかしくないと書いたが、その件で新発見があった。橋本はどこの国でもやっているじゃないかと言ったのだが、その論拠となった本が出たのだ。監修者は橋下にはどんなブレーンが揃っているのだろうと驚嘆している。ノルマンディー作戦の最中、米兵がどのような行動をとったのかを問題にした本だが、橋下はこの本を資料として使ったというのである。そもそもこの本が出版される契機となったのが橋下発言だったというのである。

もう一冊最近読んだ本で役に立った本がある。原田伊織「明治維新という過ち――吉田松陰と長州テロリスト」、これは水戸学に発するテロが今も続いているという話で戊辰戦争は必要なかったとか日本の侵略体質の根本はここにあったというような論旨でこれまでの私の考えと一致する所が多い。

私は維新のお家騒動に注目しているが週刊新潮によれば現在の問題は金にまつわる印鑑と通帳の争奪戦、それに正統性の問題だという。

正統性ということで言えば、選挙の時にみんなの党と維新の党にオンブお化けのように寄り集まった議員たちがいると私は書いた。みんなの党は渡辺嘉美の金の問題で自滅してしまったが、維新は健在だ。やはり正統性は橋下自身にある。エゲツナイところはあるがそれこそが橋下の存在理由で、これをとったら何も残るまい。

十一月十三日またもやパリで惨劇が起こった。テロルは弱者の抵抗である。私は国家の戦争も認めない。しかし空爆は国家の行うテロで一般のテロと同じだ。欧米の中東政策の誤まりのツケと考えるしかあるまい。

参考文献
メアリー・ルイーズ・ロバーツ
佐藤文香監訳　西川美樹訳
「兵士とセックス――第二次世界大戦下のフランスで米兵は何をしたのか?」
明石書房　二〇一五年八月三一日刊
原田伊織　「明治維新という過ち
――日本を滅ぼした吉田松陰と長州テロリスト」
毎日ワンズ　二〇一五年一月一五日刊
「南シナ界緊迫!米軍艦『突入』の行方と新冷戦」
湯浅　博　正論　十二月号
『南シナ海』オバマの遅すぎる決断
――中国・ロシア『二正面作戦』の及び腰」
選択　十一月号

（埼玉・会員）

脱原発社会への展望(2)

—3つの訴訟での闘い—

折原　利男

3　原発メーカー訴訟

マスコミやジャーナリズムが、ものごとをどのように伝えるか、あるいは伝えないかは、言うまでもなく非常に大きい影響力を持っている。

東京電力福島原発事故以降、おびただしい報道がなされた。その際いつも、東京電力や国が出てくるが、私の知る範囲では、そこに原発を製造したメーカーは全く顔を出すことはなかった。私も無自覚でいた。しかし、例えば異常な航空機事故や自動車事故が起これば、どこのメーカーのもので、メーカーの製造責任はなかったのかは、必ず問題になる。そこには製造物責任法（PL法）があり、製造物の欠陥により損害が生じた場合の製造業者の損害賠償責任が定められているからである。

それが原発事故のときには、メーカーの名前や責任問題が全く出てこない。それはおかしいのではないか。それに気付かされたのが、原発メーカー訴訟の動きだった。私が原告の一人として加わった原発関連のもう一つの訴訟が、この訴訟である。どんな訴訟なのか、原発メーカー訴訟の会のホームページから概要を見ておきたい。

（現在、東京電力に対し数多くの損害賠償請求訴訟が提起されています。しかし、自動車の排気ガスによる喘息被害に対して、運転手や所有者以上にメーカーが賠償責任を問われるように、原発事故被害については、電力会社だけではなく、原子炉メーカーも当然に責任を追及されるべきです。ところが、メーカーはこれまでほとんど非難の対象とさえされていません。その原因は、「原子力損害賠償法（原賠法）」が電力会社のみに責任を集中させる制度（責任集中制度）を採用しているためです。原発メーカーは原賠法によって賠償責任が免責されているのです。

原発メーカーはどんな過酷事故があっても賠償責任を問われることなく、原発を世界に拡散できる仕組みになっているのです。その仕組みこそが原発体制とは何かを物語っています。

私たちは原発メーカー訴訟をはじめることでまさにその原発体制の本質を突きさす闘いに臨み、一日も早く、原発の再稼働、新規建設、輸出を止めなければならないと考えています。

今回の訴訟は、種々の証拠により、原発メーカーの責任によって福島事故が起こったことを論証し、原子力の恐怖から逃れて生きる、ノー・ニュークス権（No Nukes Rights）という新たな人権概念を打ち立てて、原賠法は憲法違反であることを主張します。そして原発メーカーの責任を問い、事故を起こしたことで原告に与えた精神的損害に対する賠償責任があることを明らかにします。この訴訟の原告団は全世界の市民と共に原発をなくしていく国際連帯運動を拡げていきます。全世界の市民のみなさん、連帯して原発メーカー訴訟を勝利に結びつけましょう！〉

こうして、原発メーカー訴訟の会原告団は２０１４年１月、東京地裁に原発メーカーの日立、東芝、ＧＥ（General Electric Company）を提訴した。原告団の構成は、この第１次と同年３月の第２次訴訟を合わせて、総数４１２８名（国内１４４５名、海外２６８３名）で、日本を含め合計39の国の原告が声を上げたのだった。

原子力損害賠償法（原賠法）という法律があり、原発メーカーはどんな過酷事故があっても賠償責任を問われることなく、原発を世界に拡散できる仕組みになっている。そしてこの原発メーカーを免責する責任集中制度は、世界の国々で採用されていて、法律や条約によって、世界中を覆う原子力損害賠償の原則になっている、というのである。驚くべきことである。

このなかで、原発メーカーは巨大な利益を上げることを約束された上、どんな事故の責任からも免れて原子炉の製造に専念できるのだった。この責任集中制度が、世界中に原発を増やし続けてきた要因となっていたのだった。

ここで確認しておきたいのは、原子力損害賠償法では電力会社が過失の有無にかかわらず責任を負うことになっているということだ。それゆえ被害者は電力会社に対してしか損害賠償を請求できない。ところが、その賠償額が電力会社の保険契約等による損害賠償措置額１２００億円を超える場合は、国が援助することとされている。しかし、電力会社や政府を通して支払われる賠償金は、言うまでもなくわれわれ国民が負担する電力料金と税金が原資である。

結局、原発メーカーは、この賠償にはまったく関与する必要がなく、安心して経済活動に専念できることになる。

東京電力福島第一原発事故による除染や賠償、廃炉などの損害額の最新の見通しを足し合わせると、11兆円を超えることが分かったという。しかも、これらの11兆円の中には、除染で出た土の最終処分の費用や、事故対応のためにかかった公務員の人件費などは含まれておらず、40年続くとされる廃炉費用や、住民などに対する賠償も増えることは確実で、事故から3年、原発事故の損害額は、膨らみ続けている、という（ＮＨＫ　ＮＥＷＳ　ＷＥＢ、14年3月11日）。日本人１人当たり、いったいいくらになるのか。10年の人口は１億２８００万人で、かりに損害賠償額を12兆８０００億円とすると、赤ん坊から老人まで一人当たり、なんと10万円も負担しなければならないのだ。途方もない損失である。

ノー・ニュークス権についての説明をみておきたい。

〈原子力は人間を含むあらゆる生物の生命や生きる環境までも回復困難なまでに破壊し、世代を超えて影響を及ぼす、他に類をみないほど危険性の高いものです。このような原子力の恐怖におびえながら生きることを強いられてよいはずはありません。

日本国憲法は平和的生存権（前文）、幸福追求権（13条）、社会的生存権（25条）等を保障していることから、個人には憲法上、「原子力の恐怖から免れて生きる権利」という人権が保障されていると考えました。そして私たちは、この人権を「ノー・ニュークス権」と呼ぶことにしました。責任集中制度は、原子力政策の推進体制を後押しする根拠となっており、ノー・ニュークス権＝原子力の恐怖から免れて生きる権利を侵害しているのです。〉

私は「平和的生存権」というものについて次のように確認していた［拙著『現場からの教育再生』（２０１１年３月）］。

〈日本国憲法はよくできていると思う。まず、前文の冒頭で「政府の行為によって再び戦争の惨禍が起こることのないやうにすることを決意し」と、戦争に対する恒久の平和を誓っている。

そして、平和をそれだけには限定せず、さらに続けて「われらは、全世界の国民が、ひとしく恐怖と欠乏から免れ、平和のうちに生存する権利を有することを確認する」としている。貧困や飢餓、災害や疾病、あるいは様々な格差なども秩序を崩壊させ、闘争や紛争に結びつく、ということも視野に入れているかのように「平和的生存権」をうたっているのである。

その平和的生存権から、国民一人ひとりの「生存権、国の生存権保障義務」を明確に示す「すべて国民は、健康で文化的な最低限度の生活を営む権利を有する」という第25条が置かれている。平和を考えるとき、われわれは戦争に対する「平和」と「平和的生存権」の両方を捉えていく必要がある。

さて、２００８年４月、イラクでの航空自衛隊の活動に対して、名古屋高等裁判所が、憲法違反だとする極めて重要な判決を出した。多国籍軍の武装兵員を空輸するのは、他国による武力行使と一体化した行動にほかならず、わが国が武力を行使したと見られても仕方ない。これは憲法９条に違反するとしたのである。

さらに注目すべきは、３０００人あまりの原告が請求の根拠とした「平和的生存権」の具体的な主張を、「憲法上の法的な権利として認められるべきである」としたことである。原告の主張には「戦争や武力行使をしない日本に生存する権利」、「戦争や軍隊によって他者の生命を奪うことに加担させられない権利」、「他国の民衆への軍事的手段による加害行為と関わることなく、自らの平和的確信に基づいて平和のうちに生きる権利」などがあり、判決はそれらをふくめて「平和的生存権」は「極めて多様で幅の広い権利であるということができる」と述べている。

また、「このような平和的生存権は、現代において憲法の保障する基本的人権が平和の基盤なしには存立し得ないことからして、総ての基本的人権の基礎にあってその享有を可能ならしめる基底的権利である」ということができる、と確認している。

そして「(憲法)九条に違反する国の行為、すなわち戦争の遂行、武力の行使等や、戦争の準備行為等によって、個人の生命、自由が侵害され」る場合や「戦争の遂行等への加担・協力を強制されるような場合には」「裁判所に対し当該違憲行為の差し止め請求や損害賠償請求等の方法により救済を求めることができる」とした。

原告が求めた、イラクへの自衛隊派遣の差し止めは棄却されたため、原告敗訴とはなった。しかし、原告側の受け止め方のように「実質的な勝訴判決」と言ってよく、形の上では勝訴した被告の国側は上告できないため、この名古屋高裁判決は確定することとなった。「平和的生存権」について、ここまで踏み込んだ判決はこれまでになく、歴史に残る判決といえるだろう。〉

私は、平和的生存権というものを言うとき、この名古屋高裁判決で確認し、確定された「平和的生存権」を念頭においている。3・11の原発事故の後の原発問題を考える場合もそうだった。私は「金子光晴と現代」(『AMAZON』2014年11月、No.468)という評論で、詩人金子光晴の詩と生きざまを鏡として現代を論じた。そのなかに次のように書いた。

〈私はフクシマの途方もない大惨事の後、どんなに美しい風景や文化遺産を目にしても、ふと原発事故を想定してしまうと、全てが一瞬に色褪せて見えるようになってしまった。事故から2年半後に訪れてこの目で見た、原発から30キロ以上も離れている飯舘村などのありさまが目に焼き付いているからだ。なだらかな山々の間に、先祖代々から拓かれてきた、見渡す限り美しいはずの村々は、故郷を追われた人々の帰還を拒絶し、人影の無い家々は朽ち、田んぼに稲穂はなく、田畑には草が茫々に生い茂り、山には蔦が高く伸びて絡み、放射能汚染物質、除染物質を入れた黒いフレコンバッグが、グロテスクにあちこちに何段も山となって積み上げられていて、全てが荒れ放題であった。

いい文学や映画や音楽を、読んだり、観たり、聴いたり、あるいは名人の落語で大いに笑ったりしても、同様である。心から楽しみ、喜べなくなってしまったのだ。それらには普遍的価値がある。しかし、一旦原発事故が起きれば、全てが根こそぎ奪われてしまうからだ。

これは、憲法で保障されるべき平和的生存権を、われわれが奪われてしまっている状態といってよいだろう。〉

そうしてこう続けた。

〈われわれはここで確定された「総ての基本的人権の基礎

にあってその享有を可能ならしめる基底的権利である」「平和的生存権」を後ろ楯とし、特定秘密保護法、集団的自衛権、原発再稼働問題等、あらゆる場面で生かし、主張し、自分のできるところから行動していく必要があるだろう。〉

ここで私が確認した「平和的生存権」のなかには、原発の脅威によって奪われてはならない権利が含まれており、それは、まさに原発メーカー訴訟でとなえられた「ノー・ニュークス権」（＝原子力の恐怖から免れて生きる権利）と同じものである。ノー・ニュークス権は、それをより明瞭に的確に表した命名だと思っている。

原発メーカー訴訟の第1回口頭弁論は15年8月28日、東京地方裁判所第101号法廷で行われた。一番大きい法廷で傍聴席は100席弱、抽選で外れて傍聴かなわない市民が少なからずあったようである。幸い私は原告枠で傍聴できた。

口頭弁論は、最初に、河合弘之弁護士とともにこの訴訟の共同代表となっている島昭宏弁護団長から、訴状の趣旨の概要説明、および原告弁護士より法律構成の説明がなされた。パワーポイントで要点を整理しながらの説明と訴えは、明快で、説得力あるものだった。

その最後は、こう締め括られた。

〈被告らは、①津波についての危険性の認識、②耐震バックチェック［原子力安全委員会（現原子力規制委員会）が定めた指針を適用して行われる、原子力事業者による原子力施設の耐震性を再評価する作業：筆者注］の不備の認識、③原発の老化問題の認識、④福島原発の構造の欠陥の認識の4つの認識を持っていた。

それにもかかわらず、特別な措置をとらず、漫然と放置し、事故の発生を招いた。それを招いたのは、責任集中制度により、原発メーカーが手厚く保護されているからである。その責任集中制度は憲法に違反して無効である。また、原発メーカーである被告らは、福島原発事故の責任を負うべきである。〉

続く原告代表の意見陳述の後に、被告GE、東芝、日立の各メーカーの代理人主張がなされた。最初に立った弁護団代表と見られる年配のGEの弁護士は、笑い顔を見せながら、まず、今回の訴えは、やっている方向が間違っている、と言い、これは裁判にはなりませんよ、というような態度で話した。傍聴席から、「笑うな！」という声が飛んだ。笑い顔は、これは門前払いの訴えだというポーズをとろうとしたものか、あるいは裁判の困難さを自覚してのポーカーフェイスかとも思われた。

GE代理人は、賠償金が9兆円になると言われて、一般の事業者にそんな大金が負担できますか、とも言った。この発言には驚かされた。すかさず傍聴席から「だから（原発を）やめればいいんだよ！」という声が上がった。私も全く同じことを言いたかった。ここで裁判長から、傍聴者は発言を慎むようにとの注意があった。

続く東芝の代理人は中年の女性弁護士で、早く結審してほしい、と結んで、簡単に終えた。最後の日立の弁護士は20代後半かと思われる若い女性で、詳細は書面に書いてある、と伝えて、すぐに終わらせた。

被告側は「原子力の恐怖から免れて生きる権利は、単なる不安感だから法的保護に値しない」、「被害は適切に賠償されている」などとして、争う姿勢を示して、第1回の口頭弁論は終わった。


順序が逆になったが、冒頭に行われた原告の説明の次になされた、原告代表の意見陳述の概要を紹介しておきたい。

〈私（原告森園和重《かずえ》）は東京電力福島第一原子力発電所から西へ、約60㎞離れた福島県郡山市に住んでいます。福島市や郡山市などが位置する中通り地方にも想像以上の汚染がもたらされました。

原発事故直後、中通りの須賀川市で「原発さえなければ」と書き残し、自殺された方がいました。自宅があっても、放射能に汚染された土地に戻ることができず、自殺される方はあとを絶ちません。現在も約11万余の人々が故郷から避難していて、原発事故の収束のメドは立っておらず、私達は低線量被曝を強要され続けています。

原発事故は、人間だけを苦しめたのではありません。取り残されたペット、鶏や家畜の死は、どの様なものだったのかご存知でしょうか。家畜は、人間の手で殺されました。

情報が錯綜する中、子ども達の姿が公園から消えました。異様な状況下に置かれ、乳幼児が遊べる室内遊技場が建設され、まるでSF映画でも見ている様でした。

しかし、事故直後から、行政や一部の専門家が、この程度の線量では「直ちに健康に影響は無い」と、まずは除染することで、安心して暮らせるようになると説明しました。

教職員と親御さんの手によって、学校や通学路の除染が始まりました。付着した放射性物質を、高圧洗浄機を使って洗い流す。このような試行錯誤の除染が行われました。

もちろん、これは「被曝」をともなう作業です。被爆しながら除染作業をする、その姿をあちこちで見かける様になりました。「汚染物質を移動させるだけだ」と言われても、やらずにはいられませんでした。

我が家も自宅除染を行いました。毎時10μSv（マイクロシーベルト）近い雨樋下と、庭の芝生を、一部剥離し、削り取った土を、土嚢に詰め、庭の片隅に積み上げブルーシートで覆いました。据え置くこと2年7カ月、になります。一番の問題は、除染したものをどこに持って行くのか、仮置き場も中間貯蔵施設も決まっていないことです。現在、現地保管は10万箇所を超えています。

なぜ、私たちが、自分達の手でやらなければならなかったのでしょう。本当なら、事故を起こした企業がやるべきこと、それは東電だけだはなく、こんな危険な原発を造ったメーカーが、行なって当たり前のことです。そして、なんと、いつの間にかこの除染が公共事業へと変わっていったのです。各公民館などで行われた除染説明会。その資料には、原発メーカーの名前がずらり……。加害者である原発メーカーが、利益を得ながら除染をするという、本末転倒とも言うべき現象が生まれていきました。

3月19日 長崎大学の山下俊一、高村昇、広島大学の神谷研二の三氏が福島県アドバイザーに就任しました。

「年100mSv（ミリシーベルト）までの被曝では健康に影響しない」、「子ども達に砂場で遊ばせても問題なし」、「笑って暮らせば大丈夫」など、無責任との誹りを免れない言葉を、あらゆる機会を捉えては、発信していきました。国の財政を破綻させせないためという、お題目を掲げて洗脳が始まりました。

一般人の被ばく線量の限度は、年1mSv。それが法律で定められているにも関わらず、赤ちゃん、子どもたちに「年20～100mSvまで問題無し」とすることが、どういうことか、被告である原発メーカーの皆さんはお判りだと思います。ご自分の子どもさんやお孫さんに、同じことができますか？

そして、世界で100万人に1人か2人とされる小児甲状腺癌。福島県で検査を受けた約30万人のうち、悪性または悪性の疑いと診断された子どもは127人。うち104人が手術を終え、103人が小児甲状腺癌と確定。また、リンパ節や多臓器へ、転移している例も少なくないということです。「因果関係は考えにくい」とする国、県側は、何人の子どもに甲状腺癌が見つかれば、因果関係を認めるのでしょう。手術の予後は良く、命に関わる病気ではないと、医者は言います。が、一生、薬を飲み続けなければならない子どもや、親御さんの苦悩と不安にどう向き合っていくのでしょう？

子どもたちの部活も「大会や練習の参加については保護者の署名・捺印・同意を得ること」とし、土壌汚染は無視されたまま、チェルノブイリの健康被害に学ぶことも無く、あくまで、責任は親御さんにあるとしているのです。〉

放射線の不必要な被爆を防ぐため、日本の法律上、人の不必要な立ち入りを防止する区域として、放射線管理区域が設定されている。その基準は年間5mSvを上限として、3カ月で1・3mSvとなっている。労災の認定基準においても、白血病の基準は年間5mSvである。

1986年に起きたチェルノブイリ事故後のソ連の避難基準には2段階あった。一つは一般市民の被曝が年間1mSvを超えると「移住権利」が発生した。住民は移住するか否かを自分で選択する。もう一つ、年間5mSvを超える場合、「移住義務」になったのだ。

15年7月、復興庁は、「被災者生活支援等施策の推進に関する基本的な方針の改定（案）」を発表した。復興庁が示した基本方針案は、線量は低減し、「生活圏として既に年間20mSvの線量以下」として、「支援対象地域は縮小又は撤廃することが適当」、「避難指示区域以外から避難する状況にはない」とし、福島県による自主的避難者への無償住宅提供の打ち切り方針を追認した。これを受けて、8月25日、「被災者生活支援等施策の推進に関する基本的な方針の改定」が閣議決定された。これは「原発事故子ども被災者支援法」の死刑宣告だと批判されている。ひどい、むごい仕打ちである。


国・県によりスピーディーの情報を隠され、ヨウ素剤配布を見送られ、無用な被曝をさせられた上、3～4割低く表示されるモニタリングポストやガラスバッジ（特殊なガラス素材を使用した、一種の線量計で、個人が受けた積算の放射線量を計ることができるとされている：筆者注）により、「外部被曝」のみ考慮されると言うまやかし！　食事や呼吸による「内部被曝」も積算されなければなりません。

本来であれば、子どもたちや妊産婦を、いち早く、避難させなければならなかったはずです。事故直後、アメリカをはじめとする各国が、自国民を守るために、チャーター機を用意し、日本脱出、また西日本へ避難させました。ここ東京からも続々と逃げて行ったと聞いています。福島県民は初めから、「棄民」、切り捨て同然の扱いをされたのです。これは東電、国、地方自治体、そして原発メーカー等による経済を最優先させた、まさに「国策被ばく」ではないでしょうか！

レベル7の原発事故が、復興の名のもとに、「安心・安全神話へ」「実害が風評被害へ」。放射能汚染が無くなることなどあり得ない状況下で、様々な問題が、ロシアンルーレットの様に扱われ、人間としての知る権利・尊厳も奪われ、原発事故被害はとどまることなく、拡大しています。

東電は、誠実な対応をしているとは言い難く、被害の賠償は進んでいません。格差は広がるばかりです。そして、原子炉の欠陥が指摘されているにもかかわらず、原発メーカーは全く責任を追及されていません。

使用済み核燃料の処理方法も、汚染水の解決もままならず、また、第二、第三の原子炉と言われる簡易汚染物焼却炉の建設、その施設の解体問題も、先送りにしたままです。そして、放射能被害は、福島県だけのことではないにも関わらず、被告である原発メーカーは利益のみを追求、歯止めもなく、責任を逃れ、再稼働から原発輸出へ！

私たち福島県民をどこまで愚弄するのか……

この様な理不尽極まりない現状を、許すことをしないで下さい。原発事故の被害という私たちの日常は、すべて原発メーカーに結びついているのです。

最後に、原発事故収束のために、原発事故現場で、被曝作業を続けてくださる方々の無事を願わない日はありません。彼等がいなければ日本はお終いでしょう。そのことを述べ、私の意見陳述とします。〉

この意見陳述は10分ほどだったが、訴えた森園さんは、10分間では、とても思いを伝えきれなかったと、口頭弁論の後の報告会の席で伝えた。とはいえ、実際の被害者の具体的な体験を元にした苦境と切実な訴えは、裁判関係者と傍聴者の胸に深く響いたにちがいないと思われた。

終わりに

3・11以降に出された原発訴訟の判決を確認しておきたい。まず2014年5月、福井地方裁判所の樋口英明裁判長は、関西電力に対し、大飯原発3、4号機は大規模地震への対策が不十分であり、原発から半径250km圏内の住民の「生命を守り生活を維持するという人格権の根幹を具体的に侵害する恐れがある」として、同原発3、4号機の運転の差止めを命じる判決を言い渡した。この判決は、福島第一原発事故の深い反省のもとに、国民を放射性物質の危険から守るという観点から、司法の果たすべき「重要な責務」として出された画期的判決であり、ここで示された判断の多くは、他の原子力発電所にもあてはまるものだろう。

また15年2月に原子力規制委員会の安全審査に「合格」し、再稼働に向けた手続きが進んでいる関西電力高浜原発3、4号機（福井県高浜町）をめぐり、福井など4府県の住民9人が再稼働の差し止めを求めた仮処分申請で、福井地裁の樋口英明裁判長は4月14日、再稼働を認めない決定をした。仮処分で原発の運転を禁止する決定は全国で初めてである。仮処分決定はただちに法的効力が発生するため、今後の司法手続きで決定が取り消されない限り2基は運転できない。関電は不服を申し立てるとともに、法的効力の停止も求める方針だが、想定されていた11月の再稼働は極めて困難な情勢となった。

本稿で報告した3つの裁判でも、着実に成果を生み出しているように思われる。とはいえ、原発の再稼働を実際に阻止できるかどうかは、原発訴訟だけで決着が付くような問題ではない。そこに必要なのは、やはり、裁判官の目にも見えるような多数の広範な市民の支持と支援である。

（埼玉・会員）

（—続く—）

（2015年10月14日）

【今月の本】

川田稔「昭和陸軍全史（全三巻）」

講談社現代新書　本体一〇〇〇円（税別）×3

島貫　隆光

以前、8・15誌上で『「戦後派が戦中派に「戦争」を聞く座談会』という企画の中で統制派、皇道派とは何かが問題になったことがある。その時私はこのことに関して知識が無かったので答えられなかった。本書はまさにこのことに特化して徹底的に詳細に語り尽くした本である。しかも満州事変に始まり大東亜戦争に至る全ての局面において昭和陸軍を主導し、国家を破綻させた張本人は彼らである。この歴史を知れば大東亜戦争に至る道はほぼ完全に理解できる。昭和史を知るためには是非読んでおくべき一書であると信ずる。

カギを握る4人のエリート

満州事変以降の『昭和陸軍』をリードしたのは陸軍中央の中堅幕僚グループ『一夕会(いっせきかい)』。満州事変の2年前の1929年に結成されました。メンバーは東条英機、永田鉄山、石原莞爾、武藤章、田中新一ら約40人。一般的には東条が日本を破滅に導いたように思われていますが、昭和陸軍の戦略構想を立てたのは永田と、石原、武藤、田中の4人。東条は彼らの構想に従って動いたに過ぎません。

永田を中心にした彼ら4人とも、単なる軍事エリートではなく、当時の日本社会では知性と教養を併せ持つ知的エリートでした。戦前の陸軍は何も考えずに暴走したと思われがちですが、そうではなかったのです」

川田稔・名古屋大学名誉教授はそう語る。川田氏は、戦後70年に合わせて『昭和陸軍全史』全3巻(講談社現代新書)を上梓。永田、石原、武藤、田中の4人を軸に、なぜ日本が無謀な戦争に突き進んでいったのか明らかにしている。

「一夕会が存在感を強めたのが、1931年の満州事変の発端となった『柳条湖事件』です。満州事変は関東軍作戦参謀だった石原のプランに基づくものでした。彼は日中間で紛糾していた満蒙問題解決のため、武力行使による全満州占領を目指していたのです」

石原は関東軍赴任前から、20世紀後半期に日米間で戦争が行われるとする「世界最終戦争」という独自の世界観を持っていた。

「石原は将来的に、アジアの指導国家となった日本と、欧米を代表する米が世界最終戦争を戦うと予想。その戦争に勝つためには鉄・石炭などの資源が必要で、そのために全満州の領有、さらには中国大陸の資源・税収などを掌握しなければいけないと考えたのです」

石原らの謀略、越権行為に対し、当時の若槻礼次郎内閣は戦線の「不拡大」を決めたが、関東軍はそれを無視して戦線を拡大。陸軍省の軍事課長だった永田も、石原らの行動を支持した。

満州事変は、永田を中心とした一夕会の周到な準備によって遂行されたものだったのだ。

「陸軍きっての俊英と知られた永田は第一次世界大戦前後の6年間、ドイツなどに駐在。大戦の実態をまざまざと見ました。

人類史上初の総力戦となった第一次世界大戦でドイツが負けたのは、資源が自給自足できなかったため。次の世界大戦はさらに機械化が進み、資源や労働力が必要になる と確信した永田はドイツの轍を踏まないよう、資源、機械生産、労働力のすべてを自前で供給できる体制を整えねばならないと危機感を募らせた。

永田の眼には、敗戦で過重な賠償を課されたドイツが、次の大戦の発火点になるのは必至だった。そこに日本は必ず巻き込まれる。その時に備えて国家総動員体制を早期に整えなくてはならないと考えたのです」

だが、当時の日本は多くの物資をアメリカからの輸入に頼るなど、自給自足には程遠かった。

「そこで永田が考えたのが中国の満州と華北、華中の資源を確保することでした。当時、中国では反日ナショナリズムが盛り上がり、蒋介石率いる国民党政府が中国の統一を目指して北伐を実施。この動きに永田らは、日本の資源戦略が脅かされるとして安全保障上の危機感を強めた。永田や石原が満州事変を起こしたのは、そうした危機感によるものでした」

繰り返される内紛

そんな一夕会の構想とは逆に、当時の日本政府は、第一次大戦の戦禍を踏まえて結成された国際連盟の常任理事国として、国際協調を模索していた。

「この頃の一般世論の感覚は、いまの日本人の感覚と近かった。歴代内閣はワシントン条約など様々な国際条約を結び、平和を保つために国際協調路線を進めていて、政党政治はそれなりに安定していました。

一夕会からすると、とにかく波風をたてまいとする内閣、政党政治家はあまりに無知。いつまでたっても国家総動員体制はできず、日本は次の大戦で滅ぶか、三流国に転落すると、危機感が強まる一方だった」

そうして、永田らは政党政治家にとって代わり、自分たち陸軍の手で政治を支配しようと動きだす。「彼らは『統帥権の独立』と『陸海軍大臣武官制』を使って内閣に執拗な恫喝を繰り返し、屈服させていきました。

31年12月に発足した犬養毅内閣では、一夕会の政治工作により、一夕会が推す荒木貞夫が陸相に就き、永田も陸軍省ナンバー4の情報部長に就任。一夕会系幕僚が陸軍 の要職をほぼ独占してしまった。陸軍中央は、直ちに関東軍の全満州占領や満州国建国の方針を承認しました」

さらに、32年5月、青年将校が犬養首相らを殺害する5・15事件が発生。政党政治は終焉を迎える。33年には満州国独立を巡り、日本は国際連盟を脱退した。

陸軍の主流派になった一夕会では権力闘争が激化。皇道派と統制派に分かれた内紛のなかで、永田は執務中に斬殺される。

永田の死後は、石原と武藤が永田の国家総動員構想を推進していく。36年、皇道派の青年将校らによる反乱「2・26事件」が起きたが、石原、武藤は二人三脚で鎮圧する。

「永田の構想を直接引き継いだのは武藤でした。武藤は永田の構想に基づき、32年に誕生した満州国とは別に、華北地域に親日の傀儡政府を作って、華北の資源を確保しようとした。いわゆる華北分離工作です。

武藤が資源確保を急いだのはドイツでナチスが政権を取り、ベルサイユ条約を破棄して再軍備を行ったことが大きい。第二次世界大戦が現実味を帯びていたのです」

読みはことごとく外れ・・・

ところがこれに待ったをかけたのが石原だった。石原も当初は華北分離工作を支持していたが、途中でそれを止める。理由は、ソ連の存在だった。

「満州国と華北に接するソ連極東軍が、軍備を大幅に増強していたのです。華北分離工作を続けると、危機感を持ったソ連が介入して戦争になる恐れがあると危惧した。

ソ連との戦争になれば、アメリカから物資を輸入せざるを得ません。しかし華北分離を進めると、中国に権益を持つ英米との関係が緊迫し、石油の輸入も受けられない。よって自重すべきだというのが、石原の考えでした」

しかも石原は、たとえ欧州で次の大戦が起こったとしても、日本は介入すべきではないという立場だった。

「しかし、武藤は欧州で大戦が起これば必ず日本も巻き込まれると主張。華北分離工作を止めてしまうと、大戦の準備ができなくなるとして石原と鋭く対立したのです。

37年7月、盧溝橋事件が勃発し、日中戦争が始まりました。石原は速やかに事態を収拾させようとします。石原は、華北には北京があるので、国民政府が絶対に屈しない、必ず長期戦になると予想していました。

対して、武藤は『一撃で中国を屈服させられる』と豪語。戦線の拡大か不拡大かで、陸軍中央を巻き込んだ大論争に発展しました。一夕会のメンバーで武藤と同期の田中新一も武藤に同調。結局、武藤は石原を排除して実権を掌握。石原は失脚しました」

しかし、石原の予言通り、国民政府は頑強な抵抗を繰り返し、日中戦争は泥沼化していく――。

36年11月、日本は日独防共協定を公布。38年4月、近衛文麿内閣は国家総動員法を公布。ついに国家総動員体制がスタートした。39年9月、ドイツがポーランドに侵攻し、欧州で第二次世界大戦が始まった。武藤は永田や自分が考えた通りの展開になったとして、40年6月、「綜合国策十年計画」を策定する。

「この中で武藤は『大東亜協同経済圏』という言葉を使い、日本、朝鮮、中国としていた自給自足圏を東南アジアにまで拡大する構想を初めて掲げました。これが後の大東亜共栄圏構想です。

第二次大戦勃発に合わせて調査し直したところ、自給自足のためには石油やボーキサイト、スズ、石炭や鉄も足りないことが判明。それで東南アジアでも資源を確保しようとしたのです」

南方にはイギリス領が多く、南方進出はイギリスとの戦争を意味した。一方で、武藤は対米戦は絶対避けるつもりだった。

「武藤は『アメリカは物資と財力で世界一であり、年間軍事費は約140億円（日本は20億円）で日本はかなわない』、『対処を間違えば日米戦争を太平洋上に始めて、世界人類の悲惨なる状態になる』と述べています」

そこで武藤が考えたのが、ナチスドイツにイギリスを倒してもらい、欧州でのアメリカの足場を崩すことだった。

日本が日独伊三国同盟を結んだのはそのためだった。しかも、武藤は、三国同盟にソ連が加わった4カ国連合を結成して、アメリカを封じ込めようと考えていた。実際、ドイツは39年8月に独ソ不可侵条約を結んでいた。「日本は41年4月、日ソ中立条約を結んだのですが、それから2カ月後に、何とドイツが不可侵条約を破棄してソ連と戦争を始めたのです。

武藤は、イギリスに加えソ連とも戦争する正面作戦は『ヒトラーの頭が狂わない限りあり得ない』と考えていたが、そのまさかが現実になった。このため武藤はドイツと距離を置くことを主張しますが、田中は『日本とドイツでソ連を挟み撃ちにすべき』と反論し、激しく対立しました」

頼みのドイツとソ連が戦争を始めたのだから、大東亜共栄圏構想は根底から覆ったも同然。しかもソ連はイギリス、アメリカと協調し、逆に三国同盟包囲網が整った。

にもかかわらず、武藤も田中も南方進出の方針を変えず、41年7月、南部仏印に進駐。アメリカは事前の警告通り、直ちに石油を含む対日輸出の全面禁止に踏み切った。

「武藤は南部仏印に進駐したぐらいのことで、アメリカが石油を禁輸するとは予想してなかった。石油を禁輸すれば日本が東南アジアの石油を求めて南方に進出してくるのは明らか。アメリカはイギリスを助けるため、まずドイツを叩くつもりで、二正面作戦となる日本との戦争を望んでいないと思い込んでいたのです」

武藤は外交交渉での事態の打開に一縷の望みを託すが、田中はアメリカとの戦争を主張した。結局、ハル米国務長官は日本軍の中国、仏印からの無条件撤兵、三国同盟からの離脱などを求める、いわゆる「ハル・ノート」を提示した。

「田中は、これを飲めば日本は満蒙の権益を失ってしまうので到底我慢できない。アメリカと戦えば長期戦になり勝ち目はほぼないが、ドイツ次第では万に一つの勝機があるかもしれないと考えた。

アメリカの戦争準備が整う前の有利なタイミングで開戦すべきと主張し、万策尽きた武藤も開戦を承認。こうして無謀な戦争に突き進んだのです」

最後は国民と心中する

41年12月8日、ついにその時が訪れる。南雲忠一中将率いる機動部隊がハワイのアメリカ艦隊を奇襲。初戦の戦果に日本中が沸いたが、物量に勝るアメリカが次第に攻勢に転じ、日本軍は「生きて虜囚の辱めを受けず」という戦陣訓に基づき、各地で玉砕した。

「アメリカとの戦争に負けたら陸軍は権力を失う。どうせ権力を失うなら、日本民族ともども心中しようという精神構造が陸軍にはあった。同じ負けるにしても、陸軍という　組織を残すためにできるだけ有利な条件で降伏しようとも考えた。そのために人命を犠牲にした作戦も敢行させたのです」

太平洋戦争での悲劇を引き起こした、一夕会の中堅幕僚たちの失敗。現場の暴走を陸軍中央は抑えられなかったのか。

「陸軍のトップは永田ら一夕会の操り人形だったので、中堅幕僚が暴走しても、それをコントロールできませんでした。

永田らは第二次大戦が必ず起こると想定して、自給自足の完璧な安全保障体制の構築にこだわりました。結局、軍人ゆえの合理性から完璧を目指そうとして、目の前の事態に対処できずに状況は悪化していった。

確かに永田の予想通り第二次大戦は起こりましたが、日本が国際連盟を脱退していなければ、別の展開になっていたかもしれない。複雑怪奇な国際情勢の中で、完璧な安全保障など、そもそも可能だったのか。むしろ戦争を起こさないようにする多種多様な対応こそが、求められていたのではないでしょうか」

戦後70年、いま、安保法制の問題などで日本人の戦争観か問われている。「昭和陸軍」の失敗から、学ぶことは多い。

川田は永田が総力戦の罠にはまったと書いている。軍人が自給自足の完璧な安全保障体制を構築しようとして中国に侵略した結果トラの尾を踏むことになりアメリカとの開戦という最悪の結果を招来した。これは現在も完璧な切れ目のない安全保障体制を構築しようとして安保法制への強行裁決に踏み切った現政権の危うさを思わせる。

この安保法制は集団的自衛権の行使を問題としたものだが、A国がB国を攻撃した時にB国と同盟関係にあるC国がA国を攻撃するもので、これは先制攻撃とみなされることは国会でも審議された。しかし、A国はこれを口実として予防攻撃を行うことが考えられる。つまり、A国はB国を攻撃する時にC国に対して同時に予防攻撃をかけることになる。これは軍事常識だが、このことは一度も論ぜられていない。これこそが安保法制のワナなのである。

川田は原敬や浜口雄幸の研究者であって、この対米親善内閣を支持している。この路線が続いていれば戦争に至らなかったのではないか。それをはばんだのが当時の軍の暴力路線である。軍の暴力は天皇でさえ怖れていた。軍の思い込み、それが暴力となって日本の進路を誤らせたのである。現在の暴力は国会議席数にある。百万言を費やすより議席獲得を願いたいものである。

参考文献

川田稔　「総力戦の罠にはまった永田鉄山」

川田稔・半藤一利、船橋洋一、山口治明

「世界史の中の日米戦争　――

失敗の根源　なぜアメリカと戦ったか」

文芸春秋SPECIAL　秋号

川田稔　「『昭和陸軍』の失敗」

週刊現代　七月二十五日、八月一日合併号

（埼玉・会員）

中国脅威論に冷静な目を

熊谷　憲治

現今の最重要問題はメディアの姿勢

先月8日、憲政記念館で開催された『オールジャパン平和と共生』総決起集会に参加した。集会の発言者は、小林節（慶大名誉教授）・鳩山鳩山由紀夫（元総理）・孫崎享（元外務省国際情報局長）・小池晃（共産党団会議員）の各氏ら15名ほどだった。各氏とも、民主主義と立憲政治を踏みにじり、戦争法案を強行裁決したアベ政権を打倒するという一点で、全ての反対勢力が一つに結集する必要を強調したのである。こうした発言者の一言ごとに、会場の収容定員を大幅に越えて集まった市民が共感の大きな拍手を送り熱気に満ちた集会であった。

そこで私がとくに共鳴したのは孫崎氏の発音である。氏は、現在のこの危機的状況の中で克服すべき2つの最重要問題は、①リベラル勢力がバラバラで結集できないこと。と②マスコミの報道姿勢であると指摘された。私は集会終了後ただちに孫崎氏の所へいき、「南シナ海で中国だけが突出して不法行為をしているような中国脅威論はヒド過ぎませんか」と質問、「そう思ってよい」と答えられた。

安保法制のダシに使われた中国脅威論

アベ首相は、先ず、イラストで日本人母子を乗せた米艦船の護衛と、ホルムズ海峡の機雷撤去とを集団的自衛権容認の根拠としてもち出した。だがいかにもコジツケがましく、国会の内外で通用しないものだから、次に中国脅威論に切りかえたフシがあり、それをそのまま伝えているようなメディアの報道ぶりに、中国外交の専門家である孫崎氏も違和感を感じておられるではあるまいか。

中国のガス田開発は一方的か?

政府は7月22日、東シナ海で中国が行った16基のガス田施設の写真を公開、菅官房長官が「中国の一方的な資源開発は極めて遺憾だ」と述べた。だがそうだろうか?

元石油資源開発取締役の猪間明俊氏によれば、日中両国は2008年に東シナ海で共同開発を目指すことに合意したが、写真公開された施設のうち1基以外はいずれも両国合意以前に中国側が発見したガス田であり、共同開発が明示された1基についても、08年の合意文書に「中国企業は日本法人が中国の法律に従って開発に参加することを歓迎する」とある。だが日本企業が参加を申し入れたという話はなく、冷静に見ると日本が異を唱える名分はない、とのことである。(8月20日付朝日新聞『私の視点』)

日本側が東シナ海のガス田開発に乗り出さない理由は、どうやら、パイプ等によるガス資源の輸送にコストがかかり過ぎて採算がとれないらしく、それが実情ではないか。

私が釈然としないのは、一般の読者は先ず中国の動向に脅威を感じ、あたかも中国は一方的にガス田開発を進めているという印象をもってしまう報道ぶりで、猪間氏のこうした投稿記事によって真相が初めて分かるような紙面構成についてである。この新聞の「私の視点」の欄は識者による投稿記事のようでしかも17面の最下段にあり、忙しいときなどウッカリ見過ごしてしまいそうである。この記事の最後に猪間氏は「今回の(中国による東シナ海ガス田開発の)写真公開は国民に反中・嫌中感情をあおるだけのように見える、国民もメディアも冷静に受けとめるべきと述べておられる。実に考えさせられる記事であった。

フィリピン領土は南沙諸島の東

南シナ海における中国の脅威は一般にはもっと強く印象づけられているようである。南沙諸島への中国の進出について日本では、あたかもフィリピン領土が中国に侵略されたような印象を持っている人が多い。だが、その辺りの歴史的な経緯はどうなのか。軍事ジャーナリストの田岡俊次氏によれば、1898年にスペインがアメリカにフィリピンを割譲したパリ条約では、東経118(南部は116度)以東が割譲の対象で、南沙諸島はその線の外(西)であり、フィリピン領土ではないとのこと。1938年、日本が領有宣言をして台湾に編入した隙にもアメリカは抗議しなかったという。現在日本政府の公式見解ではその帰属は「未確認」としているそうである。

日本では、中国が南シナ海の南沙諸島で岩礁の埋め立ての規模が突出していると騒ぎ、脅威論を煽りたてている人もいるようだが、見方によっては、中国はむしろフィリピンやヴェトナムに出遅れたのだとの見方もある。

南沙諸島で「島」と呼べるものが12あり、うち5つがフィリピン、別の5つがヴェトナムと1つは台湾、残る1つをマレーシアが押さえている。出遅れた中国はどの国も目を向けなかった岩礁を埋め立てるしかなかったという。

米も望まない南沙での交戦

軍事ジャーナリスト神浦氏によれば、19日に、米海軍高官27人が中国の航空母艦「遼寧」に乗船し査察している（AP通信配信）。日本でなぜ報道されないのか？米中対立でことさら不安を煽ろうとするのは、まさか「タメにする報道」でないとは思うが。米中が一触即発するようなイメージをつくり、南部シナ海での紛争のため石油輸送ルートが封鎖されるから「抑止力」が必要と思わせて安保法案（＝戦争法案）の根拠にしても、世論調査では常にこの法案に60％が反対している。

かりに南シナ海で紛争が起こっても、インドネシアのバリ島の東を抜け、フィリピンの東方を回ればすむ（「週刊金曜日」1053号）。「日本存立の危機事態（安保法案の最重要条件）」にはならない。だいいち両国とも本音では中米交戦など望んでいない。要するに、南シナ海で優位性を保ちたいというメンツの問題なのだという。

中国に関するメディアの表面的な情報には心して冷静に対応しよう。それが「情報リテラシー」ということか。もしかすると朝鮮・韓国についても同様なのか？

（埼玉・常任幹事）

寄贈誌より

『中国研究月報』（社団法人中国研究所発行）

2015年10月号

▽論文　1960年代中国におけるモンゴル語語彙問題
——「公社」「幹部」の表記問題を中心に　テグス

▽書評　小沼孝博著　東京大学出版会
『清と中央アジア草原——遊牧民の世界から帝国の辺境へ』　岩田　啓介

▽書評　鄒双双著　東方書店
『「文化漢奸」と呼ばれた男—万葉集を訳した銭稲孫の生涯』　関　智英

▽書評　柴田善雅著　水曜社
『中国における日系煙草産業　1905——1945』　今井　就稔

▽書評　中国出土資料学会編　東方書店
『地下からの贈り物——新出土資料が語るいにしえの中国』　杉山　文彦

その2インタビュー
中国研究所時代の思い出——久保　孝雄氏に聞く

十月の常任幹事会

日時　十月二十四日（土）十四時～十六時
会場　さいたま市大宮区桜木町1-10-18
　生涯学習センター　講座室
出席者　沖松・日森・高橋（勇）・熊谷・佐藤・小林・山田・加藤・長谷川・秋山（博）・長沼・落合・小川

報告

1．尾形元常任幹事の入院についての病状報告。
2．沖松代表幹事の講演報告と予定。
10月3日に「JR東労組で行ったほか熊谷商業高校、桶川高校などで予定されている。
3．元双葉町町長井戸川氏提起の被爆訴訟。
4．朝鮮統一支持運動全国集会について。

学習会

山田常任幹事の参加した「戦後70年を振り返り考える、日中戦争と満蒙開拓団の実相を学ぶ平和友好の旅」の報告を中心として意見交換を行う。

・開拓団になぜ長野県の人が多いのか。
・高橋（勇）さんの体験談
・南京、ノモンハンへのツアーを計画したらどうか等々

協議

1．10月号巻頭言で提起されている南京大虐殺文書が記憶遺産に登録されたことに対して政府が分担金拠出停止等の検討を行うことに対しての抗議を行う。
2．編集委員長交代について。
「年内に3月より委員長を引き受ける人が決まれば続けるが、決まらない場合は12月で辞任する。」ことを了承する。
3．3月末～4月当初を目途として訪中団の派遣を考える。
4．新年会を開催する。

（落合）

事務局月報

・先月号の巻頭言を書かれた武井さんが追記として書かれていたことについて、行動をしていく予定
・随分昔のことになるけど、お年玉を貰うお正月頃、ユネスコ・ユニセフなどの国連の機関への募金があり、小銭を学校に持っていったことがあった。大人になり、制度上少々の疑問を持つこともあったが、政治的な意味合いで機関への分担金を減らすなどと言う発言には憤りを隠せない。
・富士山・富岡製糸工場・他、日本の『世界遺産』は多いけど、有形無形の世界遺産に登録する、されるというものと登録されないものとの違いはどこにあるのだろうか。
・左記のようなことを書いていたら、フランスの劇場等の（テロ事件）の記事が目に飛び込んできた。抑止力になる、などと威勢よく広げた軍事同盟強化の風呂敷がいかに無力なものか、戦争放棄と戦力不保持がどんなに重要なことかを改めて思う。

（小林）

『8・15』2015年11月号
2015年11月15日発行
定価　500円（送料とも）
編集人　落合　正史
発行人　沖松　信夫
印刷所　（有）イワキ
発　行　日中友好8・15の会
〒125-0032
東京都葛飾区水元3-3-4
小林悦子方
TEL＆Fax　03-3627-1953
郵便振替　00120・6・27415
日中友好8・15の会
HP URL　http://www11.ocn.ne.jp/~donpo/

会　　　　則

（名称）　第１条　本会は、日中友好元軍人の会を受け継ぐ日中友好「８・１５」の会（通称日中友好８．１５」の会）と称する。

（目的）　第２条　本会は、過去の戦争に対する反省に立脚して、あらゆる戦争準備の動きを阻止し、平和を希求するために世界各国とくに中国との友好に貢献するとともに、会員相互の親睦を深めることを目的とする。

（会員）　第３条　本会は前条の目的に賛成する元軍人および賛同者をもって構成する。

第４条　本会の本部を関東地区に置く、支部を各都道府県に置く、また事務局を関東地区に置く。

（事業）　第５条　本会は、第２条の目的を達成するために以下の事業を行う。

１．会誌『８．１５』の発行
２．講演会、研究会の開催（平和諸団体との共催を含む）
３．学習会の開催
４．中国からの留学生・研修生の受け入れ
５．訪中団の派遣
６．その他、本会の目的達成に必要と認められる諸活動・事業

（総会）　第６条　本会は、総会を毎年１回、原則として８月 15 日に開催する。総会は、委任状を含めて会員の過半数の出席により成立するものとする。総会は、幹事会から、活動報告、行動計画事業計画、決算、予算、役員の選出、その他、本会の運営に必要な事項について報告、提案を受け、出席者の過半数の賛成により　これを承認、決定する。幹事会が必要ありと認めたときは、その決議により、臨時総会を招集することができる。総会の決議に基き、顧問を置くことができる

（運営）　第７条　本会の運営は、幹事会が行う。ただし、幹事会は常任幹事会にその権限を委任することができる。

（役員）　第８条　代表幹事、副代表幹事、常任幹事、事務局長を本会の役員という。

第９条　役員の任期は１年とする．ただし、任期満了後も総会において新役員が選出されるまではその職務を行う。役員の重任は妨げない。

第 10 条　本会の運営のために幹事会ならびに常任幹事会を置く。幹事会は幹事を以って構成し、本会の運営に必要な重要な会務を行う。幹事の互選により代表幹事、副代表幹事、常任幹事、事務局長を選任する。常任幹事会は、原則として毎月 １ 回開催し、幹事会の委任をうけて本会の運営に必要な一般会務を行う。

第 11 条　幹事は、会員の維薦により選任し、捻会の承認を安ける。

第 12 条　幹事会は、常任幹事会の決議に基き、代表幹事が招集する。常任幹事会は、常任幹事２名以上の発議により代表幹事が招集する。幹事会および常任幹事会の決議は、出席幹事の過半数の賛成により成立する。賛否同数のときは、代表幹事がこれを決する。

第 13 条　本会の会議の遂行上、下記の分科委員会を設け、常任幹事会が選出した委員長が運営の責に当る。

1．組織・活動委員会
2．会誌編集委員会
3．財務委員会
4．対外交流委員会

各委員会の委員は、委員長の堆薦により委嘱する。

第 14 条　会計の監査は、会計監事が行う。会計監事は、幹事会の堆薦により選任し、総会の承認を受ける。

（財政）　第 15 条　本会の経費は、会費、寄付金、その他の収入をもってまかなわれる。留学生・研修生受け入れのため、特別会計を設ける。

（会費）　第 16 条　会費は年額１万円とする．また、家族金員の会辛は年報 2000 円とする。

第 17 条　本会の会計年度は、毎年７月１日に始まり翌年６月 30 日に終る。

（改正）　第 18 条　本会の会則は、幹事会の発議により、総会において、委任状を含む出席者の３分の２以上の賛成により改正することができる。

（付則）　この会則は 2004 年 8 月 29 日から施行する。

過去の直視、これが歴史認識の原点

軍備亡国・反戦平和

2015年 12月号 No. 553

8.15

二〇一五年 十二月十五日発行（毎月一回十五日発行）
第五七巻 十二号 通巻第五五三号

http://www11.ocn.ne.jp/~donpo/

12

日中友好8.15の会
（日中友好元軍人の会）

創立宣言

戦争の罪悪を身をもって体験した、わたくしども元軍人は、心から人間の尊厳にめざめ、戦争を否定します。

わたくしどもは、過去の反省に立脚し、戦争放棄と戦力不保持を明示した日本国憲法を順守し、真に人類の幸福と世界の平和に貢献せんがため、本会設立の趣意書ならびに会則にのっとり、同志相携えてあらゆる戦争を阻止し、戦争原因の剪除に努め、進んで近隣諸国とくに中国との友好を進めんとするものであります。

ここに終戦の記念日をトして本会を設立するにあたり、万世のため太平を開く決意のもとに日本の更正を誓った当時を追憶し、戦没の万霊に額ずき、ご遺族をはじめ戦争の被害者ならびに軍靴で踏みにじった戦場の住民各位に深く遺憾の意を表しつつ宣言します。

１９６１年8月１５日

日中友好元軍人の会

二〇十五年度　活動方針

われわれは、創立宣言に則り、次の活動を行なう

一、平和憲法を守り抜くため、広く非武装中立・軍備亡国を訴え、組織の強化・拡大に努力する。

二、過去の侵略戦争に対する反省に立脚して、中国をはじめ、アジア近隣諸国、さらには世界各国の平和を希求する人々との友好・提携に努める。

行動計画

一、違憲の安保法制を強行し、憲法改悪へ向かう安倍内閣のあらゆる策動を許さず、特に憲法９条を守るために活動している諸団体の運動に積極的に参加する。

二、戦争に直結する集団的自衛権の行使を認めず、名目の如何にかかわらず、自衛隊の海外派遣、多国籍軍への支援に反対する。

三、広島・長崎の被爆の歴史に基づいて、核の廃絶を広く世界に訴える。エネルギー変換、脱原発をめざす。

四、沖縄の民意を無視した辺野古新軍事基地建設に反対し普天間を始めとする全国各地の米軍基地の縮小・撤廃を求める。そのためにも日米安保条約の解消とそれに代わる日米友好条約の締結を提唱する。

五、日・中・韓・朝の障壁になっている歴史認識問題、戦後処理問題（従軍慰安婦、強制連行・強制労働などに関する訴訟・賠償請求）の早期解決を求めていく。

六、中国国際友好聯絡会研修生受け入れと公私訪中派遣を通じて、民間レベルでの友好・交流の強化を図る。

［巻頭言］

主権者教育はどうあるべき

～18歳選挙権と政治的中立～

立野　隆一

［はじめに］

２０１５年9月19日、数を頼みの強引な議会運営で違憲の指摘を無視して戦争法が成立した。世界の手本となるべき平和憲法は、瀕死の状態となった。しかし、若者の反応は、正常だ。sealdsなどに代表される大学生を中心とする若者たちの政府批判は頼もしい限りだ。高校の教室でも今回の強硬な政府の振る舞いに批判の声が上がる。雰囲気として戦争が彼らに忍び寄っていることを感じさせているように思う。高校生ら２４０万票の行方が、来年7月前半と予想されている参議院選挙にどう影響するのか注目される。

［18歳選挙権成立から今日までの動向］

①7月28日、改正公選法（6月成立）を受けて各県教育委員会に対して「高等学校における政治的教養と政治活動について」（１９６９年10月31日付け文部省通知）の見直し、「高等学校等の生徒向けの政治や選挙等に関する補助教材」や「教師向け指導資料」作成・配布するとした。また、中教審は、高校新科目「公共」（仮称）の検討を進めた。

②7月、自民党政務調査会は、首相への提言の中で「高校生の政治的活動は学校内外において生徒の本文を踏まえ、基本的に抑制的であるべき」「教育公務員の政治的行為の制限違反には罰則を科す」などと記述した。一方、民主党は8月に、「学校教育を中心とした『主権者教育』確立のため政策提言」を首相に提出した。提言では、「現実にある課題や争点から学ぶ」ことや教職員が「安心して『主権者教育』を進める」ことができる環境作りや具体的な推進策が記述されている。

③連合が7月に実施した「若者の関心と政治や選挙に対する意識に関する調査」では、「投票に行きたい」72・6％、「政治についてもっと知れる・学べる機会があれば、投票しようという気持ちが今より強くなると思う」24・4％と高校生が回答。

④文科省9月末に副教材「私たちが開く日本の未来　有権者として求められる力を身につけるために」と指導資料をHPで公表した。12月にほぼ各校に生徒全員分と教科担当・クラス担任分が配布された。内容では、留意点として現実具体的政治事象を指導する際は「教員が個人的な主義主張を述べることは避けること」を求めている。また、選挙制度の課題、外国籍や障がいのある生徒への対応についてはほとんど記述がない。

⑤文科省は10月29日、「高等学校などにおける政治教養の教育と高等学校等の生徒による政治的活動等について」を

発出し、１９６９年の通達を廃止した。新たな通知では、「学校の政治的中立」を教基法14条2項に基づいて強調し、生徒の政治活動も学校内では政治的中立性確保の観点から、制限・禁止の必要を強調している。校外でも必要かつ合理的な範囲としながらも制限・禁止や指導を求めている。

［予想される教育現場の実態］

すでに資料集が配布され、12月末の期末考査後の日程で「主権者教育」に取り組んだ学校があった。方法は、社会科教員や管理職が全校または学年別に集会形式で20分～50分講義形式で行ったり、HR担任がクラスで行う形式などが報告されている。いずれにせよ一回か二回の講義で終わってしまうようだ。この背景には、１９６９年の「高等学校における政治的教養と政治活動について」の通知によって、政治は生徒会・HR活動や社会科の授業から遠ざけられてきた歴史がある。暗記すべき知識としての政治しか教えない社会科教員が増えたと実感する。また、生徒会指導でも静かに生徒総会を早く終わらせるために教員が張り付いて指導する学校が増え、生徒の自由闊達な議論を保障する学校は希となった。１９８０年前後からの学校の荒れ（校内暴力）がさらに管理教育に拍車をかけた。民主主義を教えるどころか、権力に形式的に服従することや個人を押し殺して生きる術を教育したのではないかと悔恨の情に苛まれることもある。さらに、高校が人権教育や労働教育に対して重点を置いてこなかったこと、結果的に教員個々の意識や知識も低くHRで生徒と語り合うことができない実態がある。また、教職員組合縁加入率は埼玉の場合30％を下回り、組合や学校内での学び合いが減少、人権意識の低い滅私奉公型の教員を多くしてしまったともいえる。

内容的には、「政治的中立」という怪しい言葉に現場の多くは惑わされ、高校現場は混乱すると思われる。混乱とは、わけが分からなくなり、有権者となった生徒に対して教育されるべき政治的教養や高校生による政治的活動が抑制（校則で制限・禁止など）されるといった本末転倒の事態だ。そして、教員の萎縮による自主規制が加わる。文科省や教委の説明の拡大解釈が校長ら管理職によって始まり、教員まで裾野を広げる。そこへ一本の保護者からの電話、「偏っている授業がある」とでも指摘されれば何倍もの拡大解釈が行われることは必至だ。

政治活動については、すぐに高校生の活動家が自発的に出現するとは考えにくいが、現在すでに若者を擁する宗教団体や一部政党などが動きをつくる可能性はある。しかし、これらの活動は基本的人権の範囲であれば規制の余地はなく、強引な勧誘や監禁まがいの脅しでもなければ今でも静かに行われている行為だ。つまり、他者の人権を侵す行為については現在の校則・法律でも対応できるし、ことさら身構える必要は無いのだ。とはいえ、１９６９年の通知による禁止事項をそのまま適用する学校も少なくないと予想される。教職員のきちんとした議論による共通理解が必要だ。

[今後どう取り組むべきか]

どこが「政治的中立」なのか、いくら考えても見つからないのは、そんなものは無いからだ。どの視点で見るか基準もなく、時代や場所で違ってしまう、普遍性のないものを言葉として使っているに過ぎない。私たち公務員は、日本国憲法に宣誓して職に就いた。だから憲法の遵守義務がある。総理大臣も同じだ。総理大臣が「みっともない憲法、改正すべし」と発言し、解釈改憲された部分があるからといっても憲法は生きているのだから政治教育は、憲法に則ってやればよいと思う。勿論、９条のように解釈を巡る問題のある点は丁寧に諸説を紹介すべきだし、生徒に議論させたり意見を書かせたりも当然有効だと思う。新聞を使用する際は何紙も示せとの指導が入っているが、４紙も読んだらそれだけで授業は終わってしまう。主張の離れた２紙を見せれば十分だ。

ヨーロッパでは、教員が自分の意見を述べることを原則禁じていない。ドイツでは、教員の意見をもって生徒を圧倒することは禁じているが、自己の意見を示すことは禁じていない[ボイテルスバッハ・コンセンサス１９７６より]。イギリスでは、中立的な議長として議論の進行役に徹せよとしながら、場面によっては、教員が当初から自分の意見を明確に述べることとしている[「クリック・レポートにおけるアプローチ１９９８より」]。

２００６教育基本法14条2項「法律に定める学校は、特定の政党を支持し、又はこれに反対するための政治教育その他政治活動をしてはならない」を根拠に抑制・禁止を学校に求めているが、１９４７教育基本法と文面は全く同様であり、教員が憲法に則った民主主義や平和を語ることは何ら禁じられたものではない。教育の目的として「平和で民主的な国家および社会の形成者の育成」は２００６教基法第1条でも変わらず記してある。教育内容や指導方法については、現場の萎縮を避けるために憲法や教基法の条理に照らした線引きを憲法学者と共に現場教員が行っていくことが急務だ。その上で官僚のつくった教員用指導資料を廃し、独・英のようなマニュアル作りを文科や教委に要求していくことも必要だ。

[終わりに]

9月下旬の授業で「先生、総理大臣は憲法に違反しても罰せられないのはどうして？」と質問された。「多数決、即ち民主主義ではない」と常々教えてきた。自公政権が違憲の指摘を圧倒的多数の憲法学者、元最高裁長官、元内閣法制局長官らから受けた事実は当然生徒に伝えていた。常識で考えれば、この法案は白紙撤回されるべきものだ。生徒の頭の中では、当たり前にそう考えられていたと思う。これは民主主義ではない、独裁政治、ファシズムだと感じたはずだ。私は、「罰がないのは、選挙で国民の信を問うことができるから。裁判だってあるし」と応えた。しかし、その生徒は不満顔で「それじゃぁ時間がかかってその間に何でもできちゃうじゃない」と口をとがらせた。私には、憲法がこんなでたらめの政権が出現する事態を想定してはいないのではないかとは言えず、「君たちは選挙に行けるじゃないか」、苦し紛れにそう言った。

正しい知識と情報に接していけば、240万の若者の多くが、選挙に行って現政権に「ノー」を突きつけるのではないかと期待している。楽観的に過ぎるかもしれないが、そう信じることでやれることを積み重ねていくモチベーションにしたいと思っている。7月の参院選、この国の将来がかかっている。

（埼玉高教組委員長　埼玉・会員）

全世界同時代史
アルチュール・ランボー伝（69）

島貫　隆光

帝国国防方針　その三
大東亜戦争への道　3　ノモンハン事件（41）
私とノモンハン事件（2）

湯川れい子の家は海軍一家だったらしいが、私の家は祖父以来の陸軍一家だった。祖父は乃木軍の中隊長として二〇三攻撃と奉天会戦に参加して負傷、後送されて三十才で退役し、以後は傷痍軍人として余生を送ることになる。一ダースの子供の養育は大変なものだったらしい。一時仙台の偕行社の舎監をしていたこともあるが、あとは三百坪の庭や他の二か所にある三段歩ほどの農地で畑仕事をしていた。そこに子ども達の労動力が重要になり、長男だった私の父はそれがイヤで、そこから解放されるために幼年学校に行ったらしいのである。

幼年学校に入ったことは、おじいさんが厳格で、密航してアメリカに行って皿洗いでもしようと思っていた所に幼年学校に行くかと言われそれが東京だと聞いたとたん何の学校かも知らず「行く、俺、行く」と云ったとのこと、

父の五人の兄弟は全員父の歩んだ道を当然とばかりに歩むことになる。全員が木町通小学校から仙台二中へ。そし

て仙台二中には一年居るだけで幼年学校、士官学校、そして陸大へと進んだ。つまり仙台二中には全員一年しかいなかった。それでも祖父は全員修学の感謝をこめて桜の苗木四十本を学校に寄贈した。広瀬川にかかる澱橋のたもとに近い運動場の校舎側を除く東、北、西側三方にならぶ桜は今なお春には花を咲かせている。昭和七年に校長から花見の会に招待されたという手紙が残っている。

父が生まれた時、祖父は青森の歩兵第五聯隊にいた。これは明治三十五年一月の八甲田山の雪中行軍で二百名が遭難して殉死した聯隊である。祖父は旭川に新しく建設された第七師団歩兵第二十七連隊要員として転勤を命じられ、明治三十三年十一月旭川に赴任した。父は生後八か月でこの大旅行を強いられたのだ。

当時は船で小樽港に上陸し、これより橇で札幌・岩見沢・瀧川を経て約百粁を家財道具の引越荷物と共に、生れて八ケ月目の赤ちゃんが毛布に包まれ、雪中行軍に幾日かかったか、兄さんは早くも鍛えられたことになる。

このことは私の経歴とも似通ったものを感じさせられる。私が生まれた翌年、父はソ連航空隊に隊付きするためソ連に二年間派遣された。そのため私は母の実家である博多にその間暮らすことになり、東京から移動したのである。

旭川の歩兵聯隊官舎では、武治さんと信子姉さんもその後生れ、この時代に有名になったのは明治三十五年一月の八甲田山の雪中行軍で、以前に勤めていた青森五聯隊の約二百名が遭難して殉職した事件であった。

この殉職した山口大隊長以下の中に父と同じ中隊の者の名前も判り、父はもし自分も旭川へ転勤していなかったら遭難死していたであろうと母に語っていた。母は父さんは運が良いと笑い顔を見せたところ、父は恐しい顔で母を叱りつけたらしく、この時の思い出を母さんが後に私達に語ってくれたものだ。

要するに当時は日露戦争準備の為の雪中行軍の演習であり、その失敗と不運は戦争と同じであると張り切っていた気分の一端が判り、父の性格もよく現れているといえよう。

奉天会戦で乃木軍は最左翼から奉天の西方を迂廻して進撃し、この戦で旭川師団は常に先頭を進み、そのまた尖兵中隊として真先に進んでいたのが島貫中隊で、遂に奉天北方の敵の退路を遮断する形勢をとったために、敵軍は必死の反撃に転じ、遂に三月十日の午后一時の激戦で味方の損害は続出し、父も敵弾二発を受けて殪れてしまった。

幸に敵は退却、味方は追撃戦に移ったため後方から続々と味方の救援隊も駆けつけ、更に負傷者収容の衛生部隊も担架を持って馳けつけ、出血は止めて助けられ、これより野戦病院に入院し、以下逐次後方へ輸送され、約一ケ月後の四月広島到着、東京へ五月に転送されて完全に一命を取り止めることができた。

父は翌年の明治三十九年旭川に家族と共に帰隊し、この年の四月一日兄さんは旭川の北鎮小学校へ入校したが、五月に父は軍籍に復帰困難と診断され、退官して傷痍軍人として余生を送ることになり、旭川を引き揚げて青森の八甲田山の酸ケ湯温泉で療養した後に、仙台市を永住の地に定めて六月三十日に仙台に来てその準備に取りかかった。

兄さんは明治三十九年七月三日、仙台の東六番町小学校へ転校、次に九月一日に又も木町通小学校に転校したのは居住地が北五十人町に決定したからであり、当時三月生れたばかりの常行さんを加えて四人の子供と共に新住居に住むようになったのは十二月二十日であり、これが仙台居住の始まりである。

父は小学校一年生で三回学校を変わっている。このことも私の体験と重なる。私は昭和十三年四月に杉並第四小学校に入学し、八月に新京の桜木小学校、翌十四年九月から仙台の木町通小学校と一年間に三つの学校に変わっている。

昭和七年六月父がソ聯に行き私達は福岡市警固町の祖母のもとで暮らした。母の弟二人妹一人がいて叔母は私と三才ちがいなので姉妹の様であった。父も手紙やプレゼントなど娘同様に送ってきた。

当時祖母のたゞ一人の兄が福岡市長であり西鉄の大株主であったが、祖母は大変良く出来た人で決して甘えることがなかった。料理、裁縫、書道など上手で身だしなみもよかった。

仙台の祖父も賞めていたと聞く。こゝで私は警固小学校に入り九才の時中耳炎で大手術をする。町医者に「明日から来なくても良い」と云われた次の朝、左の耳から膿がふきだしたのである。その前日隆光も中耳炎の手術をして入院していた九州帝大の耳鼻科にかつぎこまれ、即日手術。もうすこしおくれたら脳膜炎になる所だったそうで、今頭が悪いのも無理はないと思う。二学期になる頃父帰国。隆光は母の背中にかくれて馴染まず父はがっかりしていた。生后半年目に別れたので全然見知らぬ人だった。

昭和七年から九年まで父はソ連、エストニア、ポーランドの各航空部隊に隊付し航空事情の研究に従事した。これは陸軍航空大増強計画作成の基礎になるものできわめて重要な仕事だった。父の日記を引用する。

昭和九年一月十日エストニア飛行第三大隊に入隊、十二日には航空本部長始め主要職員並隊の将校全員計二十三名を招待し大いに親睦と意思の疎通とを図る。エストニア人の性格は日本の国民性に頗る類似点を有し外面的儀礼に疎きも真に胸襟を開いて親交を結び来る所、誠に愉快なり。此の翌日より小生の配属せられたる将校室には暇のある将校悉く集り来り熱心に日本の事を聞き大なる興味と好意とを以て盛に日本研究を始め為に質問矢の如く応接に暇なし。然し乍ら日本の真髄を紹介し彼等が完美なる日本の国体精神文化に讃嘆する有様を見ては快哉禁ずる能はざるものあり。

隊より帰宅後は連日作業に忙しく一週一度位隊の将校其の他を招待し或は招待せられ一夕を過す位にて全く余暇なし。

一月二十六日ヒンランドよりポーランドに帰る土居騎兵少

佐（小生と一緒にロシアの隊附をなせる人）タリーンに到着、積る話に夜を更かし翌二十八日土居少佐と同行リガに出張し二月一日迄不眠不休にて約二百頁の作業を完成しタリーンに帰る。

三月三日丁度第三十四回の誕生日に方りタリーンに着くと同時に隊の自動車に迎へられ将校団夫人の許に案内せられ

1934 年（昭和 9 年）エストニア航空部隊対付歓迎会で演説する島貫忠正大尉―エストニア・ターリン市にて―

夫人一同よりカピタンの夫人へ（淑子へ）としてエストニアの人形を贈られ、夜は将校集会所にて航空関係全員六十名に依り送別の宴を開かれ席上エストニアの操縦徽章、記念写真帖及銀製記念品を贈られ名残を惜しむ余り酒をくみ交はして午前五時に及ぶ

四日には午前十一時、護国団司令部に於てエストニア十字勲章を授与せられ続いて航空本部長の招宴に列す。

五日下宿の荷物を悉く仕末し夜は大内武官代理として参謀総長始め将官三名、参謀本部部員及隊の将校等二十五名を招待、隊附の礼を述べ袂別の挨拶をなす。此の日将官が午前一時迄座を外さず、他の連中と別れしは矢張午前五時にして其の人情の敦厚なるには感激の外なし。特に小生の投稿せる「日本精神」の文が新興途上にある彼等に大なる感動と刺戟とを与へ日本に対する敬愛の念特に切なるものあり。

六日クリーン出発の際は吹雪の中を夫人迄交り万歳を以て送られしには只々感涙の外なし

父の短い生涯をいくつかに分けてみると、幼少の頃から中学一年までの家庭にあっての生活、幼年学校に入って軍籍に身を投じてから陸大を卒業するまでの修業時代、そしてソ連・東欧に留学しつつ陸軍航空の在り方について考えた時代、そしてその考えを実地に移すべく陸軍省で計画を作成した時代、さらに自ら作った航空部隊を実地に運用することになったノモンハン事件ということになると思う。

そのいずれにも、父は全力をつくしたことと思うが、宮子さんもいっているように、「今、考えてもやり甲斐のある仕事だったと思っています」という充備計画の作成から菅原視察団の一員としてヨーロッパに出張した時期が一番充実し、かつ光り輝いていたのではないかと思う。

ノモンハンは、その後の日本の行方を象徴するような負け戦であった。日本軍得意の寡兵をもって衆に勝つという

西暦	年号	経歴	内外情勢
一九三一年	昭和　六年	八月　軍用鳩調査委員幹事 十二月八日　次男隆光誕生 軍務局課員兼技術本部付	3月　三月事件 4月　若槻内閣成立 9月　満州事変勃発 10月　十月事件 12月　犬養内閣成立（荒木貞夫中将陸相） 12月　閑院宮載仁親王参謀総長に任命さる
一九三二年	昭和　七年	七月　ソ連に交換学生として八月一日～昭和八年七月三十一日迄　狙撃第三軍団所属独立飛行第三中隊に隊附	3月　満州建国宣言 5月　五・一五事件 5月　斉藤内閣成立（荒木陸相留任）
一九三三年	昭和　八年	七月三十一日迄隊附 八月～十月　ソ連国内旅行	1月　ヒットラー政権をとる（ドイツ） 2月　国際連盟脱退 10月　荒木陸相大将に陞任
一九三四年	昭和　九年	一月～二月　エストニア飛行第三大隊隊附 三月～六月　波蘭トルン飛行第四聯隊隊附 七月～八月　独英仏伊の航空情況視察 十二月　軍務局課員（軍事課編制班）	1月　林銑十郎大将陸相親任 3月　満州国帝政、溥儀皇帝となる 7月　斉藤内閣挂冠、岡田内閣誕生、林陸相留任） 8月　ヒットラー・ドイツ総統就任 11月　十一月事件（士官学校） 12月　イタリア軍エチオピアに進入

精神主義は、ジューコフ指揮下のソ連軍には通用しなかった。このあと、日本帝国陸軍はこの敗戦の事実をひた隠しに隠したまま、大東亜戦争に突入して結局敗戦を迎えることになった。このあたりのことについてはそれこそ何冊もの本になるような材料があって論じがたい。事件関係の首脳や幕僚の名前をあげるだけにとどめる。

内閣調査室を調査する（38）

七十年談話（4）

週刊新潮は全体としてちょっとヒネッた保守思想があると思う。その代表のような意見を紹介しておこう。高山正之の「変見自在」というコラムである。因みにこの連載は「変見自在オバマ大統領は黒人か」という文庫本でまとめられている。

戦後70年に出された安倍談話は実に奥が深いと言う人が多い。

例えば締めの「我が国は自由、民主主義、人権といった基本的価値を共有する国々と手を携えていく」というくだり。

これはどう読んでも人権など糞くらえ、チベット、ウイグルを侵略して一向に

恥じない支那とは付き合わないと宣言している。

そう言えば外務省は先日、韓国の基礎データから「基本的価値観を共有する」という部分を削除した。

支那だけじゃない、韓国とも絶縁すると談話は言っている。地域問題では苦難の歴史を刻んだアジア諸国として「インドネシア、フィリピン」に続いて「台湾」を挙げた。

台湾を国扱いすると大騒ぎする国がある。今年1月、米ハーバード大で行われた模擬国連会議で「台湾を国名扱いした」と支那人学生が騒ぎ「会場からつまみ出された」(環球時報)事件があつた。

東日本大震災2週年の追悼式で台湾代表が各国代表と同格で献花した。

その前年はあの民主党政権が仕切り、支那に気兼ねして台湾代表を献花の列から外した。

政権も変わった。やっとまともになったと思ったら支那外交部のあの高慢な華春瑩が顎を突き出して「許さない」と怒った。

今度は閣議決定付きの首相談話。そこで語られた「台湾」はぐんと重みを増したけれど、華春瑩のキンキン声は開こえてこない。

「手を携えない」絶縁宣言と併せて予想を超えた文言にどう対応したらいいのか戸惑っているのだろう。

それ以上に安倍談話の神髄は書き出しにある。

過去の談話は真っ暗な舞台中央に日本がスポットを浴びて立ち「私は国策を誤り、アジア諸国を侵略し植民地化し、人々に酷いことをしました」と告解する独り舞台が形だった。

しかし今回は舞台背景に第三世界が広がり、そこを欧米列強が食い荒らすシルエットが映し出される。

そして花道から日本が登場し、舞台中央で極悪欧米の代表ロシアを完膚ないまでに叩きのめした。

それが「植民地支配下にあった人々を勇気づける」ことになる。

しかし欧米に反省はない。現に米国は日露戦争の2年前までフィリピンで住民を殺しまくり、生粋のスペイン人マニュエル・ケソンを傀儡大統領に据えて植民地支配を継続していた。

談話は大恐慌後の世界に触れる。「欧米諸国」が植民地の膨大な労働力と資源を足場に排他的経済圏を維持するという「新しい国際秩序」を創っていった。

日本はその白人のための「国際秩序に挑戦し」「酷寒の、あるいは灼熱の異郷の地」まで出て戦ったけれど敗れてしまった。

歴史とは多くの国々のエゴで織りなされる。独り舞台でなく、そういう群像を舞台に置くことで歴史はよく見えてくると安倍談話は言っている。

元駐日英大使ヒユー・コータッチもそう読んだ。彼は激怒した。「日露戦争が植民地の民を勇気づけただと。とんでもない。朝鮮を植民地にし満州を取るためじゃないか」(ジャパンタイムズ8月18日)

「大恐慌の不況は日本より英米の方が酷かった。許せぬ言いがかりだ」(同)

念のために言えば英国では19世紀まで家の窓まで税金をかけた。植民地をもってから窓税は廃止され、ロンドン市民の半分は住み込み女中を置けた。大恐慌後も女中はいた。
しかし植民地がなくなった今、女中はいない。英国は200年前の貧乏国に戻った。日本が植民地の人々を勇気づけたことへの恨みは深い。コータッチはだから怒り狂ったのだ。
朝日新聞は談話が出た翌日の社説で「何のために出したのか」と書いている。主幹の大野博人は談話には侵略と植民地化と反省と謝罪を入れろと言ってきた。それが正しく入っているかどうかにしか興味がなかった。
だからたぶん今もコータッチが何で怒っているのか判らない。一度、読解力テストを受けるといい。

参考文献
テロ地獄「世界の黙示録」
――いつでもどこでも「惨劇」が起きる時代　選択十二月号
特集　南シナ海・人民元
――中国の野望、日本と世界の岐路　正論　1月号
特集　終わりなき「対テロ戦争」　世界　1月号

（埼玉・会員）

「日中友好8・15の会」への入会
または会誌購読のおすすめ

私たちの会は、かって侵略した中国をはじめ、アジア諸国、さらには広く全世界に対し、「反戦・平和」と平和憲法の順守を誓い1961年に創立し、すでに50年以上経過しました。会員は元軍人と趣旨に賛同した戦後生まれの人たちも参加しています。会員には会誌『8・15』（月刊）を毎号お届けし、また年1回の中国訪問団（見学、友好交流）への参加や当会が隔年に受け入れている中国からの研修生との交流・意見交換への協力をお願いしています。

会費は年額1万円。会誌『8・15』の購読のみを希望される場合には、1年間の購読料は6000円です。

皆さんの入会、会誌購読によって「反戦・平和」「日中友好」の声をますます大きくしたいと希っています。

≪申し込み先≫　〒125－0032　東京都葛飾区水元3－3－4
小林悦子方　**日中友好8・15の会**
TEL&FAX　03－3627－1953　郵便振替口座00120－6－27415

「非武装中立・軍備亡国」について　その2

長谷川　善夫

会の「非武装中立・軍備亡国」が現在の安全保障論のどの位置にあるのかを確かめるために知りえたものをあげる。

1、後藤田正晴、柳澤恭二の安全保障観

まずは後藤田正晴。官僚、政権、自民党の中枢にあった人物である。その彼が、

「戦後60年振り返ってごらんなさいよ。アメリカぐらいね、戦争している、あるいは海外派兵している国はありませんよ。朝鮮戦争からベトナム戦争、それからアフリカでの戦争、中東での戦争、中南米の戦争。毎年平和だっていって、どっかで戦ってる。これにね、いつまでもあんたお付き合いできますか。だから僕はね、例の、集団的自衛権か、これの行使っていうのはね、それはちょっと考えたほうがいいよ。」（2004年12月5日TBS：時事放談　加藤周一氏の「アメリカは、外のことを知らないのに戦争する」との発言を受けて）

その後藤田について政治学者・東大名誉教授　御厨貴はこう語る。

「大正ヒトケタ世代の方は…その後職業人として、アメリカの占領行政に付き合わされる。・・・(その中で）対米屈辱感を味わっている。後藤田氏は日本人ばかりなのに英語でしゃべる委員会を、ものの見事に拒絶した。屈辱感のなせる業だ。・・・また大蔵官僚だった宮澤喜一氏は、得意の英語を駆使しての親米派一筋と一見見えるものの、実は全く異なる感想を持つ。占領行政の中で毎日直接命令を受けた屈辱は、決して忘れられるものではないと。」（「後藤田正晴　日本への遺言」　あとがき『後藤田氏と大正ヒトケタ　体験に根差す権力抑制』）

次に柳澤恭二。経歴は以下のとおりである。

1946年生まれ、東京大学法学部卒業後、防衛庁入庁防衛庁運用局長。第一次安倍内閣、福田内閣、麻生内閣で内閣官房副長官補として安全保障・危機管理関係の実務を担当。以下、近著、『自衛隊の転機』政治と軍事の矛盾を問う」（「自衛隊の転機」から）

「退職してから、官邸で自衛隊海外派遣の実務責任者としてかかわりのあったイラク戦争、その戦争を支持し、自衛隊を派遣する動機であった日米同盟の維持といったテーマについて、果たして自分や当時の政治が下した決断は正しかったのかということを振り返って整理、検証しなくてはいけないと思った。

「到達した結論は、　日米同盟という『大義』があっても、それは「無駄な戦争」であり、少なくとも、他に選択肢のあった戦争だった、ということ。

「軍事組織は、国民の理解なくしては存在しません。九条を擁するわが国ではなおさら。自衛隊は、国民が理解も支持もできないことは、決してできない。それをやってしまったら自衛隊

も、国民も不幸になる。
そしてあとがきにこう述べる。
「私が近年になって自衛隊の海外派遣推進の立場を変えたのは、本文で述べたような、憲法の範囲で派遣を行うための論理が、現場の実態と矛盾することに気付いた。　2015年終戦の日に　柳澤協二」

2、都留重人の安全保障観

前回は「朝日新聞」1995年5月3日憲法記念日の特集社説、六つの提言の抄訳でしめくくった。今回はその提言の全文と都留重人の以下の著作を参照する。『なぜ今、日米安保か』(96年、岩波ブックレット)、『日米安保解消への道』(96年末岩波新書)、さらに「都留重人自伝　いくつもの岐路を回顧して」(2001年)。

1975年3月末、一橋大学学長を定年退職した都留は朝日新聞社から勧誘を受け、論説顧問の地位につく。

75年8月、新任者の挨拶として8月15日の社説を依頼される。しかし「終戦から三十年を迎えて」と題した社説原稿の以下の部分に一部委員からの「疑念」が出される。それは、「明治維新のあけぼのから百年。この間、三十年間も平和と経済成長が続いた時期はほかにない。まずもって、この機会に、我が国の平和憲法を空洞化しない決意を新たにすべきであろう。

「具体的には、それは、今日の段階で何を意味するであろうか。第一には、国民的合意の得られている『非核三原則』の確認である。しかし、原則の確認は、その現実的帰結を承知したうえでのことでなければならぬ。『核を持たず、造らず、持ち込ませず』という理念が、国の防衛という基本的要請に照らして、現実の国際政治の中で何を意味するかを、はっきりと見極めておく必要がある。

「たとえば『非核三原則』は守るが米国の核抑止力に頼るという説がある。これは今や明らかに矛盾ではないか。第一撃を加えても報復力を壊滅できない現在、核を持ち込ませない日本のために、米国が自国への報復の危険を冒して、核を使うことはないだろうからである。」(傍線付加)

問題になったのは傍線部分。**非核三原則と日米安保は矛盾するといっているに等しい。朝日新聞社として「初めての踏み切り方だ」**との指摘を受ける。しかしこの社説は一応無修正のまま印刷された。

更に1984年に「日米の安保見直しを」を著す。当時、中曽根首相のもとで千カイリ・シーレーン防衛や三海峡封鎖の方針が出され、「西側の一員としての役割」の口実を掲げて既成事実が着々と積み上げられつつあった。それに対し都留は、「日米安保からの段階的離脱」を主張するが、「社論と違う」と「没」扱いになる。**「安保離脱」という提案が問題**との答えであった。これが当時の朝日新聞社の姿勢であった。

この後、岩波の「世界」に掲載され、都留は85年末に退社する。そして96年、この「日米の安保見直しを」を敷衍して『なぜ今、日米安保か』(岩波ブックレット)、『日米安保解消への道』を公刊する。

都留の主張を斥けた朝日新聞自体が1995年5月3日の憲法記念日に社説欄とその特集説明欄で「冷戦型安保の脱却を」と提言、「〝非軍事〟こそ共生の道」と題した「良心的兵役拒否国家」ともいえる発想の画期的提案をする。これは都留がかつて主張した安全保障観に沿ったものであった。 以下がその内容である。

提言1国際協力法の制定を

平和と人権を世界に広げる国民の決意をうたう国際協力法を制定しよう。地球上の貧困をなくし、環境悪化を防ぐには、無償援助の大幅増額と、援助を担う人員の思い切った増強が必要だ。援助体制を抜本改革し、首相直属の国際協力庁を発足させる。NGOもODAと並ぶ車の両輪として、たくましく育てたい。

提言2平和支援隊をつくれ

平和支援隊で従来型PKO（国連の平和維持活動）に参加。平和支援隊は、国連PKOへの参加、人道的救助、災害救助を任務とする国際協力庁の機関で、人員は非常勤を含め2000人程度とする。PKOは武力行使をしない従来型のものに限る。国会の事前承認を得て派遣する。輸送業務などに限定してはじめ、実績やPKOの実態を見極めてから、次のステップに移る。

提言3「憲法九条」は改定しない

戦争や武力行使を放棄した憲法九条は、人類の課題を先取りした理想主義的な規範だ。今必要なのは、自衛隊や安保政策の是正にどう生かすかを考えることである。

軍事に優越的な価値を認めない、という戦後社会の枠組みを作ったのは憲法九条だ。その制約から身軽にさせようとする方向の改定は時代に逆行し、有害無益である。

提言4自衛隊を改造する

九条が認める自衛力は、真に「自衛」の域にとどまるような限定的なものだ。今の自衛隊は装備や規模などの点で、許される自衛力の範囲を逸脱している疑いが濃い。

2010年を目標に、年次計画を立て、自衛隊を国土防衛的な組織に縮小、改編する。陸上自衛隊は半分に、イージス艦、P3C対潜哨戒機なども大幅削減を目指す。

提言5冷戦型安保からの脱却を

日米両国は、冷戦型安保体制を見直し、東アジアの平和と安定に役立つ枠組みをつくるために努力しよう。すべての土台は、日本が再び軍事的な脅威にならないことだ。

多国間の対話や協議を重ね、今世紀中に予防外交や軍備管理の機能を持つOSCE(欧州安保協力機構)型の機構を目指そう。重点は、軍拡、経済・資源紛争など、新たな脅威への対処だ。

提言6国連改革の先頭に

民主化に向けて総会の権限を強め、公正な安保理を目指して拒否権は段階的に廃止しよう。紛争の芽をつむ活動を最優先して、強力な「経済社会安保理」をつくれ。

受け身の国連観を脱し、あるべき世界に向け改革の先頭に立とう。軍事貢献しない非核の日本として、大事なのは常任理事国になることではなく、なって何をするかだ。

社説は「軍事がほかに優先することを否定した鉄則」はあくまで守る、としたうえで、**憲法も、自衛権に基ずく自衛権の保有を禁じていない、として、「いわゆる専守防衛型の装備と編成に徹した」合憲の自衛隊**が具体的にどんなものであるだろうかを述べた。また、日米安保条約については

「〔同条約のもとでの〕日米安保体制は、日本が戦後米国の庇護の下で国際社会に復帰し、発展するための**やむを得ない道だったかもしれない**。だが、米国の戦争に巻き込まれる可能性をはらむ軍事同盟への参加は、憲法の理念に照らせば、**過渡的、例外的な選択**だった。

「もっとも、信頼できる地域安全保障の仕組みがなく、域内諸国の多くが紛争抑止力としての米軍の展開と日本の支援を期待する間、**安保体制の改変は漸進的に進める必要**がある」と。

以上、朝日も都留も、もちろん後藤田も柳澤も「専守防衛」「自衛隊合憲」の立場に立つ。「非武装中立・軍備亡国」の立場ではない。2015年、集団的自衛権に踏み出そうとする中で、何を根拠に会がその「非武装中立・軍備亡国」の正当性を主張できるのか、できないのかを明らかにしていきたい。

（東京・常任幹事）

人権と平和を考える、定時制の日々

加藤　富士雄

十一月十一日、私が二十五年間勤務していた埼玉県立熊谷高校定時制（以下熊定）にて冒頭のテーマで一時間ほど話をさせていただきました。

今年の八月、現在熊定に勤務している知人が、突然私の自宅を訪ねてきました。知人は、はじめは沖松代表幹事が載っている新聞記事のことを話していましたので、私は「沖松先生の講演の事ならわたしからも頼んでみます」と言いました。知人の返事は「いや、加藤さんに頼みたいんです」というものでした。私はびっくりしましたが、なつかしい給食もごちそうになれるということなので、すぐにその話を受けることにしました。

講演の趣旨は二つありました。一つは、今年は戦後七〇年なので「戦争と人権・平和」について。もう一つは、かって熊定で起こった出来事の中で、現役の生徒が「元気が出るような話」をということであります。後者はいくらでも話せますが、前者は無理かな？と思いました。なにしろわたしは戦後生まれなので……。

しかし、「そうだ、沖松代表幹事の講演で聞いた話をしよう」と、とっさに思いました。戦争経験者の沖松先生から私は「戦争体験」のバトン受けとりました。今度は私が高

校生たちにバトンを渡そう、と思いました。このようにして「戦争体験」というバトンを、アンカーのいないリレーのように渡し続けることが出できれば、と心から思いました。

講演では、「戦争は最大の人権侵害である」、「一九四五年八月一五日に放送で聞いた天皇の話と聞いた時の気持ち」、「長野にいた兄への置手紙……兄さんに会いに来たけれど会えなかった。二〜三日のうちに出撃します。長い間ありがとうございます。きっとおふくろが泣いて悲しむだろうと思いますが、なぐさめてください。みなさん、私の分まで長生きしてください」などを生徒に話しました。

生徒の中には、涙を流している人もいました。以下、生徒の感想の一部を掲載させていただきます。

「戦争は最大の人権侵害だ、という言葉が心に残りました」「初めに戦争の悲惨さなどの事を聞いて思ったのは、加藤先生の人生の師である九十才をむかえた戦争体験者の沖松先生という方の戦争体験が聞けてよかったし、また戦争の悲しさや残酷さなどが改めてわかりました」「置手紙に『母を慰なぐさめてあげてください』と「自分が死んでしまうのに、まわりの心配をするのには感動しました。今の平和な世界、男女平等の世界は彼らが切り開いたのだと思うと、感謝してもしきれないほどです。私たちにできることは、今の平和な世界を残してくれた彼らの努力をムダにせず、戦争に反対していくこだと思います。生き残った私たちが戦争の残酷さを子孫に伝え、二度とまちがいを犯さないことだと思いました」「人生の先輩、沖松先生の貴重な体験を聞けて良かった。次の世代にバトンを渡せるようにしたい」「戦争や生きるつらさが身にしみた。自分が幸せだという事を自覚してこれからも生きていく」「戦争……アンカーのないリレーを。大事だなと思うけど、後輩に回すようにするという事って、できるかなと思った」「加藤先生の講演で戦争の話を聞きました。『戦争は最大の人権侵害』と『戦争は人を殺すと誉められる』ということは特に心に残りました。戦争はこれからも絶対にないほうがいいと思いました」

以上が人権と平和についての感想の一部です。これからも機会を作って「バトンを渡す」ことを心がけたいと思っています。それにしても人に伝えることは本当に大変なんだ、と実感させられました。定時制の生徒たちの目がきらきら光っていたのが、とても印象に残っています。

（埼玉・常任幹事）

中国東北部(旧満州)への旅

山田　伸男

はじめに

多摩地域のタウン誌「アサココ」に「中国・東北部（旧満州）を訪ねる旅」ー日中戦争と満蒙開拓団の実相を学ぶ平和友好の旅ー募集が掲載されていた。この機会を逃したらもう行けないと思いすぐ応募した。

２０１５年９月11日から16日（６日間）の中国東北部（旧満州）瀋陽・哈爾浜・方正・長春・大連の地を訪ねる計画である。とくに方正は四年前中国当局で訪問が中止されていたが、以来初めての訪中団として受け入れてくれたという。これだけの企画をたてた旅行社は大変であっただろうと推察する。

今回の旅は中国・東北(旧満州)において日本人は中国で何をしたのか、中国への侵略で何を仕出かしたのかを思い知らされた旅であった。

平頂山事件、撫順戦犯管理所、柳条溝事件(満州事変)、７３１部隊の跡地、方正、長春(新京)、大連等々見学した。これらの重大な事件は、一つ一つがバラバラの出来事ではなく、一本の線で結ばれていることが実感できた。

それは日本帝国主義の中国への侵略であり、中国の人たちの必死の抵抗の歴史であった。偽「満州国」の成立は中国人への暴力、多大な命の犠牲の上になりたつていた。

改めて日中戦争の事の重大さを知り、後追いであるが一つ一つ知ろうとした。幸い先人の教えがたくさんあり、古書を読みあさった。

今回のレポートは歴史を学びながら書いたので、そのため引用文献が多く、不自然な文体になってしまった。それでも知りえたことは氷山の一角である。

中国大使館で行われた８・１５集会でいただいた写真集は非常に参考になった。改めて中国大使館に感謝を申しあげる。

また私の中国への思い入れを回想のように書かせていただいた。それは私の両親が中国北京で新家庭を持ち、姉を出産したこと。１９４５年日本敗北に伴い、５月天津の収容所に抑留。米軍のＬＳＴで姉三歳を連れ母一人で佐世保に引き揚げた。この時私は母の胎で８か月であった。過ぎた郷愁かもしれないが家の歴史に微妙に関わりがあるからだ。私事であるがお許し願います。

１　中国東北(旧満州)をたずねる旅へ

９月11日(金)　成田の第一ターミナルにバスで向かった。ターミナルにある両替店がある出発ロビーで集合。通訳、添乗員を含めて総勢14名である。この添乗員・通訳はリーダーの山本さんとチャーミングな若い娘さん曲玲玲さんである。玲玲は中国大連生まれ、考古学志望の変わり種で、今旅行会社の企画・添乗員・通訳をかねている。中国への旅の企画の旅は初めてであり、自分のお里への旅だ。彼女にとっても期するものもある旅だ。

　前日鬼怒川の堤防決壊のニュースがあり、少々旅の実施を心配したが、今日は晴れだ。

　出発ロビーは人があふれている。次々に訪中団14名が集合する。私の年と同じくらいの団塊の人たち、もう少し年を召した方、そして若い方である。一人一人中国ないしは東北部・旧満州に何らかの縁を持っているのだろうか？それぞれ旅への想いがあるのだろう。


　大勢の大人や子供たちが待合いしているロビーには集まってくる。瀋陽行きは大盛況だと感心する。中国の人たちが日本への海外旅行に参加する時代になったのだ。ラフな格好だが、両手にいっぱいにふくらませた大型バッグ持っている。眼前でおばちゃんが小さな子をあやしながら品物をあっちに容れたり、こっちに容れたり隙間なく詰め直している。けっこうパワフルである。

　すごいなあと思っているうちに8時40分発瀋陽行きのANA925便に搭乗する。搭乗するのに長い列ができ最後の方につく。この便は大きい機体だが客席は見事に満席だ。トランク・ボックスには大きな荷物ドカドカはいる。手荷物いっぱいだ。中国の北の人たちはとにかく体格がいい。もしやこれが聞きしに勝る爆買いではないのか！と頭をかすめる。


うどんの機内食を食べる。

　窓を見るともう外は真っ暗であたりは何も見えない。成田から中国・旧満州の瀋陽にも一足飛びの直行便があることは私には隔世の感だ。飛行時間はたった2時間30分である。

　かって、1971年9月、私の中国行きは遠き旅であった。「盲聾（もうろう）訪中団」の一員として参加したのだ。当時中国は文革期で裸足の医者とか聾児に針治療をして聴力が回復したとか朗報が入ってきた。新中国の躍進する医療・教育の現場や障害者の置かれている社会はどのようなものか見たいと思った。

　また学校教育では特殊学級（障害児学級）がなく、障害児も健常児も一緒に学習をしいるという。当時新設の特殊学級の一担任として日常生活でいわれなき子供・親への差別に苦い思いを味わっていた時であった。

　1971年　全国最初に東京都は全ての障害児が学校に入学（全入）するという画期的方針を打ち出した。今でこそ進歩であるといえるが、当時現場ではかなりの混乱があった。

　中国の教育視察をし、学校改革をしようと意気込んだ。特殊学級の先生仲間と相談し訪中団を結成した。どうして中国訪問するのかという論文を書き提出した。周恩来総理の招待ということで胸を踊らせ、勇躍した旅であった。

日中は国交のない時期で東京では中国の査証がとれない。香港から入国をするしかなく、まず西独ルフトハンザ機で唯一中国の玄関香港へ飛んだ。九龍で鉄道に乗り換え、国境の川、羅古橋をわたり深圳—人民中国に入国した。そこに人民解放軍の歩哨が着剣し直立不動の姿勢で立っていた。

広州では魯迅の墓、毛沢東が教えたという農民講習所、日本の朝鮮植民地時代、亡命朝鮮臨時政府の跡地に建てられた「中朝人民友誼万古長青」石碑などを見学した。

広州から長沙経由北京行きの火車、二段ベット付きの4人乗りの客車に乗り、一昼夜かけ、冷房はなき時代で体じゅう汗と石炭殻と土埃にまみれでやっと北京の駅いっいた。王府鎮の北京飯店に到着する。ホテルの窓からみた秋雨後の胡同（ふうとん）のしっとりとした家並みの風情は忘れられない。やっと北京に来たのだ。

針治療をしている学校現場、盲聾（もうろう）の方が働く職場訪問では必ずディスカッションの時間が設けられ、メモを一生懸命にとった。長旅で体の調子を崩した人にはすぐ漢方薬を用意いてくれた。とても丁寧な対応をしていただいた。

歓迎行事、見学、参観に励んでいると、何とはなく風たよりのように私たちにも伝わってきた。「林ピョウがモンゴルへ逃げ、墜落死した」と・・・。えっ、どうして?何がなんだかわからない。添乗員さんに聞くがわからない。新聞やラジオでも知らされていない。だが北に逃げたことは確かな事実であり、これが全てを表しているという。これが中国の人達のドライな政治感覚だろうと思った。

街頭では批林批孔のビラ・壁新聞がたくさん貼られた。批林はわかるが批孔は何を指し示すのかわからない。見えないところで何かが蠢（うごめ）いている。中国は大波に揺られるような政治の季節であった。

ふっとみると複数の添乗員さんの中に疲れ切ったようすで膝を抱えうつむいている女の人がいた。後から気づくことだがご主人が遠く下放されているそうな。周囲の添乗員さんはいたわりなのだろうか、余り気にせず関わっていた。複雑な政治状況の中で生きている中国の人々、忍耐強い人達であると今となって思う。

たくさんの歓迎、もてなしを受けた。広州のホテルからみた青く晴れわたり高いポールにはためく赤旗。こういうこともあった。忘れたハンカチを丁寧に洗濯し、アイロンをかけ旅先に送ってくることに驚く。モラルの高さ「為人民」は忘れられない。あの時代のキイワードであった。この言葉は私の教師人生の支えになった。

文革期・中国には国際主義・インターナショナルが生きていた。身を粉にして世話、接待、スケジュールをたててくれた添乗員、各地の日中旅行社、通訳の方々にお世話になったことは忘れられない。

上海バンドでは立派な銀行であった思われるビルにはい

ると、ひもで洗濯物が干されていた。貧しさがあろうと気にもならなかった。そんな軒昂した気分。あの中国の政治の季節は、私の青年青春時代だった。

あれから何年たったのだろう．中国の歴史の激動に思いを馳せていた。

どしんと荷物を下ろすような飛行機の着地の震動。さぞかし機体は重かったのだ。瀋陽の飛行場に着いた。暗闇のなか迎えの小型バスにのる。

ガイドの呂さん(男性)が迎えてくれる。「あっ呂さん！」と20年前ガイドを受け、瀋陽を見学した方が旅の仲間にいた。本当に再見である。

両替1万円が8月は400元だったという、今日は500元だ。

瀋陽は東北最大の都市で、満州時代には奉天と言ったそうだ。人口は1150万人（うち300万人は移動人口）だそうだ。一省都の人口が日本の首都人口以上である。移動人口はたぶん出稼ぎの農民工であろう。たぶん生活格差はある。

日本人の観光客はアメリカ9・11テロ、釣魚島（尖閣諸島）問題以降ほとんど来なくなったそうだ。たしかに私たちのツアー以外の日本人観光客はいなかった。生活にも響くであろう。呂さんは中国人の爆買ツアーに月2、3回添乗して日本に来ているそうだ。

「マツモトキヨシの『ムヒ』20個以上、あるいは店にある全部を買う。目薬、化粧品も大量に買うそうだ。店員さんは笑顔なく、顔がひきつって、けいれん・・・！水絆創膏大人気。すごいね！」（笑い）

私の住む吉祥寺でもジブリ見学をかねて、ドンキの安売り店は人でごった返している。ヨドバシカメラ、ローソン、セブンイレブンでも店頭には中国表示の安売りのチラシもある。あげくのはては東京都心のマンションの爆買い投資である。

私の妻の友人、藍玲さんによると転売するための代理購買だそうだ。楽しみながら渡航費もでるとなるとやめられない。これが華僑精神かなあ?中国都市周辺には富裕層・中間層でき、購買力がついてきたのだろうか？一つの社会現象にもなっているのだ。どう考えたらいいのだろう?わからない。だが日本人もニューヨークで美術品を爆買いした時代もあった。

まさに目で見、肌身でわかる国境を越えるグローバル資本主義である。東京のマンションへの投資も盛んで、投資バブルが日本にも波及してきている。そして銀座、心斎橋・道頓堀、ディズニーランド、富士山、箱根、京都と・・・。中国から昨年300万人、今年は500万人が日本観光に行っているそうだ。バブルが弾けている。10月国慶節の連休には中国の観光客があふれかえり、日本あちこちで爆売り、爆買いである。資本主義の過熱・バブルはあまりいいことはない。今後注視しなくてはいけない。

満州平安小学校、小沢征爾の生家、満鉄の社宅、千代田公園、大和ホテルなどあるそうだが、バスの窓の外は暗くてわからない。瀋陽中山ホリデイ・インに到着する。

2 瀋陽

9月12日(土) 朝5時起きだ。瀋陽の北、撫順炭坑・平頂山に向かう。早く出発しないと朝の車のラッシュアワーに巻き込まれて郊外に出られないそうだ。だからこんなに早くホテルを出発したのである。

気温19℃ 昨日の夕方の寒波のためか涼しい。街の中心部は道路工事が多く渋滞で混雑している。

瀋陽は清朝初期（アイシン国）時代には奉天と言われ、初代皇帝ヌルハチ、次皇帝ホンタイジが都としたところである。だから天を奉ずる（天下を治める）だ。また夏の離宮になり、女真・清の故地である。

清朝時代後期、ロシア帝国は南下政策により、満洲に大連・瀋陽・哈爾浜などロシア式都市を建設した。ロシア植民地時代の街つくりの基本はターミナルをつくり、どんどん延長しまたターミナルをつくる方式だったそうだ。国際都市へと大きく変貌した。ターミナルの中山公園の毛沢東の銅像は厚い外套着て北京の方角を目指している。60Km離れた撫順に向かう。

私の祖父は日露戦争当時奉天の会戦に参加したが銃弾は底をつき、弾薬数も制限されていたそうだ。もはや日本の戦力はほとんどなしの状態での辛勝であったという。よくロシア人を露助といっていた。戦争は敵愾心をあおるものである。明治時代よくまあ、ここ瀋陽・奉天まで来たものだ。

1905年当時日本人は35万人、1945年は中国人含めて96万人。満鉄全盛期には百万人の都市になったのだ。冬は-28℃、夏は32℃にもなるそうだ。今年は雨が少なく干ばつでトウモロコシなど小さく立ち枯れもある。

ポプラ並木の撫順街道を行く。片側4車線、両サイドで8車線の道路であるが車があふれている。「あれどうするの！」歩道にまで車を乗り上げ前に進む。驚くほど無謀な運転だ。さらにこの道路の上に新たに高速道路の建設が進行している。車が道路に溢れかえっている。これは爆車である。車体面積は道路面積を完全に越えているのだ。

車を買っても駐車場が確保できず、道路際が即席の駐車場である。夜には駐車場の確保の喧嘩騒動があるようだ。これは爆駐車。どうも爆◎◎で今の中国を表現できる。

次は爆元。「お金○○元、○○元ないと生活はやっていけない。お金がなければ教師は子供の面倒をみてくれない。教師に付け届けをしないと指名もされず、完全に無視される」という。切ない話だが十分ありそうなことだ。考えてみると教育格差を通り越し、貧困そのものがある。去年北京の下町に行くと、小さな子供がリンゴ箱に座り宿題をしていたがやる気なし。横に生活に疲れた母さんがいらいらしながらみつめていた。貧しきものの悲しさ。

次は爆マンション。高層マンションの建設ラッシュ。街道沿いは何本も、何本もの高層マンションが建っているが、全く人が住んでいる気配はない。ゴースト・タウン(鬼城)のようである。次々に新しいマンション群が林立しているのだが人影も見えず、商店、日常生活に必要な施設も見かけない。地域で生活する基盤がみえないのだ。どうも投資の目的の高層マンションの建設ではないのか?と考えざるを得ない。途中で鉄骨とコンクリートのみのマンションもある。設備投資をしたが明らかに生産過剰に陥り、需要にかげりがみえる。投資は回収できるのであろうか？　どうも私の頭からはみ出す事態が次々と現出する。

次は爆環境。都市の電力は確保されているのであろう。都市には必ず火力発電場がある。火力調節のためか、常に冷却水がコップをさかさにしたような容器の上から水を流している。中に発電機があるのだろうか。石炭からでる煤煙はどのような処理をしているのだろうか?

社会主義市場開放政策（私は国家資本主義経済?と妙な名づけをしている）は大きな曲がり角に来ていると思う。よく考えてみると日本の高度成長期にもこのような混乱が東京にも溢れていた。豊かな安定した社会になるための混乱、プロセスであろうか。

文革期当時の添乗員さんは「中国の革命は大河が流れるようにゆっくりと大きく流れるのですよ。」と教えてくれた。なるほどなあ！私たちの考える革命は短期即刻的革命であった。この大地と時間を考えると中国は国を越えた国である。刻々の瞬間の問題と、その変化はもう織り込みずみであろう。何千年の歴史の国はであり、たんなる言葉の解釈を越える人知と人治の国であることを思うと同時に願う。

3　撫順炭鉱・平頂山事件

平頂山事件を初めて知ったのは本多勝一著「中国の旅」の中でたったろうか。次は所沢雑学大学の文化祭で掲示されていた「平頂山事件」の新聞であろう。

軍河にかかる、日本技師がつくったといわれる永安橋を渡る。旧満鉄の社宅を右にみながら行くと、急に前方が開けてバスは止まった。まさか！予想もしていなかった撫順炭坑をみられるのだ。土手をのぼると巨大なクレーター（大穴）の全景が見える。ああ無順炭坑か！教科書で想像したよりも規模は大きい。縦6・6Ｋｍ、横4・4ｋｍ、深さ300ｍ　横長の大穴だ。機関車が武蔵野のまいまい井戸の道のようにぐるぐる巡る軌道を石炭いっぱい積んだ貨車をゆっくり引っ張り登ってくる。ここで産出される石炭は無煙炭だ。琥珀、瑪瑙、シェールオイルを含む鉱物も産出されるそうだ。

石炭の臭いがかすかにぷうんと流れてくる。穴から白い煙が上がっていた。火が消えることがないので万年火というそうだ。たぶん石炭塵と空気とふれ自然発火するのだろう。3億トンの石炭が眠っている。巨大な穴の向こうに白煙がたつ石炭の化学工場群が小さく見える。

露天掘り石炭は満鉄の富の源泉であった。社宅群は集中暖房システムを取り入れた当時画期的な高級近代施設であった。当時13万人が働いていたという。国策会社満鉄は中国の大地から膨大な利益を掘上げ、近代社宅はその植民地からの収益のうえにできたものである。

だが1990年代に炭坑は衰退し30万人が失業し、三輪人力車やタクシーの運転の仕事などに転業したという。90年代は市場開放政策に移行した時期である。これはある意味では石炭から石油へのエネルギーの変換期であり、新自由主義経済政策のもと、撫順石炭関連産業で採算が取れない部門は操業停止させられたのだろう。この時期に大きな国営企業も倒産し、大量の失業者がでたそうだ。社会主義の建前であろうが中國の現実には倒産、失業があるのだ中国は高い経済成長といわれているが、地方都市はまだまだ中央（大陸沿岸部）とは格差があるとのことだ。

大きな撫順炭坑を車で右手に巡ると間もなく「平頂山惨案遺祉記念館」についた。小山に「平頂山殉難同胞記念碑」石碑が建っている。白い小石が敷かれた広場を横切り、階段を下ると「記念館」があった。平頂山のちょうど麓（ふもと）にあたる。建物のなかはほの暗く静まりかえっている。私たちのほか見学者はいない。

鞘さんが石碑に掘られた平頂山受難碑文を読んでくれた。1932年9月15日（仲秋節）未明、抗日ゲリラ(大刀会)は撫順炭坑を襲撃、日本の撫順独立守備隊と戦闘になり、日本側には3人の死者が出た。撫順独立守備隊は同夜緊急会議を開いた。抗日民衆自衛軍(大刀会）が襲撃に際し、平頂山を通過したのにかかわらず、住民が日本の事業所に通報しなかった。それは匪賊と「内通」いるためで、懲らしめる必要があるとして、平頂山住民全員を殺害し、焼き払う方針をきめた。平頂山住民は撫順炭鉱の廃坑になった坑道に砂利を運びこむ苦力（くーりー）であった。この日は仲秋の名月。月餅を買い、遠くから帰ってきた子供、親せき共々団欒を楽しみにしていたのだ。

翌16日日本軍は炭坑守備隊200人を動員した。何も知らない平頂山農民、仲秋の名月で実家に帰ってきた人など近隣の千金保、栗家積、牛乳屋子の3村3000人を強制的に日本軍が演習をやるから危険だとか、写真を撮ってやると平頂山の窪地にひしめき合うくらいに集合させた。トラックの上に布で隠された物は写真機ではなく重機関銃であった。刹那、機関銃掃射で次々に村民に浴びせた。倒れうずくまる人々。止むと「にげろ」の中国語。また逃げる人、体を引きずり逃げる人に向け、倒れて生きている人にもさらに掃射する。3度にも及んだそうだ。つぎに兵士は着剣し、死体の山に踏み込み、息のある者、幼児に至るまで突き刺し殺害した。

翌日無垢な民を殺すという国際法に反する行為を抹消する為か？木材をばらまき、ガソリンをかけ焼き尽くす。そのうえ山腹にダイナマイトを仕掛け爆破させ、土砂で埋め尽くしてしまった。3000人の人達が屠殺され、生き残った人は20人だが、今ほとんど生存者はなくなってしまった。遺骸80人ほどが発掘されたが、それ以外の人々はまだ土のなかであるという。中国では虐殺を「屠殺」というそうだ。動物のようにことばなく殺されるからだ。

鞘さんは「今までいろいろな人、外国の政治家たちにも説明してきましたが、そのたびに、中国人として胸を掻きむしられる思いをするのですよ。」と胸に手をあてている・・・。

屠殺の現場は薄暗くガラス越しに見られる。仰向けになり、子供抱えた人があり、頭を銃剣で刺され穴のあいた頭骨、お腹に赤ちゃんを宿したままの女、苦悶のありさまが累々と重なり連なっている。大きな部屋であるがぐるりと巡る。心・・カサカサし停止している。隅の鉄の册に千羽鶴がひとつ垂れ下がっているのみ。ほかに一切ない。

共に行った人が堪えられなくなったのか「ここにはお悔やみをする壇がないですか？」と私に聞いた。

「ないですね」という。

もう一度「どうしてですか？」と。

返す言葉もなく強く「ないですよ！」と言ってしまった。

言葉にしても何も語りえない。慚愧のおもいが上がる。

屋上にあがるように階段を上り広場にでる。事務所で無順平頂山惨案記念館「故事」（南京出版社）の本を手にいれる。

平頂山を振り返り山の形を見る。おおよそ半分位が削られた小山である。

松ぼっくり一個拾う。

この平頂山事件が起きた前年（1931年）関東軍は奉天郊外柳条湖で満鉄の線路を爆破し、中国軍を攻撃し、満州事変（＝9・18）が起きた。1932年9月15日の前後は緊張が高まっていた。日本が正式に「満州国」を国家として認める「日満議定書」調印と重なり、様々な反日抗日の動きが察知されていた。関東軍は1932年9月以降、重点地区に兵力を集中し、抗日義勇軍を各個撃破して徹底的に討伐するとともに敵を包囲して殲滅する方針を採用し、

それを通達によって各部隊に徹底させていた。この事件は起きるべくして起きたといえよう

　山口淑子（李香蘭）は満州の奉天（中国東北部遼寧省瀋陽）で１９２０年２月12日近くの北台煙で生まれた。そして「李香蘭　私の半生」（藤原作弥共著）の書き出しに、この事件に遭遇し、「真夜中に起こされ眠い目をこすりベットに身を起こすと母の蒼ざめた顔がのぞきこんで、父は身支度を整えて出かけるところであった。真夜中だというのに外がざわついている。車は行き交い、人の叫ぶ声がする。『大変なことになるかもしれないの。キチンとした支度をして起きているんですよ。どんなことがあってもおかあさんから離れるんじゃありませんよ』」（29頁）

　淑子が11歳のとき、まさにその日（満州国が成立した日）撫順炭坑１０００人の抗日ゲリラが強襲し、全山に放火し、事務所を焼き討ちしたという、揚柏保事件が生じた。淑子はその晩、夜空が真っ赤に染まるさまを見たが、翌日、家の窓から見た裏庭では、松ノ木に苦力頭らしき人物が括りつけられ、日本の憲兵が振り上げた銃の台座で眉間を叩き割られるという拷問があった。いわゆる平頂山の大虐殺のひとコマであった。彼女の父も中国語に堪能であったために通敵行為を疑われ。憲兵に拘引された。その容疑は晴れたが、いつまでも無順に住むわけにはいかないと悟った彼は奉天に移住する事を決めた。中国人の民族主義に起因するこうした一連の出来事は、11歳の淑子にとって強烈な原体験になった。

　あと長春「満映」のところで山口淑子のことを詳しく述べてみたい。

日満議定書　１９３２年９月15日　日本国と満州国の間で調印された議定書である。日本側は武藤信義関東軍司令官と満州国側は鄭国務総理。議定書の取り決め事項

・議定書の内容　・満州国の承認・満州国での日本の既得権の維持（関東州は租借地として継続して日本の支配）・共同防衛の名目での関東軍駐屯の了承

・交換文書（１９３２年３月10日に満州国執政・愛新覚羅溥儀から送付され、本庄繁関東軍司令官から回答された書簡の件）

・満州国の国防は関東軍に委託し、その経費は満州国に負担する。

・関東軍が国防上必要とする場合、既存の鉄道・港湾・水路・航空路の管理と新設の工事については日本もしくは日本指定の機関に委託する・日本人が参与として登用する他、中央・地方の官僚にも日本人を登用するがその人選は関東軍司令官の推薦とし、解職には関東軍の同意が必要

平頂山事件裁判とその後の動向について、まず簡単に述べてみる。平頂山事件の生存者である莫徳勝（ばくとくしょう）さん楊宝山さんと方素栄さんの３人が日本政府に謝罪と賠償を求める裁判を起こしたのは１９９６年のことだ。しかし、２００６年最高裁判決で原告敗訴が確定、請求は破棄

された。平頂山における住民虐殺は認めるが、国家無問答責の法理により日本政府は責任を問われないとされたのだ。しかし、最高裁判決のあとも、日本政府に謝罪などを求める運動を原告と支援者が続けている。その中で原告が求めているのは次の項目である。

Ⅰ　日本政府は平頂山事件の事実を認め、生存者と犠牲者の遺族に対して公式に謝罪すること

Ⅱ謝罪の証として

（１）日本政府の費用で謝罪碑を建てること

（２）平頂山事件の供養のため、日本政府の費用で陵園を開設すること

（３）平頂山事件の悲劇を繰り返さないため、事実を究明し、その教訓を後世に伝えること

そして残念なことには原告の一人だった莫徳勝さんは最高裁判決の２００５年５月23日になくなっていることだ。この「平頂山とは何だったのか」は涙なくして読めない本である。

「平頂山とは何だったのか」中国人戦争被害賠償請求事件弁護団編

高文研より

（東京・常任幹事）

新年会のご案内

日時　２０１６年1月３０日（土）　午後５時３０分～

会場　さいたま共催会館

〒330-0064

埼玉県さいたま市浦和区岸町７丁目５−１４

TEL 048-822-3330

浦和駅西口より徒歩約１０分

会費　５０００円

出席を希望される方は小林事務局長まで

（最終ページを参照してください）

脱原発社会への展望（3）

祝島《いわいしま》（山口県）、上関《かみのせき》原発反対闘争と伊方原発反対闘争

折原　利男

祝島、上関原発反対闘争

3・11の翌年、2012年1月14、15日にパシフィコ横浜で「脱原発世界会議2012 YOKOHAMA」が開催され、世界30カ国から約100人の専門家や市民活動家、政治家などが集まり、2日間合計で約1万1500人の参加者があった。「脱原発世界会議」実行委員会は、ピースボート、環境エネルギー政策研究所（ISEP）、グリーン・アクション、原子力資料情報室、国際環境NGO FoE Japan、国際環境NGO グリーンピース・ジャパンからなっていた。2日間の全体会、分科会で108もの企画があり、43ページの会議プログラムを見ると、ぜひ参加したい、視聴したい、と思うような企画があふれていて、選ぶ(捨てる)のに苦労した。震災と福島の原発事故の大惨事と混乱のなか、これほどの規模の集会と会議を企画し、実現した実行委員会とスタッフのエネルギーと力量を思った。『8・15』2015年10月号で報告した東電株主代表訴訟も、この会議で知った。本稿で報告する、上関原発（山口県）建設問題と祝島の人々の30年以上にわたる反対闘争、あるいは、ドイツ南部の小都市シェーナウ（人口約2600人）で、脱原発運動から、電力会社の地域独占をやぶり、ドイツ有数の自然エネルギー電力会社を誕生させた、という、希望と展望を与える市民運動を知ったのもこの会議だった。

私は2011年、3・11の年の8月、宮城県気仙沼市で1週間ほどボランティア活動をした（そのときの体験を柱にして、震災と原発問題を含めて創作したのが「瓦礫のなかから」『AMAZON』2013年11月号、14年3月号。『8・15』にも転載）である）。13年8月には、「福島から祝島へ～子ども保養プロジェクト」に6日間ボランティアとして参加した。その企画はフォトジャーナリスト、那須圭子のブログで知った。そこには、こうあった。

〈「あぁ～、こんな自然いっぱいの所で、福島の子どもたちを思いっきり遊ばせてやりたいなぁ！」

山口県祝島を訪れた、福島県飯舘村の安齋徹さんのそんなひと言から、このプロジェクトは始まりました。2011年3月11日に起きた福島第1原発の事故により、今もなお高い放射線量のもとで暮らすことを余儀なくされ、戸外で遊ぶことも制限されている福島の子どもたちに、祝島の恵まれた自然環境の中で思いっきり遊び、体調を整えても

らうための合宿プロジェクトです。30年間上関原発を拒否し続けている祝島と福島がつながる素晴らしい機会になれば、とも考えています。

毎回10人程度、できるだけ長く祝島に滞在してもらいます。一説によると、一度体内に取り込まれた放射性物質が体外に出るのに、最低3週間ほどかかると言うからです。〉

祝島は、山口県上関町長島の上関原発建設予定地の対岸3・5キロ西にある。予定地と祝島の間の海は、瀬戸内海でも屈指の好漁場で、希少動物の小型イルカ、スナメリも生息している。予定地の海岸からは、世界でも貴重な貝類が多く発見され、至近距離にある鼻操島（はなぐりじま）にはハヤブサが営巣している。高度経済成長時代を迎え、工場や石油コンビナートが次々に作られて、豊富だった水産資源が激減していった瀬戸内海の中にあって、ここはまさに奇跡的に残された豊かな自然環境と言われている。原発が通常の運転をしたとしても、祝島の住民と自然環境は原発によるさまざまな悪影響をまともに受けることになる。万一事故が起こった場合、放射能を遮るものもなく、逃げる場所もない。

人口500人ほど、周囲12キロの小さな祝島の人々は、1982年に始まった中国電力による上関原発建設に現在まで反対運動をし続けている。島の人々の生活と反対運動の実際は、那須圭子の写真による記録『中電さん、さようなら　山口県祝島　原発とたたかう島人の記録』（創史社、2007年10月）、鎌仲ひとみ監督のドキュメンタリー映画『ミツバチの羽音と地球の回転』（グループ現代、2010年）、纐纈（はなぶさ）あや監督のドキュメンタリー映画『祝（ほうり）の島』（ポレポレタイムス社、2010年）、そして、山秋真『原発をつくらせない人々—祝島から未来へ』（岩波新書、2012年12月）、山戸貞夫『祝島のたたかい　上関原発反対運動史』（岩波書店、2013年8月）などから、リアルに伝わってくる。『ミツバチの羽音・・・・』は、3・11の前年、2010年に完成したドキュメンタリー映画だが、美しい自然のなかで質素な生活を続けながら、上関原発建設反対運動に体を張って力強く取り組む祝島の人々に寄り添い、一方では、脱石油・脱原発を決め、着実に自然エネルギーへとシフトし、持続可能な社会作りを進めている北欧のスウェーデンの取り組みを紹介して、未来を展望させてくれる優れた映画である。どちらの映画からも、静かにそして強く脱原発の訴えが伝わってくるが、福島原発事故前の制作であることに驚く。

1982年に上関原発建設計画が浮上すると、上関町長は「町民の理解が得られれば誘致してもいい」と表明し、「議員、自治会長、婦人会長、消防団長など、もうぜんぶ丸められ、スイシン（原発計画を推進する立場）のほうに引っぱられておった」（『原発をつくらせない人々』）という。清水敏保（現在、上関原発を建てさせない祝島島民の会代表、上関町議会議員）は、それまで原発が良いか悪いかも分からなかったが、福井県の敦賀原発と美浜原発へ視察に行き、反対の立場になった。82年11月、祝島に「愛郷一心会」が誕生する。故郷を一心に思う会、だという。当時は1000人以上いた島民の9割が参加した。島民は毎晩のように集まり、話し合いを重ね、原子力資料情報室の高木仁三郎をはじめ、原発の専門家を呼び、勉強会を続けた。

11月16日、一心会は初めて海上デモを行い、翌日には町長へ申し入れをする。そこにはこう述べられていた。

〈千弐百年の誇り高き伝統に歴史と文化を秘めた祝島とその住民が今日まで平和にそして豊かに生きてこられたことは、この美しい大自然があったからに外（ほか）ならないのです。その生命とも言うべきかけがえのない自然がいま、中電の原発誘致問題により根底よりくつがえされようとしております。

世界で唯一の被爆国である日本人《ママ》は、核の恐怖を肌で体験し、実感としてそれを知っております。貴殿もその一人だと思います。確かに原発は平和産業の一環かも知れませんが、反面、原爆製造に直結していることも否定できない事実です。

そのような難問題がまつわる原発には、重大な関心を持たざるを得ません。我々は現在と未来に向けて平和に安全に生きていく権利を、すべての日本国民と平等にもっております。

（中略）原発の安全性が確認されていない現在、いかなる理由があっても、住民の生活を脅かし生命までも蝕（むしばむ）む危険と可能性を多分に持っている原発建設に、我々祝島住民はいま、強い憤りさえ覚えます。原発建設はもちろん立地調査も断固反対いたします。〉（前掲書）

33年経った今でも、全く古びず、そのまま通用する言葉であることに驚く。

海上デモと同じ日から、今に至るまで続けられている月曜デモが始まった。参加者は、50～60人位から、次第に増えて多いときは数百人になったという。歩く時間は今では30分ほどだが、当時は1時間から1時間半位だったとのこと。私が祝島に滞在中の月曜には、このデモにも参加しようと思っていたが、あいにく島民のひとりが亡くなって、その日が葬儀になり、中止となってしまった。

3・11の福島原発事故で、状況は変わったかにみえた。5月の終わり以降、上関周辺の自治体の議会で、原発計画の中止や凍結を求める声が相次ぎ始めた。6月27日の山口県議会で、知事は12年10月に期限切れになる予定地の海の埋め立て免許の延長を認めない方針を表明した。埋め立てとは、原発の敷地が足りず、海を埋め立てて敷地を拡張する工事のことである。それで原発を建設するというのだから、そもそも、信じ難い建設計画である。7月8日には、県議会は上関原発を一時凍結すべきという意見書を全会一致で可決し、国に送付した。

　上関原発敷地の造成に向けた公有水面埋め立て免許は2012年10月に期限切れになる。これで上関原発はなくなると誰もが思い、上関町では「原発に頼らない町づくり」の取り組みが始まろうとしていた。

　ところが、12年夏の県知事選で「延長を許可しない」と言って当選した知事は、12年12月の自民党政権の復活とともに、免許の「審査を先延ばしにする」というやり方で、その約束を反故にし、埋立免許の失効を先送りさせた。そして14年に自民党の推薦で知事になった村岡知事も、そのまま審査を先延ばしにしているのだった。現在、埋め立て工事は止まっている状態だが、原発予定地につながる周辺の道路工事は着々と進められており、時期を見計らって上関原発計画を再び進めようと中国電力・山口県・自民党政権が水面下で動いているような状況があるという(「STOP！　上関原発！」ホームページ、2015年2月)。

　現地を訪れて、小さな島と海の自然のなかで、漁業と農業での質素な生活をしながら、目の前にぶら下げられた多額の漁業保証金も拒否して、体を張った反対運動をし続けてきた人々の元気さと強さに、心打たれるものがあった。中電から祝島への、2000年春における漁業補償金初回支払い分は、5億4000万円だった。その受け取りをずっと拒否し続けているのである。


保養プロジェクトでは、祝島の人々は、取れた50～60センチほどもある鯛などの魚や野菜、あるいは名産のビワの加工品など、いろいろな差し入れをし、ボランティアの人々と食事を作ってもてなした。あるいは、保養に来た福島の子どもたちのために、竹でやぐらを組んで海に浮かべた大きな筏（いかだ）を作って提供した。海運業も営む清水敏保氏は、仕事に使う船に子どもたちを乗せて海で遊ばせた。

埋め立て工事を強行しようとする中部電力側を、県内外からの多数のカヌーで阻止しようとした「虹のカヤック隊」の中心的人物、原康司（こうじ）氏は、海に出てシーカヤック遊びを指導した。

　氏は、山口県に生まれ、シーカヤックガイドで、ダイドック冒険学校を主宰している。アラスカやアマゾン川をシーカヤックで冒険中にアラスカで出会った先住民に、生まれ育った故郷の大切さを教わった。その後地元に帰り瀬戸内海を縦断中に、美しい瀬戸内海の原風景や生活文化を色濃く残す祝島に出会い、感銘を受け、シーカヤックで祝島の漁師たちの漁船とともに海上での原発反対行動をはじめた。主宰する冒険学校では子どもたちにアドベンチャー体験を行なっている。

　その一方、氏は現在、上関原発反対運動で、事業主である中国電力によって、約4800万円の損害賠償訴訟を起こされているひとりである。「反対運動によって工事が遅れ、損害が発生した」というのが中電側の訴えの構図で、いわゆるスラップ（SLAPP）訴訟である。被告になっているのは4人で、島民運動のリーダー格2人と、島で暮らしながら運動に参加している山口県と広島県のシーカヤッカー2人である。対応に多大な時間と労力を割かなくてはならず、裁判次第では、とうてい払えないような莫大な損害賠償金を支払わなければならなくなる、という恐怖を与え、反対運動を萎縮させ、排除する。それがスラップ訴訟の狙いである。

それを防ぐために、アメリカでは、30近くの州が法律でスラップの防止を図っている。裁判所がスラップだと認めた裁判は、原告が被告の弁護士費用を負担することに加え、被告が原告に損害賠償を請求することを認める例もある。

そのような祝島で、保養にきた小学3年から中学1年までの12人の福島市や飯舘村の子どもたちは、心のなかでは、いい知れない悲しみや辛さはあったはずにせよ、明るく元気で、それが救いだった。その一方、2人の保護者のお母さんは、原発事故と避難生活で、まいっているように思えた。何かにつけて福島の話題になると、涙ぐんでしまうのだった。

ともあれ、祝島のきれいな自然のなかでの、子どもたちや保護者のゆったりとした生活は、多少なりとも心身の癒しと、なんらかの励ましや力になったのではないかと思われた。

もう一つ、祝島で強烈な印象を与えられたのは、「平さんの棚田」である。保養プロジェクトを安齋徹氏と共同で主催しているフォト・ジャーナリストの那須圭子氏から、あそこは、見ると人生観が変わってしまうような所だから、ぜひ見ておくといいですよ、と言われていた。

その棚田は、海辺の村落中心部から4キロほど歩いて登った山奥にあった。われわれが通常写真などで目にする、なだらかな棚田とは全く違った、驚くべき人工物であった。大きなものは2メートル以上もある岩を積み上げた、高さ9メートルもの垂直な、まさに城壁のような壁の上に造られた棚田である。実際は45度に近い岩山を人力で崩し、上から石を落としながら積み重ねて壁を築いていく、という方法で造られたという。その上に11アールの田んぼが広がっていた。見上げると、壮大といっていい石組みに圧倒され、信じがたい思いがした。平さんの祖父の代から家族だけの手作業で、30年あまりかけて3段にわたって作られ、全部で40アールもの田んぼになっているとのことだった。

人間、なにかをしようと思ったら、できないことはないということ、そして、自分がどんなに大変だと思ったようなことでも、あの巨大な棚田を作り上げた労力に比べたら、大したことではないと思ったものだった。

その日、棚田でエンジンの草刈り機で草を刈っている人がいた。声を掛けると、それが持ち主の平萬次さんだった。

平さんは、今はもう全部には米を作れない。ただ、この棚田を見学に来てくれる人が絶えず、せっかく来てもらっても、草ぼうぼうでは申し訳ないと思って刈っている、と話した。何日か前には、ドイツから訪ねて来た人があったという。平さんは、高い石の壁から小屋を見下ろす棚田まで上って案内してくれた。水が畦の上近くまで満ち、稲は50～60センチほど伸びて、一面青々と広がっていた。その後で棚田の中段にある作業小屋に降り、座って話を聞かせてくれた。小屋も材料から手作りという堅牢な小屋だった。

海岸からすぐ岩山になる祝島では、米などを作れる土地があまりない。祖父が、人間、米さえあれば生きていける、として作り始めたのがこの棚田だ。私も50年ほどここで米を作って、家族とも生きてこられた。しかし祖父は、何事も3代つづけばそれでええ、と言った。私がその3代目で、私が死んだら、もう米を作るものはいない。米作りを止めてしまうと、田んぼの保水力もなくなってしまう。この棚田も、後は原野に帰るだけだ。おやじの言った通りだ。平さんは達観しているかのように笑顔で話した。確かに、不便極まる所で、例えば役所やボランティアの手などでこの棚田を維持していくというのは簡単ではないと思えた。

平さんに原発の話をうかがうと、昔は何回も高木仁三郎などに来てもらって学習会を開き、私も話を聞いて勉強したものだという。そうして原発はあってはならないものだと分かった。私が、福島の事故の直後に脱原発を決めたドイツのことに話を向けると、メルケル首相は、すごい人だと言う。そのとき80歳になる平さんから、高木仁三郎やメルケルのような人物の名前が、すぐに出てきたのには感動した。

そうして平さんは立ち上がると、晴れ上がった夏の海の彼方の対岸を指差しながら言った。あそこに横に広がって見えているのが佐田岬半島で、その付け根の部分にあるのが伊方原発だ。工事らしき動きが始まって、何ができるのだろうかと思っていたが、いつの間にか原発が作られてしまった。そう言いながら平さんは、笑顔を絶やさないでいた日焼けした顔に、厳しい表情を浮かべた。

伊方原発反対闘争

２０１３年秋、タンポポ舎のメールマガジンを通して、作家の広瀬隆が、伊方原発再稼働をなんとしても阻止しようと、「一生のお願いです」という言葉を使って、「ＮＯ ＮＵＫＥＳ えひめ」への参加を全国に向かって呼びかけた。チェルノブイリ原発事故以降、ずっと原発反対を唱えてきた氏の「一生のお願い」という言葉を見て、私はこれは参加しなくてはと思った。

四国唯一の愛媛県伊方町の伊方原発は、当時は再稼働の一番手とみなされていた。伊方が再稼働されれば、続々と再稼働が進められてしまう可能性がある。それを何としても止めようという運動である。

12月1日に松山市城山公園において、「NO NUKESえひめ」が「伊方原発をとめる会」主催で開催された。その前日の午後には、伊方原発見学バスツアーがあった。伊方原発は、松山から車で約90分。インターネットなどの航空写真で見れば一目瞭然だが、佐田岬半島の付け根にあり、そこから西に細長く伸びる半島は、海に突き出た山の尾根のようである。参加者は、原発に通じる道路が高い鉄の柵で封鎖されているところでバスを降りた。原発は道路をその先にさらに下っていった海岸沿いにある。目の前で見ると、原発敷地のすぐ側に急な山の斜面が降りていて、原発事故が起こったとき、福島のように、汚染水を溜めておくタンクなどの置き場は全くない。また、外部からの支援や住民避難の重要なルートが、半島北側の海沿いを走る県道だが、途中崖崩れの危険地帯がいくつもあるという。地震で崩落すれば、アウトである。そもそも放射能で、原発の側を通っては逃げられないだろう。船で避難させるという計画も含まれているが、現地の人々は、海が荒れれば、船なんか出せないという。結局、半島に済む5000人の住民は、まさに見殺しになる可能性が大きいのだ。

高い鉄柵のゲート前で、反対運動を続けている現地の斉間淳子氏から話を聞いた。氏は3・11以後、毎月11日に、伊方原発ゲート前で抗議デモを行っている。なぜ反原発運動に入っていったのか、氏の発信した言葉（日刊ベリタ、2012年4月7日）から引用しておきたい。

〈私の夫（斉間満）は、原子力がまだバラ色の時代に伊方原発反対裁判本人訴訟の原告であり、伊方原発反対八西連絡協議会の会員、さらに反原発を表明していた。しかし私の長兄は四国電力の上層部社員で原発推進であったため、当初、私は原発反対運動には背を向けていた。そんな私に衝撃を与えたのは1981年に起きた〝魚の大量死〟である。伊方原発立地の隣の瀬戸内海側の瀬戸町と三机湾に、まるで真白な布を敷き詰めたように大量に死んだ魚が白い腹を出して浮いていたのである。魚の大量死はこれまで7回も起きているが、私はその光景を生涯忘れることはないだろう。これが私たちの子供だったらどうするのか。私は心底怖くなり、原発に反対していこうと決めた。

1986年には旧ソ連でチェルノブイリ原発大事故が起き、目に見えない色もにおいもない放射能が8000キロ離れた日本でも確認され、その恐ろしさを実感した。（事故原因は、出力調整実験の失敗：筆者注）そして1988年には伊方原発で全国初の出力調整実験が行われた。この発表がなされるや否や、九州の女性から反対の声が上がった。実験に失敗すれば九州も大きな被害を受けるという訴えは、チェルノブイリ事故後だけに切実な現実味があった。

私たちは「八幡浜・原発から子どもを守る女の会」を結成し、伊方町にビラを配り反対署名を集めた。運動の主体は子育て中の母親や有機農産物やせっけん運動に目覚めた女たちで、柔軟で積極的なものだった。それまで一部の人たちだけだった原発反対の声は野火のように広がり、様々な原発反対団体が全国に生まれていった。〉

氏の話で最も恐ろしかったのは、原発近くに墜落した米軍ヘリコプターの事件である。1988年6月25日午前10時、山口県の岩国基地を飛び立った沖縄普天間基地行きのアメリカ海兵隊所属のCH－53が、視界20メートルの濃霧のなか訓練を続行し、伊方原発から直線距離で800メートほどの斜面に激突し、乗員7人全員が死亡した。事故後、現場には土地所有者である地元の農民はおろか、報道陣や国会議員も「日米安保条約の地位協定による日米合同委員会の合意事項による」との理由で立ち入りは禁止された。2004年8月、沖縄国際大学に米軍ヘリが墜落した大事故の後の処理と同じである。

濃霧の原子力発電所周辺を飛行したのは、訓練の目標物であった可能性が高いとされている。岩国基地と普天間基地間を飛ぶ米軍機は、伊方原発を飛行ルートでの方向転換の目印にしているのではないかとも言われている。

今回の参加者に、「人権と報道・連絡会」世話人でジャーナリストの山口正紀氏がいた。氏とは、13年、14年夏の福島での「福島を忘れない・全国シンポジウム」のときも一緒だった。山口氏は元読売新聞記者。30年あまり勤めたが、社の方針（社論）と違う文章を週刊金曜日に書いたことで「記者職」を剥奪され、定年まで5年余を残して退社した。そして、日本の大手メディアが「権力の広報機関化」を進め、「市民の敵」になりつつあることに警報を鳴らすために、『さようなら読売新聞　メディアが市民の敵となる』（2004年8月23日、現代人文社）を出版している。その山口氏に聞くと、別の可能性もあり得ることを示した。若い米兵はスリルを味わうために、よくゲーム感覚で重要施設の上を飛行することがあるというのである。いずれにしても恐ろしい話だと思った。

斉間氏は伊方原発のほぼ真上の斜面のヘリの墜落現場を指さした。今は大きな風力発電の風車が西に向かって並んで立っている、その一番右端のところだという。封鎖された後に、その現場に作られたもので、事故現場を隠すためではなかったのかという。その可能性に説得力があった。

参加者はその後、またバスに乗り、海岸側の伊方町三崎地区に向かった。そこで、翌日の「NO NUKES えひめ」への参加を呼びかけるビラを、2人で組になって戸別に配布した。私は、山口正紀氏と行動した。インターホンを押し、あるいは玄関で声をかける。不在の家が多かった。不在であれば、ポストに入れて次の家を回る。応答があった家では、お年寄りが多かった。訪問の理由を話し、伊方原発の話を出すと、事故がおきたら、自分たちはもう仕方ないと思っていると、半ば諦めている感があった。

翌12月1日（日）午前10時から、松山市城山公園において、「NO NUKES えひめ」が開催された。参加者は8000人。登壇してスピーチしたのは、ジャーナリストの鎌田慧、作家、広瀬隆、首都圏反原発連合のミサオ・レッドウルフ、元宇宙飛行士の秋山豊寛、山本太郎他2人の国会議員などである。2時半からは、市内2つのコースに分かれてサウンド・デモを行った。

午後6時から8時ごろまで、場所を移して全国交流会が行われた。その場に、元、南海日日（にちにち）新聞記者、伊方原発1～3号炉運転差し止め請求訴訟原告共同代表で、地元から反原発を発信し続けてきた近藤誠氏が現れてスピーチをした。氏は東京新聞の特報面に「別冊　南海日日新聞」を連載していた。肝臓がんを患っていた氏は、集会参加者のために、「私は、現在入院のため、お会いできず残念です」で始まる11月30日付けの「歓迎挨拶」を印刷して用意していた。それにもかかわらず氏は、病をおして入院先からかけつけて下さったのだった。

氏は長年伊方原発から10キロしか離れていない八幡浜に住んでいた。伊方町や八幡浜市の地元紙「南海日日新聞」の最後の記者だった。その逝去に際して掲載された東京新聞の記事（2015年10月17日）から抜粋しておきたい。

〈同紙は一九七五年に八幡浜市出身の故斉間満さんが原発批判の言論を守るために起こした新聞だ。広島県出身の近藤さんは創刊まもない七七年三月に出社。スタッフ四、五人の小さな所帯で原発問題を中心に地元ニュースを追い続けた。四国電からは取材を拒まれ、広告主には圧力もかけられたが、地道な報道で信頼を積み重ねた。出力調整実験の失敗でチェルノブイリ事故が発生した翌八七年には、四国電が住民に黙って出力調整実験を実施した事実もスクープした。

二〇〇六年に斉間さんが死去した後、近藤さんの肝臓がんが発覚。やむなく〇八年に休刊した。近藤さんは入退院を繰り返しながらも「また出すか分からんぞ」と一歩も引かず、記者であり続けようとした。

（中略）妻の享子（じゅんこ）さん（六一）によると、近藤さんは夏ごろから指が思うように動かせず、パソコンを打てなくなった。「まだまだ書きたかったと思います」

多くの仲間たちがその死を惜しむ。

斉間さんの妻で「八幡浜・原発から子どもを守る女の会」代表の淳子さん（七二）は、近藤さんが亡くなる三日前の十二日、「今後のことを話しとかないけん」と病床に呼ばれた。反対運動への助言だけでなく、「原発の危険性を言い続けないかん。ここで諦めたらいかん」と逆に励まされた。「身を擦り減らして頑張ってくれた。『原発が止まるまで死にたくない』とも言っていた。生きとってほしかった」

七〇年代に始まる伊方原発の設置許可取り消し訴訟では、京都大原子炉実験所の所在地の地名をとって「熊取六人衆」と呼ばれた学者たちと親交を重ねた。その一人で工学者小

林圭二さん（七六）は「決してぶれない記者だった。伊方を止めたい一心で命もつないでいたのではないか」と悼む。〉

12月1日の挨拶の2週間ほど前に、近藤氏は、「原発が停まったことによる私たちが得た『効用』を考えてみると、それはとてつもなく大きいものだ」と、「原発停止による七つの効用　原発現地からの声」（上、中、下）という報告を発信していた（タンポポ舎メールマガジン、2013年11月13、14、15日）。原発立地自治体の市民が、どれほど、どのように原発停止を歓迎していたか、よく伝わってくる。「七つの効用」のうちのいくつかをみておきたい。

第1。伊方原発1、2、3号機合わせて、稼働時に放出されていた、年間1480兆ベクレルという「天文学的な膨大な放射能が止まっている」。「私たちは34年ぶりに手にした放射能を出さない原子炉を前に深い深呼吸をしている。このかけがえのない安心して過ごす日々をもう逃したくない。」

第2。「出力100万キロワット級の原子炉(伊方原発3基全体で202・2万キロワット：筆者注)を1年間運転すれば、広島原爆1000発分の死の灰が生産される。この、どこにも行き場のない放射性廃棄物の増産を止めることも、私たちが何としてでもやらなければならないことだ。それが今かなっている‼」

第3。「運転すればいつ起こるか分からない事故に対する不安と恐怖の毎日から解放されている。伊方原発では、1999年から2010年までの11年間だけでも、3基合わせて506件の異常通報があった。1号機は運転1年目に1次冷却水漏れを起こし、720億ベクレルの放射能を外部に放出する事故があったが、住民が知ったのは事故発生から6時間後だった。その間、子供も大人も外で何も知らずに過ごしていた。止めどのない数多くの異常事態の発生は、運転が始まれば、必ずや大きな事故を引き起こすだろう、という恐怖と不安が付きまとう。なお、核燃料プールにある使用済み核燃料の冷却が出来なくなると重大事故になるという懸念は、原子炉が止まっている現在も続いている。」

第5。四国や全国で、節電が進み、電力会社の供給には余力があることが分かって、「『原発動かないと電気が足りなくなる』は最早『死語』になった」。

そして最後に、「福島事故の後、二度と事故を起こしてはいけないと立ち上がり、動き出した人々と、そのネットワークのつながりとひろがりだ」としている。

12月1日の交流会でのスピーチは、入院先から駆けつけたとは思えないほど明晰でよどみなく、力のこもった訴えだった。11月30日付けの「歓迎挨拶」から、伊方原発が抱えている5つの危険性を、2番目以外はそのまま紹介しておきたい。全国の原発に共通する問題も含めて、伊方原発が固有に抱えている大きな問題点が具体的に指摘されているからである。

〈先ず第一に、伊方原発のすぐ北側は瀬戸内海に面していますが、敷地からわずか6キロ足らずの海底に全長約100キロにも達する日本で一番大きい活断層、中央構造線があります。松山から伊方にかけて、この断層が動くと地震のエネルギーの大きさを示すマグニチュード（M）で8クラス、あるいはそれより大きい地震が起きる可能性があると政府の地震調査会が判定し、公表しています。M8の地震でも水平方向で8メートル動き、垂直方向で6メートルの断層が生じた1891年の濃尾地震の実例もあります。このような大きな地層の変化や揺れが原子炉施設の真下や近くで起きれば、一瞬のうちに大きな地震波が襲い、施設は壊れ、原子炉の核燃料の核分裂を止めたり、冷やす機能が無くなり、核燃料が暴走したり、溶ける恐れがあります。

このような大きな地震が原発近くで起きると高い津波が施設を襲います。高さ15メートルの津波が起きる可能性を指摘した地震の専門家もいます。

また南海トラフの巨大地震による長い周期の揺れは、伊方原発の地盤の揺れの特性と同じであり、大きな揺れになり地滑りや崩壊を招く可能性もあります。〉

第二にあげているのは、前述、斉間淳子氏が話した米軍ヘリ墜落事故のことである。そのなかで、近藤氏は、原発の脆弱性について次のように伝えていた。

〈GE（ゼネラル・エレクトリック）の元技術者は原子力施設の屋根は無いも同然に脆弱に作られており、上空からボーリングの玉を落としただけでも壊れると証言していたことが国会の質疑で明らかになっています。今年3月にも伊方原発上空を米軍機が飛行していました。伊方町や愛媛県当局は原子力施設の上空の飛行を避けるよう米軍に求めることを政府に要望していますが、米軍はそうした声を無視して飛行を続けているのです。米軍機の原子炉施設への墜落という大事故が起こることを私たちは恐れています。〉

〈第三に現在、福島原発で続いている放射能汚染水の流出という問題です。同じ事態が伊方原発で起きると、湖と同じように内海となっている瀬戸内海は全体が放射能で汚染されてしまいます。瀬戸内海の水が入れ替わるのには約100年かかるとも言われています。海底に溜まった放射能による汚染は数百年続くでしょう。その上にプルトニウムが加われば、数万年以上に亘って汚染が続くのです。汚染水を溜める場所は狭い原発敷地にも半島のどこにもありません。数千年に亘って私たちに与えられていた瀬戸内海の海の幸を私たちは失ってしまいます。陸上も同じ事態になります。

第四に、伊方原発への核燃料の持ち込みや使用済み核燃料の運び出しには、瀬戸内海と豊後水道という狭い海や海峡を輸送ルートに使っています。しかし豊後水道は一日に千隻を超える船が航行しており、衝突、沈没事故が起きる危険な海域です。さらに潜水艦の軍事訓練も頻繁に行われていますが、誰も衝突事故に遭遇する時まで知ることはできません。私も漁業に従事していた時、この海域で潜水艦と出会い、衝突寸前の危ない体験をしました。四国の南海上で日本の潜水艦と貨物船が衝突する事故が実際に起きています。

第五に、伊方原発は半島部に建設されています。放射能が外部に漏れ出る事故が起きると、原発から西に住んでいる約５０００人の住民は原発に向かって逃げることはできません。三方は海に取り囲まれています。船しか逃げる方法がありません。しかし、風が強ければ航行は難しくなり、船は岸に着けることもできず、避難者を乗せることはできません。ヘリコプターも同じです。地震が加われば、道路は崩れ、寸断され、移動もできず、救援も困難になります。こうした事態について、住民の不安は大きいのです。

今日、住民の方に出会う機会があれば、こうした意見や、感想もぜひ、聞いてみてください。事故の時に屋内退避や、避難する地域と指定されている原発から30キロメートルの範囲には13万人が住んでいます。大勢の人々が一斉に逃げることは不可能です。大事故が起きれば逃げることも、放射能被曝を避けることも困難になるのです。

同時に、運転すれば、使用済み核燃料という核廃棄物を作り出しています。危険な核廃棄物は処理することも貯蔵する施設の見通しもありません。地震の多い日本に原発を造ったことが大きな誤りだったのです。核兵器、核武装につながる恐れのある原子力の利用、開発も認めることはできません。

私たちは、これから生きていく子供や子孫にきれいな空気や土地、海を守り、安心して暮らすことのできる平和な世を渡さなければなりません。そのために原発の運転を許さず、廃止する運動を続けていきます。そして、皆さんと手をつなぎ、力を合わせて再稼働を止め、すべての原発を廃炉にしたいと願っています。〉

ここには、原発を再稼働することが、どれほど危険で無謀極まりないことかが、それを肌で感じ取っている現地の市民の視点から、余すところなく指摘されていると思う。

その伊方原発の再稼働に、15年10月27日、愛媛県知事が同意し、年明け以降に動き出す見通しとなってしまった。近藤誠氏の訃報はその直前の10月15日のことである。逝去の4日前、11日にも、氏は伊方原発ゲート前の集会に車椅子で駆け付けて、7分を超えるスピーチを行っていた。その様子は動画投稿サイト「ＹｏｕＴｕｂｅ」（ユーチューブ）で視聴できる。それをみると、やせた体を車椅子に座って支えながら、原稿やメモなしで、余命幾ばくもない全身から一語一語絞り出すように、目の前の四国電力職員に語りかけていた。そのスピーチの締めくくりはこうであった。

〈私たちはなんとしても再稼働を阻止して、そして原発のない社会づくりを進めていく。また電力会社の皆さんとともに進めていく。それしか、今後私たちは、自分たちの子どもを守り、自分たちの子孫を守っていく方法はないと確信しています。四国電力の皆さんも含めて、私たちは原発をなくす社会づくりをしたいと思います。

そして安倍政権、これをなんとしても打ち倒す。まったく新たな政権によって、あなた方がこれまでつくってきた、いわゆる安保法、戦争にむかうあらゆる体制をひっくり返していく。私たちはそのことを、それぞれみんなが手を結んで、手を繋いで進めていく。そのことを私たちは皆さんに、はっきりと断言し、宣言したいと思います。〉

近藤誠氏の逝去を悼む人々の言葉は、新聞やインターネット等にあふれている。大切な人が次々に亡くなっていく。その遺志は必ず引き継がれていくだろうし、引き継いでいかなくてはならない。

（2015年12月14日）

（埼玉・会員）

お世話になりました　編集委員長を辞任します

落合　正史

手元に朱の入った2007年10月号があります。前編集委員長の金子さんから頂いたものです。以来約8年間、この8・15誌の編集という大役をなんとかやってきました。中学の生徒会新聞の発行にちょっとだけ触れたことがあるくらいで、何ら素養のない私が機関誌の編集などという事をまがりなりにもやってこられたのは、会員の皆様を始めとして読者の方々の絶大なるご協力、叱咤・激励があったればこそであり、心から感謝申し上げます。

誤字・脱字については改めてお詫びいたします。また編集の仕方、内容等についても厳しいご叱正をいただいたこともありますが、これらすべてをこれからの生活に役立てて行ければと思っています。

何はともあれ、今はなんとかやり終えたという安堵の気持ちでいっぱいです。

終わりに当たり、再度今までのご協力に感謝を申し上げます。ありがとうございました

多謝！　再見！！

寄贈誌より

『中国研究月報』（社団法人中国研究所発行）
２０１５年１１月号

▽論文　中華人民共和国建国前後の共産党の都市大衆工作と
基層社会の再編　遼寧省を中心に　隋　藝

▽書評　森川裕貫著　勁草書房
『政論家の矜持　中華民国時期における章仕剣と張東蓀の政治思想』
原　正人

▽書評　小池求著　勁草書房
２０世紀初頭の清朝とドイツ多元的国際環境下の双方向性』
大井　知範

▽書評　貴志俊彦著　吉川弘文館
『日中間海底ケーブルの戦後史　国交正常化と通信の再生』
武吉　次朗

▽インタビュー
秋原勝二さんに「満州」体験を聞く
（大里浩秋）

▽光陰似箭
「抗日神劇」
（伊藤一彦）

『不　戦』（不戦兵士・市民の会）　秋季号　通巻１７５号

◇宣言「戦争法案の強行採決に満身の怒りをこめて抗議し、憲法の平和主義、国民主権・立憲主義を取り戻すまで、断固闘うことを改めて宣言する！」

◇巻頭論文「戦争法（安保法制）ＮＯ！
廃止するまでがんばろう！」　橋本　祐樹

◇「８・３０」に見る主権者意識の成熟
６０年安保闘争参加者の感慨　石田　雄

◇安倍首相の「戦後７０年談話」徹底批判　安川寿之輔

◇川柳「ごまめのはぎしり」の作者（磯部俊彦）さんお見舞いの記
保坂　治男
森脇　靖彦

◇日本軍「特攻」の実相
軍が若者に強いた体当たり攻撃〝感動物語〟はあり得ない
高野　邦夫

◇書評　青木　茂著
『日本の中国侵略の現場を歩く』
戦争加害事実とその被害者の立場から読み解くために
遠藤　美幸

◇６年ぶり４回目の
「あの戦場体験を語り継ぐ集い」開催
保坂　治男
高野　邦夫

◇編集後記
森脇　靖彦

十一月の常任幹事会

日時　十一月二十八四日（土）
　　　　　　十四時～十六時
会場　さいたま市浦和区岸町五ー一ー三
　　岸町公民館
出席者　沖松・日森・高橋（勇）・佐藤・小川・小林・山田・加藤・長谷川・秋山（博）・長沼・杉崎・落合

報告
1．機関誌8・15の編集及び内容について苦言が寄せられた。
2．沖松代表幹事の講演報告。
10月4日熊谷商業高校にて生徒職員にむけて
11月20日桶川高校にて職員研修で
3．11月11日加藤常任幹事が講演、熊谷高校定時制で生徒に向けて

学習会
（1）11月に続いて山田常任幹事のレポートの継続部分「731部隊」に関して意見交換。
（2）長谷川常任幹事のレポート「非武装中立・軍備亡国」その2（本号に掲載）の説明を受け乍ら意見交換を行う。

協議
1．南京大虐殺世界記憶遺産党登録に対して日本政府のとった行為への抗議について…抗議文作成者が決まらずしばらく延期する。
2．新年会を開催する。
予定　1／30、共済会館、17：30～
会費　5000円
3．訪中団派遣について
3月23日～3月30日あたりで計画し、至急友聯会と連絡。調整に入る
4．新編集委員長の選出。
決定に至らず……

（落合）

事務局月報

・おかげ様で今年も無事最後の号を出すこととなりました。ご協力を深く感謝致します。
・一年中憤慨することに明け暮れた政府の言動。締めくくりに、普天間基地跡地の〝ディズニーランド〟等の設置計画報道には呆れてしまった。この跡地で心から楽しめる人はどのくらいいるのだろうか。さらに地域の人で一万円近くもかかる入園等費用を出せる人はどれくらい?。
・或る新聞で政府の支持率が僅かであっても回復した、という記事があった。日本人は忘れ易い、嵐があっても鎮まれば忘れる。などと政府内部では話されているという。来年の参議院選で、安保法制に賛成の議員を落選させよう、という〝うねり〟が崩れず大きくなっていくことを願うばかり。

（小林）

『8・15』2015年12月号
　　2015年12月15日発行
定　価　500円（送料とも）
編集人　　落合　正史
発行人　　沖松　信夫
印刷所　　（有）イワキ
発　行　　日中友好8・15の会
〒125ー0032
東京都葛飾区水元3ー3ー4
　　　　　　小林悦子方
Tel & Fax　03ー3627ー1953
郵便振替　00120・6・27415
　　　　　日中友好8・15の会
HP URL　http://www11.ocn.ne.jp/~donpo/

会　　　則

（名称）　第１条　本会は、日中友好元軍人の会を受け継ぐ日中友好「８・１５」の会（通称日中友好８．１５」の会）と称する。

（目的）　第２条　本会は、過去の戦争に対する反省に立脚して、あらゆる戦争準備の動きを阻止し、平和を希求するために世界各国とくに中国との友好に貢献するとともに、会員相互の親睦を深めることを目的とする。

（会員）　第３条　本会は前条の目的に賛成する元軍人および賛同者をもって構成する。

第４条　本会の本部を関東地区に置く、支部を各都道府県に置く、また事務局を関東地区に置く。

（事業）　第５条　本会は、第２条の目的を達成するために以下の事業を行う。

１．会誌『８．１５』の発行
２．講演会、研究会の開催（平和諸団体との共催を含む）
３．学習会の開催
４．中国からの留学生・研修生の受け入れ
５．訪中団の派遣
６．その他、本会の目的達成に必要と認められる諸活動・事業

（総会）　第６条　本会は、総会を毎年１回、原則として８月 15 日に開催する。総会は、委任状を含めて会員の過半数の出席により成立するものとする。総会は、幹事会から、活動報告、行動計画事業計画、決算、予算、役員の選出、その他、本会の運営に必要な事項について報告、提案を受け、出席者の過半数の賛成により　これを承認、決定する。幹事会が必要ありと認めたときは、その決議により、臨時総会を招集することができる。総会の決議に基き、顧問を置くことができる

（運営）　第７条　本会の運営は、幹事会が行う。ただし、幹事会は常任幹事会にその権限を委任することができる。

（役員）　第８条　代表幹事、副代表幹事、常任幹事、事務局長を本会の役員という。

第９条　役員の任期は１年とする．ただし、任期満了後も総会において新役員が選出されるまではその職務を行う。役員の重任は妨げない。

第 10 条　本会の運営のために幹事会ならびに常任幹事会を置く。幹事会は幹事を以って構成し、本会の運営に必要な重要な会務を行う。幹事の互選により代表幹事、副代表幹事、常任幹事、事務局長を選任する。常任幹事会は、原則として毎月 １ 回開催し、幹事会の委任をうけて本会の運営に必要な一般会務を行う。

第 11 条　幹事は、会員の維薦により選任し、捻会の承認を安ける。

第 12 条　幹事会は、常任幹事会の決議に基き、代表幹事が招集する。常任幹事会は、常任幹事２名以上の発議により代表幹事が招集する。幹事会および常任幹事会の決議は、出席幹事の過半数の賛成により成立する。賛否同数のときは、代表幹事がこれを決する。

第 13 条　本会の会議の遂行上、下記の分科委員会を設け、常任幹事会が選出した委員長が運営の責に当る。

1．組織・活動委員会
2．会誌編集委員会
3．財務委員会
4．対外交流委員会

各委員会の委員は、委員長の堆薦により委嘱する。

第 14 条　会計の監査は、会計監事が行う。会計監事は、幹事会の堆薦により選任し、総会の承認を受ける。

（財政）　第 15 条　本会の経費は、会費、寄付金、その他の収入をもってまかなわれる。留学生・研修生受け入れのため、特別会計を設ける。

（会費）　第 16 条　会費は年額１万円とする．また、家族金員の会辛は年報 2000 円とする。

第 17 条　本会の会計年度は、毎年 ７月 １ 日に始まり翌年 ６ 月 30 日に終る。

（改正）　第 18 条　本会の会則は、幹事会の発議により、総会において、委任状を含む出席者の ３ 分の ２以上の賛成により改正することができる。

（付則）　この会則は 2004 年 8 月 29 日から施行する。

過去の直視、これが歴史認識の原点